# 経済成長の日本史

## 古代から近世の
## 超長期GDP推計 730−1874

### 高島正憲 Masanori TAKASHIMA【著】

Economic Growth in the Japanese Past:
Estimating GDP, 730-1874

名古屋大学出版会

# はしがき

　天地は広いというけれども，わたしには狭くなったのだろうか。太陽や月は明るいというが，わたしのためには照ってくれないのだろうか。ひとは皆こうなのか，それともわたしだけこうなのだろうか。人として生まれて，人並みに働いているのに，綿も入っていない粗末な，海藻のように裂けてぼろぼろになった衣を肩にかけ，つぶれかかったような，倒れかかったような家のなかに，地面にじかに藁をしいて，父と母は頭の方に，妻と子は足の方に自分を囲むようにして，悲しみ嘆いている。かまどには火の気もなく，米を蒸す器には蜘蛛の巣がかかってしまい，飯をたくことも忘れはててしまった。ぬえ鳥のように，かぼそい力ない声で苦しみうめいていると，ひどく短いものの端をさらに切りつめるかのように，鞭をもった里長の声が寝床にまで聞こえてくる。こんなにもつらく，苦しいものなのだろうか，世のなかというものは。この世はつらく，消えてしまいたいと思うけれども，わたしは鳥ではないから，どこかに飛び去っていくこともできない。　（山上憶良「貧窮問答歌」）*

　いまから 1300 年ほど前に律令国家の官人で歌人でもあった山上憶良が詠んだ「貧窮問答歌」には，破れた布服を着て狭い住居に暮らし，飯を炊く方法も忘れるほどに困窮した農民の姿が描かれている。この写実的な歌は，どれほどまで古代の人びとの暮らしの実態を反映しているのだろうか。その一方で，小野老が「あをによし奈良の都は咲く花の薫ふがごとく今盛りなり」**と詠んだように，中央集権化を目指した律令国家によって建設された奈良の平城京では，王朝国家は本当に繁栄をきわめていたのだろうか。どうしようもないほどに貧しく描かれた私たちの祖先の大部分の人びとは，そして栄華をきわめた古代の貴族たちは，そしてその子孫たちは，その後，何らかの生産手段をもって営みを維持し，ときには破綻しながらも，時代をのりこえて現在の我々へと歴史を受けついできた。その間，いったいどのような生活の浮き沈みがあったのだろ

ii

うか。

　この問いを経済学の関心に引きつけるなら，古代から庶民はどの程度の生活水準だったのか，そして，列島日本はどのくらいの経済規模だったのか，という関心となる。それは現在であれば，平均年収や生産にかんする統計や経済的指標といった具体的な数値によって知ることができる。だが，それを奈良時代にまでさかのぼって知ろうとしたとき，資料的な限界という大きな壁が立ちはだかる。そのような場合，特定地域の資料から算出した値を代表値として扱うか，何らかの仮定を設定した統計的加工，すなわち「推計」という作業をしなければならない。こうした歴史への接近法は，歴史の数量化ともいえるが，歴史学ではさほどメジャーな分野とはいいがたく，ときには，数量化によって描かれた歴史像はまったく信頼できないものとして否定されたり，フィクションだと揶揄されたりもする。

　だが，数量化された歴史とは本当に意味のないものだろうか。これまで，歴史学・経済史学によって，前近代日本の経済成長にかんする研究がなされ，さまざまなことが明らかになってきたが，それがこと長期のマクロ経済の成長となると，関連する議論は乏しく，ぼんやりとしかイメージできないのが現状であろう。たしかに，これまでにも前近代日本の人口や生産を数量的にはかろうとする研究は存在したが，それらは歴史の一時点，もしくは人口などの特定の系列を計測したものであった。結局のところ，私たちは前近代日本のマクロ経済の成長については具体的な数量をもって説明される歴史像をもっていないのである。

　こうした課題に挑戦するために本書が採用したのが，超長期の経済成長の分析である。具体的には，奈良時代から明治期初頭までを，１人あたりGDP（国内総生産）という歴史を縦につらぬく１本の串をもちいて観察することにより，前近代日本の経済成長を明らかにしようとする試みである。歴史学研究は時間のフローをあつかうものであるが，そのためには，ある時代とその前後の時代との間に存在する相違を比較分析するための共通の基本概念の枠組をもちいたアプローチが必要になる[***]。本書であつかう超長期の推計は，それぞれ違った時代の歴史的資料からえられた経済的諸変数を同質化し，歴史的過程と再結合

させて，それを経済学的な接近方法で分析する定量的な枠組みにたっている。たとえば，中世という事実上「国家」の枠組みがなく，複数の分権的な勢力による統治によって列島が形成されていた時代を，あえて GDP という「国内」総生産の指標をもちいて，列島日本の長期の経済成長という枠組みのなかでとらえたのも，こうした考え方によるものである。また，GDP というマクロ経済の各国共通の指標をもちいることによって列島日本の経済成長の歴史を（直接の政治・経済・文化などの交流の有無にかかわらず）他国と比較するからこそ，地域が異なる国と国との間の経済成長の推移の違いが可視化され，そこにそれぞれの国の発展経路の違いをみつけることができるのではないだろうか。

　本書は，古代における律令国家の中央集権化の試みとその崩壊から，自由な中世社会における市場経済の萌芽，そして戦国期から織豊政権の全国統一を経て，徳川幕府による列島支配と市場経済への移行，開国から明治維新という近代化へ向けた長い経済成長の道のりを，超長期 GDP の推計からみるものである。本書では可能なかぎり伝統的な経済史学の作法にしたがって，利用した文献を明示し，推計の方法について詳細に説明するようにこころがけた。なぜなら，本書がとった経済史の方法は定量的研究の傾向が強く，結果に対して他者による追試と批判的検討の可能性をもたせなければならないからである。批判が新たな問題関心を生み，そこから発展的な議論が進むのなら，それでよい（役割を果たした）と私は思う。もし，本書が提示した日本の経済成長のかたちが，経済学・歴史学・経済史学，それらの各時代・各分野の研究の発展に少しでも寄与することができれば，筆者にとってこのうえない喜びである。

---

*『万葉集』巻 5-892/893。原文漢文。口語訳の作成にあたっては，佐竹昭広・山田英雄・工藤力男・大谷雅夫・山崎福之校注『万葉集 1（新日本古典文学大系 1）』（岩波書店，1999 年，502-504 頁），小島憲之・木下正俊・東野治之校注『万葉集 2（新編日本古典文学全集 7）』（小学館，1995 年，70-72 頁）を参照した。

**『万葉集』巻 3-32。原文漢文（佐竹ほか校注『万葉集 1』231-232 頁）。

***新保博「数量経済史の人間化」（『三田学会雑誌』第 75 巻第 5 号，1982 年，17-26 頁）を参照した。

# 目　次

はしがき　i

序　章　超長期 GDP とは何か……………………………………………1

　はじめに　1
　1　本書の課題　6
　2　本書の推計の考え方と方法　19
　3　本書の構成　22
　むすび　25

## 第 I 部　農業生産量の推計

第 1 章　古代の農業生産量の推計………………………………………28

　はじめに　28
　1　耕作地面積の推計　30
　2　土地生産性の推計　47
　3　古代の農業生産量　56
　4　古代の農業生産の背景　60
　むすび　68

　補論 1　古代における耕作地の状況について　70

第 2 章　中世の農業生産量の推計………………………………………74

　はじめに　74
　1　土地資料による推計　77
　2　需要関数による生産推計　92
　3　中世の農業生産量とその背景　99

むすび　119

## 第3章　徳川時代・明治期初頭の農業生産量の推計 …………………121

はじめに　121
1　推計の基本的な方針　123
2　石高系列の推計　125
3　推計結果の分析　137
むすび　143

## 第 II 部　前近代社会における人口成長

## 第4章　全国人口の推移 ………………………………………………146

はじめに　146
1　日本における人口調査の歴史と資料　148
2　古代・中世の人口推計　152
3　徳川時代・明治期初頭の人口推計　161
むすび　167

## 第5章　都市人口の推計 ………………………………………………171

はじめに　171
1　古代・中世の都市人口推計　173
2　徳川時代・明治期初頭の都市人口推計　189
むすび　205

補論 2　江戸の都市人口の試算　208

## 第 III 部　非農業生産そして GDP の推計と国際比較

## 第6章　徳川時代における非農業生産の推計 …………………………226

はじめに　226

vi

    1　推計の基本的な方針　229

    2　資料とデータ　236

    3　推　計　241

    4　推計結果とその分析　244

    む す び　254

## 第7章　前近代日本の超長期GDPの推計と国際比較……………256

    はじめに　256

    1　データと推計の基本的な方針　258

    2　推計と推計結果の分析　264

    3　国際比較　272

    む す び　281

## 終　章　超長期GDPからみた前近代日本の経済成長……………283

    1　前近代の経済成長とその実態——総括　283

    2　今後の展望——むすびにかえて　286

    付　録　297

    参考文献　305

    あとがき　325

    初出一覧　330

    図表一覧　331

    索　引　335

# 序　章
# 超長期 GDP とは何か

## はじめに

　本書の目的は近代以前の日本の経済成長について数量的な把握を試みること
である。具体的にいえば，古代から近代初頭にいたるまでの日本について，歴
史的資料からえられた数量データを利用して人口・土地・生産などの経済諸量
を推計し，最終的には超長期にわたる歴史的国民計算（Historical National Ac-
counts），すなわち国内総生産（Gross Domestic Product : GDP）を計測することに
より，列島日本がどのような経済成長を経験したのかを分析することにある。
対象とする期間は，起点が 8 世紀前半（奈良時代），終点が 19 世紀後半（明治
期初頭）となり，およそ 1200 年間という超長期にわたる。いいかえれば，こ
こでの問題関心は，古代国家の成立から近代にいたるまでの日本の長い経済成
長の道のりを連続した歴史的現象としてとらえることにある。

　本書はいわゆる「数量経済史」の枠組みに属するもので[1)]，数量経済史
（Quantitative Economic History）は，計量経済史（Econometric History），クリオメト
リクス（Cliometrics）[2)]ともよばれ，1950 年代後半のアメリカにおいて，経済史

---

1) 日本国内で「数量経済史」という用語が，前近代を対象とした経済史研究において明
　示的に使われたのは，徳川時代の経済成長について人口，生産・消費と所得，貨幣・
　賃金・物価の数量データを利用して分析した新保・速水・西川（1975）からである。
　これ以前にも数的情報を利用した歴史研究は複数存在したが，そのほとんどは近代以
　降を対象としており，歴史的数量データの利用に着目して前近代日本について経済学
　的に解釈する試みは，これが初めてであった。

研究に近代経済学の理論と数量的方法を適応した「新しい経済史（New Economic History）」としてはじまったものである[3]。厳密にいえば，計量経済史・クリオメトリクスは計量分析の理論とモデルに比重がおかれ，数量経済史は歴史資料からえられる数量データの分析や経済的諸要素の数量そのものの推計方法に重きをおいている傾向がある。両者は同義ではないが，本書では文献記述を中心とした伝統的な経済史に対する広義の意味で，これらを「数量経済史」とみなしている。日本においても 1970 年代以降，数量経済史のアプローチによる歴史研究が進み[4]，その成果は，とくにミクロデータを利用した分析や，組織の経済学やゲーム理論の援用による組織・制度と市場の分析において数多くの研究を生むにいたっている[5]。

　数量経済史とは社会科学を志向した歴史学（Social Science History）としても定義することが可能であり，その重要な柱として「現実の史料に即して定義可能な概念」，「それに対応した数量データの整備と利用」，「実証可能な仮説」の3 つがあげられる（斎藤 1998a，133-140 頁）。すなわち，理論・概念・数量化という 3 つの柱が数量経済史にはもとめられることになるが，近年の日本の数量

---

2）クリオメトリクスという用語は，1960 年にアメリカの経済学者スタンレー・ライターによって，ギリシア神話に登場する歴史をつかさどる女神クリオ（Clio）と，計量経済学（econometrics）の接辞詞（metrics）を組みあわせて考案されたものである（'About the Cliometric Society', The Cliometric Society, http://cliometrics.org/index.htm）。

3）本章における数量経済史の研究史の概観は，斎藤（1998a；2010），安場（1976；1996）を参考にした。

4）1971 年にはじまった数量経済史研究会の研究成果である『数量経済史論集』シリーズ（梅村ほか編 1976，新保・安場編 1979，安場・斎藤編 1983，尾高・山本編 1988），および 1988 年から 1990 年にかけて岩波書店より刊行された『日本経済史』全 8 巻（速水・宮本編 1988，新保・斎藤編 1989，梅村・山本編 1989，西川・阿部編 1990a, b，中村・尾高編 1989，中村編 1989，安場・猪木編 1989）が，日本の通史的な数量経済史研究の代表的な成果としてあげられよう。

5）本書が対象とする前近代・明治期の日本をあつかったものでは，ミクロデータを利用したものに，市町村の戸数割税データを利用したジニ係数の推計（南 2000），徳川期の日次米価データの分析（高槻 2012）などがあり，組織・制度と市場の分析では，近世における土地市場と金融市場の分析（中林 2012），徳川時代の株仲間の分析（岡崎 1999）などがある。近代以降も含めて上記以外にも数量経済史のアプローチによる研究は数多くあるが，煩雑さを避けるため，個々の先行研究は各章において説明することとする。

経済史研究をみたとき，数量化の点においては，とくにマクロの視点からの研究がそれほど盛んではない印象をうける。この傾向は前近代社会を対象とした研究においてとくに顕著である。その背景には，17世紀以来の政治算術学派の伝統をもつ英国と，その影響をうけた欧米諸国では，経済の総量をもって国力を分析する発想があり，それが後の政治経済学やマクロ経済学に発展していったのに対し，日本の経済史研究では経済の規模をダイレクトにはかろうとする意識が弱かったという歴史的事情があった（斎藤2010，73頁）[6]。

たしかに，戦前期においても国民所得計算に類する試みは数多くなされてはいる。その嚆矢としては，明治期に内閣統計局員であった中村金蔵がおこなった試算（中村1900a-d；1902；1904a, b；1906a, b）があり，その後，1925年には内閣統計局，土方成美など複数の研究者や機関による国民所得高の推計があったが[7]，それら推計は実体経済としての「国富」すなわち国力の現状分析が目的であって，同時代および後世の歴史学・経済史学の研究者に対して大きな影響力をもつことはなかった（斎藤2010，71-73頁）[8]。

国民所得計算の研究は，戦後になって山田（1951），大川編（1956）など経済学者たちの手によって整備され，1960年代からは一橋大学経済研究所の研究

---

6) 徳川時代には新井白石による貨幣供給量の推計があったが（寺出2013a, b），こうした政治算術的な分野は，国内では体系的には発展しなかったものと考えられる。

7) 戦前期の国内における国民所得計算としては，日本銀行調査局（1916），内閣統計局（1928；1933），土方（1933），総理庁統計局（1948）などがある。また，Clark（1940）など海外の研究者による日本の国民所得の推計もいくつか存在する。とくに計画経済が進められた1930年代以降の戦時期には多くの所得勘定にかんする記事・報告書が作成された。戦前期の国民所得計算の研究史については，大川編（1956），経済企画庁経済研究所編（1976），奥本（1997）などを参考にした。

8) 中村金蔵は「毎回推計方法の適否に付て諸君の御教示を願置きました，然るに今日まで何等の批評を加えられたる方なく」と，「国民の富」として発表した国民所得計算の結果に反響がなかったことを講話会で吐露している（中村1906a，362頁）。中村が国民所得計算の結果を最初に発表したのは1900年であるが，その5年前に「国の富」と称したレオン・セーの『理財字典』の抄訳を『統計集誌』に発表している。『統計集誌』には，他筆による「国家経済棚卸勘定」（1885年），「各国人口毎一人の所得高及所得に対する租税の割合」（1893年），「各国人口一に付富力及所得高（明治二十八年）」（1899年）と題された記事が掲載されていたことから，それ以前から国民所得計算の試みはあったものと考えられる。

者らを中心としてまとめられた『長期経済統計』シリーズが刊行されるにいたった（大川・篠原・梅村編 1965-88）。これは，明治期以降の日本の経済活動の諸分野について，国民経済勘定の体系によって歴史統計を推計・加工し，時系列に整備した日本経済史研究における記念碑的な研究である。ただし，この大川らの国民所得計算の試みは，サイモン・クズネッツの定義するところの近代経済成長（Modern Economic Growth : MEG）を明治期以降の日本について分析したものであって，それに先立つ徳川時代以前は経済的に停滞した時代として，これを分析視野の外においていた（西川 2013, 3-4 頁）。

　この近代経済成長の分析における国民所得計算のフレームワークを，近代以前の社会に応用させたのが，徳川時代後半に長州藩が実施した経済調査資料を利用した西川俊作の一連の研究および防長地域の産業連関表の作成であり，現時点ではこれが唯一の国民経済計算体系に則った前近代のマクロ経済分析である（西川 1985；2012, Nishikawa 1987）。残念ながら，長州藩の経済調査は 1840 年代に一度きり実施されたのみで，ここから時系列の分析をすることはできない。また，速水・宮本（1988）は徳川時代を通じた人口，農業生産量，1 人あたり農業生産量の推移を分析しているが，そこでは工業，商業・サービス業といった第二次・第三次部門についての推計はされていない。よって，経済諸量の総計による長期のマクロの視点からの研究は，近年の日本経済史におけるミクロデータ分析や組織・制度と市場の分析の興隆にくらべれば，国内ではほぼ皆無といわざるをえない状況である。こうした前近代日本の数量経済史におけるマクロ経済の時系列分析，すなわち歴史的国民計算の不在を克服することが，本書がかかげる目標の一つである。

　前近代日本の長期的な経済成長にかんする研究を停滞させているものは何か。まず，歴史的資料・データの量的な問題については説明するまでもないだろう。近代的な統計調査体系が確立された明治期以降にくらべれば，その資料の残存量はかぎられていることは明らかである。それでも，日本の経済史研究をみれば，近世については比較的盛んである。その理由は，資料が徳川幕府による全国統一後の体制下で作成されており，すべてにおいて満足な数的データが直接資料から入手できるわけではないにしても，土地・生産・人口関係の資料であ

れば，全国規模の調査結果が幕府記録，すなわち公的記録として保存されており，それ以外にも民間記録として，土地・農業・人口などにかんする情報が書かれた農村資料，さまざまな物価・賃金情報や経営にかんする記録がまとめられた商家資料が豊富に存在し，それら資料へのアクセスが可能なことにある。徳川幕府が全国を政治的のみならず社会の諸制度にいたるまで細かに統一していたことは，結果として17世紀以降を対象とした数量経済史研究に必要な基礎的データを残した。

ただし，量的な側面のみをとらえるのであれば，古代・中世の経済資料の残存量は分析するにあたって絶望的に少ないわけではない。むしろ，それら資料が成立した時代背景に問題があると考えられる。古代・中世を俯瞰したとき，中央集権国家がまがりなりにも確立していた古代であれば全国的な耕地面積データで利用可能なものが存在するものの，全体としては時期・地域としてまとまったものは少なく，律令国家が衰退した古代後半から中央集権国家が実態としては不在だった中世において，その傾向はとくに強くなる。こうした公的資料の不存在が長期的な数量経済史研究を難しくしているといえる[9]。もっとも，十分に満足のいくデータが直接資料から入手できるわけではないにしても，土地資料であれば，その耕地面積・用途・生産などのさまざまな情報が荘園領主であった寺社の記録に残されており，また一部の公的資料からも人口や生産にかんする統計データを入手することは可能である。よって，いかに古代・中世に集められた個々の資料を時系列的に組み立て，近世と接続して，超長期の経済成長を読みとるかが本書の鍵となる。その意味では，本書が試みる方法とは，文献を積み上げた経済史や数量的分析を中心とした経済史を問わず「研究

---

9) たとえば，中世以前の土地資料には土地全体からの収量が記録されることはなく，その土地からえられる領主の得分＝年貢に関する記述が多い。これは，荘園資料においてほぼ一貫しており，この時期，荘園支配層における土地そのものへの関心は非常に低かったといってよい。こうした資料の特性が，中世の社会経済において重要な役割を果たした「荘園」という研究素材がありながら，それを利用した研究では，政治的諸関係の枠組みや支配構造および地域構造の分析が中心となっている状況を生み出しているともいえよう。ただし，中世以前の土地資料から耕地面積や土地生産性などの数的データを取得する際には，こうした資料的特性や研究背景があることを理解したうえで，推計することが求められる。

6

されたすべての事実を相互依存的な勘定大系のなかに統合し，この大系データによってのみ決定される数量的な集計値のかたちで結論を引きだす経済史の方法」（竹岡 1976，344頁）であるともいえる。


# 1　本書の課題

　では，超長期の経済成長をはかることにはどのような意義があり，それによって何が明らかになるのだろうか。本書は古代から近代初頭までの超長期GDP推計を初めて試みるものであるが，そうしたGDPという経済指標，いいかえれば，歴史を縦につらぬく串をもちいることによって，以下の3つの点を検討したいと考える。

## 1）時代区分論への挑戦

　まず，一般的な時代区分論を超えた議論を試みることである。日本の歴史を俯瞰するとき，それは古代，中世，近世，近代といった一定の期間をもって区分されるのが一般的であろう。また，そうした時代区分のなかにおいても，古代であれば都城の移転，中世であれば幕府将軍家や天皇家の交代・分裂のように，支配機構の変化でさらに時代が細分化されることもある。とくに，明治期以降の近代経済成長という理解のもとで，近世と近代は明確に区別される傾向があり，事実，経済学にとっては，経済発展というテーマをあつかう議論は近代以降を対象とした研究が一般的といえるだろう。

　それでは，徳川時代に先立つ16世紀以前の経済社会についてはどうだろうか。もちろん，歴史研究において，たとえば中世という時代を研究するとき，そこには中世を中世として他の時代から独立させているものは何かという問いが生じ，それを歴史的に分析することは自然なことである。また，時代区分そのものが，その時代ごとに支配的であった歴史観によって「時代」や「時期」が付与されたものであることは，過去の歴史学における区分設定の変化をみれば明らかであり，そこに拘泥することは建設的ではない[10]。

本書は，推計の過程では時期を設定する場合もあるが，最終的には一般的な時代区分をまたがって長期間における時系列分析をおこなうもので，こうした議論とは無縁であるかもしれない。しかし，この点について斎藤修は，近世から近代への変化を例にして，近代に生じた変化を丁寧に検討すれば，近代の本質は近世から存在していたものであり，すべてが変化したという先入観が誤った近世観を生んだことがわかると指摘し，これを「時代区分論の罠」と表現した（斎藤 2008, viii 頁）。たしかに長期的な数量分析をする場合，歴史を持続的な成長活動としてとらえたいがために，歴史そのものをフラットな対象と考えて時期区分を無視しかねない側面があるが，一方においては，歴史のもつ連続と不連続の側面を考慮する必要があることも事実である。この課題は，古代から中世，中世から近世へと移行する過程でも検証されるべき課題ではないだろうか。

## 2）中世以前の経済社会の評価

2つめは中世以前の経済史的な評価である。日本経済史における中世以前の社会の評価は，速水融の近世以降に経済社会が成立したとする議論が代表的なものであろう。要約すれば，13 世紀までの荘園制経済においては，荘園領主は自身の消費生活を満足させる年貢の確保のみが目的であり，そのような環境のもとでは農民の生産目的は貢納と自給のみであるから生産意欲を刺激する経済インセンティヴに乏しい社会だったため，きわめて不活発な経済社会であった。こうした状況は，14 世紀頃から貨幣経済の進展により市場が発生することにより，従来の年貢と自給という目的に，利潤獲得を目指す販売が農民の生

---

10) 時代区分の概念がその編集時期の歴史観によって左右されることについての一例をあげれば，戦前から戦後にかけて岩波書店から数次にわたって刊行された『岩波講座日本歴史』シリーズがある。戦前の『岩波講座日本歴史』においては，古墳時代までを古代，院政期までを上代，室町末までを中世，織豊時代から徳川時代末までを近世，明治維新〜第一次大戦までを最近世としていた。1960 年代に刊行された『岩波講座日本歴史』では，院政期までを古代，平氏政権から戦国時代までを中世，織豊時代から天保期までを近世，幕末から日清戦争までを近代としていた。1970 年代の『岩波講座日本歴史』では，平氏政権までを古代，鎌倉幕府から信長時代までを中世，豊臣政権から幕府滅亡までを近世，明治維新から敗戦までを近代としていた（永井 2001）。

産目的に加わり，生産量の拡大や生産効率を上げるための行動，つまり経済性を重視した行動をとるようになり，やがて 16，17 世紀に経済社会が成立し，市場経済の拡大へとつながった，という評価である（速水 1977）[11]。

　この認識は，前近代の日本の経済成長を考えたとき，あたかも近世を起点として現代にいたる経済状況がはじまったかのような印象をあたえる。この点にかんして，歴史家である網野善彦は，中世以前の社会では，交換・貨幣・流通などの諸現象は「未開でマジカルな特質」をもっており[12]，それらの特質が消失した社会こそが速水のいう経済社会であると評価している。また，日本の社会が全体として未開な呪術的性格を急速に消失するという転換は 14 世紀にまでさかのぼることができ，経済社会の特質は 15-16 世紀には姿をあらわしていたと主張している（網野 1977，256 頁）。

　これは，速水と網野の議論はある程度の親和性をもっているようにみえなくもない。速水は「中世」，すなわち経済社会の成立以前には，政治のみならず社会的・宗教的事象がそれぞれ経済的事象と結合しており，固有の経済法則が独立して存在していないため，後の近世におけるような経済学的な手法による分析の対象外としたのに対し，網野は 14 世紀の南北朝期に入るあたりから，荘園資料には算用状などの数的資料が急速に増え，それ以降は大量の数的資料が作成されていることを指摘し，資料批判を加えたうえでの数的アプローチによる分析は可能であるとした（網野 1977）[13]。網野はまた，経済社会への転換という考え方は社会のあらゆる現象に対して発生していたものであるとして，そうした諸現象への着目によって時代区分という社会構成史的な次元での時代区分ではなく，長い原始社会をも含めた人類史的な視野による研究の可能性に

---

11) 速水の定義によれば，経済社会の成立とは「経済法則が，他の社会から独立し，自己回転を開始するようになった時期」（速水 1977，3 頁）であり，その時期を境にして前後に大別されるものとしている。

12) たとえば，中世において実用物であるはずの貨幣が土中に埋められる行為は蓄銭ではなく呪術的意味があったこと，土倉などの金融に従事する人びとは「無縁」の世界に存在する人びとと考えられていることなどである。

13) この速水と網野の議論は，1976 年に開催された第 45 回社会経済史学会大会共通論題「江戸時代社会経済史への新しい接近」における速水の問題提起に対する網野の回答という形式で報告されたものである（社会経済史学会編 1977）。

序　章　超長期 GDP とは何か　　9

ついても示唆している。

　実際，中世をさかのぼって古代をみても，律令国家の成立以前の 6 世紀から
7 世紀にも「市」や「衢（ちまた）」とよばれた交易の場を文献資料で確認する
ことができる。大和朝廷の本拠地であった大和国・河内国の「市」は，その政
治権力層との関係にもとづく地理的条件から自然発生的に生まれたものであっ
た（中村 2005；2013）。「衢」とは，さまざまな道が何らかの形状で分岐もしく
は交差する地点，すなわち交通路の要地を意味するが，そうした畿内の宮都や
地方の市・衢は，物資の交換だけでなく祭祀・裁判・断罪など多用な公共的儀
礼の場で，畿内のみならず各地に存在していた（前田 1996，7 頁，212 頁，281
頁）。つまり，農林水産業が生産の主体であり，貨幣制度や市場機能がいまだ
未熟な（これは網野のいうところの「未開でマジカルな特質」につながるものであ
ろう）古代社会ではあったが，不完全ながらもある種の商業・流通を軸とした
経済社会が日本列島には存在していたといえる[14]。

　近年の流通史・貨幣史の進展は，中世のみならず古代にまでさかのぼって検
証することで，多くの研究業績を生んでいる。ただし，これらの研究は数量的
アプローチというよりは，社会的諸現象のなかでの経済という観点にたって，
経済の周辺にあって経済を規定している諸条件の解明に重点をおく傾向が強い。
その意味では，網野の問題提起に垣間みられた中世以前における経済社会の議
論に対する数量的分析はいまだ本格化されておらず，途上の段階にあるといっ
てよい。本書での長期的な経済成長の分析は，このような課題に答えるもので
もある。

　中世日本の評価については，もう一つ大きな議論がある。それは中世の経済
社会を停滞的とみるか，成長の時代とみるかの議論である。前者は，中世を通
じて低成長の時代であったとし，中世後期は戦乱と飢饉が頻発していた時代で

---

14) 当然ながら，その古代・中世の経済社会が，いわゆる「市場経済」の原理によって現
　在と同じように動いていたわけではない。中西（2013）は，この時期の社会経済シス
　テムは，宗教を基盤におくものであり，また支配層への貢納にもとづく貢納経済，貴
　族間の贈答品のやりとりにもとづく贈与経済も広範囲におこなわれていた「一種のブ
　ラックボックス」であったとし，そのなかで累積的に交換関係が発達した結果として，
　限定的に市場経済の発達がみられたとしている（6 頁）。

あり，とくに 15 世紀から 16 世紀にかけての戦国時代は，それまで 3–5 年に 1 回程度の割合で発生していた飢饉がおよそ 2 年に 1 回で発生するという慢性的な状態にあったこと，戦乱による殲滅戦・焦土作戦の影響によって生産性が低下したとみる立場にたっている（藤木 2001 ほか，磯貝 2002，井原 2012 など）。これに対して後者は，戦国大名による領国支配の時代，領地内における生産や人口への大名の関心が高まったことによって富国強兵が実現され，また農業技術の改良や新田開発によって生産性が上がった時期と評価している（鬼頭 2000；2007）。事実，先行研究による人口推計では，この時期に飢饉や戦乱が頻発していたにもかかわらず人口は成長を続けたことになっている（Farris 2006）。この議論についても，本書での生産推計の結果は，数量的方面からの分析による明確な回答を出すことができるものと考えている。

## 3）グローバル・ヒストリー

　3 つめは国際比較の視点である。日本の超長期の経済成長を歴史的国民計算という固定された指標によってはかることによって，同じように歴史的国民計算が推計されている世界各国との経済発展の比較が可能になる。すなわち，世界経済史の文脈のなかでの比較経済発展の視点である。ここでは，近年のグローバル・ヒストリーの研究で，本書が克服すべき課題を提示した 2 つの重要な研究を取りあげ，その概要を説明する。

### ①マディソン推計

　この分野で何よりも先に議論すべきものは，アンガス・マディソンによる世界経済 2000 年間にわたって各国の GDP を推計した一連の研究であろう（Maddison 2001；2007）。彼の推計の特徴は，統計データが不足している前近代の経済社会においても，数量データが記載された資料のみならず，数多くの非数量的情報を読み込んで設定した仮定にもとづいて長期の生産量の推計をおこない，それを 1990 年ゲアリー＝ケイミス購買力平価による共通のドル（1990 年の米国におけるドルの購買力：1990 年国際ドル）に換算して国際比較を可能にしている点にある。もちろん，非数量情報をもとにした仮定は大胆ともいえるもので（heroic assumption），厳密な意味では統計的に大きな誤差を含む一種の当て推

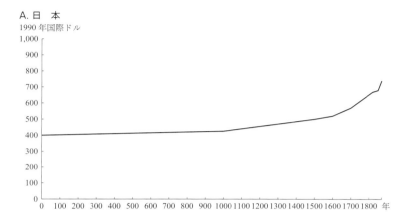

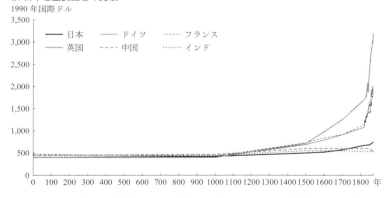

**図 0-1** マディソン推計による日本の1人あたり GDP の推移，1-1874 年

資料）Original Homepage Angus Maddison（http://www.ggdc.net/maddison/oriindex.htm）より作成。

量（guesstimate）といえるかもしれないが，その結果がもたらしたインパクトは大きなものであった[15]。

Maddison（2001）では日本の GDP も推計されている。図 0-1 はマディソン

---

15) マディソンの一連の研究の評価と概要については，斎藤（2008；2015），Bolt and van Zanden（2014）によっている。

推計から本書が対象とする近代以前の1人あたり GDP の推移をあらわしたもので，パネル A が日本，パネル B が日本と西欧・アジア諸国との比較となっている。その概要をみると，日本は古代から中世にかけては設定された生存水準である 400 ドルを少し上回る程度であったが，中世に入ると徐々に1人あたり GDP の上昇がみられ，その成長は 17 世紀以降の徳川時代も持続している。これを西欧・アジア諸国と比較した場合，西暦がはじまって最初の 1000 年間は，西欧・アジアの多くの国々の1人あたり GDP は日本と同じように生存水準あたりを推移していたが，次の5世紀の間に，西欧とアジアの間で徐々に格差が広がっていった。16 世紀に入るとその差はより大きくなり，西欧で産業革命がはじまった 18 世紀後半から 19 世紀初頭にかけて西欧諸国の1人あたり GDP はアジアの国々のそれを大きく上回るようになり，東西の格差が決定的なものとなっている。

　では，日本の超長期の1人あたり GDP はどのように推計されているのか。まず，古代・中世については，その推計方法についての詳細な言及はされていない。これは，世界のほとんどの地域がそうであったように，統計処理を可能にする数的情報が不足しているため，マディソンが何らかの仮定を設定したうえで推計したことが主な理由であろう。したがって，日本も生存水準ラインの上に1人あたり GDP が設定されているが，それは推計というには若干無理があり，そのベンチマーク年もきわめて少ないものとなっている。

　徳川時代については，幕府調査による全国石高からえられた数値データを利用している。ただし，石高は徳川時代を通じて発生した生産の増加を反映しておらず，現実の生産性との間に乖離があったため，中村（1968）において推計された「実収石高」とされる補正石高の値を利用している。マディソンはこの実収石高をもとにして 1500 年から 1820 年までの生産の増加率を推計したが，これは非農業生産を含まないため，非数値資料などからえた仮定などで算出した非農業生産の増加率を上乗せすることで GDP の増加率としている。具体的には，戦国期からの社会・制度・技術の発展にかんする研究，徳川時代の日本の数量経済史の研究など，近世の経済史だけでなく関連するあらゆる研究をサーベイした結果，1500 年から 1820 年の間に1人あたり GDP は3分の1増

加したと仮定して実収石高の増加率へ上乗せ計算をおこない，その増加率で遡及計算することによって 1700 年，1600 年，1500 年の各ベンチマーク年における 1 人あたり GDP を推計したのである。

この推計の基本的な枠組みは，日本以外の各国における近代以前の GDP 推計の方法でも同様である。つまり，各国の 1990 年の購買力平価による国際ドル（ゲアリー＝ケイミス国際ドル）換算の GDP を計算し，それに非数量情報も含むあらゆる歴史資料・研究を読み込んで算出した成長率をあてはめて過去へと遡及してゆくというものである。したがって，マディソンによる前近代社会の GDP 推計とは，ひらたくいえば「仮定された成長率によって過去へ遡及した推計」（斎藤 2008，17 頁）ということになる。たしかに，マディソン推計の限界として，仮定の設定や前近代社会におけるデータの制約などに起因する推計方法の問題を指摘することは非常にたやすいことだろう[16]。数量情報がきわめてかぎられている古代・中世については資料の根拠・推計の詳細についての説明が少なく，それが彼自身の OECD（経済協力開発機構）での研究活動や途上国調査での経験と知識にもとづく推計（highly educated guess）によるものであっても，それは検証可能性としては不十分といわざるをえないからである。

では，マディソン推計が無価値であるかと問われれば，それは決してありえない。彼の世界各国・地域を網羅した 2000 年におよぶ超長期の推計の経済史研究における最大の貢献は，世界各国・地域の長期にわたる経済成長の比較を 1 人あたり GDP という数値によって可視化したことである。もちろん，それだけですべてを語りえないことはマディソン本人も別の著作で認めているが（マディソン 2015，2 頁），各国・各地域の個々の事実を羅列するのではなく，数量化によってグローバル・ヒストリーを把握しようとした意義はきわめて大きい。数量化による比較は，地域が異なる国と国との間のマクロの経済成長のレベルと推移の違いを明らかにし，そこに歴史的な発展経路の違いをもとめる

---

16) マディソンの 1 人あたり GDP 推計全体を批判したものとしては Clark（2009）があるが，これに対してはマディソン自身による批判への回答がある（'A Scurrilous Book Review by a Murky Malthusian', Original Homepage Angus Maddison, http://www.ggdc.net/maddison/oriindex.htm）。

ことができるからである。

　もちろん，だからといって無批判にマディソン推計を引用することはできないのも事実であろう。というのも，近年では日本国内においても長期の経済パフォーマンスを述べる際にしばしばマディソン推計が引用され，その1人あたりGDP値がスタンダードとなりつつある印象があるからである[17]。

　マディソン推計がかかえる問題を本書における前近代日本の経済成長に引き付けて考えるならば，まず長期の成長の各局面におこったであろう変化の要因が推計結果からはみえない点が指摘できる。この問題を，ふたたびマディソン推計にもどって検証してみよう。図0-2は徳川時代から明治期初頭の日本の1人あたりGDPの推移について，マディソン推計と本書において新たに推計された結果（以下，新推計）を比較したものである。この図からは徳川時代前半は両推計の成長のトレンドに大きな差がないようにみえ，また18世紀初頭に両推計の値は近似となるが，後半，時代が進むにつれてそのギャップが広がりをみせていることがわかる。

　マディソンの徳川日本のGDP推計は，中世後半から徳川時代後半にかけての非農業生産の産出量は農業生産量よりも早いペースで増加していたという仮定にもとづいて推計されているが，その成長は非常にゆるやかであり，成長が加速するのは開港によって海外貿易が開始されて以降であったとしている（Maddison 2001, pp. 256-258）。しかし，新推計は徳川時代前半こそ目立った1人あたりGDPの成長はなかったが，後半になって鎖国という海外貿易がほぼ皆無の環境下でも，農村工業の進展と市場の発達による経済成長が持続的かつ大きかったため，マディソンが仮定したものより確実に強い成長がおこっていたことをあらわしている。

　この両推計の差は推計方法の違いにある。マディソン推計は農業生産部門・非農業生産部門の成長の違いを考慮しているものの最終的には全生産部門一本

---

17）たとえば，『日本経済新聞』では，アジアの経済成長についてマディソン推計を利用した記事が掲載されている（「アジア躍進，主役は起業家」『日本経済新聞・電子版』2017年1月1日，「アジアの経済発展，人材輩出を支える」『日本経済新聞・電子版』2016年1月1日など）。

序　章　超長期 GDP とは何か　15

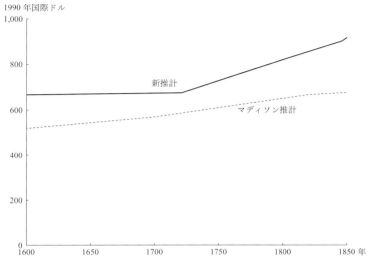

図 0-2　徳川時代の1人あたり GDP の推移，1600-1850 年

注）新推計の1人あたり GDP は 1600 年 667 ドル，1721 年 676 ドル，1804 年 828 ドル，1846 年 904 ドル。マディソン推計の1人あたり GDP 値は，1600 年 520 ドル，1700 年 570 ドル，1820 年 669 ドル，1850 年 679 ドル。
資料）新推計は第 6 章表 6-7，マディソン推計は Original Homepage Angus Maddison（http://www.ggdc.net/maddison/oriindex.htm）より作成。

で推計がなされているのに対して，新推計は第一次・第二次・第三次の部門別に推計をしている。とくに新推計は，製造業部門を含む第二次部門，商業・サービス部門からなる第三次部門を個別に推計しており，また，その推計も成長率による遡及ではなく，別途回帰分析によって推定した各部門の生産比を定義するパラメータを利用した方法をとっている（推計方法の詳細については，第一次部門は第 3 章，第二次・第三次部門は第 6 章を参照）。その結果，新推計では各部門の成長のタイミング，そしてその背景にあった要因，すなわち農村工業と市場経済の発展による徳川時代後半のプロト工業化期の成長がうまくとらえられている。その意味では，マディソン推計は部門別の推計がなされていないがゆえに，そうした非農業部門の成長の要因をはかることが難しくなっており，また仮定された成長率であるがために，徳川時代後半の成長の力強さが過小に評価されてしまっているのである。

もう一つの問題は，マディソン推計は，ベンチマーク年が明治期以前では西暦1年，1000年，1500年，1600年，1700年，1820年，1850年と非常に少ないため，日本の前近代の社会経済の経済成長の変化の局面をとらえきれていないことである。とくに，徳川時代に先立つ古代・中世においてはわずか2時点しかなく（これは，他の世界の大部分の地域と国においても同様であるが），その1人あたりGDPのレベルは生存水準と同じ，もしくはわずかに上回る程度のレベルとなっている。これまで繰り返し述べてきたように，統計処理に耐えうる数的情報の取得が難しい古代・中世においてはこうした推計が許容される可能性はなくはないが，一方で数量化が困難な時代であるからこそ，その推計には，より具体的な推計方法と可能なかぎり成長の局面をとらえたベンチマーク年の設定がなされてしかるべきであろう。これは，先にあげた古代・中世の経済社会の評価にもつながる問題である。よって本書では，古代・中世についても可能なかぎり変化の局面をとらえるベンチマーク年を設定し，推計を試みる。これは日本の古代・中世の経済成長をほぼフラットな成長としてとらえたマディソン推計との大きな違いである。

　本書は，以上の課題を克服して，古代から近代初頭にまでわたる日本の長期の経済成長について1人あたりGDPを新たに推計すること，すなわちマディソン推計の再検討を試みるものでもある。マディソンの試みは，彼の死後も世界各国の研究者によって立ち上げられた「マディソン・プロジェクト（Maddison Project）」として引き継がれ，いくつかの国では改訂された最新の推計値が公表されている[18]。本書での推計結果はこれら各国の最新の推計値をもちいて比較されることになる。

　②「大分岐」論争

　グローバル・ヒストリーの議論で，もう一つ重要なものは，ケネス・ポメランツによって提起された世界経済における「大分岐（Great Divergence）」の問題である（Pomeranz 2000）。この議論の前提として，前近代社会における西欧諸国のアジア諸国に対する経済格差の認識があることはいうまでもない。簡単に

---

18）ウェブサイト（http://www.ggdc.net/maddison/maddison-project/home.htm）から2013年版のデータが入手可能である。

いうなら，「繁栄した西欧」と「停滞したアジア」の対比である。比較の尺度や方法の違いはあるが，こうした認識は，古くから古典派経済学者の間でも共通のものであったことが指摘されており，たとえば，アダム・スミスは生活水準の比較を実質賃金に求めており，T. R. マルサスはアジアにおける人口過剰から東西の格差を説明している（斎藤 2008，12-19 頁）。

　この西欧の優位性にもとづく東西格差を強調する代表的なものはエリック・ジョーンズの『ヨーロッパの奇跡（*European Miracle*）』であろう（Jones 1981）。ジョーンズは「経済成長や経済発展がなぜヨーロッパではじまったのか」という問題関心から，環境・経済・政治などの諸要因についてヨーロッパとアジアの対比という方法で分析し，ヨーロッパでは多数の国家が併存したという場の成り立ちと構造があり，それが中国をはじめとした帝国的な政治体制にまさっていたため経済活動が活発であったこと，アジア（オスマン，ムガル，中国）では支配者層が浪費傾向にあり，階層的な社会構造も硬直化していたことなどをあげ，近代以前の経済発展におけるヨーロッパの重要性を強調した。その文脈のなかで，生活水準の議論については，ヨーロッパでは人口を抑制することができたのに対して，アジアは人口過剰であったとして，1 人あたり所得によってはかられている生活水準を人口要因にもとめ，ヨーロッパにおける生活水準は産業革命以前からアジアよりも高かったとした[19]。

　これに対して，ポメランツは，砂糖，綿布，家財具など特定の消費財の消費量やストックを英国などの西欧諸国と中国で比較することにより生活水準を比較した結果，東アジアの生活水準は，農業生産，人口，1 人あたり所得の点においては，産業革命前の西欧と同等であったと結論づけ，格差が拡大したのは 19 世紀以降であるとした。

　ポメランツは，英国が 18-19 世紀前半に近代的成長に先立つ商業的農業とプロト工業化による市場の発達の成長パターンから「逸脱（diverge）」すること

---

19）なお，ジョーンズは続く『経済成長の世界史（*Growth Recurring*）』においては，経済発展の契機はヨーロッパだけでなくアジアでも存在していたとしたうえで，「何が成長を抑制したのか」（ジョーンズ 2007，8 頁）という視点からの分析をしている。ただし，それは「ヨーロッパの奇跡」の結論であるヨーロッパの優位性をアジア側から相対化したものといえなくもない。

によって近代工業化をなしとげた要因を，資源の賦存状況と利用可能性にもとめている。これは英国内における石炭と北米の潤沢な土地や，そこから産出される資源が産業革命で利用可能となったことを意味しており，彼が世界経済史の文脈で分析した『大分岐』における重要な論点でもある[20]。

　西欧の優位が近世の早い段階で確立していたという従来の東西比較の議論に衝撃をあたえたポメランツの主張であったが，一方で，その議論の組み立て方には多くの問題があるのも事実である。それはとくに，西欧に比較して統計資料が乏しい前近代中国について，誤った資料を無批判に利用していること，データの根拠が曖昧であることや，中国・日本の社会制度についての認識の誤りと偏りについて指摘できる[21]。また，中国でも最先進地域であったとはいえ一地域である揚子江沿岸地域と西欧全体を比較する手法についても無理があるかもしれない。

　とはいえ，ポメランツの，近世社会の18世紀までは東アジアの発展水準は西欧のそれと同等であったとする研究は，これまでの単純な東西の比較に疑問を投じたもので，とくに伝統的に西欧経済の優位性を主張してきた英語圏の比較経済史に大きなインパクトをもたらし，これをうけた活発な論争により各国

---

20) 一方でこの解釈は，歴史的に異なる発展経路を歩んできた西欧とアジアのそれぞれがもつ歴史的特性を無視しかねない危険性を内包しているかもしれない。発展経路の違いの問題については，ポメランツ自身も西欧・アジアのどちらかを規範とするような比較史を批判してはいる（ポメランツ2015，22頁）。しかし，議論全体としては，大分岐以前の西欧とアジアの共通した経済的指標をもとめるために中国経済の特性が捨象されがちとなっており，西欧型の経済発展論のロジックからは完全に脱却しきれていないきらいがある。これは，つまるところ，近代工業化を前提とした比較経済発展を論じる際に，なぜ中国が西欧のようになれなかったのか，という命題に帰着してしまう危険性が存在するともいえる。また，ポメランツは西欧に対峙するアジアとして，主に中国を対象とした議論を進めており，日本については中国と同じアジアの小農社会としてまとめられてしまっているが，中国と日本のそれぞれの発展経路はまったく異なるものであったことは自明である。重要なのは，そうした東西の「大分岐」が発生するにいたるまでの各国・各地域における発展の歴史的経路の差にこそもとめられるべきことであろう。本書においても，こうした視角を意識していく必要があるが，ここでの最終的な目的としては歴史的国民計算の推計を軸としているため，この議論に関連する箇所において触れるにとどめ，深くは立ち入らないこととする。

21) ポメランツの議論における個々の問題点については，村上（2015；2016）の具体的な指摘を参照した。

の国際比較が進んだことは，現在の世界経済史研究の動向をみれば明らかであろう[22]。本書の GDP 推計は，こうしたグローバル・ヒストリーの文脈において新たな議論の材料を提供するものであると考える。

## 2　本書の推計の考え方と方法

　本書の最終的な目的は，前近代日本の超長期の歴史的国民計算の推計である。一般に，GDP すなわち国内総生産という経済指標は，ある国で 1 年間に生み出された財・サービスの総量を把握することを目的とした統計であり，それは国内の総所得に等しくなる[23]。英国の中世から近代初頭までの経済成長を分析したスチーブン・ブロードベリらの研究によれば，歴史的国民計算の枠組みとして定義される GDP の計測方法は，所得，支出，生産からの大きく 3 通りに分類される（Broadberry et al. 2015）。これは，GDP は所得面・支出面・生産面のいずれからみても等しくなるという一般的な GDP 計算の三面等価の原則に則ったものであるが，以下，このブロードベリらによる分類・定義を参照して，日本の前近代の歴史的国民計算にこれら計測方法を適応することについて，その可能性を検討してみよう。

　まず所得面からの計算は，生産要素（労働，資本，土地）を提供している労働者，資本家，地主がその対価をえること，すなわち，生産物がそれぞれの提供者に分配されるという意味となる（したがって，これは分配面からの計算とも

---

22) 西欧中心史観に対する新しい中国経済史については，ポメランツ以前にも彼と同じ英語圏の中国経済史研究の主要グループであるカリフォルニア学派のウォン・ビンやジェイムズ・リーらによる研究などがあったが（Wong 1997，Lee and Feng 1999 など），ポメランツの「大分岐」の提起は，その内容の斬新さからより大きなインパクトがあった。ジョーンズの『ヨーロッパの奇跡』以降の東西の比較経済史の動向および評価については，杉原（2003；2010；2012），篠塚（2003），斎藤（2008）を参照。

23) なお，国内総生産（GDP）に対して，国民総所得（Gross National Income：GNI）という概念もある。GNI は生産がおこなわれた場所が，国内・国外を問わず，ある国の人間・企業などについて，その国の居住者の所得を総計したものであり，GDP はある国の人間・企業であるかを問わず，その国の国土で生産された総量を計算したものである。

いえる）。それぞれの生産要素に帰属する所得は，労働者の所得，企業の所得，地代というかたちで以下のようにあらわされる。

$$NI = W + P + R \tag{0.1}$$

$NI$ は国内全体の総所得（national income），$W$ は労働者所得すなわち労働者の賃金（wage＝labour income），$P$ は企業の営業余剰としての利潤（profit＝interest income），$R$ は帰属地代（rent＝rental income）をあらわし，この場合，所得の総和（$NI$）が GDP となる。前近代社会には現代社会のような政府統計は存在しないため，これらの要素の総量をそれぞれ推計する必要がある。その推計方法は，たとえば，労働者所得は「1 日あたり賃金率×労働日数」，営業余剰は「資本収益×株式資本」，帰属地代は「家賃・地代×土地面積」という方法が考えられる。しかし，これら各要素を推計するためのデータは，労働者所得については豊富な中世・近世の実質賃金データが存在するが，古代のデータの整備はいまだ不十分な状態である。帰属地代についても利子率の情報は歴史資料に散見されるが，これらの情報を加工して統計的に利用可能なデータとするレベルにまでは整備されていない。営業余剰を構成する資本収益や株式資本についてはその概念自体が前近代社会にあてはめられるかどうか，もしあてはめられたとしても推計することは非常に難しいといえよう。したがって，所得面からのアプローチによる歴史的国民計算は現実的でない。

　次に，生産物がどのような用途に消費されているかという関心から，GDP は以下の支出面からの定義によってもあらわされる。

$$AE = C + I + G + NX \tag{0.2}$$

$AE$ は国内における総支出（aggregate expenditure），$C$ は一般家計が購入した消費すなわち民間消費（consumption＝gross private consumption），$I$ は将来使うために購入した財すなわち民間投資（investment＝gross private investment），$G$ は政府および地方政府による財・サービスの購入すなわち政府支出（government expenditures），$NX$ は諸外国との貿易における輸出から輸入を引いた純輸出（net exports ＝exports－imports）となり，これら支出の和 $AE$ が GDP と定義される。この場

合，消費および投資のデータそのものが存在しておらず，その推計も絶望的な状況である。政府による財・サービスの購入については，古代の律令国家および近世の徳川時代はある程度の政府活動の把握は可能であるが，中世における事実上の中央集権政治の不在期の問題がある。輸出入については，徳川時代は長崎貿易にかんする幕府・オランダ双方の資料からある程度の数値をえることは可能かもしれないが，中世末期から徳川時代初頭の 17 世紀前後の東アジア・東南アジア圏での貿易，中世の中国大陸との貿易などの推計にかんする課題は大きく，支出面からの歴史的国民計算も難しいといえる。

　最後に考えられるのが生産面からのアプローチである。前近代日本の資料・データの特質は，その豊富な生産量データにあり，それは長期にわたって入手することが可能である。とくに農業部門においては，中世のような統計分析に耐えうるデータの取得が困難な時期も存在するが，古代から一貫して利用可能である。非農業部門については諸外国と同様にまとまった資料は存在しないが，西欧のいくつかの国では都市化率などの代理変数を利用した間接的なアプローチによる推計をしており（Malanima 2011, Álvarez-Nogal and Prados de la Escosura 2013, Pfister 2011），これらの方法を日本に応用することは可能である。Broad-berry et al.（2015）は，この場合の GDP は農業生産部門，非農業生産部門，サービス部門の各生産量の和から構成されると定義しているが，本書では，GDP を構成する各部門の定義を以下のように考える[24]。

　総生産量＝第一次部門の生産量＋第二次部門の生産量＋第三次部門の生産量

(0.3)

この場合，総生産量（total output）が GDP となる。この各部門における生産量は付加価値にて表示される必要がある。米が加工され酒となり，それが酒屋によって販売されることは，それぞれが第一次部門，第二次部門，第三次部門で

---

24) 本書での産業部門の区分は，第一次部門は農業，林業，水産業，第二次部門は鉱業，製造業，建設業，第三次部門は商業・サービス業，運輸・通信・公益業の各産業区分としている。なお，近年「産業」という言葉は多くの意味で使われているが，本書ではサブ・セクター（鉱工業，商業・サービス業など）の意味に限定して使用している。

の生産活動となっている，というようにである。しかし，そうした米，酒，酒屋の生産量推計をするとき，そこには二重計上の問題が存在する。これら品目の生産量は付加価値ベースであらわされる必要があるが，付加価値率を前近代社会において計算することは，現実問題として不可能であることは認めざるをえない[25]。ただし，本書における歴史的国民計算の枠組みは，まず石高を基礎とした農業部門（もしくは第一次部門）について生産方面から推計をおこない，そこに間接的なアプローチによる非農業部門（第二次・第三次部門）を推計するものである。よって，非農業部門は生産方面から推計されておらず，二重計上の問題はある程度は避けることが可能であると考える。また，その石高の定義とは，ある土地のあらゆる生産力を米の収穫量に換算してあらわされるものであるため，その意味では，石高とは米を価値尺度として集計された生産物についての産出量統計，すなわち GDP の概念に近いものとして解釈することができる。よって，本書では大枠として生産面からのアプローチによる GDP 推計により歴史的国民計算を算出することとなる。ただし，生産データが存在しない非農業部門の推計では都市化率をもちいた間接的な方法をとり，また，全国的石高データが存在しない中世の農業部門については，賃金データにもとづく需要関数を利用した推計をおこなう。これらは，支出面・所得面からの推計でもある。したがって，推計の基本的な枠組みは生産面からの推計，つまり，各生産部門の積み上げによってつくられることになっているが，中世の農業部門，第二次・第三次部門など部分的には消費方面からの推計も適用されることから，本書における推計は，生産面と消費面のハイブリッド・アプローチとなる。


## 3 本書の構成

本書の各章に設定された研究テーマには，さまざまな問題関心による先行研究の蓄積があるが，その方法は，超長期の経済成長について生産や消費などに

---

25) この問題は前近代における歴史的国民計算の推計がかかえる問題であり，その限界については引用した Broadberry et al.（2015）も認めている。

かんする経済諸量を推計し分析するものである。よって，本書の大半は各項目の時系列の推計に重点をおくことになる。また，かぎられたデータ状況下では，ある品目・部門について資料から直接的にえられる情報がほとんど存在しないことも十分にありうる。その場合，相互に依存する関係にある他の品目・部門の数値を利用して推計をおこなう。つまり，インダイレクト・アプローチによる推計である。推計はいくつかの期間に分けておこなわれるが，それらを接続したときに，長期の経済成長として不自然なトレンドとならないよう確認する必要もある。その意味では，ある推計の結果は他の推計の結果に重大な影響をもつことになり，それらを相互に比較・検証することによって，推計値の頑健性は確認できるものと考えている。

　以下，各章について説明する。

　第Ⅰ部では，前近代社会の経済的柱であった農業生産を推計する。第1章は，古代における農業生産と経済成長について，古代日本の経済的柱である農業生産における諸要素の推計を試み，奈良時代から平安時代にかけての約480年間の長期にわたる経済成長を数量的に把握することを目的としている。具体的には，奈良時代，平安時代前半・後半の各時期について文献資料からえられた数値データを利用して，耕地面積，土地生産性，農業生産量を推計し，古代日本の経済社会のパフォーマンスを検討する。また，粗放的であったとされる古代農業について，土地資料からの数的情報を利用して実際の耕作地率を推定し，その結果を補論1としてまとめる。

　第2章は，中世の農業生産量を推計する。推計の基礎となる土地資料が不足している中世ではあるが，本章では荘園資料を利用した推計，および西欧諸国で使われる賃金データをもちいた需要関数による農業消費量を推計し，両推計方法による結果を比較する。後者は消費という点に着目した需要サイドからの推計であり，前者の土地資料からダイレクトに推計する方法は生産側，すなわち供給サイドからの推計となる。推計された結果は，日本中世史における先行研究の成果・文献資料もふまえたうえで，古代から近世初頭までの長期のトレンドのなかで検討されることになる。

　第3章は，幕府資料・明治政府の統計資料をもちいて徳川時代から明治期初

頭にかけての農業生産量を推計する。よく知られているように，石高であらわされていた徳川時代の生産データの数値は過少であり，その補正が必要となるが，ここでは中村（1968）によって提示された近世の土木工事にかんする統計データを利用した全国石高の推計方法を，地域別に推計する。推計にあたっては，先行する中村哲による推計やそれを基礎とした速水・宮本（1988）における石高系列を批判的に検証し，新たに近世期の石高系列を再推計する。

　第II部では，経済成長の指標としての人口の推移を，全国人口および都市人口について概観する。また，ここでまとめられた人口推計からえられる都市化率と人口密度は非農業部門の生産量推計，1人あたり生産量の推計の際に利用されることになる。第4章は，古代から明治期初頭までを対象に全国人口について先行研究を中心にサーベイし，日本の前近代社会の全国人口変動を確認する。前近代日本の人口推計については複数の研究者による系列が存在するため，それぞれの推計の根拠およびそれが描く人口成長の要因について分析する。

　第5章は，古代から明治期初頭までの都市人口について，先行研究のサーベイに加えて，中世・徳川時代については新たに推計を試みることで，長期の都市人口の時系列分析をおこなう。また，これまで確定的な推計のなかった徳川時代を通じた江戸の都市人口を身分別に推計し，その結果を補論2としてまとめる。

　第III部は，数的情報が存在しない非農業部門の生産量推計をおこない，第I部で推計した農業生産量ともあわせて長期の総生産量を推計する。第6章では，徳川時代から明治期初頭にかけての非農業生産部門（第二次部門・第三次部門）の生産量推計をおこなう。これらの部門における数的データは存在しないため，ここでは西欧諸国の歴史的GDP推計の際に使われる都市化率をもちいて推計をする。ただし，その適用には日本近世の農村工業の発展を考慮して新たに人口密度の要素が加えられる。また，推計の結果，えられた各部門の生産量を利用して徳川時代のGDP推計を試み，その成長のプロセスを分析する。

　第7章は，これまでの各章および補論において推計された経済諸量を利用して，古代から明治期初頭までの超長期にわたるGDPを推計する。また，その結果を世界各国の最新のGDP推計値に照らして超長期の国際比較をおこなう

ことによって，前近代日本の経済成長の特質を明らかにする。

終章は，本書の総括と今後の課題にあてられる。

なお，本書は超長期の時系列分析をあつかうものであるが，経済諸量の基本単位にかんして日本は歴史的に度量制（面積・容量）の不統一・変更を経験しているため，それら単位の変遷および換算方法については巻末付録で述べる。

## む　す　び

以上が，本書の設定する日本の超長期の経済成長にかんする課題と，それに対する研究方法の概観である。具体的な推計と分析は各章にて検討される。

各章に入る前に，本書のような数量経済史による歴史への接近は，日本の歴史研究においてどのように位置づけられるかを再度確認しておく。時系列データが量的にも質的にも制約される前近代社会において数量的アプローチを試みること，さらに 1000 年以上という超長期的な分析をすることは，文献資料の掘り起こし，そして引用資料一点一点のコンテンツの解釈を重視する歴史研究の方向性とは大きく異なるものである。推計を中心とした数量的分析によって近代以前の日本の経済社会に長期的な考察を加える方法は，これまでの通説に対してまったく反対の議論を挑む可能性がある。極端な場合は，先行研究に対して破壊的な結論を提示する可能性もあるかもしれない。しかし一方では，本書において示された時系列データの推計や分析が，先行研究における議論を補強する側面ももちあわせており，いずれにせよ経済史研究だけでなく歴史研究そのものにおける議論を豊かにすることに変わりはないと考えている。

これを世界経済 2000 年間の GDP を推計したマディソンの言葉を借りていいかえるなら，推計による数量化とは「質的分析があいまいなままに残した諸問題を明瞭なかたちにして解明する」ことを可能にし，また「学術的討論を先鋭化し，相対立する仮説の提出を促進し，研究過程の活発化に貢献する」ために必要な作業といえる（マディソン 2004, 18 頁）。本書での超長期にわたる推計は，そうした日本経済史における数量的把握のモノグラフでもある。

第 I 部

農業生産量の推計

# 第1章
# 古代の農業生産量の推計

## はじめに

　本章の目的は，古代日本の経済的柱である農業生産における諸要素について，奈良時代から平安時代にかけての長期の推計を試み，数量的に把握することにある。年代としては，平城京が建設された 710 年から平氏政権滅亡の 1180 年代までの約 480 年間を対象とする。

　古代日本の社会にかんするイメージは，従来の通説では，土地・人びとは公地・公民として国家の管理下におかれていたが，土地私有の進展により荘園が広がったため，公地・公民の枠組みにたっていた律令国家は 8 世紀以降に崩壊していったと評価されていた[1]。しかし実際には，土地の公有は律令施行の段階では理念的な側面が強く，むしろ開墾地の私的所有を認めた墾田永年私財法（743 年）によって開墾田が律令国家の田図に登録されるようになったため，土地に対する中央の支配が深化し律令国家の基盤が確立され（吉田 1983）[2]，9 世紀には格式などの法典および官僚機構が整備され財政運営の中央集権化や地方官衙が確立したことなど，この時期に古代国家は政治編成を深化させて新たな

---

1) この土地私有制度によって律令国家が衰退するという考え方は，現在の日本古代史の研究ではほぼ否定されているが，中学・高校の歴史教科書においてはそうした記述がなされていた（吉村 2005，45–56 頁）。
2) 吉村（1996）も「公田・公地制」が律令国家の土地制度の特質をあらわす概念であったとして「公地公民制」を否定しているが，墾田の解釈などいくつかの点で両者の見解は異なる（第 3 部 VI–VII）。

段階をむかえたことが近年の研究で明らかになっている（大津 1993, 吉川 2002a, b）[3]。律令国家の土地支配を支えた班田制そのものは，10 世紀頃に諸国の受領らによって直接支配される新たな土地支配の枠組みに再編された（三谷 2013）[4]。

この間の成長を支えた農業生産について数量的な分析を求めたものに，古代の田地における土地生産性（単位面積あたりの米の収穫量）の議論がある。田地の生産性を直接計算できる資料は現存しないため，そうした研究では主に法令資料および当時の土地資料をもちいた推計がおこなわれ，その結果をもとに当時の農民の生活水準が議論されてきたが，いまだ明確な結論は出ていない（詳細は後述する）[5]。

もっとも，古代には数量的分析に耐えうる資料が少なく，上記の議論や推計も非常に断片的な資料に依拠せざるをえなかった。本章もそうした資料的制約下において推計を試みるものであるが，古代という比較的長期の時系列分析を通じて，日本全体でどのような経済的変化が発生していたかを数量的に概観することは，これまでの古代史研究に対して整合的であるか否かという議論も含めて，新たな問題提起をするという作業になるのではないだろうか[6]。

以下，次節より古代日本の経済成長の推移について農業生産を軸に分析していくこととする。第 1 節では耕地面積，第 2 節では土地生産性をそれぞれ推計し，それらをもとに第 3 節では農業生産量にかんする数値を導きだす。第 4 節では推計結果から考えられる古代の経済成長を検討する。最終節は小括にあてられる。

---

3) 平安時代中期以降の政治社会は律令国家から「王朝国家」への移行期とされてきたが，大津透はこの時期に中央政府の支配が全国に強化拡大されたことを指摘し，再編成された古代国家としての「後期律令国家」と位置づけている。

4) 古代日本の概観については通説の記述にとどめたが，本文であげた研究以外にも，坂本（1972），彌永（1980），泉谷（1972），山尾（2003），木村（2010a, b），服部（2012）なども参考にした。古代土地制度の研究史については，三谷（2014）を参考にした。

5) 土地生産性の議論の研究史については，虎尾（1962），村山（1978）を参考にした。

6) 本章は農業生産を中心に議論を進めたため直接には触れなかったが，古代経済の成長をはかる尺度としての人口推計に，鬼頭（2000），澤田（1927），鎌田（2001，第二部第 XI 章），坂上（2007），Farris（2009）の研究がある。詳しくは，第 4 章を参照。

30　第 I 部　農業生産量の推計

　なお，本章では古代の成長の時期的変化をみるための区分として，奈良時代
(710-793 年)，平安時代前半（794-1000 年)，平安時代後半（1001-1191 年）の 3
つの時期区分を設定している。


# 1　耕作地面積の推計

## 1)　田　地

### ①奈良時代

　全国の田地面積を記録した奈良時代の資料は存在しないため，現存する他の
資料からの推計が必要となる。ここでは当時の行政単位の「郷」の数から田地
面積を求める[7]（郷数× 1 郷あたりの田地面積＝総田地面積)[8]。

　郷数は奈良時代前半の状況を反映しているとされる法令資料『律書残篇』の
ものをもちいる[9]。『律書残篇』には全国郷数 4012 が記載されているが，これ

---

7)　律令制下の地方行政は 50 戸 1 里を原則とする里制にておこなわれていたが，715 年に
　里を郷に改称し，その郷の下に新しい里をおく郷里制へと改変された。郷里制は短期
　間の施行後，739-740 年頃に里を廃止して 50 戸 1 里とする郷制となった（岸 1973，第
　X 章)。郷里制の施行時期については，考古資料をもちいた研究によって 717 年施行の
　可能性が指摘されている（鎌田 2001，第 2 部第 III 章)。
8)　この方法とは別に，律令で定められた口分田の班給方法と現存する戸籍資料から奈良
　時代の水田数を推計することも考えられる。制度上ではあるが，農民には身分・性
　別・年齢に応じて班給される田地が決まっていたことから，当時の 1 戸あたりの人数
　とその内訳から班給されていた口分田を計算し，これに口分田以外の水田を想定する
　ことによって，少なくとも国家が掌握しようとした田積数が推計できるからである。1
　戸あたりの班田数は，8 世紀前半の戸籍・計帳より集計して平均的な 1 戸あたりの人
　数と身分比・男女比・年齢比を出し，それに班田の規定によって各身分・性別・年齢
　によって班給田を割り当てることによって計算される。農民戸数についても，先行研
　究からの推計値による全国人口から都市人口を引けば算出は可能であるが，現時点で
　は全国人口・都市人口の推計値には議論の余地があり，それをそのまま使うには問題
　がある。都市についても，平城京に在住していた貴族・下級官人・庶民らが平城京外
　で口分田を耕作していたことも指摘されているが，その規模は不明である（北村 2013,
　80-125 頁)。また，班田数についての規定は実際には目標値であったことも指摘され
　ており（吉田 1983，V)，本章ではこの方法での推計をしなかった。
9)　『律書残篇』は古典保存会編（1934）収録のものを利用した。項目によっては他の年代

第1章　古代の農業生産量の推計　　31

は正規郷のみの数であって余戸・駅家・神戸の非正規郷の数は含まれていない
ため，それらの郷数も加える必要がある。奈良時代において郷数の構成が判明
する資料は少ないが，平安時代前半の状態をあらわしたとされる『和名類聚
抄』（以下，『和名抄』）記載の全郷数 4043 の内訳は正規郷 3808，余戸郷 100，
駅家郷 78，神戸郷 57 となっており[10]，ここでの正規郷 1 に対する非正規郷の
比率はそれぞれ 0.0263，0.0205，0.0150 となる。奈良時代から平安時代にかけ
て郷数の増減の可能性はあるが，いま仮にこの比を『律書残篇』の正規郷
4012 にもちいると余戸，駅家，神戸の郷数は 106，82，60 となる。1 郷あたり
の田地面積は，735 年の「相模国封戸租交易帳」における 14 郷の田地面積の
内訳から算出すれば，109.7 町から 225.8 町の範囲となる（表 1-1）。

　この範囲の数値から平均値や中央値などの具体的な数値を採用して 1 郷あた
り田地面積を特定すれば議論は明確になるが，本章のように限定的なデータに
もとづいた推計を試みる場合は，ある程度の範囲による推計値を採用すること
で議論に弾力性をもたせることが有効であると考えられる。図 1-1 は 1 郷あた
りの水田数の分布をあらわしたもので，階級幅を 10 町とした場合の最頻値は
170-180 町となるが，分布に偏りがあるため採用することはできない。ここで
は，えられた 14 郷のデータから 95 ％ の信頼度で区間推定を試み，信頼区間
として算出した 1 郷あたり 140.1 町から 180.5 町を利用する[11]。

───────────

　　の数値も記載されているが，郷数は 721 年から 737 年頃の状態を反映していることが
　　指摘されており（坂本 1989，東野 1981），ここでは奈良時代を反映したものと判断し
　　た。
10）郷数は大東急文庫本より計算した。元和古活字本では，正規郷の数が河内国・美作国
　　でそれぞれ 1 郷少なく播磨国で 2 郷多いため，全国合計値は同数となる。高山寺本・
　　名古屋市博物館本においても郷数は確認できるが，一部国郡の郷数が不明であるため
　　利用しなかった。
11）1 郷あたり水田数の平均は 160.3 町，標準誤差が 9.36 町，このデータの自由度 13 にお
　　ける t 分布の両側 5 ％ 点は 2.16 となることから，$160.3 - 2.16 \times 9.36 \leqq \mu \leqq 160.3 + 2.16$
　　$\times 9.36$。なお，中央値 167.2 町，観測値の 50 ％ が含まれる四分位範囲 46.2 町（第 1 四
　　分位数 130.7 町，第 3 四分位数 176.9 町）の数値をえたが，観測数そのものが極端に少
　　ないことから，これら数値は採用しなかった。ただし，これら数値の上限値は信頼区
　　間に含まれている。また，最小値と最大値（109.7-225.8 町）の範囲を採用すると極端
　　に過小もしくは過大となる可能性がある。

32　第I部　農業生産量の推計

**表 1-1　奈良時代の 1 郷あたりの水田数**

| 封戸名 | 郡 | 郷 | 戸数 | 水田数<br>(町. 段. 歩) | 1郷あたり水田数<br>(町) |
|---|---|---|---|---|---|
| 皇后宮封戸 | 足下郡 | 垂水郷 | 50 | 172. 3. 240 | 172.3 |
|  | 余綾郡 | 中村郷 | 50 | 167. 1. 107 | 167.1 |
| 舎人親王封戸 | 足上郡 | 岡本郷 | 50 | 123. 0. 236 | 123.0 |
|  | 足下郡 | 高田郷 | 50 | 167. 3. 259 | 167.3 |
|  | 余綾郡 | ― | 150 | 387. 9. 140 | 129.3 |
|  | 鎌倉郡 | 尺度郷 | 50 | 225. 8. 27 | 225.8 |
|  | 〃 | 荏草郷 | 50 | 149. 4. 236 | 149.4 |
| 藤原武智麻呂封戸 | 大住郡 | 仲島郷 | 50 | 216. 7. 342 | 216.7 |
| 山形女王封戸 | 御浦郡 | 走水郷 | 50 | 118. 4. 76 | 118.4 |
| 鈴鹿王封戸 | 高座郡 | 土甘郷 | 50 | 178. 6. 353 | 178.6 |
| 檜前女王封戸 | 御浦郡 | 氷蛭郷 | 40 | 109. 7. 153 | 109.7 |
| 三島王封戸 | 大住郡 | 埼取郷 | 50 | 178. 2. 308 | 178.2 |
| 高田王封戸 | 鎌倉郡 | 鎌倉郷 | 30 | 135. 0. 109 | 135.0 |
| 大官寺封戸 |  |  | 100 | 345. 9. 301 | 173.0 |

　注）平均値 160.3 町，中央値 167.2 町，四分位範囲 46.2 町（第 1 四分位数 130.7 町，第 3 四分位数 176.9 町）。1 郷あたり水田数における歩の単位は切捨てにて計算。郷数・郷名が不明なものは 1 郷あたり水田数を 1 郷＝50 戸にて算出した。氷蛭郷・鎌倉郷は 50 戸を下回るため，それぞれの水田数をそのまま 1 郷のものとしている。舎人親王封戸余綾郡と大官寺封戸の郷名は不明。なお，1 郷あたり水田数を階級幅 10 町でみた場合の分布は図 1-1 を参照。
　資料）「相模国封戸租交易帳」（宮内庁正倉院事務所編 1988，256-260 頁）より作成。

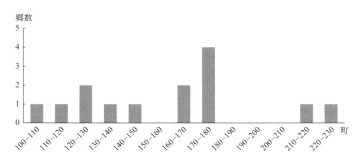

**図 1-1　奈良時代の 1 郷あたりの水田数の分布**

注・資料）表 1-1 より作成。範囲は，以上・未満。

第 1 章　古代の農業生産量の推計　　**33**

表 1-2　郷数から推計した奈良時代の水田数

| | 1 郷あたり戸数 | 1 郷あたり水田（町） | 『律書残篇』記載の郷数 | 水田数（町） |
|---|---|---|---|---|
| 正規郷 | 50 | 140.1–180.5 | 4,012 | 562,081.2–724,166.0 |
| 非正規郷 | | | | |
| 　余戸郷 | 25 | 70.05–90.25 | 106 | 7,425.3–9,566.5 |
| 　駅家郷 | 25 | 70.05–90.25 | 82 | 5,744.1–7,400.5 |
| 　神戸郷 | 25 | 70.05–90.25 | 60 | 4,203.0–5,415.0 |
| 計 | | | | 579,453.6–746,548.0 |

注・資料）『律書残篇』の正規郷数に『和名抄』の郷数比、「相模国封戸租交易帳」からの
　　　　郷あたり田数を利用して推計。推計の詳細は本文参照。

　また，規定では 50 戸に満たない郷は非正規郷とみなされたので，いま仮に
非正規郷の戸数を正規郷の半分として 25 戸とすれば[12]，その 1 郷あたり田地
面積は 70.05 町から 90.25 町となる。これらの関係から計算すれば，奈良時代
の田地面積として 57 万 9453.6 町から 74 万 6548.0 町という範囲の数値をえる
ことができる（表 1-2）[13]。

### ②平安時代前半・平安時代後半

　平安時代以降に編纂された文献資料のなかには『和名抄』，『拾芥抄』，『掌中
歴』，『色葉字類抄』，『海東諸国紀』など諸国の田地面積を田積数として記録し
たものが存在する[14]。表 1-3 の A，B，C の各パネルは，これら資料の田積数
をまとめたものである。彌永貞三は，これら資料の成立・伝来および数値を詳
細に比較検討した結果，平安時代には 2 系統の田積数が存在することを指摘し
ており，それによれば，系統の 1 つは『和名抄』系で『掌中歴』がそれに属し
ており，もう 1 つの系統『色葉字類抄』系とも関連が深く，『和名抄』と『色
葉字類抄』の中間に位置する存在とした。『色葉字類抄』系では，『拾芥抄』が

---

12）非正規郷の戸数 25 は，坂上（2007）の人口推計における仮定にしたがった。

13）奈良時代の時点では律令政府による日本列島の実効支配は完全ではなかったが，東国
　　では農民の入植が進められていたこと，南九州の隼人への班田は免除されていたが田
　　租・調庸は賦課されていたことから（宮原 2014，第 II 部第 2 章），本章ではこれら地
　　域を含めた範囲を想定している。なお，蝦夷地・琉球は含まれていない。

14）本書では『和名類聚抄』・『倭名類聚抄』は『和名抄』に，『色葉字類抄』・『伊呂波字類
　　抄』は『色葉字類抄』に統一している。

34　第 I 部　農業生産量の推計

その原形を最もよく伝えているとし，また『海東諸国紀』は平安時代以来の
諸々の田積数を取捨選択し，部分的に新資料にて補正を加えたものとされてい
る（彌永 1980，351-387 頁）。このことから，平安時代の田積数は『和名抄』と
『拾芥抄』によって決定されることになるといえる。彌永は『和名抄』記載の
出挙稲の記載が『延喜式』と大体一致することを指摘し，『拾芥抄』の田積数は
平安時代末期を降らないものと結論づけた。本章ではこの説にしたがい，『和名
抄』および『拾芥抄』記載の田積数をそれぞれ平安時代前期・後期のものとして
あつかう[15]。

　『和名抄』および『拾芥抄』の田積数は『大日本租税志』収録の数値が利用
されることがあるが，『大日本租税志』はその典拠を明確にしておらず，その
まま利用することはできない。また，各文献資料に記録された田積数は相互に
関連性をもっているので，それらの田積数を相互に比較することで数値を補正
することも考えられる。先行研究でも『和名抄』とこれら諸本を比較して田積
数を検討するものが存在するが，本章ではそれを採用しない[16]。

　もっとも，『和名抄』と『拾芥抄』の原形本は存在しておらず，諸々の写
本・活字本が伝来するのみである。これら諸本に記載された田積数は一定して
いないので[17]，これら諸本のなかからどの数値が原形本に近いものかを特定す
ることは難しいが，一方で，大まかではあるもののそれぞれの写本・活字本に
当時の田積数を反映している可能性があるともいえよう。よって『掌中歴』や
『色葉字類抄』など他の類書を利用した補正はせず，『和名抄』と『拾芥抄』そ

---

15) 九条家本『中右記』紙背文書である「摂津国租帳」における摂津国の各郡の田数の合
　計値は 1 万 2526.7 町となり，『和名沙』の同国田数と近似する（資料は「摂津国租帳
　案」〔東京大学史料編纂所編 1999，388-426 頁〕を利用した）。「摂津国租帳」は従来
　12 世紀頃の内容とされてきたが，田積については 9 世紀後半の状況を示すものとの指
　摘がある（吉川 2002b）。
16) 彌永の指摘のように『色葉字類抄』や『掌中歴』などの田積数が『和名抄』や『拾芥
　抄』からの系譜をひくことは事実であったとしても，原形本の数値であるかを判断す
　ることは現実的には不可能であるからである。なお，他の諸本と比較検討したものに
　は，桑原公徳の一連の研究がある（桑原 1973；1976；1978）。
17) 各本を比較すると，少なくない数の国において数値の乖離や不自然な数値が確認でき
　る。これらの原因は，原資料が増補を重ね，また写本として筆写を繰り返す過程で誤
　記や脱落があった可能性が指摘されている（桑原 1978，坂上 2007）。

第1章　古代の農業生産量の推計　　35

**表 1-3**　文献にあらわれた古代の田積数

A. 『和名抄』諸本記載の田積数

（単位：町．段．歩）

| 地　　域 | | 大東急記念文庫本 | 名古屋市博物館本 | 元和古活字本 |
|---|---|---|---|---|
| 畿内 | 山城 | 8,961. 7. 290 | 8,961. 7. 290 | 8,961. 7. 290 |
| | 大和 | 17,905. 9. 180 | 17,750. 9. 80 | 17,905. 9. 180 |
| | 河内 | 11,338. 4. 160 | 14,338. 4. 160 | 11,338. 4. 160 |
| | 和泉 | 4,569. 6. 357 | 4,569. 6. 357 | 4,569. 6. 357 |
| | 摂津 | 12,525. 0. 178 | 12,525. 0. 178 | 12,525. 0. 178 |
| 東海道 | 伊賀 | 4,051. 1. 41 | 4,055. 1. 31 | 4,051. 1. 41 |
| | 伊勢 | 18,130. 6. 245 | 18,130. 6. 235 | 18,130. 6. 245 |
| | 志摩 | 124. 0. 94 | 124. 0. 90 | 124. 0. 94 |
| | 尾張 | 6,820. 7. 310 | 9,450. 8. 185 | 6,820. 7. 310 |
| | 三河 | 6,820. 7. 310 | 6,820. 7. 310 | 6,820. 7. 310 |
| | 遠江 | 13,611. 3. 35 | 13,611. 3. 35 | 13,611. 3. 35 |
| | 駿河 | 9,063. 2. 165 | 9,063. 2. 165 | 9,063. 2. 165 |
| | 伊豆 | 2,110. 4. 112 | 2,110. 4. 12 | 2,110. 4. 112 |
| | 甲斐 | 12,249. 9. 258 | 12,204. 9. 258 | 12,249. 9. 258 |
| | 相模 | 11,236. 1. 91 | 11,236. 1. 91 | 11,236. 1. 91 |
| | 武蔵 | 35,574. 7. 96 | 36,574. 7. 96 | 35,574. 7. 96 |
| | 安房 | 4,335. 8. 59 | 24,335. 8. 59 | 4,335. 8. 59 |
| | 上総 | 22,846. 9. 235 | 22,846. 9. 235 | 22,846. 9. 235 |
| | 下総 | 26,432. 6. 234 | 26,432. 6. 234 | 26,432. 6. 234 |
| | 常陸 | 40,092. 6. 112 | 49,002. 6. 110 | 40,092. 6. 112 |
| 東山道 | 近江 | 33,402. 5. 184 | 32,402. 5. 184 | 33,402. 5. 184 |
| | 美濃 | 14,823. 1. 65 | 4,823. 1. 65 | 14,823. 1. 65 |
| | 飛驒 | 6,615. 7. 4 | 6,615. 7. 4 | 6,615. 7. 4 |
| | 信濃 | 30,908. 8. 140 | 30,937. 0. 44 | 30,908. 8. 140 |
| | 上野 | 30,937. 0. 144 | 30,937. 0. 44 | 30,937. 0. 144 |
| | 下野 | 30,155. 8. 4 | 30,937. 0. 35 | 30,155. 8. 4 |
| | 陸奥 | 51,440. 3. 99 | 51,430. 3. 95 | 51,440. 3. 99 |
| | 出羽 | 26,109. 2. 51 | 26,192. 0. 51 | 26,109. 2. 51 |
| 北陸道 | 若狭 | 3,077. 4. 48 | 3,077. 4. 48 | 3,077. 4. 48 |
| | 越前 | 12,066. – | 23,576. – | 12,066. – |
| | 加賀 | 13,766. 7. 334 | 13,766. 7. 334 | 13,766. 7. 334 |
| | 能登 | 8,205. 8. 236 | 8,205. 8. 236 | 8,205. 8. 236 |
| | 越中 | 17,909. 5. 30 | 17,909. 5. 30 | 17,909. 5. 30 |
| | 越後 | 14,997. 5. 207 | 14,997. 5. 207 | 14,997. 5. 207 |
| | 佐渡 | 3,960. 4. – | 3,960. 4. – | 3,960. 4. – |
| 山陰道 | 丹波 | 10,666. 0. 262 | 16,066. 0. 262 | 10,666. 0. 262 |
| | 丹後 | 4,756. 0. 155 | 4,536. 7. 55 | 4,756. 0. 155 |
| | 但馬 | 7,555. 8. 5 | 7,555. 8. 5 | 7,555. 8. 5 |

（つづく）

36    第 I 部    農業生産量の推計

| 地　域 | | 大東急記念文庫本 | 名古屋市博物館本 | 元和古活字本 |
|---|---|---|---|---|
| | 因幡 | 7,914. 8. 208 | 7,916. 8. 208 | 7,914. 8. 208 |
| | 伯耆 | 8,161. 6.　88 | 8,841. 6. 180 | 8,161. 6.　88 |
| | 出雲 | 9,435. 8. 285 | 9,435. 8. 285 | 9,435. 8. 285 |
| | 石見 | 4,884. 9.　42 | 4,884. 9.　42 | 4,884. 9.　42 |
| | 隠岐 | 585. 2. 342 | 585. 2. 342 | 585. 2. 342 |
| 山陽道 | 播磨 | 21,414. 3.　36 | 21,246. 3.　36 | 21,414. 3.　36 |
| | 美作 | 11,021. 3. 256 | 18,621. 3. 256 | 11,021. 3. 256 |
| | 備前 | 13,185. 7.　32 | 13,185. 7.　32 | 13,185. 7.　32 |
| | 備中 | 10,227. 8. 252 | 10,883. 8. 252 | 10,227. 8. 252 |
| | 備後 | 9,301. 2.　46 | 9,201. 2. 236 | 9,301. 2.　46 |
| | 安芸 | 7,357. 8.　47 | 7,357. 8.　47 | 7,357. 8.　47 |
| | 周防 | 7,834. 3. 269 | 7,654. 3. 269 | 7,834. 3. 269 |
| | 長門 | 4,603. 4. 231 | 4,769. 4. 331 | 4,603. 4. 231 |
| 南海道 | 紀伊 | 7,198. 5. 100 | 7,198. 5. 100 | 7,198. 5. 100 |
| | 淡路 | 2,650. 9. 160 | 2,650. 9. 160 | 2,650. 9. 160 |
| | 阿波 | 3,414. 5.　55 | 5,445. 0.　55 | 3,414. 5.　55 |
| | 讃岐 | 18,647. 5. 266 | 17,947. 5. 266 | 18,647. 5. 266 |
| | 伊予 | 13,501. 4.　　6 | 14,825. 4.　16 | 13,501. 4.　　6 |
| | 土佐 | 6,451. 0.　　8 | 6,451. 0.　　8 | 6,451. 0.　　8 |
| 西海道 | 筑前 | 18,500　　－ | 19,765　　－ | 18,500　　－ |
| | 筑後 | 12,800　　－ | 12,828　　－ | 12,800　　－ |
| | 肥前 | 13,900　　－ | 14,432　　－ | 13,900　　－ |
| | 肥後 | 23,500　　－ | 23,588　　－ | 23,500　　－ |
| | 豊前 | 13,200　　－ | 17,377　　－ | 13,200　　－ |
| | 豊後 | 7,500　　－ | 7,500　　－ | 7,500　　－ |
| | 日向 | 4,800　　－ | 7,346　　－ | 4,800　　－ |
| | 大隅 | 4,800　　－ | 3,773　　－ | 4,800　　－ |
| | 薩摩 | 4,800　　－ | 4,640　　－ | 4,800　　－ |
| | 壱岐 | 620　　－ | 555　　－ | 620　　－ |
| | 対馬 | 428　　－ | 428　　－ | 428　　－ |
| 全 国 計 | | 862,796. 9. 339 | 923,408. 3. 111 | 862,796. 9. 339 |

注）1 町＝10 段，1 段＝360 歩（パネル B・C も同様）。単位の変遷については本書巻末の
付録「度量制にかんする若干の解説」を参照。
資料）古辞書叢刊刊行会編（1973b），名古屋市博物館編（1992），京都大学文学部国語学国
文学研究室（1968）より作成。

## B.『拾芥抄』諸本記載の田積数

(単位：町．段)

| 地　　域 | | 尊経閣文庫本 | 大東急記念文庫本 | 天文 23 年本 | 慶長年間本 | 明暦 2 年本 |
|---|---|---|---|---|---|---|
| 畿内 | 山城 | 8,961 | 8,961 | 8,961 | 8,961 | 8,961 |
| | 大和 | 7,005.7 | 7,005.7 | 17,005.7 | 7,005.7 | 17,005.7 |
| | 河内 | 977 | 10,977 | 10,977 | 19,077 | 19,077 |
| | 和泉 | 4,126 | 4,126 | – | 4,126 | 4,126 |
| | 摂津 | 11,314 | 11,314 | 11,355 | 11,314 | 11,214 |
| 東海道 | 伊賀 | 4,055 | 4,055 | 4,055 | 4,055 | 4,055 |
| | 伊勢 | 19,024 | 19,024 | 19,024 | 19,024 | 19,024 |
| | 志摩 | 4,917 | 4,917 | 4,917 | 4,917 | 4,917 |
| | 尾張 | 11,930 | 11,930 | 11,930 | 11,930 | 11,930 |
| | 三河 | 7,054 | 7,054 | 7,054 | 7,054 | 7,054 |
| | 遠江 | 12,967 | 12,967 | 12,967 | 12,967 | 12,967 |
| | 駿河 | 9,797 | 9,797 | 9,797 | – | 9,797 |
| | 伊豆 | 2,814 | 2,814 | 2,814 | 2,814 | 2,814 |
| | 甲斐 | 10,043 | 10,043 | 10,043 | 10,043 | 10,043 |
| | 相模 | 11,486 | 11,486 | 11,486 | 11,486 | 11,486 |
| | 武蔵 | 51,540 | 51,540 | 51,540 | 51,540 | 51,540 |
| | 安房 | 4,362 | 4,362 | 4,362 | 4,362 | 4,362 |
| | 上総 | 22,666 | 22,666 | 22,666 | 22,366 | 22,366 |
| | 下総 | 33,000 | 33,000 | 33,000 | 32,038 | 32,038 |
| | 常陸 | 42,038 | 42,038 | 42,038 | 42,038 | 42,038 |
| 東山道 | 近江 | 33,450 | 33,450 | 33,450 | 33,450 | 33,450 |
| | 美濃 | 15,304 | 15,304 | 15,304 | 15,304 | 15,304 |
| | 飛驒 | 1,356 | 1,356 | 1,356 | 1,356 | 1,356 |
| | 信濃 | 1,656（30,520） | 1,656（30,529） | 1,656（30,929） | 1,656 | 1,656 |
| | 上野 | 28,534 | 28,534 | 28,534 | 28,534 | 28,534 |
| | 下野 | 27,460 | 27,460 | 45,077 | 27,460 | 27,460 |
| | 陸奥 | 45,077 | 45,077 | 45,077 | 45,077 | 45,077 |
| | 出羽 | 38,628.5（56,088） | 38,628.5 | 56,088 | 38,628.5 | 38,628.5 |
| 北陸道 | 若狭 | 3,139 | 3,139 | 3,139 | 3,139 | 3,139 |
| | 越前 | 23,576 | 23,576 | 23,576 | 23,576 | 23,576 |
| | 加賀 | 22,536 | 12,536 | 12,536 | 12,536 | 12,536 |
| | 能登 | 8,479 | 8,479 | 8,479 | 8,479 | 8,479 |
| | 越中 | 21,399 | 21,399 | 21,399 | 21,399 | 21,399 |
| | 越後 | 23,738 | 23,738 | 23,738 | 23,738 | 23,738 |
| | 佐渡 | 4,870 | 1,870 | 1,870 | 4,870 | 4,870 |
| 山陰道 | 丹波 | 10,855 | 10,855 | 10,855 | 10,850 | 10,850 |
| | 丹後 | 5,537 | 5,537 | 5,537 | 5,537 | 5,537 |
| | 但馬 | 7,743 | 7,743 | 7,743 | 7,743 | 7,743 |
| | 因幡 | 8,016 | 8,016 | 8,016 | 8,016 | 8,016 |

（つづく）

38　第 I 部　農業生産量の推計

| 地　域 | | 尊経閣文庫本 | 大東急記念文庫本 | 天文 23 年本 | 慶長年間本 | 明暦 2 年本 |
|---|---|---|---|---|---|---|
| | 伯耆 | 8,842 | 8,842 | 8,841 | 8,842 | 8,842 |
| | 出雲 | 9,968 | 9,968 | 9,968 | 9,968 | 9,968 |
| | 石見 | 4,872 | 4,872 | 4,872 | 4,872 | 4,872 |
| | 隠岐 | 624 | 624 | 624 | 624 | 624 |
| 山陽道 | 播磨 | 21,236 | 21,236 | 21,236 | 21,236 | 21,236 |
| | 美作 | 11,616 | 11,616 | 11,616 | 11,616 | 11,616 |
| | 備前 | 13,206 | 13,206 | 13,206 | 13,206 | 13,206 |
| | 備中 | 10,883 | 10,883 | 10,883 | 10,883 | 10,883 |
| | 備後 | 9,298 | 9,298 | 9,698 | 9,298 | 9,298 |
| | 安芸 | 7,480 | 7,480 | 7,480 | 17,084 | 17,084 |
| | 周防 | 7,657 | 7,654 | 7,654 | 70,657 | 70,657 |
| | 長門 | 4,769 | 4,769 | 4,769 | 4,769 | 4,769 |
| 南海道 | 紀伊 | 7,119 | 7,119 | 7,190 | 7,119 | 7,119 |
| | 淡路 | 2,870 | 2,870 | 2,870 | 2,870 | 2,870 |
| | 阿波 | 5,245 | 5,245 | 5,245 | 5,245 | 5,245 |
| | 讃岐 | 17,943 | 17,943 | 17,943 | 17,943 | 17,943 |
| | 伊予 | 14,825 | 14,825 | 14,825 | 14,825 | 14,825 |
| | 土佐 | 6,173 | 6,173 | 6,173 | 6,173 | 6,173 |
| 西海道 | 筑前 | 19,765 | 19,765 | 19,765 | 19,765 | 19,765 |
| | 筑後 | 11,377 | 11,377 | 11,377 | 11,377 | 11,377 |
| | 肥前 | 13,462 | 13,462 | 13,462 | 13,462 | 13,462 |
| | 肥後 | 13,462 (23,462) | 23,462 | 23,462 | 13,462 | 13,462 |
| | 豊前 | 13,221 | 13,221 | 13,321 | 13,221 | 13,221 |
| | 豊後 | 7,570 | 7,570 | 7,570 | 7,570 | 7,570 |
| | 日向 | 8,298 | 8,298 | 8,298 | 8,298 | 8,298 |
| | 大隅 | 4,770 | 4,770 | 4,700 | 4,707 | 4,707 |
| | 薩摩 | 5,521 | 5,521 | 5,521 | 5,521 | 5,521 |
| | 壱岐 | 620 | 620 | 620 | 620 | 620 |
| | 対馬 | 620 | 620 | 620 | 620 | 620 |
| 全国計 | | 874,742. 2 (931,065.7) | 881,739. 2 (910,612.2) | 927,256. 7 (956,529.7) | 954,116. 2 | 964,016. 2 |

注）括弧内は資料中で注記された別数値とそれをもちいた集計値。天文 23 年本の全国合計値は和泉国の田積
　　数が未記載のため他の諸本の同国田積数 4126 町にて，慶長年間本の全国合計値は駿河国の田積数が未記
　　載のため他の諸本の同国田積数 9797 町にて，それぞれ補正して集計した（他の写本・活字本からの補正
　　値はすべて同数値である）。他に寛永 19 年版古活字本があるが，出雲国・石見国の印刷不具合箇所以外は
　　すべて慶長年間本と同数値のため省略した。
資料）前田育徳会尊経閣文庫編（1998a），築島編（2004），国立国会図書館デジタルコレクション WA7-103；
　　WA16-44；031.2-To388s-(s) より作成。

## C. 諸本記載の田積数①

(単位：町，段，歩)

| 地　域 | | 掌　中　歴 | | | 色葉字類抄 | |
|---|---|---|---|---|---|---|
| | | 続群書類従版 | 大東急記念文庫本 | 尊経閣文庫本 | 大東急記念文庫本<br>（10巻本） | 日本古典全集版<br>（10巻本） |
| 畿内 | 山城 | 8,961 | 8,961 | 8,961 | 8,962. 1 － | 8,962. 1 － |
| | 大和 | 17,850 | 17,850 | 17,850 | 17,750 － | 17,750 |
| | 河内 | 11,338 | 11,338 | 11,338 | 10,977 － | 10,977 |
| | 和泉 | 4,569 | 4,569 | 4,569 | 4,569. 6 － | 1,569. 6 |
| | 摂津 | 12,525 | 12,525 | 12,525 | 12,014 － | 12,014 |
| 東海道 | 伊賀 | 4,055 | 4,055 | 4,055 | 4,051. 1. 40 | 4,051. 1. 40 |
| | 伊勢 | 18,140 | 18,140 | 18,140 | | 18,130. 6. 245 |
| | 志摩 | 124 | 124 | 124 | | 4,917 |
| | 尾張 | 11,940 | 11,930 | 11,930 | | |
| | 三河 | 7,054 | 7,054 | 7,054 | 7,054 | 7,054 |
| | 遠江 | 13,611 | 13,611 | 13,611 | 12,987 | 12,987 |
| | 駿河 | 9,063 | 9,063 | 9,063 | 9,797 | 9,797 |
| | 伊豆 | 2,710 | 2,710 | 2,710 | 2,710. 4. 10 | 2,710. 4. 10 |
| | 甲斐 | 10,249 | 10,249 | 10,249 | 10,043 | 10,043 |
| | 相模 | 35,074 | 35,074 | 35,074 | 11,336. 1. 90 | 11,336. 90 |
| | 武蔵 | 35,074 | 35,074 | 35,074 | 36,691 | 36,691 |
| | 安房 | 4,245 | 4,245 | 4,245 | 4,335. 8. 359 | 4,325. 8. 359 |
| | 上総 | 21,876 | 21,876 | 21,876 | 22,666 | 22,666 |
| | 下総 | 21,432 | 21,432 | 21,432 | | 32,038 |
| | 常陸 | 49,912 | 49,912 | 49,912 | 42,038 | 42,038 |
| 東山道 | 近江 | 33,450 | 33,450 | 33,450 | 35,525 － | 35,525 |
| | 美濃 | 14,833 | 14,833 | 14,833 | 15,304 | 15,304 |
| | 飛騨 | 615 | 615 | 615 | 1,656 | 1,656 |
| | 信濃 | 37,460 | 37,460 | 37,460 | | 41,656 |
| | 上野 | 30,336 | 30,336 | 30,336 | 28,544 | 28,544 |
| | 下野 | 27,460 | 27,460 | 27,460 | | 27,460 |
| | 陸奥 | 51,162 | 51,162 | 51,162 | 45,077 | 45,077 |
| | 出羽 | 20,119 | 20,119 | 20,119 | 26,190. 3. 50 | 26,190. 3. 50 |
| 北陸道 | 若狭 | 3,077 | 3,077 | 3,077 | 3,149 － | 3,149 － |
| | 越前 | 47,502 | 47,502 | 47,502 | 23,576 － | 23,576 － |
| | 加賀 | 12,766 | 12,766 | 12,766 | 12,546 － | 12,546 |
| | 能登 | 8,205 | 8,205 | 8,205 | 8,479 | 8,479 |
| | 越中 | 17,009 | 17,009 | 17,009 | 21,359 | 21,359 |
| | 越後 | 14,997 | 14,997 | 14,997 | 23,738 | 23,738 |
| | 佐渡 | 3,870 | 3,870 | 3,870 | 3,906. 4 － | 3,906 |
| 山陰道 | 丹波 | 10,855 | 10,855 | 18,055 | 10,855 － | 10,855 － |
| | 丹後 | 4,756 | 4,756 | 4,756 | 5,537 － | 5,537 － |

（つづく）

## 40　第 I 部　農業生産量の推計

| 地域 | | 掌中歴 | | | 色葉字類抄 | |
|---|---|---|---|---|---|---|
| | | 続群書類従版 | 大東急記念文庫本 | 尊経閣文庫本 | 大東急記念文庫本<br>（10 巻本） | 日本古典全集版<br>（10 巻本） |
| | 但馬 | 7,115 | 7,115 | 7,115 | 8,841　　　– | 8,841　　　– |
| | 因幡 | 7,914 | 7,914 | 7,914 | 7,914. 8. 208 | 7,914. 8. 208 |
| | 伯耆 | 8,831 | 8,831 | 8,831 | 8,660　　　– | 8,660　　　– |
| | 出雲 | 9,968 | 9,968 | 9,968 | 9,435. 8. 85 | 9,435. 8. 85 |
| | 石見 | 4,844 | 4,844 | 4,844 | 4,884. 9. 42 | 1,884. 9. 42 |
| | 隠岐 | 585 | 585 | 585 | 624　　　– | 124　　　– |
| 山陽道 | 播磨 | 20,414 | 20,414 | 20,414 | 21,246　　　– | 21,246　　　– |
| | 美作 | 11,021 | 11,021 | 11,021 | 11,616　　　– | 11,616　　　– |
| | 備前 | 13,185 | 13,185 | 13,185 | 13,260　　　– | 13,260　　　– |
| | 備中 | 10,227 | 10,227 | 10,227 | 7,481　　　– | 7,481　　　– |
| | 備後 | 9,201 | 9,201 | 9,201 | 9,658　　　– | 9,658　　　– |
| | 安芸 | 7,834 | 7,834 | 7,834 | 7,480　　　– | 7,480　　　– |
| | 周防 | 7,834 | 7,834 | 7,834 | 7,658　　　– | 7,658　　　– |
| | 長門 | 4,902 | 4,902 | 4,902 | 4,769　　　– | 4,769　　　– |
| 南海道 | 紀伊 | 7,198 | 7,198 | 7,198 | 7,198. 5. 100 | 7,198. 5. 100 |
| | 淡路 | 2,137 | 2,137 | 2,137 | 2,650. 9. 160 | 2,650. 9. 160 |
| | 阿波 | 5,414 | 5,414 | 5,414 | 5,414. 5　– | 5,414. 5　– |
| | 讃岐 | 17,943 | 17,943 | 17,943 | 17,933　　　– | 17,933　　　– |
| | 伊予 | 15,121 | 15,121 | 15,121 | 15,501. 4. 6 | 15,501. 4. 6 |
| | 土佐 | 6,456 | 6,456 | 6,456 | 6,173　　　– | 6,173　　　– |
| 西海道 | 筑前 | 18,832 | 18,832 | 18,832 | 19,750　　　– | 19,750　　　– |
| | 筑後 | 23,828 | 23,838 | 23,828 | 22,828　　　– | 22,828　　　– |
| | 豊前 | 13,278 | 13,278 | 13,278 | 13,278. 3. 260 | 13,278. 3. 260 |
| | 豊後 | 7,504 | 7,504 | 7,504 | 7,504. 0. 60 | 7,546　　　– |
| | 肥前 | 3,462 | 3,462 | 3,462 | 14,432　　　– | 14,432　　　– |
| | 肥後 | 23,707 | 23,707 | 23,707 | 13,788　　　– | 23,788　　　– |
| | 日向 | 8,298 | 8,298 | 8,298 | 7,236　　　– | 7,236　　　– |
| | 大隅 | 1,717 | 1,717 | 1,717 | 3,773　　　– | 3,773　　　– |
| | 薩摩 | 5,521 | 5,521 | 5,521 | 4,640　　　– | 4,640　　　– |
| | 壱岐 | 158 | 158 | 158 | 621. 9　– | 621. 9　– |
| | 対馬 | – | – | – | | 620　　　– |

## C. 諸本記載の田積数②

（単位：町．段．歩）

| 地域 | | 色葉字類抄 | | | | 海東諸国紀 |
|---|---|---|---|---|---|---|
| | | 尊経閣文庫本<br>（2 巻本） | 尊経閣文庫本<br>（3 巻本） | 黒川本<br>（3 巻本） | 学習院大学図書館本<br>（零本） | （宗家旧蔵本） |
| 畿内 | 山城 | 8,962 | – | – | – | 11,122 |

第 1 章　古代の農業生産量の推計　41

| 地　域 | | 色葉字類抄 | | | | 海東諸国紀 |
| --- | --- | --- | --- | --- | --- | --- |
| | | 尊経閣文庫本<br>（2 巻本） | 尊経閣文庫本<br>（3 巻本） | 黒川本<br>（3 巻本） | 学習院大学図書館本<br>（零本） | （宗家旧蔵本） |
| | 大和 | 17,850 | – | – | – | 17,614 |
| | 河内 | 10,917 | 10,977 | 10,977 | – | 19,097 |
| | 和泉 | 4,569 | 4,126 | – | 4,569. 6　– | 4,126 |
| | 摂津 | 14,126 | – | 11,314 | – | 1,126 |
| 東海道 | 伊賀 | 2,710 | 4,055 | – | 4,051. 1. 40 | 1,500 |
| | 伊勢 | 18,130 | 19,024 | – | – | 19,024 |
| | 志摩 | 124 | – | – | – | 97 |
| | 尾張 | 11,940 | – | – | – | 11,940 |
| | 三河 | 7,054 | – | – | – | 8,820 |
| | 遠江 | 12,920 | 12,967 | 12,967 | 12,987 | 12,967 |
| | 駿河 | 9,705 | – | – | – | 9,717 |
| | 伊豆 | 2,710 | 2,814 | – | 2,710. 4. 10 | 2,814 |
| | 甲斐 | 10,043 | 10,043 | 10,043 | – | 14,003 |
| | 相模 | 35,074 | – | – | – | 12,236. 1 |
| | 武蔵 | 36,190 | – | 36,690 | – | 35,074. 7 |
| | 安房 | 4,260 | – | – | – | 4,345. 8 |
| | 上総 | 21,876 | 22,666 | 22,666 | – | 22,876. 6 |
| | 下総 | 21,442 | – | – | – | 33,001 |
| | 常陸 | 49,912 | – | – | – | 49,009. 6 |
| 東山道 | 近江 | 35,025 | – | – | – | 33,402. 5 |
| | 美濃 | 40,822 | – | – | – | 14,824. 5 |
| | 飛騨 | 1,615 | – | – | – | 1,615. 5 |
| | 信濃 | 31,432 | – | – | – | 39,025. 3 |
| | 上野 | 30,336 | 28,544 | 28,544 | – | 32,140. 3 |
| | 下野 | 27,460 | – | – | – | 27,460 |
| | 陸奥 | 145,077 | – | 45,077 | – | 51,162. 2 |
| | 出羽 | 20,119 | 56,088 | – | 26,190. 3. 50 | 26,090. 2 |
| 北陸道 | 若狭 | 3,077 | 3,139 | 3,139 | | 3,080. 8 |
| | 越前 | 47,502 | – | – | – | 17,839. 5 |
| | 加賀 | 17,536 | 12,526 | 12,526 | – | 12,767. 4 |
| | 能登 | 17,921 | – | – | – | 8,297 |
| | 越中 | 17,079 | – | – | – | 17,099. 5 |
| | 越後 | 14,997 | – | – | – | 14,936. 5 |
| | 佐渡 | 3,872 | – | – | – | 3,928. 3 |
| 山陰道 | 丹波 | 18,155 | – | 18,055 | – | 1,846. 9 |
| | 丹後 | 4,756 | – | 5,535 | – | 5,537 |
| | 但馬 | 7,115 | – | 7,743 | – | 7,140 |
| | 因幡 | 7,914 | 8,016 | – | 7,914. 8. 208 | 8,126 |

（つづく）

| 地　域 | 色葉字類抄 | | | | 海東諸国紀 |
| --- | --- | --- | --- | --- | --- |
| | 尊経閣文庫本 (2 巻本) | 尊経閣文庫本 (3 巻本) | 黒川本 (3 巻本) | 学習院大学図書館本 (零本) | (宗家旧蔵本) |
| 伯耆 | 8,831 | 8,831 | 8,831 | 8,660　　– | 8,830 |
| 出雲 | 9,968 | 9,968 | – | 9,435. 8. 85 | 9,430. 8 |
| 石見 | 4,884 | 4,876 | – | 4,884. 9. 42 | 4,918 |
| 隠岐 | 585 | – | – | – | 584. 9 |
| 山陽道　播磨 | 20,414 | 21,246 | 21,246 | 21,246 | 11,246 |
| 美作 | 11,022 | – | – | | 11,022. 4 |
| 備前 | 13,183 | – | – | | 13,210. 2 |
| 備中 | 10,200 | – | – | | 10,227. 8 |
| 備後 | 9,300 | – | – | | 9,269. 2 |
| 安芸 | 7,834 | – | – | | 7,250. 9 |
| 周防 | 7,854 | – | – | | 7,257. 9 |
| 長門 | 4,900 | – | 4,769 | | 4,902. 4 |
| 南海道　紀伊 | 7,198 | – | – | | 7,203. 7 |
| 淡路 | 5,414 | – | – | | 2,737. 3 |
| 阿波 | 5,445 | – | – | | 3,414. 5 |
| 讃岐 | 17,943 | – | – | | 18,830. 1 |
| 伊予 | 15,121 | 14,825 | – | 15,501. 4. 6 | 15,507. 4 |
| 土佐 | 15,022 | 6,173 | 6,173 | 6,173 | 6,228 |
| 西海道　筑前 | 18,843 | 19,765 | 19,765 | – | 18,328. 9 |
| 筑後 | 22,828 | 22,828 | 22,828 | – | 13,851. 8 |
| 豊前 | 13,276 | – | – | – | 13,278. 2 |
| 豊後 | 11,228 | – | – | – | 7,524 |
| 肥前 | 13,462 | – | – | – | 14,432 |
| 肥後 | 23,707 | – | – | – | 15,397 |
| 日向 | 8,398 | – | – | – | 7,236 |
| 大隅 | 1,717 | – | – | – | 673 |
| 薩摩 | 5,521 | – | – | – | 4,630 |
| 壱岐 | 558 | – | – | – | 620. 6 |
| 対馬 | 485 | – | – | – | – |

注）一部の国には別数値が記載されている。掌中歴：大東急文庫本の筑後国2万3828町，尊経閣文庫本の尾張国1万1940町。色葉字類抄：大東急文庫本の出羽国5万6190町3段50歩，日本古典全集版の安房国4335町8段359歩，尊経閣文庫本（2巻本）の河内国1万1338町，安房国3万3450町，常陸国1万2931町，近江国3万4245町，美濃国1万4122町，陸奥国15万5162町，越前国4万3576町，加賀国1万2766町，越後国2万3728町，丹波国1万855町，阿波国5245町，土佐国6456町，豊後国7504町，学習院本の出羽国5万6190町3段50歩。なお，尊経閣文庫本（2巻本）の別数値は判読が困難であるため数値は暫定的なものである。

資料）「掌中歴」（続群書類従完成会編1915，古辞書叢刊刊行会編1973a，前田育徳会尊経閣文庫編1998b），「色葉字類抄」（古辞書叢刊刊行会編1977，正宗編1928-30，前田育徳会尊経閣文庫編1999；2000，中田・峯岸編1977，築島編1986），「海東諸国紀」（朝鮮史編修会編1933）より作成。

第 1 章　古代の農業生産量の推計　　43

れぞれに存在する複数の写本に記載された数値のみを利用して範囲推計をすることとする。この方法はきわめて単純ではあるが，別系統の類書を使って無理な解釈を加える推計にくらべれば，より資料情報にそくしたものである。

　表 1-3 は，『和名抄』，『拾芥抄』および諸本に記載の田積数をまとめたものである。まず『和名抄』の田積数は，大東急記念文庫本，名古屋市博物館本，元和古活字那波道円本の 3 つの諸本からの田積数を採用する（パネル A）。『和名抄』には 10 巻本と 20 巻本の 2 系統が存在しており，そのうち 20 巻本の第 5 巻に田積数が記載されている。20 巻本には他にも高山寺本と伊勢二十巻本が存在しているが，それら写本に田積数を収録した第 5 巻は現存していないので数値を確認することはできない。利用可能な諸本のうち，元和古活字本と大東急記念文庫本の田積数はすべての国で一致しており，全国合計で 86 万 2796.9 町となっている。これに対して名古屋市博物館本の田積数は 92 万 3408.3 町と他より田積数が多くなっている。ここでは，これらの 2 系統の田積数の範囲を平安時代前半の田地面積としてあつかうこととする。

　『拾芥抄』については，尊経閣文庫本，大東急記念文庫本，天文 23 年本，慶長年間本，明暦 2 年本など複数の写本・活字本が存在している（パネル B）。一部の国については異本からの引用と思われる別の数値が田積数の脇に注記されており，それらを考慮すれば合わせて 8 つの田積数をえることができ，その範囲は 87 万 4742.2 町から 96 万 4016.2 町となっている。本章ではこの田積数の範囲を平安時代後半の田地面積とする[18]。

## 2）畠　地

　古代においては水田以外の耕地，すなわち「ハタケ」と称されるものには

---

18）なお，14 世紀に成立した播磨国の地誌『峯相記』には「白河院御治世寛治年中諸国惣検云田九億四万六千余町ノ時ハ当国惣田数二万一千百三十六町ト云」との記載がある（近藤編 1930，388 頁）。ここに記された寛治年間（1087-1094 年）とは，『拾芥抄』を利用した平安時代後半の時期に重なる。その時期の播磨国の田積数 2 万 1136 町は，『拾芥抄』の同国の田数 2 万 1236 町（これはすべての写本で同じ数値である）とほぼ一致し，全国の田積数 94 万 6000 町は，本章の推計値の高位値 96 万 4016.2 町に近似している。

畠・園・陸田などのさまざまな呼称があり，その定義も多様であった。畠は雑穀・蔬菜などの作物栽培，園地は蔬菜栽培，陸田は雑穀類栽培の耕作地とされるが，厳密にいえば，これら呼称は同義性を有しており完全に区分することは難しい。ただし，ここでの目的は耕地面積の推計であるので，それら議論については深くは立ち入らず，以後「ハタケ」と称されるものについては，雑穀・蔬菜など米以外の作物が栽培されていた水田以外の耕地の総称として理解し，「畠地」で統一するものとする[19]。

　古代に制定された律令のなかで，耕地にかんする規程「田令」が存在するが，そのなかで畠地に関する規程は「園地条」，「桑漆条」，「宅地条」のわずか3条しかない。しかし，畠作からえられる雑穀などの生産物は飢饉対策として欠かせない食糧であり，律令政府にとっては不安定な農業経営から収入を安定させる意味でも畠作の奨励は重要な課題であった（服部2012）。

　畠地にも田地と同様に班給の規定は存在しており，園地を土地に応じて均等に班給し，戸が絶えた場合は返還することが定められていたものの，戸別・人別にどのように班給されていたかは不明で，水田のような明確な基準を欠いていた[20]。また，719年9月には「詔，給㆓天下民戸，陸田一町以上廿町以下㆒。輸㆓地子㆒，段粟三升也」と，諸国農民に畠地を1戸あたり1町から20町の範囲で支給する政策が出されている[21]。この詔にある畠地の班給面積と『律書残篇』記載の正規郷数4012を利用すれば，20万600町から401万2000町の畠地が計算されることになる[22]。この下限20万町から上限約400万町は数値幅が大きく，現実的な推計値としてあつかえるかどうかは判断が難しい。また，田地の場合と同様に畠地が農民に規定どおりに班給されなかった可能性も考えられるため，律令の規定から畠地の耕地面積を推計することは困難であると考

---

19) 畠地の定義およびその政策については，以下の研究を参考にした。泉谷（1972, 第1部第7章），梅田（1978），亀田（1980, 201-234頁；2001, 108-125頁），森田（1986, 85-121頁），木村（1992），伊佐治（1996），北村（2015, 第3部第1-2章）。

20) 田令15・園地条「凡給㆓園地㆒者，随㆓地多少㆒均給。若絶㆑戸還㆑公」（井上ほか校注1976, 243頁）。

21) 『続日本紀』養老3年9月丁丑条（青木ほか校注1990,（2）58-59頁）。

22) 『律書残篇』に記載された正規郷数4012を1郷あたり50戸にて換算した場合，50×1×4012＝200600町（低位値），50×20×4012＝4012000町（高位値）となる。

第 1 章　古代の農業生産量の推計　　45

表 1-4　奈良時代の田地と畠地の比

| 年 | 寺領／国 | | 田地 | 畠地 (町．段．歩) | 計 | 田地の割合 (%) | 畠地の割合 (%) |
|---|---|---|---|---|---|---|---|
| 709 | 弘福寺領 | 大和，河内，山城，尾張，近江，美濃，讃岐 | 158.4.121 | 49.7.3 | 208.1.124 | 76.1 | 23.9 |
| 747 | 法隆寺領 | 近江，大和，河内，摂津，播磨 | 409.3.38 | 33.8.0 | 443.1.38 | 92.4 | 7.6 |

注）田畠の面積は各国ごとの値の合計値（法隆寺領の資料に記載された「陸地」は 1929.9 町となっているが，これは山林・丘・島などを含むものである。また，それらは地名と個数がカウントされているだけで面積の内訳についての記述がないため，ここでは資料に「薗地」と明記された数値のみを採用している）。割合は歩以下を切捨てにて計算している。

資料）「山田郡所領関係文書」（石上 1997，152 頁），「天平勘録法隆寺流記資財牒」（法隆寺昭和資財帳編纂所編 1983，5-98 頁）より作成。

えられる。

　奈良時代については，寺院の財産状況をまとめた記録に所有耕作地の内訳として田畠別の合計面積が書かれているので，ここから畠地の耕地面積を求めることとする。表 1-4 は弘福寺領および法隆寺領における土地の利用状況をまとめたものである。弘福寺には 7 カ国分の耕地面積の記録があり，そこでの畠地の全耕地面積に占める割合は 23.9 % となっており，また，法隆寺領の記録にも 5 カ国について畠地 7.6 % の記録がある[23]。これら数値が畿内を中心としたものであることに留意する必要はあるものの，奈良時代の土地資料からえられる畠地に関する数値的情報はきわめてかぎられているのも事実である。ここでは，上記の情報から奈良時代の畠地率を 7.6 % から 23.9 % の範囲で考えることとする。

　平安時代の畠地率も土地資料から考える。平安時代における寺社所有の個々の土地資料より田畠の関係が明記されたものからその耕地面積における割合を示したのが図 1-2 である。平安時代前半は畠地にかんする土地資料からえられたデータの観測数が 32 と多くはないが，それでも階級幅を 5 % 区間とした場

─────────────

23）田積数の推計の際にも利用した『峯相記』には，奈良時代の播磨国の田畠数について「天平年中ニハ田代七千余町畠三千六百余町ト注サレケルカ」と記載があり（近藤編 1930，388 頁），ここでの畠地の比率は 34.0 % となる。この記述は播磨国のみの記述であり，根拠が不明であるためここでは採用しなかった。

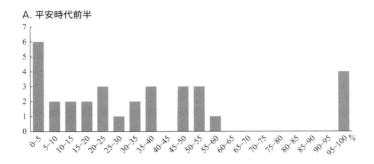

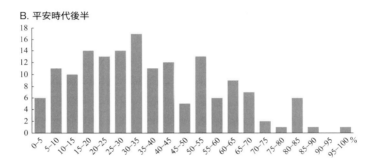

**図 1-2　平安時代における畠地率**

注）パネルA：平均値34.2％，中央値27.9％，四分位範囲36.9％（第1四分位数11.2％，第3四分位数48.1％）。観測数32（山城10，大和7，河内2，和泉1，武蔵1，下野1，近江3，伊勢1，紀伊1，阿波2，伊予2，全国値1）。パネルB：平均値36.4％，中央値33.3％，四分位範囲30.3％（第1四分位数19.8％，第3四分位数50.0％）。観測数159（山城17，大和40，摂津3，河内1，伊賀5，伊勢2，美濃1，尾張1，遠江16，下総2，飛驒10，丹波15，播磨1，備後6，安芸11，紀伊13，讃岐1，伊予1，筑前1，豊前3，肥前1，不明8）。区間範囲は，以上・未満。
資料）『平安遺文 古文書編』より作成。

合，0-5％区間と95-100％区間をはずれ値とすれば，最頻値は20-25％区間から50-55％区間までの複数区間にまたがる幅広い分布となる。これに対して，平安時代後半の畠地にかんする資料は比較的豊富である（観測数159）。最頻値は30-35％区間となり，次いで15-20％区間，25-30％区間，50-55％区間に階級幅が広がっている。

　このように，平安時代の畠地率を時期別にみた場合，観測数の問題や最頻値

第 1 章　古代の農業生産量の推計　　47

が広がっているため，特定の数値をもって平安時代を代表する畠地率か否かを
限定することは難しい。ここでは，平均値などの具体的な数値を使うのではな
く，奈良時代の田積数の推計と同様の考え方で範囲をとり，95 ％ の信頼度で
の区間推定を利用して平安時代の各時期の畠地率を算出する。この場合，平安
時代前期は 23.6 ％ から 44.8 ％，平安時代後期で 33.0 ％ から 39.8 ％ という区
間の畠地率をえることとなる[24]。これらの畠地率を先に推計した各時期の田地
面積の範囲値に適用すれば，奈良時代 4 万 7660.7 町から 23 万 4461.2 町，平安
時代前半 26 万 6518.4 町から 74 万 9432.8 町，平安時代後半 43 万 843.2 町から
63 万 7339.6 町の範囲の畠地の面積がえられることとなる。

## 2　土地生産性の推計

### 1）田　地

#### ①奈良時代

　奈良時代の土地生産性の研究は，はじめに触れたように，主に法令資料およ
び当時の土地資料からの分析がなされ，1 町あたりの水田の推定収穫稲が約
300 束から 500 束の範囲で議論が分かれていた。この議論の核となるのが，班
給田が生産性に差のあるさまざまな田品（田地の等級）の混合地であったとす
る七分法の解釈である。七分法は平安時代前半の 914 年に出された官符で定め
られたもので，水田の等級・比率を上田 1：中田 2：下田 2：下下田 2 に分け
たものである[25]。各等級の町別収穫稲は上田 500 束，中田 400 束，下田 300 束，

---

24) 平安時代前半：平均値 34.2 ％，標準誤差 5.20 ％，自由度 31 における $t$ 分布の両側 5 ％
点 2.04 から，$34.2-2.04×5.20 ≦ \mu ≦ 34.2+2.04×5.20$。平安時代後半：平均値 36.4 ％，
標準誤差 1.71 ％，自由度 158 における $t$ 分布の両側 5 ％点 1.98 より，$36.4-1.98×1.71$
$≦ \mu ≦ 36.4+1.98×1.71$。中央値は平安時代前半 27.9 ％，平安時代後半 33.3 ％ で，下
限値に近い数値となる。なお，畠地率を四分位範囲で計算した場合は，平安時代前半
11.2-48.1 ％，平安時代後半 19.8-50.0 ％ の範囲となり，範囲がより広がる傾向となる。

25) 『政事要略』巻 53・交替雑事（雑田）・延喜 14（914）年 8 月 8 日太政官符・応=諸国乗
田置=七分法=事「仍下須注=上田一分，中田二分，下田二分，下下田二分=令上レ進=其
帳=」（黒板・国史大系編修会編 2011j，317 頁）。なお『別聚符宣抄』にも同じ官符が

48 第 I 部 農業生産量の推計

下下田 150 束と『延喜式』に記載されており[26]，これら田品の比率と各収穫稲を平均して計算すると口分田 1 町から 314.3 束の稲が収穫されることとなる。澤田吾一と瀧川政次郎，近年ではウィリアム・ウェイン・ファリスが，これを古代の標準的な土地生産性としている（澤田 1927，第 5 編第 30 章；瀧川 1944，第 1 章第 4 節；Farris 2006, p. 20）。

　七分法で示された穫稲量は平安時代前半に制定された法令資料を根拠としているが，現実の田地の状態をどの程度反映していたかを考える必要がある。宮原武夫は，古代において田租徴収の際に施行されていた「不三得七法」の運用を事例に土地生産性を検討している（宮原 1973，第 10 章）[27]。宮原の分析は以下のとおりである。不三得七法とは，古代において田租収入を維持するために，国ごとに田租徴収予定額の 70 ％を確保することを目的として実施された政策で，古代の田租徴収の基準となっており，その規定は，(1) 収租率は名目上 100 ％で，税収の対象となっている田地（口分田）はすべて上田と仮定され，(2) 普通の作柄の年においても，国内の口分田から 1 割を控除して，残りの 9 割の田地はその 3 割の損田の計上を認めるものであったとされている。よって，1 町の口分田を耕作する戸があった場合，その口分田の 10 ％（0.1 町）は控除され，残り 0.9 町の口分田から 70 ％の田租が徴収されることになり，その田地は 500 束の収量が見込まれる上田であるから，315 束が計上されることになる（0.9 町 × 500 束 × 70 ％ = 315 束）。これは，七分法での土地生産性である町別 314.3 束とほぼ一致するものである（表 1-5）。

　これに対して，七分法はあくまでも地子算定の基数であったとするものや，その定義は平安時代になって誕生したもので奈良時代には存在しなかったとする議論もある。宮城栄昌は，(1) 奈良時代の資料に口分田に下下田が含まれて

---

　　確認できる（黒板・国史大系編修会編 2011i，50-51 頁）。

26)『延喜式』巻 26・主税寮上・公田獲稲条「公田穫稲，上田五百束，中田四百束，下田
　　三百束，下下田一百五十束」（虎尾編 2007，980–983 頁）。

27) 宮原は，遠江国浜名郡輸租帳を利用して不三得七法を適用した場合の平均獲稲量とし
　　て町別 297.5 束を算出している（宮京 1973，41 頁）。なお，浜名郡輸租帳については，
　　その内容に国府・郡家の官吏による構造的な作為や操作があったとされていたが（虎
　　尾 1962，補論第 1 章），近年の研究でその史料的信頼性が証明されている（原 2002，
　　第 2 部第 6 章）。

第 1 章　古代の農業生産量の推計　　49

**表 1-5**　「不三得七法」の運用による田租徴収予定額

| 1 | 口分田 | 1 町 |
|---|---|---|
| 2 | 　収穫見込み（上田と仮定） | 500 束 |
| 3 | 　控除（10 %） | -0.1 町 |
| 4 | 口分田（控除後） | 0.9 町 |
| 5 | 　収穫見込み | 450 束（0.9 町×500 束） |
| 6 | 　損田の計上（30 %） | -135 束（450 束の 30 %） |
| 7 | 徴収予定田租 | 315 束（450 束－ 135 束） |

資料）宮原（1973，272-273 頁）より作成。

いたことを証明する資料は存在していないこと，（2）七分法はその制定された時期の現実的要求に応じたものであって実際の比率にそくしていないこと，（3）下下田を除けば延喜式に定められた田品ごとの収穫高そのものは奈良時代を反映していたことから，1 町あたりの収穫量は，奈良時代に 400 束前後，平安時代は 300 束を上回るものであったとしている（宮城 1950）。虎尾俊哉は，（1）当時における田品の混合割合および田品ごとの獲稲量の実例を調べ，（2）こうした田品にかんする法令資料が制定された経緯について検討し，町別 450 束の実収高という概数を算出している（虎尾 1962，第 2 編第 4 章）。

　獲稲量として最大の 500 束とする喜田新六および赤松俊秀の研究によれば，（1）農民に班給された口分田は原則として全部上田であり，不足の場合は中田・下田によって補われて上田の場合と同じ収穫（500 束）をえられたはずであること，（2）瀧川と澤田が依拠した田品別の法定収穫稲量はあくまでも地子算定の基数であって，必ずしも実収の収穫高をあらわしていないこと，（3）弘仁式制定当時の田租法は過去の租法と同じ考えにもとづいており，それは 1 町から 500 束の収穫をあげることが可能であるという前提にたっているとの理由などから，通常は町別 500 束を上下する収穫量はあったものと推定している（喜田 1935；赤松 2012，83-100 頁）。

　以上のように，古代の土地生産性については現在も明確な結論が出ていないといわざるをえない状況であるが，一方で，これらの議論は七分法での田品制にある上田・中田・下田・下下田を軸に展開されていることも事実である。各田品の獲稲量についての規定は『弘仁式』でも確認することができる[28]。『弘

50　第 I 部　農業生産量の推計

仁式』が撰進されたのは 820 年で，その内容は 710 年から 819 年までの式を編
纂したものであることから，少なくとも田品ごとの獲稲量は奈良時代直後，平
安時代のごく初頭までには成立していたことになる。このことは，七分法にあ
らわれた土地生産性が奈良時代の状況をある程度は反映している可能性を示唆
しているのではないだろうか[29]。

　獲稲量の差については，町別 500 束は最大の獲稲量と評価すべきこととなる
が，これは口分田が上田であったことを想定しているため，複数の田品混合地
の土地生産性としては過大となる可能性があることに留意する必要がある。こ
れに対して，さまざまな条件の土地の混合地を想定した町別約 300 束は，田品
制より算出された奈良時代の土地生産性のなかでは最も低い水準となる。ここ
では，先行研究による町別 314.3 束から 500 束（石に換算して 15.7 石から 25 石）
という数値を，奈良時代の町別収穫量の推計範囲値としておこう。

　②平安時代前半

　まず，奈良時代と同様に平安時代前半についても七分法を手がかりとして町
別の獲稲量を考える。奈良時代の推計に利用した七分法はこの時期に制定され
たもので，平安時代前半は奈良時代からわずか 100 年ほどしか経過しておらず，
短期間に急激な農業技術の革新がなければ，奈良時代からの土地生産性に大き
な上昇はおこっていないと考えられるからである。法令資料による実態との乖
離には留意しなければならないが，奈良時代と同様の考え方をすれば，七分法
はこの時期に成立したものであることから，土地生産性は奈良時代と同水準で
あったと想定することができる。なお，七分法制定から 14 年後の 928 年には，
中田 2：下田 2：下下田 2 の比率の三分法が出されており，この改訂は一見す
ると上田に相当する田地が廃止されて中田以下の田地しか存在しなくなったよ
うな印象をうけるが[30]，実際には諸国の国司が地子徴収の際に帳簿上で意図的

---

28）『弘仁式』主税上断簡「凡公田獲稲，上田五百束，中田四百束，下田三百束，下々田一
　　百五十束」（虎尾編 1992，205 頁）。

29）これに関連して，『令集解』巻 12・田令・田長条に令釈から「獲∟段得゠稲五十束∟。
　　春∟束得゠米五升∟。然則獲゠十段地∟，得゠稲五百束∟，成゠米廿五斛∟」の記載がある（黒
　　板・国史大系編修会編 2011f，345 頁）。令釈は 787-791（延暦 6-10）年頃に成立した
　　注釈書であるが（水本 2001，589-590 頁），これも上田の獲稲量と一致する。

第 1 章 古代の農業生産量の推計 51

表 1-6 平安時代前半の田地における土地生産性

| 年 | 地域・土地種別 | 獲稲量<br>(束/町) |
|---|---|---|
| 821 | 河内国口分田 | 200-300 |
| 823 | 大宰府管内公営田（肥後国） | 460 |
| | 〃 　　　（その他諸国） | 400 |
| 876 | 剰田 | 300 |
| 876 | 東大寺領近江国愛智荘・佃 | 300 |
| 881 | 畿内・元慶官田（上田） | 320 |
| | 〃 　　　（中田） | 300 |
| – | 畿内官田 | 500 |
| | 〃 　　　（和泉国） | 400 |

資料）弘仁 12 年 6 月 4 日太政官符「応交野丹比両郡課丁
　　口分為易田倍授事」, 弘仁 14 年 2 月 21 日太政官謹
　　奏「応令大宰府管内諸国佃公営田事」, 貞観 18 年
　　5 月 21 日太政官符「応営作剰田充書生食事」, 元
　　慶 5 年 2 月 8 日太政官符「官田獲稲事」（黒板・国
　　史大系編修会編 2011g, 433 頁, 434-437 頁, 438-
　　439 頁, 440 頁）,「近江国愛智荘定文」（『平安遺
　　文』172 号）, 黒板・国史大系編修会編（2011h,
　　574 頁；754 頁）より作成。

に上田を少なくしたり，中田・下田のみを掲載するといった不正に対する取締
りが目的であった（虎尾 1962, 237-239 頁）。つまり，三分法の制定は，この時
期の運営上の混乱を反映したものであって，平安時代前半の諸国の耕地面積の
実態を反映しているものではない。

　これを別の法令資料から確認する。表 1-6 は平安時代前半の法令資料・土地
資料に記載された町別獲稲量をまとめたもので，その範囲は町別 200 束から
500 束となっている。その内容をみれば，大宰府管内への公営田設置の建議で
は町別 460 束，畿内官田は町別 400-500 束の獲稲量と比較的高いものとなって
いるが，一方で河内国の実例では痩せた土地しかないために百姓の窮乏が甚だ
しく町別 300 束以下の収量しかないとある。元慶官田における上田・中田の町
別獲稲量が七分法のそれとくらべて若干低くなっているのは，その基準が農民

---

30）『政事要略』巻 53・交替雑事（雑田）・延長 6（928）年 10 月 11 日太政官符・応下諸国
　　乗田覧停レ置二上田一定中三分法上事「無レ上田ノ国，令レ進二中田二分，下田二分，下々田二
　　分一」（黒板・国史大系編修会編 2011j, 306 頁）。

52　第Ⅰ部　農業生産量の推計

表1-7　平安時代後半の佃における土地生産性

| 年 | 地　域 | | 佃<br>(町) | 獲稲量<br>(石) | 土地生産性<br>(石/町) | 資料での記載 |
|---|---|---|---|---|---|---|
| 1121 | 伊勢国 | 大国荘 | 1.0 | 25.0 | 25.0 | 正作田1町，穎稲伍佰束 |
| 1127 | 筑前国 | 観世音寺領 | 2.0 | 38.5 | 19.25 | 佃38石5斗，2町 |
| 1137 | 〃 | 〃 | 2.0 | – | 16.5 | 2町，各町別16石5斗 |
| | | | 4.5 | – | 11.5 | 4町5段，町別11石5斗 |
| 1166 | 飛騨国 | 国衙領 | 0.4 | 5.4 | 13.5 | 佃4反，所当米5石4斗 |
| | | | 0.3 | 4.0 | 13.3 | 佃3反，所当米4石□□ |
| | | | 0.1 | 2.0 | 20.0 | 佃1反小，所当米2石7□□ |
| | | | 0.05 | 0.82 | 16.4 | 佃半，所当米8斗2升5□□ |
| | | | 0.3 | 4.05 | 13.5 | 佃3反，所当米4石5升□□ |
| | | | 4.05 | 85.175 | 21.0 | 佃4町半，所当米85石1斗7升5合 |

注）資料から面積・収量の単位が判明するものをとった。単位が不明な位は切捨てとした。
資料）「伊勢国大国荘流失田畠注進状」『平安遺文』1923号，「筑前国山北封所当結解状」『平安遺文』2108号，「筑前国観世音寺封荘作田地子段米注進状」『平安遺文』2366号，「飛騨国雑物進未注進状」『平安遺文』3410号より作成。

に有利に設定されているためである（佐藤1977，194-206頁）。また近江国愛智荘の土地資料では町別400束の記録を確認することができる。大宰府管内公営田や畿内官田は奈良時代と同じように法令資料をもとにしているため注意が必要ではあるが，これら資料にそくして考えれば，少なくとも奈良時代と同じ七分法による町別300束から500束の範囲をそのまま平安時代前半に使うことに無理があるとはいえる。ここでは，資料からえられた町別200束から500束（石に換算して10石から25石）の獲稲量を平安時代前半の土地生産性としたい。繰り返しになるが，町別500束は若干過大である可能性があることを断っておかなければならないだろう。

### ③平安時代後半

平安時代後半は，佃などの荘園領主の直営地資料から収穫量を計算する方法，および荘園における不法刈取りの報告文書から土地生産性を推計する[31]。

表1-7は平安時代後期の佃における生産性がわかる資料をまとめたものである。1127年および1137年の筑前国観世音寺の封荘では，町別11.5石から19.3

---

31）佃および被害資料からの推計は，大石（1965）を参考とした。

石，1166 年の飛騨国の国衙領については町別 13.3 石から 21.0 石，1121 年の伊勢国大国荘の正作田では町別 25.0 石の数値がえられる。

　次に，不法刈取りの被害報告書について考える。この時期になると各地の荘園や公領において刈取り・乱暴による収穫稲の略奪が発生するようになり，その際に被害者である領主が提出した訴状に被害をうけた土地と収量が記されており，そこから町別の収穫量を算出することができる。事例は多くはないが，1085 年の東寺領であった伊勢国川合荘では「田二町五段穫稲一千二百五十束押取」，1144 年の相模国大庭御厨では「在庁官人等押入郷，抜取牓示畢，又御厨作田玖拾伍町苅，肆萬七仟七佰伍拾束」との記録が確認できる[32]。これら資料によってえられる数値は，前者の場合は 1 町あたり 500 束，後者の場合は 503 束の穫稲となる。

　ただし，これらの事例は資料の性格から考えると，被害状況について数字を誇張して報告している可能性がある。町別 500 束という数字は七分法において収穫条件が最も良好な上田の穫稲量とほぼ一致するものである。これは，おそらくは上田の収穫量として町別 500 束という共通の観念が，古来よりの常識としてうけつがれてきており，平安時代後期においても被害を最大限にみせるためにこの 500 束という数字を適用していた可能性が考えられなくもない（大石 1965）。もっとも，直営地の土地資料から算出した伊勢国大国荘の記録においてもこの町別 500 束（25 石）の穫稲量は確認することができるため，現実的に上田としての穫稲量は存在していたとみるべきであろう。ここではより資料にそくした数値として先に佃での収量において推計した 1 町あたり 11.5 石から 25.0 石の範囲推計値を平安時代後半における田地の土地生産性とした。

## 2) 畠　地

　古代の畠地の土地生産性については，それを直接的に算出できる資料は存在しないが，畠地で収穫される作物，すなわち雑穀の価値が米に対してどの程度であったかを間接的に推計する方法が考えられる[33]。『延喜式』には「凡雑穀

---

32）「東寺領伊勢国川合荘文書進官目録案」『平安遺文』1249 号，「官宣旨案」『平安遺文』2548 号。

54    第Ⅰ部　農業生産量の推計

**表1-8**　古代の田品別の段あたり価格

|  | 面積 | 価格（稲） | 段あたり価格 |
|---|---|---|---|
| 上田 | 9段72歩 | 900束 | 100束 |
| 中田 | 8段198歩 | 640束 | 80束 |
| 下田 | 2段 | 120束 | 60束 |

資料）「紀伊国真川郷墾田売券」『平安遺文』130号より作成。

相博，粟，小豆各二斗当＝稲三束＿，大豆一斗当＝稲一束＿，自余如令」とあり，これは稲3束（1.5斗）に対して粟・小豆は2斗，大豆1斗に対して稲1束（0.5斗）という交換比率をあらわしている[34]。これを米1斗に対する交換比に計算しなおせば，粟・小豆1.33斗，大豆2斗，雑穀平均1.55となる。これは同量において米の価値が雑穀よりも高いことを意味する。すなわち，米の価値1に対して粟・小豆0.75，大豆0.5，雑穀平均0.64と置き換えられることになる。

　また，貞観3（861）年における紀伊国真川郷墾田売券によると，上田・中田・下田の段あたり価格は，それぞれ100束，80束，60束となっていることから，地価が土地ごとの段別収穫稲に対応していたことがわかる（表1-8）。土地の評価はその土地の生産性を考慮していると考えられ，土地売券における畠の対水田価格比が生産性の対水田比も反映していることが想定できる。古代の売券資料には，少ないながらも同地域・同時期における田畠双方の段あたり価格がわかるものが存在する。表1-9はこれら田畠の面積・価格をあらわしたも

---

33）生産力評価にかんして澤田（1927）は，奈良時代の畠地の収穫量の推計の考え方において「今日の状況より推測するときは，1町1段の陸田より穫らるゝ雑穀の食糧としての価値は水田8段の稲と匹敵するものと見て大過なかるべし」との考えを示している（617頁）。もっとも，澤田は「今日の状況」についての具体的な根拠を明らかにはしていないため，この田畠の生産性の換算比率を無批判に利用することはできないが，収穫物の価値の比較から生産性を求める澤田の指摘は重要である。

34）『延喜式』巻26・主税寮上・雑穀相博条（虎尾編 2007，986頁）。同様の規定は『弘仁式』にも確認できる（弘仁主税式断簡「凡雑穀相博，粟，小豆各二斗当＝稲三束＿，大豆一斗当＝稲一束＿，自余如ィ令」〔虎尾編 1992，205頁〕）。なお，『律令』の賦役令6・義倉条では「若稲二斗，大麦一斗五升，小麦二斗，大豆二斗，小豆一斗，各当＝粟一斗＿」（井上ほか校注 1976，253頁）とある。これを米1に対する雑穀の価値に変換すれば平均0.75となり，本章の値より若干高くなるが，『令集解』巻13・賦役令・義倉条に引用された天平六年格に「以＝粟二斗＿相＝博稲三束＿，以＝大豆一斗＿当＝稲一束＿，小豆二斗当＝三束＿」とあり（黒板・国史大系編修会編 2011f，395頁），これは『延喜式』と一致する。よって，『延喜式』の換算額は天平六年格が出された734年に公定されていたものとし，古代を通じた価値比として利用した。

第 1 章　古代の農業生産量の推計　　55

**表 1-9　古代の田畠価格**

| 年 | 国 | 地域 | 地目 | 面積<br>（段．歩） | 価格<br>（束） | 段あたり価格<br>（束/段） |
|---|---|---|---|---|---|---|
| 819 | 近江国 | 大原郷 | 畠地 | 2 | 40 | 20 |
| | | | 〃 | 1 | 20 | 20 |
| | | | 田地 | 5 | 150 | 30 |
| 854 | 紀伊国在田郡 | 和佐村 | 田地 | 5 | 400 | 80 |
| | | | 〃 | 0. 144 | 35 | 87.5 |
| | | | 〃 | 1 | 75 | 75 |
| | | | 〃 | 0. 072 | 18 | 90 |
| | | | 畦 | 1 | 80 | 80 |
| | | 丹生村 | 田地 | 2. 216 | 208 | 80 |
| | | | 〃 | 0. 216 | 48 | 80 |
| | | | 〃 | 2 | 160 | 80 |
| | | | 畠地 | 2 | 160 | 80 |
| | | | 田地 | 2 | 160 | 80 |
| | | | 家地 | 3 | 150 | 50 |
| | | 大豆田村 | 田地・畦 | 9. 216 | 480 | 50 |
| | | | 田地 | 4 | 400 | 100 |
| | | 野村 | 家地 | 10 | 400 | 40 |
| | | 小嶋村 | 畠地 | 10 | 300 | 30 |

注）平均段あたり価格は以下のとおり。819 年：田地 30 束，畠地 20 束（田地を 1
　　とした価格比 0.67）。854 年：田地 83.6 束，畠地 55 束（田地を 1 とした価格比
　　0.66）。畦・家地を除く。
資料）「紀伊国在田郡司解」『平安遺文』115 号，「近江国大原郷長解」『平安遺文』
　　4421 号より作成。

のである。その場合，水田 1 に対して畠地 0.66 および 0.67 という価格比がえ
られるが，これは『延喜式』記載の平均価値比 0.64 とほぼ近似の値となって
いる[35]。ここでは古代を通じての田地 1 に対する畠地の収穫物の生産性の比を
『延喜式』での価値比 0.64 とし，先に推計した各時期の水田の土地生産性に対
して畠地の反あたり生産高の比を乗じることとする。

---

35）高重（1975）は，近代初頭における米と雑穀との段あたり生産高は，それぞれ 1.196
　　および 0.620 となっており，その生産高比は米 1 に対して雑穀 0.52 となっているが
　　（56-83 頁），これは岡山県の事例のみの結果であるので単純な比較はできない。また，
　　同研究においても土地売券記載の田畠価格比の分析がされており，この方法は本章で
　　も参考としているが，段あたり価格の計算過程が不明であるため，直接引用はせず，
　　同一地域において確認可能な資料・数値を確認して推計をした。

56　第 I 部　農業生産量の推計

## 3　古代の農業生産量

　表 1-10 は，これまでの田畠それぞれの耕地面積と土地生産性から農業生産量を算出し，それらの関係をあらわしたものである[36]。以下，それぞれの推計結果について考察する。

　耕地面積については，耕地全体は古代を通じて低位値で推計した場合に約2.1 倍，上限値で推計した場合 1.6 倍の増加になっており，推計値の上では古代は耕地開発が進んだ時代といえる。とくに奈良時代から平安時代前半にかけての増加が顕著であるが，この成長は 8 世紀における積極的な耕地政策による影響であろう。代表的な 743 年の墾田永年私財法は，単純に私的所有を認めることにより開墾地を増やすことを目的としたものではなく，班田以外の耕作地を政府の管轄下に組み入れることで全国の耕作地を政府が把握するという側面があったが（吉田 1983，第 5 章），これら土地政策は土地私有を認めるという意味において，農民だけでなく貴族や寺社勢力にとっても新たな耕地開発での大きなインセンティヴとなったものと考えられる。723 年の三世一身の法も，農民に土地所有権をあたえて彼らを把握することにより耕地拡大と田租収入の増加を目的とした積極的な律令国家の補強策であった（羽田 1961）。土地開発の努力は，大宰府管内への公営田設置，畿内への元慶官田の設置，荒廃田を皇親・貴族にあたえて再開発を推進させた賜田の事例など平安時代以降にも確認することができる（西別府 2003，第 4 章）。そうした政策は耕地面積の拡大にはプラスの作用があったと考えられる。

　耕地面積の内訳をみると，古代を通じて畠地は年率 0.24-0.53 ％の増加であるのに対して，水田は高位値・低位値ともに 0.1 ％以下の増加率となっており畠地にくらべて低いものとなっている。畠地は低位値で推移した場合は 9 倍，高位値の場合では若干小さく 2.7 倍となったが，いずれにせよ古代を通じて大

---

　36）各時期にはベンチマーク年を設定した。ベンチマーク年はファリスの人口推計で提示された年（奈良時代 730 年，平安時代前期 950 年，平安時代後期 1150 年）にしたがっている。

第1章　古代の農業生産量の推計　　57

**表1-10**　古代の耕地面積・土地生産性・農業生産量，730-1150年

A. 推　移

| 時　期 | 耕地面積（1000 町） | | | 土地生産性（石/町） | | 農業生産量（1000 石） | | |
|---|---|---|---|---|---|---|---|---|
| | 田 | 畠 | 田畠計 | 田 | 畠 | 田 | 畠 | 田畠計 |
| 奈良時代<br>（730 年） | 579-747<br>(663) | 48-234<br>(141) | 627-981<br>(804) | 15.7-25.0<br>(20.4) | 10.0-16.0<br>(13.0) | 9,097-18,664<br>(13,881) | 477-3,751<br>(2,114) | 9,574-22,415<br>(15,995) |
| 平安時代前半<br>（950 年） | 863-923<br>(893) | 267-749<br>(508) | 1,129-1,673<br>(1,401) | 10.0-25.0<br>(17.5) | 6.4-16.0<br>(11.2) | 8,628-23,085<br>(15,857) | 1,706-11,991<br>(6,848) | 10,334-35,076<br>(22,705) |
| 平安時代後半<br>（1150 年） | 875-964<br>(919) | 431-637<br>(534) | 1,306-1,601<br>(1,453) | 11.5-25.0<br>(18.3) | 7.4-16.0<br>(11.7) | 10,060-24,100<br>(17,080) | 3,188-10,197<br>(6,693) | 13,248-34,298<br>(23,773) |

B. 年成長率

（単位：%）

| 時　期 | 耕地面積 | | | 農業生産量 | | |
|---|---|---|---|---|---|---|
| | 田 | 畠 | 田畠計 | 田 | 畠 | 田畠計 |
| 奈良時代～平安時代前半<br>（730-950 年） | 0.18-0.10<br>(0.14) | 0.79-0.53<br>(0.58) | 0.27-0.24<br>(0.25) | ▲0.02-0.10<br>(0.06) | 0.58-0.53<br>(0.54) | 0.03-0.20<br>(0.16) |
| 平安時代前半～後半<br>（950-1150 年） | 0.01-0.02<br>(0.01) | ▲0.24-0.08<br>(0.03) | ▲0.07-0.08<br>(0.02) | 0.08-0.02<br>(0.04) | ▲0.31-0.08<br>(▲0.01) | ▲0.12-0.01<br>(0.02) |
| 古代全期<br>（730-1150 年） | 0.10-0.06<br>(0.08) | 0.53-0.24<br>(0.32) | 0.17-0.16<br>(0.14) | 0.02-0.06<br>(0.05) | 0.45-0.24<br>(0.27) | 0.08-0.10<br>(0.09) |

注・資料）各数値の括弧内は低位値から高位値の平均値。ベンチマーク年は Farris（2009）の人口推計の各時期に相当する年を利用した（730 年は推計に利用した『律書残篇』記載の郷数は奈良時代前半を反映しており，ファリス推計のベンチマーク年とほぼ同時期であること，950年，1150 年はファリス推計が根拠としている資料『和名抄』・『拾芥抄』）が本章の水田面積の推計と同一資料となっているからである）。パネル A の耕地面積と農業生産量はそれぞれ100 石，100 町以下の位を四捨五入している（各数値は 1 の位より計算した）。年成長率は，各時期の低位値から低位値（左），高位値から高位値（右），平均値から平均値（括弧内）にて計算した結果をあらわしている。資料・推計方法については各節の本文および図表を参照。

きく面積を増加させたのに対して，田地はそれ以下の約 1.3-1.5 倍程度の増加にとどまっている。また，田地・畠地ともにすべての値で奈良時代から平安時代前半の増加率が，平安時代前半から後半にかけての増加率より大きくなっている。これら根拠となるデータ数は限定されているため，きわめて暫定的な解釈となるが，この推計から示唆されることは，奈良時代における墾田政策は田畠ともに耕作地の増加につながったが，実際には耕地開発の勃興期における開発の主体は田地ではなく畠地の造成であった可能性が考えられる。これに関連して，722 年の百万町歩開墾計画は畠地の開発による雑穀の収穫を目的としたものであったことが指摘されており（羽田 1961；宮本 1998，9-11 頁，17 頁），

58 第 I 部 農業生産量の推計

また，同時期に畠地にかんする政策が頻出していることは，水田化できない土地を開発する過程で畠地に対する関心が高まった結果であったとされている（佐々木 1984）。

もちろん，水田の開発も積極的に取り組まれていた。開発そのものは国家やそれに準ずる勢力の有力寺院・貴族による大規模なものから，農民による小規模な開発にいたるまで多様なレベルにおいて進行していた。ただし，前者の場合は土木技術によって地形条件を克服できるほどの開発が可能であったが，後者の場合は，地形条件の制約下での開発となるため，小規模なものが散在するか生産性の低い水田しか開発できなかった（金田 1987）。地域差は考えられるものの，個々の農民の開発では単発的・局地的な土地開発が中心であったことが考えられる[37]。また，この時期の田地開発は荒廃田の再開発が主流であり，荒野を開拓して直接田地化するのではなく，その前提として山林原野の耕地化，すなわち畠地開発があったことが指摘されている（木村 1992，107-114 頁）。これは，推計結果において畠地の耕地面積の増加率が水田より大きいことと一致する。

次に土地生産性は，高位値では古代を通じて一定という結果となっている。ただし，これは各時代とも最も条件が良い上田での獲稲量を想定して推計した結果であるため，実態を反映したものかどうかは判断が難しい。これとは対照的に，低位値では奈良時代から平安時代前半にかけて低下し，平安時代後半に若干の上昇はするが，古代を通してみた場合は低下傾向になっている。平均値においても同様で，全体として古代の土地生産性は伸びなかったことになる。

しかし，この土地生産性の数値の低下は直ちに古代において農業技術水準が向上しなかったという意味にはならない。むしろ古代を通じて農業技術の発展は着実に進んでいた。鉄製農具に代表される農具の改良と普及が律令政府によっておこなわれ，農作業についても直播法から苗代で田植えをする方法が広まり，田植え労働の組織化が進んだとされている（竹内 2000，431-445 頁）。ま

---

37) たとえば，河川灌漑は古代・中世においておこなわれていたが，統一的な灌漑の開発や整備には広域支配が可能な政治権力の存在が前提であり，古代では律令国家の時期にピークがあったことが指摘されている（木下 2014）。

た，古代の稲は早・中・晩稲に三区分され，それぞれに数多くの品種がつくりだされたうえで作付け時期がずらされているなど，古代の稲作は予想以上に統制・管理されたものであったことも指摘されている（平川 2003，433–475 頁；2008，63–98 頁）。平安時代には畠地二毛作が展開しており（木村 1992，188–198 頁），平安時代末期には田地においても二毛作がおこなわれていたことも指摘されている（河音 1971，第 10 章）[38]。

　もっとも，耕地開発があまりに進んだ結果，すべての耕作地の維持管理が難しくなったために荒廃田が増えたことが指摘されており（三谷 2014，169–170 頁），その影響として土地生産性が低下したことも想定できる。この時期は「かたあらし」とよばれる一時的な不耕作地が存在しており，耕地経営は不安定で粗放的であった（戸田 1967，第 5 章）。また，鉄製農具の普及も不十分であった（竹内 1953，24–26 頁）。以上の諸条件を考えれば，古代における土地生産性の停滞の要因については，農業技術の発展の限界だけにもとめるのではなく，古代のような社会資本が脆弱な時代に影響をあたえるもの，たとえば，気候変動およびそれが引きおこした自然災害や飢饉・疫病など，別の可能性も考えなくてはならないだろう。

　農業生産量全体をみた場合，まず，奈良時代から平安時代前半にかけては高位値・低位値ともに増加している。これには，先述の律令政府による積極的な土地政策による耕地面積の大幅な増加の効果がうかがわれる。これに対して，平安時代前半から後半にかけての農業生産の全体量は，高位値でみた場合はマイナス成長で，低位値の場合は年率 0.1 % となり先の時期にくらべて高くなっている。各時期の推計方法が独立しているため，その分析には慎重にならざるをえないが，仮に平均値でトレンドをみた場合，平安時代前半から後半にかけての農業生産量の成長率は，奈良時代から平安時代前半のそれにくらべて低い

---

38）水田二毛作の前提条件として冬期に乾田化が可能な水田が必要であるが，木村茂光は一方で畠地の水田化＝乾田化の可能性を指摘している。なお，河音能平は平安時代末期における水田二毛作の開始は，意識的に湿田が乾田化されたのではなく「たまたま自然的条件にめぐまれた」水田においてはじまったと想定している。ただし，この古代の二毛作は裏作による地力減退の問題などもあるため，土地生産性の向上にどこまで寄与したかについては議論がある（詳細は第 2 章を参照）。

60 第 I 部 農業生産量の推計

ものとなっている。平安時代後半には土地生産性が若干上昇に転じたものの，耕地面積が目立った増加をみせておらず，この影響がこの時期の農業生産量の低成長につながったものと考えられる。

　以上の時期的な変化の違いを古代における律令国家の展開と関連させるならば，奈良時代から平安時代前半にかけての時期は，律令国家が土地制度・国政システムを修正・改革し，その結果として王権の伸長・国家財政の充実・唐風文化の全盛をむかえた時期でもあったことが指摘されており（吉川 2002a, b ; 2006)[39]，推計結果における当該期の農業生産量の増加は，こうした律令国家の成長の基盤となっていたと考えられる。1 人あたり農業生産量は，根拠となる人口推計系列によって異なる結果が出ることとなったが，注目すべきは，古代を通じて農業生産量の推移をみた場合は，全体で年率 0.08-0.10 ％とゆるやかながらも増加傾向をみせていることであろう。すなわち土地生産性が伸び悩んだ一方で，田地・畠地ともに生産量が増加していることは，古代の農業生産はたしかに粗放的ではあったが，耕地面積の拡大が進んだという意味では開墾の時代であったことを示唆しているのではないだろうか。


## 4　古代の農業生産の背景

　推計した古代日本の農業生産の成長はゆるやかなものとなったが，この要因として，まず古代において頻発していた飢饉が考えられる。古代・中世における広域的な飢饉は，9 世紀から 10 世紀にかけて 3 年に 1 度，14 世紀から 15 世紀では 4 年に 1 度の割合で発生している。11 世紀から 13 世紀にかけては律令制度の弛緩によって全国的な統計資料の作成が困難になったため記録は不完全ではあるが，おそらくは前後の時期と同様に 3 年もしくは 4 年に 1 度の頻度であったと推定されている（Saito 2015, pp. 216-217)。そうであるなら，仮に平均をとって 3.5 年に 1 度の頻度で飢饉が発生していたとすれば，それは経済の持

---

39）吉川真司は奈良時代半ばから平安時代前半にかけての時期（738-842 年）を「古代日本国の全盛期」と位置づけている。

続的発展へのブレーキとなり，古代を通じた農業生産の伸びがゆるやか，というよりはきわめてゆっくりとした伸びとなったことの傍証にはなりうる。

　表1-11は土地生産性の推計に利用した資料における各年度の時期にどのような自然災害や飢饉・疫病があったかをあらわしたものであるが，ほぼ毎年のように諸国もしくは各地で旱魃，大雨・洪水などの被害が発生していたことが確認できる。これら自然災害の記録については，そのカヴァレッジや個々の災害の規模の問題もあるため，ここから直ちに土地生産性と自然災害や飢饉との間に何らかの相関があるのか否かを判断することは控える。近年，自然科学分野による古気候の研究の進展により，これまで温暖化の時代と考えられていた古代後半から中世初頭は，徐々に気温が低下する寒冷化の時期であったことが，最新の研究結果で明らかになっている（中塚2016）。本章では気候変動にかんする議論については適切な材料をもちあわせていないためこれ以上の議論はしないが，少なくとも，資料から確認できる事実だけでも，古代の農業生産は厳しい自然・気候条件の下にさらされていたことは間違いないだろう[40]。

　自然災害と，それにともなって発生する飢饉の頻発が経済社会にあたえる影響は，古代人口の推計において指摘されてきたことである。飢饉による人口抑止の効果はファリスが強調している点でもある（Farris 1985）。飢饉に加えて，それと同時に発生する疫病もまた経済発展にダメージをあたえていたことにも

---

[40] 飢饉の問題に関連して，その原因の一つである気候変動とその影響については多くの議論があり，これまでは「フェアブリッジ曲線」もしくはヨーロッパ地域における中世温暖期にもとづいた気象認識が古代・中世史に強い影響力をもっていた（峰岸2011，磯貝2002，西谷地2012など）。とくに9世紀後半から11世紀後半は，温暖化による「慢性的な農業危機の時代」（西谷地2012，33-76頁）であったとされている。近年，自然科学分野による古気候の研究の進展により，これまでの気候変動についての認識があらためられ，日本史研究で引用されてきたフェアブリッジ曲線はまったく現実に合っていなかったこと，それ以外の分析方法（屋久杉の年輪炭素同位体，尾瀬ヶ原の泥炭中の花粉含有率，サクラの開花記録など）は「玉石混交」であって，信頼できる古気温データではないものとされている（中塚2016）。ここでは，気候変動にかんする研究からの引用について，気候変動に原因をもとめた議論は直接引用しないが，それら議論のなかでの歴史資料にもとづいた個々の詳細な分析は現在でも十分に利用可能であると判断し，必要に応じて引用することとした。近年の歴史的気候変動にかんする研究は，田村（2015），中塚（2016）を参考とした。

62 第 I 部 農業生産量の推計

**表 1-11** 古代の土地生産性の推計資料作成時期における自然災害と飢饉・疫病の記録

| 年 | 主 な 記 録 |
|---|---|
| 819 | 山城国・美濃国・若狭国・能登国・出雲国など飢荒（類聚国史） |
| 820 | 水旱不適，年穀不登（日本紀略） |
| 821 | — |
| 822 | 石見国・山城国飢う（日本紀略） |
| 823 | 京都・伊賀国・紀伊国飢う（日本紀略） |
| 824 | 美濃国・淡路国・山城国など飢疫（日本紀略，元亨釈書ほか） |
| 825 | — |
| 874 | 伊勢国・三河国・因幡国・但馬国など凶荒（日本三代実録） |
| 875 | — |
| 876 | 丹後国・美作国・丹波国・京都など飢う（日本三代実録） |
| 877 | 小雨・大旱（日本三代実録） |
| 878 | 京都・畿内飢う，河内国・和泉国被害甚大（日本三代実録） |
| 879 | 大和国・上総国・京都など窮弊（日本三代実録） |
| 880 | 出羽国荒飢（日本三代実録） |
| 881 | 京都飢窮（日本三代実録） |
| 882 | — |
| 883 | 武蔵国・出雲国・長門国など飢荒（日本三代実録） |
| 1119 | 民間飢餓，天下疾病（中右記），旱魃（長秋記） |
| 1120 | 大雨，小雨（中右記） |
| 1121 | 大洪水（東寺百合文書） |
| 1122 | 大洪水（東寺百合文書） |
| 1123 | 炎旱（百錬抄） |
| 1125 | 洪水，天下多損亡（中右記） |
| 1126 | 不熟（東寺百合文書），疱瘡による改元（皇年代私記，皇代記） |
| 1127 | 大雨，諸国損亡，天下病患（中右記），赤斑瘡（大日本史） |
| 1128 | 京都大雨（中右記） |
| 1129 | 諸国損亡（中右記） |
| 1134 | 天下飢饉，霖雨，洪水，風損，水損，天下大咳病（百錬抄） |
| 1135 | 炎旱，天下疾病，飢餓（中右記），疾病・飢饉による改元（皇年代私記，皇代記） |
| 1136 | 天下大飢渇，餓死（中右記） |
| 1137 | 京都大雨洪水（中右記） |
| 1138 | — |
| 1164 | |
| 1165 | 京都大風（百錬抄），天変・恠異・病による改元（皇年代私記，皇代記） |
| 1166 | 旱魃（百錬抄） |
| 1167 | 天下流風（兵範記） |
| 1168 | 京都大雨，小雨（人車記要目，玉葉ほか） |

注）下線が引かれた年は，表 1-6 および表 1-7 における土地生産性の推計の根拠となった資料の作成年をあらわす。
資料）小鹿島（1894），西村・吉川編（1936），藤木編（2007）より作成。

触れなければならないだろう[41]。ファリスの古代社会の分析に影響をあたえた
ウィリアム・マクニールの『疾病と世界史（*Plagues and Peoples*）』によれば，
日本の地理的位置は大陸での疫病との接触から隔絶させていたのが，6世紀頃
から大陸との政治的・文化的交流が本格化して以降，それまで孤立していた日
本列島が，大陸からの感染症にさらされるようになったとあり，そうした感染
症はほぼ一世代ごとに日本に到来し，繰り返し日本列島の経済発展を阻害して
いたとしている（マクニール2007,（上）225-228頁）。大陸から侵入する疫病の
継続的な流行（平均して30年に1度の割合で発生）により人口が激減し，その
結果労働人口を失ったことによって律令国家の経済的パフォーマンスが低下し
たとしている（Farris 1985）。

　これら先行研究による人口推計をもちいて1人あたり生産量の視点からも検
討してみよう。Farris（2009）および鬼頭（2000）による2つの推計系列をそれ
ぞれ利用して算出した1人あたり農業生産量の結果は表1-12のパネルAにあ
るように，ファリス推計から算出した1人あたり農業生産量（系列1）をみる
と，奈良時代から平安時代前半にかけて2.62石から4.54石に増加するが，平
安時代後半にかけて若干減少するのに対して，鬼頭推計を利用した1人あたり
農業生産量（系列2）は，古代を通じてほぼ3.5石前後の定常状態に近い状態
で推移している。もちろん，分母となる両人口推計値の違いがあるため，単純
な比較はできない。ファリス推計・鬼頭推計の根拠となる資料は同じものもあ
るが，その推計方法は，鬼頭推計はすべての土地からの農業生産物によって全
人口が養われている前提であるのに対して，ファリス推計は，農業生産におけ
る非耕作地の存在を加味したものであるからである。

　飢饉や疫病が頻発していれば，それは当然，人口成長に対して抑制効果をも
たらすことになり，それが包括的な耕地面積拡大を目指した律令体制の土地政
策の前提を無効とする要因になる。たとえば，9世紀後半の貞観年間の中国地

---

41）なお，古代の代表的な疫病としては，6世紀末頃に「瘡」として初めて記録に登場す
　　る痘瘡（天然痘）が有名であるが，それ以前からも『古事記』・『日本書紀』には，「え
　　やみ」，「えのやまい」，「疫」といった疫病の記録が頻出している。代表的な疫病とし
　　ては，稲作の伝来期に広がった結核があり，農村部には蚊や貝を中間宿主として伝染
　　するマラリア，住血吸虫などがあり，近代まで流行し続けた（酒井2008, 31-45頁）。

64 第 I 部 農業生産量の推計

**表 1-12** 古代の 1 人あたり農業生産量

A. 全耕作地からの生産量の場合

①推　移　　　　　　　　　　　　　（単位：石/人）

| 時　　　期 | 系列 1 | 系列 2 |
|---|---|---|
| 奈良時代 | 2.62 | 3.54 |
| 平安時代前半 | 4.54 | 3.52 |
| 平安時代後半 | 4.03 | 3.48 |

②成長率　　　　　　　　　　　　　　（単位：%）

| 時　　　期 | 系列 1 | 系列 2 |
|---|---|---|
| 奈良時代〜平安時代前半 | 0.25 | 0.00 |
| 平安時代前半〜後半 | ▲0.06 | ▲0.01 |
| 古代全期 | 0.10 | 0.00 |

B. 非耕作地を考慮した生産量の場合

①推　移　　　　　　　　　　　　　（単位：石/人）

| 時　　　期 | 系列 1 | 系列 2 |
|---|---|---|
| 奈良時代 | 1.74 | 2.35 |
| 平安時代前半 | 2.74 | 2.13 |
| 平安時代後半 | 2.54 | 2.19 |

②成長率　　　　　　　　　　　　　　（単位：%）

| 時　　　期 | 系列 1 | 系列 2 |
|---|---|---|
| 奈良時代〜平安時代前半 | 0.21 | ▲0.06 |
| 平安時代前半〜後半 | ▲0.04 | 0.01 |
| 古代全期 | 0.09 | ▲0.02 |

注・資料）1 人あたり農業生産量は，系列 1 は Farris（2009），系列 2 は鬼頭（2000）の各人口推計に
て表 1-10 の農業生産量の推計値を除したもの。成長率は各人口推計で設定されたベンチマーク
年にて算出している（系列 1 は奈良時代から平安時代前半は 730-950 年，平安時代前半から後
半は 950-1150 年，系列 2 は 725-900 年，900-1150 年）。

方を中心とした村落の分析においても，飢饉により死亡率が大幅に上昇したこ
とことが指摘されている（今津 2009）。たしかに，現時点での土地生産にかん
する推計方法には限界があり，それによって算出されたベンチマーク年を基準
とした土地生産性と，飢饉・疫病との関係を厳密に実証分析することは難しい
かもしれない。しかし，土地生産性，当時の生産や人びとの生活基盤は自然条
件の変化に左右されるものであり，そうした脆弱な古代社会における農業生産
が飢饉や疫病の影響をうけやすかったことは十分に考えられることだろう。

　こうした条件を，既存の古代の人口推計（ファリス推計・鬼頭推計）との関連
で考えるなら，それはファリスの人口推計の方が鬼頭推計よりも，古代の社会
状況を反映したという意味で適切であることになる。もちろん，それは推計値
のレベルではなくトレンドについての妥当性においてではあるが，3 年もしく
は 4 年に 1 度という飢饉の頻度は人口成長に対する相当な下方への要因となっ
ていたことは間違いないだろう。

　そこで，推計された農業生産量から非耕作地からの生産を除外した生産量を
もちいて 1 人あたり農業生産量を推定してみよう。耕作地と非耕作地の割合に

ついては，現存する土地資料から当時の耕作地率を推定すれば，田地は奈良時代 65.9 ％，平安時代前期 57.1 ％，後期 60.9 ％，畠地はサンプル数が少ないが，古代を通じて 68.2 ％ の耕作地率となっており，古代の農業生産は田地・畠地ともに 3 割から 4 割程度の非耕作地の上に成りたつものであった（算出方法は補論 1 を参照）。表 1-12 のパネル B がその結果をあらわしたものである。ファリス推計を利用した系列 1 では，その結果は全生産量にて推定した場合と同じようなトレンドとなり，古代前半に成長があったことを確認でき，後半は若干の減少をみせる。これとは対照的に，鬼頭推計を利用した系列 2 の場合は，前半にマイナス成長，後半も微増にとどまっており，全体的に停滞的な様相をみせることになる。ただし，ファリス推計の場合でも古代を通じてみればその推移は安定的ではなく，仮に 1 人あたり農業生産量で成長があったとしても，それはきわめてゆるやかな成長であったとみるべきであろう。

　この古代社会の展開は，持続的な飢饉・疫病という前提条件のもとで律令国家がいかに機能しえたかという視点からも議論ができる。事実，ファリスの日本古代にかんする主要命題は疫病の存在であり（Farris 1985, pp. 50-51；2006, pp. 8-11），その前提には先述のマクニールの議論がある。すなわち，疫病と人類社会の関係における疫学理論でいうところの「ミクロ寄生（microparasitism）・マクロ寄生（macroparasitism）」の概念である（マクニール 2007,（上）30-33 頁）。

　マクニールによれば，疫病とは人体にかんする病気という側面として考えるのではなく，人類が長い歴史をかけて他の生物との関係において獲得した生態的なバランスのなかで解釈されるものとされる。たとえば，ウイルスやバクテリアなどのミクロの寄生生物は人間の組織内に入り込み，その生命維持のしくみにかなった食物を摂取して宿主である人間を病気にするか死にいたらしめるが，ときには宿主の免疫反応によって駆逐されることもある。これが「ミクロ寄生」とされる概念で（マクニール 2007,（上）31-32 頁），ファリスが古代の律令国家に決定的な打撃をあたえたと結論づけた日本列島における疫病の蔓延がこれにあたる。これは，律令制度が古代の東アジアの国際関係に開かれた制度であったがゆえに，東アジア圏における microbial unification（疫病などの微生物が拡大し定着すること）の帰結としての疫病の頻発にさらされたことを意味し

66　第 I 部　農業生産量の推計

(Farris 1985, p. 50)，いいかえれば，ファリスがかかげた疫病という命題は律令制の採用ということと無関係ではなかった。古代日本における疫病の蔓延とは，律令国家という東アジア地域内での国際関係のなかで成立した制度を一つの要因としていたともいえる。

　ミクロ寄生の対となる概念である「マクロ寄生」とは，人間や他の動物を捕食するライオンやオオカミのようなマクロの寄生生物が，宿主（人間や他の動物）の命を即座に奪うか不定期間生かしておくことをいう（マクニール 2007，（上）32-33 頁）。このマクロ寄生という概念は自然界の食物連鎖の例にとどまるものではなく，文明社会で食物生産というものが，ある共同体にとって一つの生活形態となったとき，それは緩和されたマクロ寄生となる。つまり，征服者が食物を生産者から奪い，それを消費することで，労働に従事する者への新しいかたちの寄生体となったということである。この意味では，律令国家の収奪面がマクロ寄生に相当する。楽観論・悲観論の議論があるものの，瀧川（1944）による生活水準の算定によれば，平均的な世帯における収入は口分田のみではその世帯の要する食糧の 5 分の 3 を満たすに過ぎず，他の対策を講じなければ生活することは不可能であったとされており（78-79 頁），租庸調をはじめとした地税・人頭税，政府による強制的な種籾の貸付制度（出挙）など，律令国家を支えた農業生産を担う農民への税負担は決して小さいものではなかったと考えられ，それは古代社会において経済成長への抑止効果となったはずである。

　このミクロ寄生（疫病）とマクロ寄生（律令国家に対する農民負担）という 2 つの効果は共に人口・生産の成長を抑制することになり，それが土地の拡大を目指した律令国家の開発政策を制限する方向に作用したとみることも可能であろう。実際，土地私有の許可による耕地開発の拡大は律令国家による制度的限界を超えるかたちで農業生産のプラス要因となるはずであったが，その一方で，飢饉・疫病は持続的に発生しており，また律令国家の衰退にともない溜池灌漑などのインフラ機構が働かなくなったことは農業生産にとってのマイナス要因ともなった。その結果，プラスとマイナスの要因は相殺されることとなり，大幅な経済成長につながらなかったと解釈することも可能である。

第1章　古代の農業生産量の推計　　67

**表 1-13**　奈良時代初頭の義倉の徴収状況

| 国 | 戸数 | 徴収 | | | | | | | | | 徴収停止 | 徴収停止率 (%) |
|---|---|---|---|---|---|---|---|---|---|---|---|---|
| | | 上上戸 | 上中戸 | 上下戸 | 中上戸 | 中中戸 | 中下戸 | 上下戸 | 下中戸 | 下下戸 | | |
| 安房国 | 415 | – | – | – | – | 2 | 2 | 3 | 12 | 69 | 327 | 78.8 |
| 越前国 | 1,019 | 1 | 4 | 7 | 4 | 5 | 8 | 12 | 13 | 45 | 920 | 90.3 |

注）『大日本古文書』では安房国の下中戸は 11 戸となっているが（東京大学史料編纂所編 1998，(1) 423-424 頁），影印本を確認して 12 戸に修正した。越前国の上下戸は文字が薄くなっており，『大日本古文書』では 11 戸となっているが（東京大学史料編纂所編 1998，(1) 424-425 頁），12 戸と判断した。

資料）「安房国天平二年義倉税帳断簡」（宮内庁正倉院事務所編 1988，260-261 頁），「越前国天平二年義倉帳断簡」（宮内庁正倉院事務所編 1990，64 頁）より作成。

　この飢饉・疫病という外部要因とは別の内部要因も考えられる。表 1-13 は奈良時代初頭における安房国・越前国に律令政府が設けた義倉の徴収状況をあらわしている。義倉とは，飢饉に備えて 9 つの等級に分けられた農民から等級に応じた量の穀物を徴収し，それを貧窮者に支給していた制度である[42]。これによれば，義倉用穀物を供出できない戸は安房国で 78.8 %，越前国で 90.3 %となっている。また，徴収対象は当初は全戸としていたが，戸の等級は資産基準の評価であったため貧戸の物を取って貧乏家に支給するという矛盾が発生し，途中から中下戸以下の戸からの徴収を停止する事態となっている（宮本 2006，201-235 頁）。これは，中中戸と中下戸を境として富戸・貧戸に区別されることを意味する[43]。この定義にあてはめれば，安房国では富戸は 415 戸のうちわずか 2 戸，越前国でも 21 戸しか存在しておらず，律令体制の初期の段階では農民の大多数は貧困状態であったことが想定される。

　それでも，律令体制が確立していけば制度的安定がえられ，そこから経済成長が見込まれたはずであり，実際に推計結果にあらわれたように奈良時代から平安時代前半にかけては農業生産の成長が実現された。しかし，その制度のパ

---

42）賦役令 6・義倉条「凡一位以下。及百姓雑式人等。皆取=戸粟-。以為=義倉-。上々戸二石。上中戸一石六斗。上下戸一石二斗。中上戸一石。中々戸八斗。中下戸六斗。下上戸四斗。下中戸二斗。下々戸一斗」（井上ほか校注 1976，253 頁）。

43）この解釈は竹内（2000，381-410 頁）によった。『令集解』巻 13・賦役令・義倉条には「古記云，問，義倉之意。答，取=富人物-，賑=給貧人-，謂=之義倉-也」と古記の引用があり（黒板・国史大系編修会 2011f，393-394 頁），取られる側が富戸，賑給される側が貧戸と解釈されている。

68 第 I 部 農業生産量の推計

フォーマンスが低下したとたん，生産活動の維持が困難になっていったことが
経済的活動に対する抑制効果となり，その後の成長の鈍化につながったことが
考えられる。律令国家の徴税システムの根幹をなす戸籍・計帳は，農民の逃亡
や浮浪，地方役人の不正操作などがみられるようになり，その精度は時代が進
むにつれて低下し形骸化していくなどの構造的な問題をかかえて，9世紀から
10世紀の後半には帳簿による管理体制は解体した（今津2012，387-388頁）。ま
た，政策として私的土地所有を拡大させたことにより土地所有関係が複雑化し，
それまで順調に進められてきた班田の確認および管理を困難にしたこと（三谷
2014，168-170頁），貴族・寺社・富豪層の大土地所有が展開された結果，農民
が雇傭労働力として分化していったことも，班田の維持を困難にした要因と
なったことが指摘されている（宮本1998，58-63頁）。


む す び


　以上，古代における農業生産について，資料からえられた数的情報を利用し
て耕地面積と土地生産性を推計，それにもとづいた農業生産量を算出し，その
推移を観察してきた[44]。

---

44) 本章では土地資料を中心とした供給側からの農業生産量の推計をおこなった。これと
　　は別の方法としては，西欧諸国の歴史的国民計算の研究で広く利用されている需要側
　　からの推計がある。これは，平均的な庶民（ここでは労働者のことをいう）の収入が
　　わかれば，そこから1人あたり（もしくは世帯あたり）どの程度の食糧（農業生産需
　　要量）が必要なのかを推計し，その1人あたり農業生産需要量を農業生産量とみなし
　　て推計する方法である（Allen 2000. 推計の詳細については本書第2章を参照）。ここで
　　の庶民の収入というのは，賃金労働者の存在を前提としている。よく知られているよ
　　うに古代日本にも皇朝十二銭のように貨幣制度は存在し，その利用範囲も京・畿内だ
　　けでなく遠方諸国でも利用されていたとされるが，（1）次第に制度そのものが衰退し，
　　最終的には京都周辺での流通に限定され，諸国での利用も経済的機能にもとづいた利
　　用というよりは呪物的・宝物的な蓄積という目的が強かったこと（三上2005，栄原
　　2011），（2）平城京・平安京においては下級官僚や建築職工には貨幣にて給料が支払わ
　　れていたものの，それが当時の一般的な庶民の収入を代表するというのは難しいこと
　　（これは米や絹などの現物貨幣で支給されたとしても同様であろう），などの理由から，
　　需要側からの生産量推計はおこなわなかった。また，本章の推計結果に直接に関連す

第 1 章　古代の農業生産量の推計　　69

　古代の農業生産の推計結果は，前半は耕地面積の拡張による生産量の増加があり，後半には若干成長の伸びが低下するものの，全体としては成長のペースはゆるやかなものとなった。律令政府は新たな土地からの収入増加を見込んだ土地私有の許可の政策を打ち出したが，政策そのものは耕地拡大へのインセンティヴを高め，新規開拓地からの税収により国家財政の拡大を目論んだもので，それは農業生産に対してプラスの要因になりえたはずであった。事実，推計結果においてもみられたように，それらの政策は古代前半の耕地面積の拡大や生産量の増加に寄与していたものと考えられる。しかし，古代後半の低成長にみられるように，律令国家の制度機能が働かなくなるにつれ農業生産は停滞的となっていった。他方，律令体制の衰退によって律令国家による農民への収奪の側面，すなわちマクロ寄生が緩和される可能性があったが，頻発する飢饉・疫病や，政府による土地開発・インフラ整備が停滞したことでその効果は相殺され，成長の動因になるほどではなかった。推計からえられた古代の農業生産の背景には以上のような要因があったのではないだろうか。

---

るものではないが，古代日本の海外貿易による農業生産物の輸出入については，九州で生産された米の中国（宋）への輸出の可能性が指摘されている（山内 2003，247-248 頁）。また，1247 年には西国米の中国への輸出を禁止する宣旨が出されている（『帝王編年記』宝治元年十一月廿四日「被 ν 宣 =-下西国米穀渡唐停止事 -」，黒板・国史大系編修会編 2011d，409 頁）。中国（唐・宋），朝鮮半島（新羅），渤海国との貿易は公・民の各方面で存在している。序章でも述べたように，支出面からの GDP 推計には貿易における輸入から輸出を引いた純輸出の推計が必要となるが，本書は生産面からの推計アプローチをとっているため，ここでは深くは立ち入らないこととした。

## 補論1 古代における耕作地の状況について

　古代の土地資料には「熟田」といった表現があり，これは現実に耕作されている土地をあらわしている。これに対して「荒」などという表現は不耕作地のことをいう。古代における土地経営は不安定であり，断続的に耕作される不安定耕地や一時的な休耕田が存在したことは，戸田（1967）などの先行研究でも指摘されている。ここでは，古代農業の現実の経営状態における安定耕地の状況について，現存する土地資料より耕作地率を推計する。

　奈良時代の土地資料のうち，耕作状況を知ることのできる資料より安定耕作地率をあらわしたのが表 A1-1 である。ここでは耕地面積による平均値の 65.9% を奈良時代の安定耕作地率として考えることとする[1]。

　平安時代の土地記録から耕作地の状況がわかるものを集計した結果が図 A1-1 である。全国的な土地資料から個々の耕地化率のデータを観察した結果，平安時代前半（観測数：33）の平均値は 57.1%，平安時代後半（観測数：110）の平均値は 60.9% となっている。

　一つの寺社が所有する全国的にまとまった土地の記録をみると，872 年の貞観寺領について全国 11 カ国分を記録した田地目録帳があり，そこでの耕作地率は 68.9% となっている。また，戸田（1967）によって集計された大和国栄山寺領の田地について，990 年から 1059 年の間における 350 地点（坪）の耕作地データから安定耕作地面積および不安定耕地面積を整理した結果，安定耕作地率は 60% から 70% の間に分布しており，平均 63.8% となっていること

---

　1）なお，奈良時代の土地資料には「見開」と「未開」という用語が散見される。ここでは「見開」田に含まれる荒地面積分を引いたものを現実の耕作地として計算した。この土地資料は墾田資料であり，おそらくは奈良時代中期からの積極的な墾田政策により新たに開発された土地であると想定される。よって，これらの大半は原野に近い未開田の割合が非常に高いと考えられるため，実際の耕作地率および荒地率を集計する際には「未開」田を含めずに計算した。

表 A1-1　奈良時代の田地の耕作状況

| 年 | 国 | 耕作地（町） | 荒地（町） | 耕作地率（%） |
|---|---|---|---|---|
| 743 | 山城 | 6.0 | 4.2 | 30.0 |
| 757 | 越前 | 42.1 | 9.8 | 76.7 |
| 767 | 越中 | 427.4 | 83.0 | 80.6 |
| 767 | 越中 | 446.2 | 105.6 | 76.3 |

資料）「弘福寺田数帳（天平15年4月22日）」、「越前国田使解（天平勝宝9年2月1日）」、「越中国東大寺墾田地検校帳（天平神護3年5月7日）」（東京大学史料編纂所編 1998,（2）335-337 頁；1998,（4）219-221 頁；1998,（5）662-666 頁）より作成。

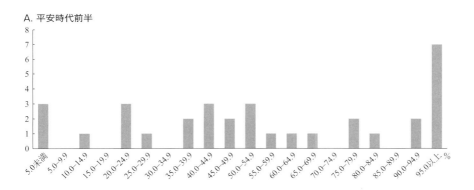

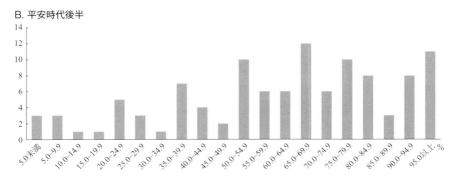

図 A1-1　平安時代の田地の耕作地率

資料）『平安遺文 本文編』より作成。

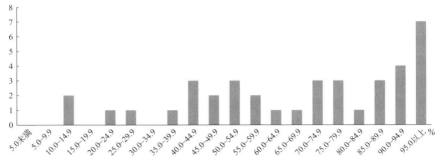

**図 A1-2** 平安時代の畠地の耕作地率

資料）『平安遺文 本文編』より作成。

が指摘されている[2]。これらの記録は、個々の土地データを利用した平均値とおおむね一致している。

畠地についても同様に全国的な土地資料（観測数：38）からデータを観察した結果、耕作地率50％以上のものが73.7％となっており、平均値は68.2％となった（図A1-2）。ただし、これは平安時代後半の記録からの観測値であり、それ以前の時期についての土地資料はほとんど存在していない[3]。平安時代前半、奈良時代については、農業技術の飛躍的な発展がなかったことなど耕作のための諸条件に大きな変化が考えられにくく、また、畠作物は田地にくらべて耕作条件が悪くてもある程度は栽培可能であることを考えると、平安時代後半の耕作地率を上回ることはないものと思われる。したがって、ここでは平安時代後半の数値68.2％は古代全時期を通じた耕作地率の上限とみなすことにする。

---

2) 筒泉・堀尾（2004）。ただし、元データである戸田（1967）および原資料からは、荒地が田地と畠地のどちらのものか判別が難しいため、全国データの集計には組み入れなかった。
3) 他の時期で確認できたものでは、平安時代前半（872年）の山城国の土地資料に、総耕地面積3町3段260歩のうち、熟畠2町、荒畠1町3段260歩の記録があり、ここでの耕作率は58.8％となっている（「貞観寺田地目録帳」『平安遺文』165号）。

補論1　古代における耕作地の状況について　73

　以上，古代農業の現実の経営状態における安定耕地の状況について，現存する土地資料より耕作地率を推計し，古代の耕地経営は多くの不安定耕地を前提としたものであったことを確認した。なお，平安時代前半の水田の安定耕作地が奈良時代に対して増加していないことは，一見すると不自然に感じられるかもしれない。この点にかんしては，平安時代は時代が進むにつれて律令体制が弛緩していったため班田制の機能が困難になり，従来からの口分田の荒廃が進んでいったものと解釈したい[4]。律令体制によって確立された土地管理システムは7世紀半ばに誕生し，その維持のための努力は続けられていたが，10世紀半ばには終焉した（三谷2014，170頁）。このことは，奈良時代においては律令国家の税収確保のため，各地の口分田の経営をおこなっていた（もしくはおこなおうとしていた）こと，そして，そのためには比較的良い条件の土地を政府が確保していた可能性が考えられ，このことが奈良時代の耕作地率の高さにあらわれているものとみることができるだろう。また，寺社による墾田開発により大幅に増えたかのようにみえた荘園の耕作地も，当時の農業技術水準では直ちに田地として使えるような状況ではなく，奈良時代は政府主導による大規模開発がある程度は可能であったかもしれないが，個々の寺社の財政力では単発的・局地的な土地開発が中心であったと考えられる。

---

　4）律令国家の土地管理が衰退する過程については，第1章も参照のこと。

# 第2章
# 中世の農業生産量の推計

## はじめに

　本章の目的は，日本中世の農業生産量について推計を試みることにある[1]。いうまでもなく中世農業生産にかんしては，土地経営史，農業技術史，土地制度史などの幅広い方面からの研究蓄積がある[2]。ここでは，そのすべてを網羅することはしないが，その概略をみれば，かつては，石母田（1956），安良城（1959）にみるように中世農業生産力を低く評価する傾向があったが，その後，宝月（1963），河音（1971），大山（1978），黒田（1984），戸田（1991），木村（1992）のように，中世における農業生産の成長を積極的に評価する研究が多く，今日ではそれらが通説として受け入れられつつある。これらの研究では，中世農業の発展の要因として灌漑の進展，二毛作・鉄器の普及に代表される農業技術の発展，湿田の乾田化，畠作の普及等による土地改良の進展などが成長の背景にあったとされている。その一方で，頻発する飢饉と戦乱による荒廃への言及（藤木 2001），また，気候の変化が農業生産にあたえた影響から中世の

---

1) 本章の一部は，西谷正浩との共著論文（西谷・高島 2016）およびジャン-パスカル・バッシーノ，スチーブン・ブロードベリ，深尾京司，ビシュヌプリヤ・グプタとの共著論文（Bassino et al. 2015 ; 2017）における中世の農業生産推計の部分について大幅に改訂したものである。論文の骨子と内容の一部を材料とすることを快諾していただいた共著者に謝意を表したい。

2) 中世農業生産力をめぐる研究史については，高橋（1997，30–60 頁），木村（2010a, b），を参考にした。

第 2 章 中世の農業生産量の推計 **75**

耕地拡大・農業生産力を疑問視する研究（磯貝 2002；2013，峰岸 2011，井原 2013）もあり[3]，これら複数の学説の対話による中世農業生産の検討はいまだ途上段階にあるといえる。

本章は，そうした諸研究の蓄積の上にたって，数量的分析からの議論を試みるものである。もちろん，数量的アプローチをとる以上，その根拠となるデータの収集が重要となるが，中世という時代には，土地資料の数そのものについては全国各地の荘園資料をはじめ，その豊富さは古代とは比較にならないものがある。しかし，そこから実際に農業生産量を推計するための数量データを抽出しようとした場合，そこには多くの困難が待ちかまえている。中世はその時代名に象徴されるように，鎌倉幕府・室町幕府といった武家政権による支配の印象が強いが，実態としては，権門体制論（黒田 1975）であらわされているように，公家・寺社・武家の各勢力（権門）が，それぞれに所有する土地を経済的基盤にして分業的に国家を構成していたため，基本的に政治権力が分散していた社会であった[4]。中世の後半，戦国時代になれば，各大名がそれぞれに領国を支配経営する状態になった。そうした中央集権国家が存在しない時代においては，たとえば古代の律令国家のような戸籍・計帳や，近世の徳川幕府による人口調査や郷帳・国絵図の作成のような全国的な調査はなされえなかった[5]。また，そうした支配体制下では，荘園公領制に代表されるように，土地支配も

---

3) 第 1 章の注 40 でも指摘したように，近年，気候変動にかんする自然科学分野での研究が進展し，これまで温暖化とされていた中世前半が寒冷化の時期であったとする説が有力となっている（中塚 2016）。本書では，気候変動の議論については深く立ち入らないが，それら研究のなかでの歴史資料にもとづいた個々の詳細な分析については必要に応じて引用する。

4) 黒田の権門体制論については多くの議論があるが，ここでは，古代律令国家や徳川幕府のように国土について全国的な統一をはかった結果，列島全体の人口や土地・生産にかんする調査統計に類する資料を整備したかどうかの文脈で説明している。したがって，権門体制論そのものへの批判（石井 1970）や，以降の学説・論争については詳しくは述べない。中世国家にかんする議論については，新田（2004）を参考にした。

5) 中世初頭には「大田文」とよばれる土地調査資料が全国を対象としていたことも事実であるが，現存する大田文資料は西日本を中心に 13 カ国のみである。また一方で，その内容が現実の生産活動・生産力の実態を必ずしも反映したものではないという指摘もある（工藤 2002）。

76　第Ⅰ部　農業生産量の推計

重層的になっていたため，国としての全国的なかたちで歴史を語る前に，個々の地域・事象をより深く掘り下げて多くのことを解明する必要があったといえる。

　また，中世の土地資料の記載内容の特殊性にも数量データによる分析を困難にする要因がある。荘園文書に代表される土地資料には耕地面積は記載されていても，収穫量についての記載は，その土地でつくられる米などの農作物の全収穫量ではなく，年貢として徴収される領主の取り分のみしか書かれていないからである。もちろん，その年貢率が判明すれば，土地からの全生産量を推計することは可能ではあるが，耕地面積，年貢徴収量，年貢率が一つの資料からすべて一目瞭然に書かれ，土地生産性が容易にわかるような事例は中世文書の世界には存在しない[6]。

　以上のような諸々の問題，とくに土地全体の生産にかんする数的資料の制約のため，中世の農業生産については，土地資料からダイレクトに説得性のある推計を提示する試みは，これまでほとんどなされてこなかった。しかし，土地資料以外の記録からえられる数的情報をもちいて間接的に生産量を推計する方法は存在する。たとえば，労働者や雑業者などの賃金がわかれば，その労働者の賃金から1人あたり（もしくは世帯あたり）どの程度の食糧が必要なのかを推計し，その1人あたり農業需要量を1人あたり農業生産量とみなして考える方法，もしくは総人口に適用させる方法が，西欧の生産推計の研究において利用されている（Allen 2000）。これは消費という点に着目した需要サイドからの推計である。そう考えるなら，土地資料からダイレクトに推計する方法は生産側，すなわち供給サイドからの推計といえるが，これについても，複数の土地資料からえられる情報を複合的に利用し，荘園地域における土地あたりの農業生産力や1人あたり農業生産量の推計を試みることがまったく不可能ではないことが，近年の研究から明らかになってきている（西谷 2015，西谷・高島 2016）。

　以下，次節より，これまでほとんど数量的に推計されることのなかった中世農業の生産力について，需要と供給の両面からの推計を試みる。これは，生産

―――――――――――
6）室町時代の田租率の事例を個々の土地についてサーベイし類型化した研究があるが（玉泉 1969，第1論文），そこから土地生産や収量の集計はなされていない。

推計にかんする情報が限定的な中世を対象に数量分析をするにあたって，クロスチェックをするという意味で有効な手順であろう。第1節では土地資料を利用した供給サイドからの生産量の推計を，第2節では需要サイドの分析による農業需要量の推計をおこなう。第3節では，上記の両推計方法からえられる結果を比較し，先行研究の成果も議論しながら中世の農業生産について検討する。最終節は小括にあてられる。


## 1　土地資料による推計

　土地関係資料からの生産量推計について，ここでは，西谷（2015）による中世後半の畿内村落における水田稲作の生産力の推計の結果をもとに検討する。西谷正浩は，個別田地の反あたり生産量について4つの算出方法をもとに生産力推計を試みている。以下，少し長くなるが，西谷推計に利用された実際の土地資料をひもときながら，その推計のプロセスを詳しくたどってみよう[7]。

### 1）推計1：加地子による推計

　中世後半の畿内村落は請負経営による地主制が展開しており，その土地の経営・耕作にたずさわる人の関係は，支配の順に，領主・地主・作人となる。その場合，農地の請負人（作人）は，領主には年貢を，地主には小作料を，それぞれ納めていた。地主に支払う地代は加地子といい，作人は農業経費を自ら調達して自立的に経営をおこなっていたが，こうした請負経営では，領主に納めた年貢を除いた分（これを作半という）は地主と作人で折半するという基準，すなわち作半慣行によって加地子が定額化され，地主得分（加地子）と請負人の取り分は同等であった。この場合，その比率をもちいて水田稲作の生産力を算出するなら，

---

　7）以下，とくに明記しないかぎり，本節における土地資料からの推計の方法と結果は，西谷（2015）における推計方法とその成果によっている。

78　第 I 部　農業生産量の推計

$$生産量＝年貢米＋加地子×2 \tag{2.1}$$

の計算式が成立する（西谷 2015，10 頁）。

　この計算式をもちいて，中世後半における代表的な畿内村落の一つである山城国乙訓郡上久世荘の土地資料をもとに土地生産性を推計する。中世後半の山城国では，新たに売買可能な権利としての「作職」が成立し，以前から存在していた下級土地所有権（作手）は「名主職」とよばれるようになった。以下にあげる資料は，東寺鎮守八幡宮が本所（領主）の，友吉名という名に所属する通称「東出口」と称される田地についてのものである。

【資料 1】 1424（応永 31）年 5 月晦日「山城国上久世庄沙汰人道浄名主年貢請文」[8]

請申　東寺御影堂燈御料所田地事

　　合弐段者　在山城国乙訓郡上久世庄内
　　　　　　　壱段者東出口壱段者三角田

右弐段，名主御年貢分三角田九斗惣庄本斗定，東出口四斗升同上定，毎年九月中堅可弁申，若不被無沙汰御事申入候者，急御下知於可被差放，其時更不可申入子細候，於本所御年貢者御文書在之，仍為後日謹請文之状如件

　　応永卅一年甲辰五月晦日　　　　　道浄（花押）

【資料 2】 1370（応安 3）年 11 月 25 日「沙弥善阿田地譲状」[9]

譲与　田地事

　　合壱段者

　　在山城国乙訓郡上久世庄内東出口也，

　　四至　限東田　　限南類地
　　　　　限西ミタ　限北類地

---

8）東寺百合文書，リ函 109-3。本章における東寺百合文書の各資料は，京都府立京都学・歴彩館（旧京都府立総合資料館）「東寺百合文書 WEB」（http://hyakugo.kyoto.jp）に掲載のものを利用した。

9）東寺百合文書，リ函 109-9。

右件田地者，善阿重代相伝候名田也而，後家元善仁限永代所譲与実也，更不可有他妨者也，但本年貢三斗五升<sub>寺家升</sub>定，御仏事用途拾文，藁八束，此外万雑無公事，若此田地仁違乱煩相来候ニ付者，申公家武家可被行罪科申候也，仍為後日譲状如件

　　応安参年十一月廿五日　　　　沙弥善阿　　（花押）

　　　　　　　　　　　　　　　嫡子左近太郎（花押）

　　　　　　　　　　　　　　　同　左近四郎（花押）

　これら資料から，推計のための基本情報として，以下のことがわかる。「東出口」という田地の面積は1反（資料1「壱段者東出口」），領主に納める年貢（本年貢）は寺家枡で3.5斗（資料2「本年貢三斗五升<sub>寺家升</sub>定」），同じく領主に納める公事は仏事用途10文と藁8束で，それ以外の公事はなし（資料2「御仏事用途拾文，藁八束，此外万雑無公事」），名主がとる年貢である加地子は惣荘本斗の枡で4斗（資料1「東出口四斗升同上」。「升同上」は直前の「三角田九斗惣庄本斗定」から，惣荘本斗となる）である。

　このことから，反あたりの生産量の計算に必要な本年貢と加地子の情報がえられたことになる。ただし，中世では地域や用途によって枡の容量が異なるため，これらの枡を何らかの統一された枡の容量に変換しなければならない。ここでは荘園領主である東寺が下行（支払い）の際に使う「東寺下行枡」を統一のための枡とする。枡の容量の問題は，古代・中世の量制史において長年議論されてきた問題であったが，それら研究の蓄積によって，その実態が明らかになってきている（澤田 1927；1930，宝月 1961，田中 1979，水鳥川 2010；2011；2012）。資料に登場する枡とそれらの延縮の関係について東寺下行枡を基準としてまとめれば，表2-1のようになる。

　まず，表2-1のパネルAにある換算率をもちいて，東寺下行枡での1反あたり生産量を計算しよう。領主である東寺に納める本年貢は「寺家枡」ではかられているが，これは「本所東寺の上久世荘枡」である「本所枡」である。この本年貢3.5升に換算率1.16を乗じれば，東寺下行枡で4.06斗になる。名主年貢の加地子をはかる「惣荘本斗」は「上久世荘枡」である。上久世荘枡から

80　第Ⅰ部　農業生産量の推計

表 2-1　中世の枡の換算率

A. 東寺下行枡による換算率

| 枡 | 換算率 |
|---|---|
| 寺家枡（本所枡）[*1] | 1.160 |
| 惣荘本斗枡（上久世荘枡）[*2] | 1.085 |

B. 諸枡の換算率

| 枡 | 換算率 |
|---|---|
| 東寺下行枡による東寺十三合枡への換算率[*1] | 0.370 |
| 近代の枡による東寺十三合枡のへの換算率[*3] | 1.491 |
| 近代の枡による東寺下行枡への換算率 | 0.55167（0.370×1.491） |
| 上久世荘公文枡の本所枡への換算率[*4] | 1.162 |

注）パネル A の換算率は各枡の東寺下行枡による延縮率をあらわす。パネル
　　B の換算率は，東寺下行枡を東寺十三合枡に換算し，それを現在の枡の
　　容量に換算するための延縮率となる。
資料）西谷（2015, 20頁，表 4-2）をもとに作成。具体的には，[*1] は 1455（康
　　正元）年 12 月 15 日「東寺領諸庄園斗升増減帳」（東寺百合文書，ニ函
　　60），[*2] は 1483（文明 15）年 6 月 5 日「東寺法会集草案」（東寺百合文
　　書，ヲ函 101），[*3] は水鳥川（2010, 10頁），[*4] は 1507（永正 4）年 5 月
　　日「上久世算用帳」（東寺百合文書，の函 50）となる。

東寺下行枡への換算率は，東寺関係者の忌日をまとめた「東寺法会集草案」[10)]
に，上久世荘枡 8.56 斗を東寺下行枡に換算すれば 9.29 斗になるとあるので，
ここでの加地子 4 斗は 1.085（＝9.29÷8.56）を乗じて，東寺下行枡で 4.34 斗に
なる。よって，これらの年貢と加地子を先の計算式にあてはめれば，1 反あた
りの米生産量は，東寺下行枡で 12.74 斗となる（本年貢 4.06 斗＋加地子 4.34 斗
× 2）。なお，これを近代以降の枡の単位に換算すれば，パネル B の換算率を
利用して，7.028 斗になる（東寺下行枡＝0.37 ×東寺十三合枡，東寺十三合枡＝
1.491×近代枡）。

## 2) 推計 2：作職得分による推計

　上久世荘と同じく東寺領であった紀伊郡の荘園では，新不動産物権としての
「作職」が中世に成立していた。この場合，個別田地の生産量は，領主得分

---

10）東寺百合文書，ヲ函 101。

（本年貢）と名主得分（加地子）に加えて，作職得分を加えて推計されることになる。すなわち，

$$生産量＝年貢米＋名主得分＋作職得分 \qquad (2.2)$$

の計算式が成立することになる。

以下にあげる資料は，山城国紀伊郡神田里における「塚本」という田地についての売買および寄進にかんするものである。

**【資料3】** 1467（文正2）年2月12日「源阿弥陀仏田地作職売券」[11]

永代売渡申大正田作職之事

　　　合壱段者　　在所ハ山城国きいの郡角神田四の坪
　　　　　　　　　此之縄本より弐段並て次壱段也あさなさりもと

右件作職者，源阿弥施仏代々之私領也，依有要用並銭四貫五百文ニ永代河原口道場せい金う庵ニ売渡申所実正也。但本所之御年貢十合舛，弐斗七升ニて，本所之納四斗ニ計立申也但本所舛道仲方ニ有之，但名主徳分者，十三合四斗戒光寺尊経院是をはかる也，仍作職徳分十合舛五斗毎年可納之，若此下地付て違乱之儀申物有者，盗人の御さた被仰可申候，同子共弥四良相支加判仕上者，他のさまたけ不可有物也，仍売状如件

　　　文正弐年丁亥二月十二日　　売主　　　　　　　　　同子
　　　　　　　　　　　　　　　　源阿弥陀仏（花押）　　弥四良（花押）

　　　　　　　　　　　　　　　　　　　　　　　　　　　請人
　　　　　　　　　　　　　　　　　　　　　　　　　　　さ衛門次良（花押）

**【資料4】** 1517（永正14）年9月21日「公文所法眼浄成田地作職寄進状」[12]

奉寄進　　大正田作職事

　　　合壱段者　　在所山城国紀伊郡角神田四坪
　　　　　　　　　北之縄本ヨリ弐段並テ次壱段ナリ
　　　　　　　　　字塚本　作職徳分十合舛ニ八斗

---

11）東寺百合文書，オ函173。
12）東寺百合文書，ユ函138。

此内五升者定免也，定米柒斗五升也

右田地作職者，後為売得相伝之私領為寿性禅尼追善料相副証文弐通可奉寄進
東寺西院也，然上者毎年九月廿七日於大師御宝前可預御廻向者也，仍為後証
可奉永代寄進之状如件

永正十四<sub>己</sub>年九月廿一日     公文所法眼<br>浄成（花押）

　これら資料からわかる情報は，「塚本」という田地の面積は1反，本年貢は
東寺十合枡で2.7斗（資料3「本所之御年貢十合舛，弐斗七升」），名主得分は東寺
十三合枡で4斗（資料3「本所之納四斗」），作職得分は十合枡で5斗（資料3
「作職徳分十合舛五斗」）とある。なお，この土地は資料3の1467年では作職得
分が5斗であったが，資料4でわかるように，後の1517年に作職は東寺西院
に寄進され，そこでは「作職徳分十合舛二八斗，此内五升者定免也，定米柒斗
五升也」とあるように，作職得分は7.5斗に増えていることがわかる。

　これを，東寺十三合枡で計算すれば，本年貢2.08斗（＝2.7÷1.3：十三合枡
は十合枡の1.3倍），名主得分は十三合枡なので4斗，作職得分は3.85斗（＝5
÷1.3：1467年），5.77斗（＝7.5÷1.3：1517年）となる。よって，9.92斗，11.84
斗の生産量が算出される。土地面積は1反であるので，この推計値が1反あた
り生産量となる。これを表2-1のパネルBの換算率をもちいて近代枡に計算
しなおせば，それぞれ14.80斗，17.66斗となる。

## 3）推計3：直営地資料を利用した推計

　以上の2つの推計は，土地資料から直接生産にかかわる情報をえることがで
きないため，個々の関係者（地主・請負人など）の得分について計算する方法
であった。これは，中世の土地支配・経営の重層的な構造によるものと考えれ
ば理解しやすいだろう。一方で，事例はきわめて少ないが，領主である東寺が
直接経営した田地にかんする資料も存在する。

【資料5】 1438（永享10）年「御燈田西塚後二段半芥田注文」[13]
　御燈田西塚後二段半

　　　　　　永享十年

　　芥田注文之事

　　稲数百九十二束

　　　有米二石五斗九升二合

　　　　　束別一升三合判宛

　　　同南御下地一反半

　　稲百四十三束

　　　有米一石七斗一升六合

　　　　　束別一升二合宛

　　　以上，四石三斗八合

　　　　　　　　　　　（後略）

　この場合，枡は東寺十三合枡となり，「四塚後」2 反半の田地では 25.92 斗，「南御下地」1 反半の田地では 17.16 斗の収穫がそれぞれあったことになる。よって 1 反あたり生産量は東寺十三合枡で 10.368 斗（＝25.92 斗÷2.5 反），11.44 斗（＝17.16 斗÷1.5 反）となり，64.8 斗，25.74 斗の生産量となり，これを近代枡に換算すれば，それぞれ 1.491 を乗じて 15.47 斗，17.06 斗となる。

### 4）推計 4：本役地・分米地による推計

　推計 1 で利用した上久世荘の個々の田地は，そのほとんどが 14-15 世紀の状況のものである。16 世紀に入ると，上久世荘は公文であった寒川氏の保有地が細川政元によって没収されることになり，同荘のおよそ半分を占めていた公文分が細川氏給人によって支配されることとなった。すなわち，上久世荘の半分が東寺による支配地（本所分），武家による支配地（公文没収分）による並立支配となった。この過程は，武家権力による荘園解体の実態をあらわす代表的な事例として知られるが[14]，田中（1979）は，その基礎資料である「上久世算用帳」（1507〔永正 4〕年 5 月日）[15]から，「武家支配地＝分米地（分米負担地），

---

　13）東寺百合文書，ア函 191。

　14）上久世荘の荘園としての成立とその変遷については，田中（1995）を参照。

84 第 I 部 農業生産量の推計

**表 2-2** 上久世荘の田地面積と本役，分米高，1507 年

|  | 石高（石） | 面積（反） |
|---|---|---|
| 本役地（東寺支配地） | 104.8906 | 258.250 |
| 分米地（武家支配地） | 329.943 | 314.333 |
| 計 |  | 572.583 |

注・資料）西谷（2015，23 頁）をもとに再計算した。面積単位の小数点以下は原資料では歩で表記されているのを反に換算した。

東寺支配地＝本役地（本役負担地），分米＝本役＋名主得分，本役＝東寺本年貢」であることを明らかにした。西谷は，この土地支配と年貢収取の構造にかんする分析結果をもちいて，以下のように上久世荘の土地生産性を推計する。

まず，各支配地の田地面積と石高は，表 2-2 のようになる。本役地は本所枡で 104.8906 石，分米地は公文方枡で 329.943 石となる。分米地を公文枡に換算すれば，前掲表 2-1 のパネル B より，383.2776 石（＝329.843×1.162）となる。これをもとに本年貢と加地子を個々に計算すれば，

全体の本年貢 232.5600 石（＝104.8906 石×（572.583 反÷258.25 反））

全体の加地子 465.6108 石（＝（383.2776 石－127.6694 石）×（572.583 反÷314.333 反））

となり，本役地・分米地の年貢率と加地子率についての計算式（2.1）より，上久世荘の生産高は，本所枡で 1163.7816 石（＝232.5600＋（465.6108×2）），近代枡に換算して 780.8393 石（＝1163.7816×0.45×1.491）と推計されることになる[16]。これを 1 反あたり収量にしてみると，本所枡で 20.33 斗/反，近代枡で 13.64 斗/反となる。

以上，西谷（2015）における中世の東寺領の京都近郊の荘園文書を対象にした生産量および反あたり収量の推計の手順を確認してきた。引用した資料以外にも，これらの推計方法をあてて実際の生産推計が可能な数的情報がえられるものが存在する。表 2-3 はそれら資料を利用して推計した個別田地の米生産量

---

15）東寺百合文書，の函 50。

16）なお，本役地・分米地別に計算すれば，本年貢は，本役地 104.8906 石，分米地 127.6694 石（＝232.5600 石－104.8906 石）となり，加地子は本役地 209.7812（＝209.7812×2），分米地 255.3387（＝127.6694×2）となる。なお，西谷は，加地子は本年貢の約 2 倍であったと仮定し，山城国の土地証文類の観察からおおむね妥当なものであるとしている（西谷 2015，24 頁）。

第 2 章　中世の農業生産量の推計　　85

表 2-3　京都近郊荘園における米生産量および反あたり収量の推計

A. 加地子による推計

| 年 | 田　　地 | 面積<br>（反） | 生産量<br>（斗） | 1反あたり生産量<br>（斗/反） | 典拠資料 |
|---|---|---|---|---|---|
| 1424 | 上久世荘・友吉名・東出口 | 1 | 7.03 | 7.03 | リ函 103-3・9 |
| 1424 | 〃　・友吉名・三角田 | 1 | 12.95 | 12.95 | リ函 103-3・8 |
| 1448 | 〃　・行吉名・神田 | 2 | 15.98 | 7.99 | カ函 116 |
| 1449 | 〃　・助友名・茶薗之本 | 1.083 | 18.02 | 16.64 | エ函 172-2・9 |
| 1454 | 〃　・越後名 | 6 | 43.63 | 7.27 | な函 79-2, B |
| 1455 | 〃　・宗像名・八反田 | 1 | 14.61 | 14.61 | よ函 138-2・4 |
| 1463 | 〃　・平実名 | 6 | 69.81 | 11.64 | ヰ函 115-1 |
| 1376 | 〃　・助友名・井坪 | 1 | 15.13 | 15.13 | な函 132-1 |
| 1376 | 〃　・本名・八反田 | 1 | 13.76 | 13.76 | な函 132-2 |
| 1376 | 〃　・助友名・わせう | 0.667 | 10.81 | 16.21 | な函 132-3 |
| 1376 | 〃　・友吉名・卅かつほ | 1.333 | 20.81 | 15.61 | な函 132-4 |
| 1434 | 〃　・公文預地 | 5 | 45.48 | 9.10 | ユ函 63 |

B. 作職による推計

| 年 | 田　　地 | 面積<br>（反） | 生産量<br>（斗） | 1反あたり生産量<br>（斗/反） | 典拠資料 |
|---|---|---|---|---|---|
| 1467 | 紀伊郡角神田里・塚本 | 1 | 14.80 | 14.80 | オ函 173 |
| 1517 | 〃 | 1 | 17.66 | 17.66 | オ函 173，ユ函 138 |
| 1486 | 東寺南大門下・ミツルへ | 1 | 17.66 | 17.66 | ツ函 159 |
| 1488 | 紀伊郡佐井里 27 坪・大君 | 2 | 19.82 | 9.91 | シ函 73-2 |
| 1490 | 西者限朱雀川・北者限七条・歓<br>喜寺内田 | 1 | 19.64 | 19.64 | エ函 230 |

C. 直営地からの推計

| 年 | 田　　地 | 面積<br>（反） | 生産量<br>（斗） | 1反あたり生産量<br>（斗/反） | 典拠資料 |
|---|---|---|---|---|---|
| 1438 | 紀伊郡佐井里・四塚 | 2.5 | 38.65 | 15.46 | ア函 191 |
| 1438 | 〃　　・南下地 | 1.5 | 25.59 | 17.06 | ア函 191 |
| 1549 | 〃　　・四塚 | 2.5 | 26.57 | 10.63 | ア函 231 |

D. 本役地・分米地による推計

| 年 | 田　　地 | 面積<br>（反） | 生産量<br>（斗） | 1反あたり生産量<br>（斗/反） | 典拠資料 |
|---|---|---|---|---|---|
| 1507 | 上久世荘 | 572.583 | 7800.83 | 13.85 | の函 50 |

注）単位は，面積は中世の反，生産量は近代枡の斗となっている。したがって，ここでの反別生産量は「近
代枡での米生産量」を「中世の田地の単位」で除したものとなっている。典拠資料は，東寺百合文書の
函番号・資料番号を示す。

資料）西谷（2015, 10-23 頁）および典拠の原資料をもとに再計算した。

86　第 I 部　農業生産量の推計

および反あたり収量をあらわす。

　表からは，京都近郊の荘園において，傾向としては紀伊郡の 1 反あたり収穫高が上久世荘（乙訓郡）のそれよりも高いことがわかる。年による豊凶はあるだろうが，各地域の平均反収をもとめれば，紀伊郡ではパネル B で 17.43 斗/反[17]，パネル C で 14.38 斗/反であるのに対して，上久世荘はパネル A で 12.33 斗/反，パネル D の上久世荘全体で 13.85 斗/反となっている。この京都近郊の反あたり収量における高低差は，すなわち土地生産性の地域差をあらわすことになるが，実際のところ，これらの土地生産性は，中世においてどの程度の生産力として評価されるのだろうか。

　まず，推計値は 14 世紀から 16 世紀までの幅広い年代にまたがっており，時期によっては不作や豊作の年もあった可能性もあるが，中世後半を通じた京都近郊地域における生産力を考える材料として，これら数値をあつかうこととする。次に，表 2-3 における面積単位は中世の単位で，生産量が近代枡の単位であらわされているが，これでは混乱を生じる恐れがあるため，面積を含めた単位をすべて近代のものに統一しよう。中世の枡の容量は時期や，領主・地域によって違っており，また近代以前の面積単位は複数の変遷を経験している。面積の基本換算率は，古代・中世は 6 尺平方＝1 歩，360 歩＝1 反であったが，豊臣政権期に 6 尺 3 寸平方＝1 歩，30 歩＝1 畝，10 畝＝1 反（30 歩＝1 反）に変更された。この単位は徳川時代になってふたたび改定され，6 尺平方＝1 歩，30 歩＝1 畝，10 畝＝1 反（30 歩＝1 反）となった。整理のために，ここで，各時期の 1 反を最小単位の平方尺で計算すると，古代・中世は 1 万 2960 平方尺（＝6 尺×6 尺×360 歩），豊臣政権期は 1 万 1907 平方尺（＝6.3 尺×6.3 尺×30 歩），徳川時代は 1 万 800 平方尺（＝6 尺×6 尺×30 歩）となる。これら各時期の比を計算すれば，古代・中世の反は豊臣政権期の 1.08 倍（12960÷11907≒1.084），徳川時代の 1.2 倍（12960÷10800＝1.2），豊臣政権期の反は徳川時代の 1.103 倍（11907÷10800≒1.1025）という換算比がえられる。近代の枡の単位は徳川時代と同じなので，表 2-3 の反あたり収量を近代の単位に換算するためには，それ

---

17)　「東寺南大門・ミツルへ」，「西者限朱雀川・北者限七条・歓喜寺内田」の田地は除外している。

ぞれ 1.2 を除することになる（時代ごとの単位の変遷
とその換算については，巻末付録を参照）。

以上の土地面積の換算率をもちいて，京都近郊の
反あたり収量を算出すれば，最小で 5.86 斗，最大
で 16.37 斗，平均すれば 11.29 斗の反収となる。表
2-4 はそれら換算された土地生産性について反収 3
斗ごとの度数分布であらわしたもので，おおよそ
10 斗から 13 斗，13 斗から 16 斗あたりの反収の田
地が多く分布していることがわかる。よって，この
レベルが中世後期の京都近郊の荘園の土地生産性を
代表するものとみてよいだろう。これら土地生産性を評価するために，Bassi-
no et al.（2017）で推計された徳川時代の全国の土地生産性の暫定値と比較すれ
ば，1600 年で 10.4 斗，徳川時代を通じて 12-13 斗で推移し，近代初頭で 14.1
斗となっている。参考までに，先行研究における徳川時代の土地生産性として
速水・宮本（1988）の推計値をみると，徳川時代の反収は，おおよそ 10 斗か
ら 13 斗で推移しており，近代初頭で 14 斗とある（44 頁）。いずれの推計にく
らべても，京都近郊農村の土地生産性は徳川時代の全国値に対して同等もしく
は高いものとなる。一見すると，この推計値が過大推計のように疑いたくもな
るが，徳川時代の生産力は畠地を含む農業生産すべてを考慮したものであるた
め，実際の生産力を米のみで考えた場合は推計値よりも高かったことが考えら
れる。また，京都近郊の農村は古代から続く農業先進地域であったことも忘れ
てはならない。推計の根拠となった西谷（2015）でも指摘しているように，中
世の反あたり収量の推計に利用した紀伊郡の荘園地域は畿内でも最も発達した，
中世後半としては最高水準の反収をほこる地域であり，上久世荘もまた準先進
地域の農村であったからである（西谷 2015, 26 頁）。

表 2-4 の京都近郊荘園の反収量の分布では，反収量は 10 斗から 16 斗に集中
していた。これらは先進・準先進地域のものであるので，ここでは，より低い
階級値（反収 7 斗以上 10 斗未満）を全国値として考えたい。準先進地域であっ
た上久世荘の各坪（加地子による推計）の反収平均が 10.27 斗，上久世荘全域

**表 2-4** 京都近郊荘園の
反収量の分布

| 階級値（反収） | 度数 |
| --- | --- |
| 7 斗以下 | 3 |
| 7 斗以上 10 斗未満 | 4 |
| 10 斗以上 13 斗未満 | 7 |
| 13 斗以上 16 斗未満 | 6 |
| 16 斗以上 | 1 |

注）最小値 5.86 斗，最大値
16.37 斗，平均値 11.29
斗，中間値 12.18 斗。
資料）表 2-3 をもとに近世の単
位に換算して作成。

88　第 I 部　農業生産量の推計

（本役地・分役地による推計）の反収が 11.53 斗であったこと（近世単位で換算）
を考えれば，この反収はそれほど不自然なものではないだろう。よって，全国
値の反収は約 7 斗から 10 斗の範囲で推計され，その範囲での平均反収として
8.6 斗（8.6 石/町）がえられることになる。第 1 章での古代後半 1150 年の農業
生産性を近世以降の単位に換算すれば 8.16 石/町，先述の近世初頭 1600 年の
農業生産性は 10.4 石/町となっており，その間の中世の農業生産の成長からみ
ても妥当な推計値であるといえる。ここでは，8.6 石/町を一応の中世後半に
おける全国平均の田地の土地生産性としておく[18]。

　ところで，上久世荘については，中世後半における徳政一揆の事後処理の際
に領主に提出された調査資料から，15 歳以上 60 歳以下の男子にかぎってでは
あるが，106 名の成人男性が居住していたことが判明する（「鎮守八幡宮供僧評
定引付」1459〔長禄 3〕年 8 月 12 日条，東寺百合文書，ね函 1；「久世上下荘侍分・
地下分連署起請文案」同年 9 月 30 日，東寺百合文書，を函 25）[19]。西谷・高島
（2016）は，この人口数データをもとに 15 世紀半ばの上久世荘の総人口として
405-411 人を推計している（32-36 頁）[20]。よって，この荘園内の人口数を利用

18）中世の水田の土地生産性については，Farris（2006）においても中世の人口を推計する
　　過程でその推計の試みがなされており，その推計値は近世の単位で，1280 年が 0.85 石
　　/反（8.5 石/町），1450 年が 1.23 石/反（12.3 石/町）となっている（p. 263）。1450 年
　　の反収は，本章よりも大幅に大きい値となっているが，ファリス推計は，（1）容量の
　　換算値を荘園での使用枡の単位ではなく宣旨枡によって考えていること，（2）上島
　　（1970，206-210 頁）をもとに本章と同じ山城国上久世荘を畿内先進地域の反収として
　　2.3-2.6 石と推計しながら，全国値も 2.28 石/反とほぼ同等の反収としていること，（3）
　　加地子を 10 ％と仮定するなど（pp. 140-141），本章の推計方法と異なる点が多いため，
　　ここでは採用しなかった。
19）起請文に記載された人数には，「下人」を排除した人数（永原 2007a，401 頁），土一揆
　　の関与者を除いた人数（上島 1970，85-87 頁）など諸説が存在するが，ここでは特定
　　の対象を除いた 15 歳以上 60 歳以下の男性全人口を把握する意志のもとに起請文が作
　　成されたと理解し，原資料の数値を採用した。
20）簡潔ではあるが推計の詳細を以下に説明する。本文中にあげた資料から上久世荘には
　　106 人の 15-16 歳の成人男性が居住していたが，脱漏人数が 1 割あったと仮定して 117
　　人とする。これを基準として，速水（1973）における近世の諏訪湖沿岸の年齢別・男
　　女別の人口構成をあてはめる。ただし，適用する人口構成比は，中世後半の上久世荘
　　の地理的条件および村落構造に近いと想定される，河川沿い地域の近世初頭の人口構
　　成比を利用する。この推計の結果，389-395 人の推計人口がえられる。また，「上久世

第 2 章　中世の農業生産量の推計　　89

**表 2-5**　上久世荘の土地面積

(単位：反)

|  | 中世後半 | 太閤検地期 | 徳川時代 |
|---|---|---|---|
| 田地 | 546.94 | 595.08 | 656.33 |
| 畠・畠田 | 65.86 | 71.66 | 79.03 |
| 新田 | 10.33 | 11.24 | 12.40 |
| 屋敷地 | 17.33 | 18.86 | 20.80 |
| 計 | 640.46 | 696.84 | 768.56 |

注) 表中の太閤検地期・徳川時代の耕地面積の値は，
各時期の耕地面積ではなく，各時期の標準単位に
て換算した値であることを示す。
資料)「山城国上久世庄田地実検目録案」(1341〔暦応 4〕
年 2 月 29 日，東寺百合文書，レ函 35)，「山城国
上久世庄実検田地名寄帳」(同年月日，東寺百合文
書，ひ函 8) より作成。面積は各地ごとに小数点
第 3 位以下を四捨五入している。

すれば，1 人あたり生産量を推計することが可能となる。

　1 人あたり生産を推計する前に，推計の基本情報を確認しておく。耕地面積
は，「山城国上久世庄田地実検目録案」(1341〔暦応 4〕年 2 月 29 日，東寺百合文
書，レ函 35) および「山城国上久世庄実検田地名寄帳」(同年月日，東寺百合文
書，ひ函 8) から，田地 546 反 340 歩，畠 65 反 310 歩，新田 10 反 120 歩，屋
敷地 17 反 120 歩の上久世荘全体のデータをえることができる。14 世紀半ばの
資料をもとにしているが，中世後期全般のものとして利用する分には問題はな
いだろう。これを，太閤検地期および徳川時代以降の単位に換算すれば，表
2-5 のとおりとなる。

　土地生産性については，田地は，先述の西谷 (2015) における上久世荘全体
の推計値を利用する。ただし，畠・屋敷地の土地生産性にかんする情報は荘園
文書からはえられないので，ここでは，太閤検地期の資料からえられる一般的
な反収データを利用する。1594 (文禄 3) 年 6 月 17 日「就伊勢国御検地相定
條々」に，畠地について「上畑壹石貳斗，中畑壹石，下畑八斗，下々見計可相
定事」，屋敷地について「屋敷方壹石貳斗たるべき事」とある。よって，これ
ら記載から，畠は上畠・中畠・下畠の平均値として 10.0 斗，屋敷地 12.0 斗の

荘散用帳」(1507〔永正 4〕年 5 月，東寺百合文書，の函 50) から確認される 8 寺院の
推定人口 16 人も考慮すれば，合計 405-411 人の推計総人口となる。

90　第Ⅰ部　農業生産量の推計

反あたり土地生産性をえる。

　これらの耕地面積と土地生産性を乗じれば，上久世荘の田畠および屋敷地を含む総生産量が推計されることになるが，その前に，太閤検地期のデータについて確認しなければならないことがある。これまで，太閤検地期の石高データは土地生産高（収穫高）とみるのが通説とされてきたが（安良城 1959；1984），近年になって，その石高データは生産高ではなく年貢高とする説が有力となってきている（池上 2012）。この場合の年貢高の定義は「現実の年貢高を決定するための年貢賦課基準高」ということになる。本章の推計にそくして考えるなら，それは「本年貢に加地子などの諸負担を加えて耕作者が領主に納める年貢高」という意味になる。したがって，前者の生産高説であれば，太閤検地の石高は生産高となるため，各耕作地の生産高推計を単純に加算すれば総生産が算出されることになる。しかし，後者の年貢高説を採用するなら，本章で推計した土地生産性とは，田地が生産高ベース，太閤検地条例から推計した畠地・屋敷値が年貢高ベースと異なる概念での計算となる。その場合，耕地面積と土地生産性を乗じて最終的に算出される値は年貢高ベースで計算されることになる。

　この問題を，第 3 章で推計される 17 世紀初頭の生産量推計と太閤検地の石高データを比較することで検証してみたい。第 3 章の徳川時代初頭 1600 年の全国石高の推計値は，太閤検地データを利用せずに同時期の生産量を推計したもので，その生産高は約 3068 万石となっている。これに対して，太閤検地の記録上の石高は『大日本租税志』によれば 1851 万石（大野 1987）となっている。両者の差は，新たに推計された石高が太閤検地のそれの約 1.7 倍となっており，新推計の値（実際の生産高）が太閤検地データを大幅に上回っていることになる[21]。このことは，新推計は太閤検地の石高が年貢高であったとする方向と親和性が高いことを意味する。よって，ここでは年貢高ベースでの推計を採用することとする。太閤検地期の田地の領主取り分については，1586（天正 14）年正月に豊臣政権が出した規定が参考になる。そこでは領主と百姓の取り

---

　21）新推計は林業・水産業も含んでいると仮定しており，ここからその分を差し引いた値（2588 万石）と比較すれば，新推計は太閤検地データの約 1.4 倍になる（林水産業については，明治期初頭の農林業と林水産業の比をあてはめて計算した）。

第 2 章　中世の農業生産量の推計　91

表 2-6　上久世荘の 15 世紀前半の推定換算石高（年貢高ベース）

A. 個別田地からの反収の平均値を利
用した場合　　　　　　（単位：斗）

|  | 太閤検地期 | 徳川時代 |
|---|---|---|
| 田地 | 4,869.5 | 5,049.4 |
| 畠・畠田 | 716.6 | 743.0 |
| 新田 | 92.0 | 95.4 |
| 屋敷地 | 226.3 | 234.7 |
| 計 | 5,904.4 | 6,122.5 |

B. 上久世荘全域からえた反収を利用
した場合　　　　　　　（単位：斗）

|  | 太閤検地期 | 徳川時代 |
|---|---|---|
| 田地 | 4,796.3 | 4,973.5 |
| 畠・畠田 | 716.6 | 743.0 |
| 新田 | 90.6 | 94.0 |
| 屋敷地 | 226.3 | 234.7 |
| 計 | 5,829.8 | 6,045.2 |

注・資料）総生産ベースではなく年貢高ベースであることに注意。パネル A の推計は表
2-3 のパネル A の個別田地の反収の平均値を利用した場合，パネル B は表 2-3 の
上久世荘全域のデータにて推計した反収を利用した場合の推計値を指す。推計方法
については本文を参照。

分の割合について「有米三分一百姓遣之，三分之二未進なく給人可取事」[22] と
あり，その取り分は，給人（領主）は 3 分の 2，百姓は 3 分の 1 とする原則と
なっている。よって，収穫量の 3 分の 2 がおおよその年貢高になる（牧原 2014,
151-152 頁）。

　以上にあげた前提をもとに各時期における耕地面積と土地生産性を再計算し，
それらを乗じて年貢高ベースでの生産高をあらわしたものが表 2-6 になる。上
久世荘の田地の反収推計値は 2 通りの方法で計算されているため，それぞれの
推計結果を利用したものをあらわしている。太閤検地期の単位でみると，15
世紀前半の上久世荘の石高は約 583-590 石となる（徳川時代の石高では 605-612
石）。これを長禄 3 年の推定人口 408 人で割れば，1 人あたりの石高は 1.25-
1.43 石となる。この結果を太閤検地の全国平均の 1 人あたり石高（年貢高）と
比較すると，これに対して太閤検地の石高データを利用した全国平均の 1 人あ
たり生産量（年貢高）は 1.09 石となっている[23]。中世の上久世荘の方が近世初
頭よりも高い数値を示していることは，いささか過大にみえなくもないが，先
にも説明したように，上久世荘は畿内農業の準先進地域の比較的豊かな地域で
あったことを考えれば，この結果はまったく受け入れられないものではない。

────────────

22）「羽柴秀吉朱印状写」（宮川 1999, 356-357 頁）。

23）太閤検地の石高 1851 万石，および第 4 章で推計される 1600 年の全国総人口 1700 万人
　　にて算出した。

92　第 I 部　農業生産量の推計

人口推計をもとに算出した 1 人あたり生産量の情報からは，中世後半，上久世荘を含む畿内先進地域における高い農業生産性と，それを背景とした着実な経済成長があった可能性を見通すことができるのではないだろうか。

　なお，この推計値は年貢高ベースのものである。では，年貢高（領主取り分）が全生産の 3 分の 2 であったとすれば，それに残りの 3 分の 1 の百姓取り分を加えたものが上久世荘全体の農業生産量ということになる。この場合，上久世荘の総生産量は 8060-8163 斗となり，これを荘園内の人口 408 人で除すると，1 人あたり生産量は約 20 斗（19.8-20.0 斗）となる。これが中世後半の上久世荘における 1 人あたり農業生産量となり，当時の畿内近郊農村の生産水準の高さを物語っているといえる。もっとも，これは農業生産において先進地域であった京都近郊荘園の推計値であり，全国平均の農業生産力はこれより低い水準であったと考えられる。

## 2　需要関数による生産推計

　土地資料からの生産量推計は，いいかえれば農業生産部門という供給サイドからのアプローチである。ただし，前節でみたように，この供給サイドからの推計方法がもつ資料的な制約の問題は日本だけでなく，同じように前近代の生産にかんする数量データの取得が困難な海外においてもいえることである。こうした問題を回避するための方法として考えられたのが，需要サイドからの農業生産の推計方法である。これは，労働者の賃金および物価データからえられた実質賃金をもちいて，どれだけの農業生産物が当時の人口の大多数を占めていた庶民に必要だったかを 1 人あたり農業生産需要量として計測するものである[24]。

　この 1 人あたり農業生産需要量によるアプローチの起源は E. A. リグリィによる 19 世紀以前のヨーロッパにおける農業部門の労働生産性の研究にある

---

　24）本章における 1 人あたり農業生産需要量の考え方は，筆者もかかわった Bassino et al.（2015）をもとにしている。

（Wrigley 1985）。リグリィは農村部の人口を農業者と非農業者に分けられると仮定し，人口を都市人口，農村部の農業者人口と非農業者人口に分類し，そこから労働生産性を推計した。この方法は，農産物が国際貿易の対象となっていなければ，国内の農産物の消費はすべて国内の農産物の生産量に等しいという仮定にもとづいている。そうした仮定のもとで1人あたり農産物の消費量が時間を通じて一定であるなら，農産物の生産量の推移は総人口の推移に比例するということである。この場合，総人口を農業人口で除したものは農業部門における1人あたり生産量ということになる。すなわち，

$$\frac{Q}{A} = \frac{rcN}{A} \qquad (2.3)$$

となる。$A$ は農業者人口，$N$ は総人口，$Q$ は農業生産物生産量，$r$ は農業生産物生産量の農業生産物消費量に対する比率，$c$ は1人あたり農業生産物消費量をあらわす。

　このリグリィの推計方法は，後に Allen（2000）が消費者理論を適用させることによって，より明示的な方法として知られるようになった。まずアレンはリグリィの推計式を以下のようにあらためる。

$$Q = rcN \qquad (2.4)$$

$Q$ は農業生産物生産量，$r$ は農業生産物生産量の農業生産物消費量に対する割合，$c$ は1人あたり農業生産物消費量，$N$ は人口をあらわす。ここで，1人あたり農業生産物の消費量 $c$ は，人口，価格，収入および価格の弾力性を用いた需要関数で以下のように定義される。

$$c = ap^e i^g m^b \qquad (2.5)$$

$p$ は農業生産物の名目価格，$i$ は1人あたり名目価格，$m$ は非農業生産物の名目価格をあらわす。$a$ は定数である。$e$, $g$, $b$ はそれぞれ自己価格，収入，交差価格の弾力性をあらわし，これらは合計すれば0になる。$p$, $i$, $m$ は消費者物価指数 $C$ によってデフレートすることによって実質値となる。すなわち，

94 第Ⅰ部 農業生産量の推計

$$Q = raP^e I^g M^b N \tag{2.6}$$

となる。$Q$ は農業生産物生産量，$P$ は農業生産物の実質価格（$P=p/C$），$I$ は 1 人あたり実質収入（$M=i/C$），$M$ は非農業生産物の実質価格（$M=m/C$），$r$ は農業生産物生産量の農業生産物消費量に対する割合，$N$ は人口をあらわす。$a$ は定数である。

　もっとも，この推計方法に問題がないわけではない。とくに，$r$（農業生産物生産量の農業生産物消費量に対する割合）と，自己価格・収入・交差価格それぞれの弾力性（$e$, $g$, $b$）をどのように設定するかには注意が必要であろう[25]。$r$ は前近代社会では基本的に輸入と輸出のバランスがとられるものとして 1 になると考えられている。日本の場合では，中世における海外との交易は，中国（日宋貿易・日元貿易・日明貿易），朝鮮（日朝貿易）だけでなく，琉球の中継貿易，西欧・東南アジアとの南蛮貿易など中世を通じて広範囲におこなわれており，日本からの輸出品は金・銀・銅などの鉱産物や木材，大陸からの輸入品は渡来銭，繊維製品，陶磁器など多様な品目を扱っていた（真栄平 2002）。したがって，中世を通じて海外貿易は盛んであったと考えられるが，農業生産物にかんして考えるなら，それは国内の消費に影響をおよぼすほどのものではないと想定されるから，この点については推計のうえでは大きく考慮する必要はないだろう。

　弾力性の問題については，ロバート・アレンの近世ヨーロッパ諸国についての分析では，自己価格の弾力性を −0.6，収入の弾力性を 0.5，交差価格の弾力性を 0.1 としており，農業生産物の消費量が全農業生産量と数的に同等となると設定されている（Allen 2000）。また，Malanima（2011）の近世イタリアの研究では，近代以降の情報を調整して，自己価格・収入・交差価格それぞれの弾力性は −0.5，0.4，0.1 とアレンより若干低めに設定されている。スペインの事

---

25) 他にも，ここで使われる賃金データのほとんどは 1 日あたり賃金であり，これは労働日数が常に一定であることを前提としている。ただし，Malanima（2011）によって指摘されているように，仮に収入が減った場合には，より副業に励んだり，労働日数を増やすはずであり，ある程度は相殺されるものと考える。

例では，収入の弾力性を 0.3，自己価格の弾力性を − 0.4 としている（Álvarez-Nogal and Prados de la Escosura 2013）[26]。日本の場合はえられる情報がかぎられるが，ヨーロッパの事例から考えて，自己価格・収入・交差価格の弾力性を − 0.5，0.5，0 と仮定する[27]。これに日本の前近代における非熟練労働者の実質賃金データ（1 日あたり賃金÷米の価格）をあてはめることによって需要サイドからの農業生産量の推計が可能になる。

この考え方を実際の日本の実質賃金データにあてて考えてみよう[28]。物価・賃金データは Bassino, Fukao, and Takashima（2010）における中世の非熟練労働者の実質賃金データを利用するが，推計方法の確認とカヴァレッジを広げるために，ここでは Bassino and Ma（2005）からの近世の実質賃金データも含めて推計する。

図 2-1 は賃金データが利用可能な中世および近世の非熟練労働者（都市雑業者）の米換算した賃金率，すなわち実質賃金の推移である。1 人あたり農業生産需要量を計算する前に，この実質賃金データを簡単に確認しておこう。実質賃金（ここでは賃金を米価で除したもの，つまり，名目賃金を米価でデフレートしたものと考えるとわかりやすいだろう）を算出するための賃金および米価のデータは，中世は国立歴史民俗博物館ウェブサイト「古代・中世都市生活史（物価）データベース」[29]，近世は三井文庫編（1989）および宮本・大阪大学近世物

---

26）今日の発展途上国のうち前近代社会の 1 人あたり GDP に相当する水準の国では，収入の弾力性が 0.8，自己価格の弾力性が − 0.6 程度である（Lluch, Powell, and Williams 1977）。

27）中世においても農村部における商品作物（非食糧作物）の生産はあったので，消費のうちのいくらかは食糧以外の用途に使われていた可能性は十分にある。推計方法の改良については，今後の課題としたい。中世後期の瀬戸内海地域の交易にかんする港湾記録である『兵庫北関入舩納帳』には，米・雑穀以外にも，魚介を中心とした水産物，木材，藍・紙・布・壺などの非食糧農林水産物や加工物産が記載されている（詳細は第 5 章を参照）。

28）賃金データは，物価データとあわせてマクロ経済の情報がかぎられた前近代の数量的情報のなかでは比較的豊富に存在するもので，それらは物価データとあわせて「経済の体温」として経済史家に重宝されてきた（友部 1999）。中世日本の賃金・物価データの信頼性は決して高いとはいいきれない部分もあるが，それらを他の情報も考慮したうえで統計的処理をほどこすことによって長期的な趨勢を把握することは可能である。

96　第 I 部　農業生産量の推計

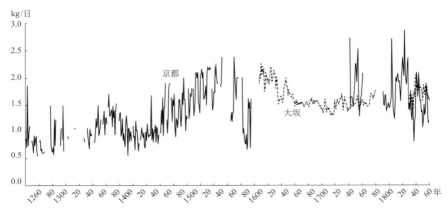

図 2-1　非熟練労働者の実質賃金の推移，1260-1860 年

注）1 升（1.80 リットル）= 0.9405 キログラムで換算している。
資料）京都：1260-1600 年は Bassino, Fukao, and Takashima (2010)。1600-1860 年は Bassino and Ma（2005），大坂：1600-1860 年は Bassino and Ma（2005）。もとの資料は，1600 年以前は国立歴史民俗博物館ウェブサイト「古代・中世都市生活史（物価）データベース」，1600 年以降は三井文庫編（1989）および宮本・大阪大学近世物価史研究会編（1963）。以上より作成。

価史研究会編（1963）による京都と大坂の物価・賃金資料を利用している。

　図にあらわした実質賃金の系列は，長期にわたる米価および都市雑業者の賃金についてえられた数的情報を網羅して加工したものであるが，図だけではわかりにくい点もあると思われるので，加工前の賃金データについて，以下に簡単に説明しておこう。

　中世の実質賃金データは，京都およびその周辺の都市雑業者，すなわち非熟練労働者および米価の記録によって作成されたものである。記録の大半は山城国，大和国，播磨国のものとなっており，銭貨であらわされた都市雑業者への日当の記録には，総支払価格，作業日数，人数が書かれている（人数もしくは日数が欠けているデータも存在する）。利用可能な賃金データは，賃金別にいくつかの頻度に分けることが可能である（5-6 文，10-11 文，30-35 文，50 文，100 文，110 文）。これらのうち，10 文，30 文，50 文が，14 世紀から 16 世紀の期

---
29）データベースれきはく（https://www.rekihaku.ac.jp/doc/t-db-index.html）。

間を通じて確認することのできる賃金相
場だろう。このことから，非熟練労働者
の間には，何らかの技術差が存在してい
たことが考えられる。賃金データには，
14世紀半ばに銭貨ではなく米で支払わ
れたものも存在しており，その幅は1日
あたり0.5升から4.0升と非常に広く
なっている。最低賃金レベルについて考
えるなら，14世紀後半の都市雑業者の
情報では7文前後の記録が存在している
が，これは他の資料によって確認するこ
とができない。よって，観測数が多い

**表 2-7** 非熟練労働者の実質賃金，
1260–1859年

| 期間 | （kg/日） | （1850–1859＝100） |
|---|---|---|
| 1260–1269 | 1.01 | 57.7 |
| 1300–1309 | 0.84 | 48.0 |
| 1350–1359 | 0.92 | 52.6 |
| 1400–1449 | 0.97 | 55.4 |
| 1450–1459 | 0.96 | 54.9 |
| 1500–1509 | 1.58 | 90.3 |
| 1550–1559 | 1.87 | 106.9 |
| 1600–1609 | 1.98 | 113.1 |
| 1650–1659 | 1.67 | 95.4 |
| 1750–1759 | 1.54 | 88.0 |
| 1850–1859 | 1.75 | 100.0 |

資料）Bassino and Ma（2005），Bassino, Fukao, and
Takashima（2010）より作成。

10文の日当が中世を通じた雑業者の標準的な賃金であったと考えられ，この
中世の非熟練労働者の実質賃金データは，おおよそ妥当なものと判断してよい
（Bassino et al. 2015）。

　近世で利用した物価・賃金データは，これまでにも数多くの物価研究に利用
されてきたもので，時系列的にも一貫性のあるデータの信頼性は高いといえる。
ただし，これら両資料群は，その性格や実質賃金というデータ加工プロセスも
違うため，その接続については注意が必要であろう。とくに，中世後期の戦国
時代末期から徳川時代初頭の金貨・銀貨・銭貨による三貨制度の成立までの間
は貨幣制の混乱期であり，事実，図2-1においても16世紀後半から17世紀前
半にかけて実質賃金が他の時期にくらべて同等もしくは高めの水準となってい
ることがわかる。応仁の乱で一度衰退した京都は，16世紀に徐々に復興して
いったが，それを考慮したとしても，この17世紀前半の非熟練労働者の実質
賃金が近世のなかでも高い水準にあることは再考の余地があるだろう（この点
については，後述）。

　表2-7は，上記の中世・近世の非熟練労働者の実質賃金について，データの
カヴァレッジが良好な期間を抽出して平均をとり，それぞれ1850-1859年を
100とした指数によってあらわしたもので，図2-2は表2-7をもとに需要関数

98　第Ⅰ部　農業生産量の推計

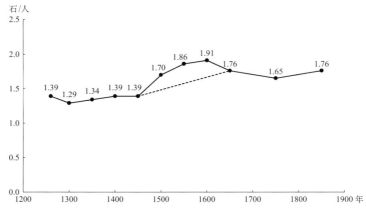

**図 2-2　1 人あたり農業生産需要量の推移，1260-1850 年**

注）石換算の 1 人あたり農業生産需要量は，1850-1859 年を 100 とした 1 人あたり農業生産需要量に第 4 章で推計された 1846 年の 1 人あたり農業生産量 1.76 石（1846 年の第一次部門の生産量に，明治期初頭の第一次部門における農業の占める割合 84.36％ を乗じて計算したもの）を，表 2-7 の実質賃金と需要関数にて導き出した 1 人あたり農業生産需要量に接続して計算した。
資料）表 2-7 より作成。

を利用して推計した 1 人あたり農業生産の需要量についてあらわしたものである。ここでの農業生産量の単位は近世以降の石によって計算されている。13 世紀後半に約 1.4 石であった 1 人あたり農業生産需要量は 14 世紀にかけて低下するものの，15 世紀半ばにはその水準を回復している。その後，16 世紀から 17 世紀前半にかけて急激な上昇をみせているが，これは先述のようにデータそのものに起因する問題が考えられるため，実際に 2 石近くまで上がったとは考えにくいが，その間，着実な農業生産の上昇があったことは十分に考えられる（点線部分）。近世の農業生産の推移については次章で供給サイドの推計から述べるため，ここではその議論に深く立ち入らないが，1 人あたり農業生産需要量でみた場合は，この時期はおおよそ 1.6-1.7 石の間で推移していたことになっている。

# 3　中世の農業生産量とその背景

　以上，需要・供給の両方面からの推計方法によって農業生産量を推計した。では，この両者による推計結果は整合的であるのか。ここでは，その比較から適当だと考えられる農業生産量の推計系列を考え，そこから中世の農業生産について考えてみたい。

## 1）推計の妥当性

　図2-3は，指数換算の1人あたり農業生産需要量について，古代・徳川時代の農業生産量，すなわち供給サイドからの推計値を全国人口で除して産出した1人あたり農業生産量と比較したものである。生産データは，第1章および第3章において推計された古代および徳川時代の農業生産量から，人口データは第4章の全国人口の推計値を利用している。

　図2-3における1人あたり農業生産量と1人あたり農業生産需要量について，まず古代から中世にかけての接続については，古代後半から中世前半にかけて農業生産量は上昇し，その後一時的な停滞の様相をみせるが，中世後半にかけて再び上昇に転じており，トレンドとしては大きな違和感はないだろう。徳川時代については，需要サイドおよび供給サイドからの双方の推計値があるため，その整合性をチェックするための比較が可能である。両推計値の結果をみると，17世紀後半から19世紀におけるトレンドに大きな乖離はない。17世紀後半から18世紀前半にかけての1人あたり農業生産量（需要量）が減少していく様子には，当時急速に増加した全国人口の影響をうかがうことができるが，その後19世紀に向けて徐々に回復していったことがわかる。この全体的な推移からみるかぎり，1人あたり農業生産需要量による推計結果はおおむね妥当であるといえるだろう。

　一方で，16世紀後半から17世紀前半のトレンドには両推計値にかなりの開きが確認できる。これについては供給サイド，すなわち土地資料からの推計が過小なのか，もしくは需要サイドの推計が過大なのか，どちらかの可能性を考

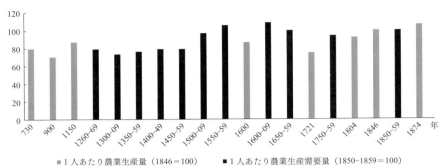

図 2-3　1人あたり農業生産量：供給サイド・需要サイドの各推計の比較，730-1874 年

注）1846 年および 1850-1859 年を 100 とした指数にて表示している。
資料）1人あたり農業生産量は，第 1 章表 1-10（古代：730-1150 年）および第 3 章表 3-6（徳川時代：1600-1874 年）の全国農業生産量を第 4 章表 4-5 の全国人口で除したもの。1人あたり農業生産需要量は図 2-2。以上より作成。

えなければならない。この背景として，先述の 17 世紀前後の貨幣制度の混乱とその統一の過程を考慮する必要があるだろう。中世末期は，これまで数百年続いた渡来銭の供給が途絶え，それまでの銭貨幣の流通秩序が再編される時期である（千枝 2014，204-206 頁）。また，数百年間続いた流通により鐚銭が多くなり，それにともなって撰銭の行為も蔓延するようになったため，金貨および銀貨という実物価値の高い貴金属による貨幣が流通するようになった（西川 1999）。京都を事例としてみるなら，1570 年頃から銭貨幣から米へと取引手段が変化するが，1580 年代からはふたたび銭貨による支払いや，銀の使用がみられるようになる（浦長瀬 2001，31-50 頁）。資料によっては，金属貨幣以外の絹や米といった実物貨幣が一時期広く利用されていることも確認できる。この混乱した状況は徳川時代に入って金貨・銀貨・銭貨の交換価値を整えることによって成立した三貨制度によってようやく収束をむかえることになる（妹尾 1972）。こうした貨幣的機能をもつさまざまな取引手段が混在した状況から制度的統一にいたる過程では，実質賃金データに少なからぬ影響が出ているものと考えられる。事実，前掲表 2-7 においても，1450-1459 年から 1500-1509 年にかけて実質賃金は大きくジャンプし，その後高水準で推移しており，その傾向が安定的になるのは 1650-1659 年から 1750-1759 年にかけてである。この影

第2章　中世の農業生産量の推計　**101**

**表 2-8**　中世の農業生産量の推計（古代・近世初頭も含む），730–1600 年

A. 推　移　　　　　　　　（1000 石）

| 年 | 農業生産量 | |
|---|---|---|
| 730 | 3,830– 8,966 | (6,329) |
| 950 | 4,133–14,130 | (7,990) |
| 1150 | 5,299–13,719 | (9,035) |
| 1280 | 7,950– 8,647 | (8,298) |
| 1450 | 13,389–14,644 | (14,016) |
| 1600 | 25,879 | |

B. 成長率　　　　　　　　（%）

| 期　間 | 成　長　率 | |
|---|---|---|
| 730–950 | 0.03–0.20 | (0.11) |
| 950–1150 | ▲0.12–0.01 | (0.06) |
| 1150–1280 | 0.31–▲0.35 | (▲0.07) |
| 1280–1450 | 0.31–0.31 | (0.31) |
| 1450–1600 | 0.44–0.38 | (0.41) |

注）高位値・低位値にてあらわした。括弧内は平均値（730–1150 年の平均値は田
　畠別に計算した値の和）。前後の時期（古代・近世）も加え，すべて近世の
　単位に換算した（換算方法は巻末付録を参照）。年成長率は，各時期の低位
　値から低位値（左），高位値から高位値（右），平均値から平均値（括弧内）
　にて計算した結果をあらわしている。
資料）730–1150 年は第 1 章表 1-10 に補論 1 の耕作地率を考慮して算出，ベンチ
　マーク年は Farris（2006）の人口推計の基準年によった。1280 年・1450 年は
　図 2-2 の 1 人あたり農業生産需要量に第 4 章表 4-5 の全国人口平均値を乗じ
　たもの。1600 年は第 3 章表 3–9 の石高に摂津・Bassino・深尾（2016）から
　算出した明治期の林業・水産業の構成比を利用して算出した。

響が 1 人あたり農業生産量の上方へのシフトとなっているのである。

　ただし，マクロ経済の視点で考えれば，農産物の輸出入があれば需要と供給
は乖離する傾向になるが，ここでは 1850 年以前の日本社会では貿易によって
発生しうる乖離は無視できるものと想定している。

　以上のことから，中世の農業生産推計として 16 世紀の 1 人あたり農業生産
需要量の推計にはもとになる賃金データに問題があることから，本章ではこれ
を採用せず，13 世紀および 15 世紀の 1 人あたり農業生産需要量の推計結果を，
それぞれ中世のベンチマーク年（1280 年・1450 年）の 1 人あたり農業生産量の
推計値として採用するものとする。

　表 2-8 は採用された 1280 年と 1450 年の中世の農業生産量について，前後の
時期（古代・近世初頭）を接続してあらわしたものである。古代・中世は高位
値と低位値の範囲で推計がされている。単位はすべて近世のものに換算してあ
る。この生産量の高位値・低位値について平均をとってグラフにしたものが，
図 2-4 になる。古代から中世，そして近世初頭への長期の流れをみると，まず，
古代末期から中世前半への接続の結果，農業生産量は中世半ばに若干の減少を

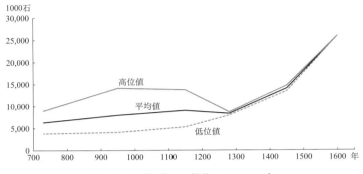

図 2-4 農業生産量の推移，730-1600 年

注）近世の単位，平均値による。
資料）表 2-8 より作成。

示している。農業生産量が増加に転じるのは中世半ばから後半にかけてであり，その成長は近世初頭まで持続していることが推計結果から確認できる。これはどのように解釈できるだろうか。

## 2）中世前半の農業生産をめぐる状況

表 2-8（および図 2-4）が描く中世の農業生産は，前半の 13 世紀頃までは停滞的であったのが，14 世紀以降，とくに 15 世紀後半になると生産の上昇が加速していくものとなった。この推計結果の背景にある要因には，さまざまな仮説が考えられるが，中世農業については数多くの研究蓄積があるため，ここでは一つの理由に絞った議論はせず，あらゆる可能性を検証しながら考察していく。

まず，中世前半における気候変動と飢饉・疫病の頻発がある。最近の気候変動の歴史的研究の成果によれば，日本を含む東アジア地域は 9 世紀から 12 世紀にかけて気温が低下していく時代であったとされており（中塚 2016，16 頁），養和の飢饉（1180-1181 年），寛喜の飢饉（1230-1231 年），正嘉の飢饉（1257-1258 年）など，中世の前半，とくに鎌倉時代には大小の飢饉が頻発していた。また，古代から慢性的に続いていた疫病の流行に対して日本列島が適応し，その被害が落ち着き出すのは 13 世紀頃であり（マクニール 2007，225-228 頁），それまでの飢饉の頻発，疫病の流行による経済成長への下方圧力は存在していた

ものと考えられる。

　もちろん，農業生産力を向上させる要素はあった。第1章でも述べたように，二毛作そのものの記録は古代後半に記録が確認されており（木村 1992，188-198頁；河音 1971，第10章），中世の文献資料にも早い時期から田地・畠地における二毛作の記述を確認することはできる。しかし，そうした資料上にあらわれた二毛作が中世前半の時点で日本列島のどの地域においてどの程度おこなわれていたかは判断が難しい。また，二毛作の普及が農業生産力の上昇にむすびついていたともいいきれない。少なくとも畿内において水田二毛作の事例が豊富に確認できるのは13世紀末以降であるが，紀伊国北部の紀の川沿岸地域の分析では，この時期には恒常的な水田二毛作が展開していたにもかかわらず，水田における裏作施行による表作稲の減収化傾向と裏作麦収量の低位，水田の荒廃がみられた（磯貝 2002，第2章）。これは，二毛作を実施した場合，以前からの米収量に加えて裏作麦分が加わった結果として増収となるという理想的な結果にはならず，田地では稲の減収がおこり，裏作麦分を合わせても減収となっていたことを示唆するものである。この原因としては，農業技術的な問題として，裏作拡大による地力減退，裏作期間の用水による肥沃化機能の低下，用水不足などがあり，農業経営的な問題として，施肥条件・用水条件が整えられない状態で，農民が裏作によって麦を確保しようとしたことがあったとされている（磯貝 2002，161-163頁）[30]。

　二毛作にかんする初出資料である1118（元永元）年の「太神宮検非違使伊勢某状案」は，裏作麦の問題を伝える資料でもある（『平安遺文』1892号）。その内容は，公田請作者（田堵）が，その請作田で稲を生産し収穫を終えた後に他人が麦を蒔く準備をはじめたため，その行為の停止を訴えたものである。11-12世紀以前においては，本来であれば収穫後の水田は誰にでも放牧可能な開放地であり，他人が麦を蒔くという行為もそうした伝統的な共同体的慣習の延

---

30）なお，磯貝（2002）は，中世農業生産が停滞的であった原因として気候変動を重要視しているが，これに関しては近年，中塚（2016）がその根拠となったフェアブリッジ曲線の解釈に問題があったことを指摘している。本章でも，そうした解釈に関する議論は引用しなかった。

104　第 I 部　農業生産量の推計

長にあったといってよい。にもかかわらず，二毛作という麦を作付けることは，放牧とは逆に裏作による地力の消耗を施肥によって回復させる新たな問題を出現させたということになる（河音 1971，388 頁）。このように考えると，この時期の二毛作は表作の減収をともなう二毛作であった可能性が高い。よって，中世前半の時点では二毛作の普及によって農業生産が増加するという条件は十分には整っておらず，二毛作の恩恵による増収は，灌漑技術や施肥による地力回復，品種改良など，後の技術的発展も含めて考えるべきであろう。

　本章では中世の耕地面積については推計していないが，井原今朝男は，古代後半から中世前半にかけて耕地面積の時期的変遷が文献資料から把握可能な地域を確認し，その多くが耕地面積や在家数の減少を経験していたことから，中世前半の農業生産は縮小傾向にあったとしている（井原 2013，294-300 頁）。たとえば，越後国の白河荘における院政期から鎌倉時代初頭までの検田数の推移を確認すると，1152 年には 300 町あった耕地が，河成や荒廃によって 1196 年には 158 町にまで減少しており，その作田率は低く総耕地面積の 50-60 ％ 程度となっており，極端な場合は 1-2 割程度の時期もあった（297 頁）。摂津国の長洲御厨では，12 世紀半ばに 1000 家あった在家数が 13 世紀初頭には 6-7 割の 687 家に減っている。井原の議論には「大田文」記載の公田数を利用したものがあるが，その数値については議論があり（工藤 2002 など），一方では，同時期の他の地域における領主層の土地台帳に耕地面積が増加した例も確認することができるので，この議論については確定的な結論を出すのは難しい。

　しかし，同じく井原が指摘したように，平安時代末期におこった治承・寿永の内乱（1180-1185 年）が，この時期，軍事動員による農業労働力の低下を諸国にもたらした可能性は十分にありうるだろう。『吾妻鏡』には「治承四年乱以後，至=于文治元年_，世間不=落居_（中略）諸国之土民各結=官兵之陣_，空忘=農業之勤_」（文治 2〔1186〕年 3 月 13 日・源頼朝書状）[31]とあり，この時期の農業経営がうまく機能していなかったことを伝えている。この治承・寿永の内乱の最中に発生したのが，全国に大量の餓死者を出した養和の飢饉（1180-

---

31）黒板・国史大系編修会編（20111，211-212 頁）。

1181 年）である。この大飢饉の基本原因は前年におこった旱魃であったが，内乱による戦災と兵糧米の徴発が被害を拡大させた。表 2-9 にみられるように，諸国では戦乱による焼討ちだけでなく，兵糧米の徴発が横行していた。とくに，諸国から物資の移入が滞った京都での被害は大きく，『方丈記』には「二年ガアヒダ世中飢渇シテ，アサマシキ事侍リキ。或ハ春・夏ヒデリ，或ハ秋大風・洪水ナド，ヨカラヌ事ドモウチ続キテ，五穀事ミク生ラズ（中略）築地ノツラ，道ノホトリニ，飢ヘ死ヌル物ノタグヒ，数モ不知。取リ捨ツルワザモ知ラネバ，クサキ香世界ニ満チ満チテ，変リユク貌アリサマ，目モ当テラレヌコト多カリ」[32]と，市中には大量の餓死者があふれていたことが書かれ，その原因の一つとして「京ノナラヒ，何事ニツケテモ，ミナ，モトハ田舎ヲコソ頼メルニ，絶ヘテ上ルモノナケレバ，サノミヤハ操モ作リアヘン」[33]があげられている。つまり，食糧不足の背景には，東国・北陸では源氏による，そして西国では平氏による兵糧米の徴発があり，諸国からの物資の途絶という人為的な要因があったことは間違いないだろう。

　戦乱による影響は，蒙古襲来，すなわち 2 度にわたるモンゴル帝国と高麗による日本侵攻の際に列島各地で実施された人的・物的な軍事動員にもあらわれている。たしかに，モンゴル軍との戦闘そのものは対馬・壱岐および九州北部の沿岸地域のみで，いわば局地的な戦いであったが，そのための戦時総動員体制は全国的な規模でおこっていたこと[34]，また，モンゴル軍の襲来に備えると同時に，その侵攻拠点の一つであった高麗への「異国征伐」という外征も並行して計画されており，国内のあらゆる方面で軍事徴用が強行されていたことが先行研究で指摘されている[35]。この時期，全領主階級を動員する必要から幕府

---

32）佐竹編・久保田校注（1989，10-12 頁）。

33）佐竹編・久保田校注（1989，11 頁）。

34）蒙古襲来の際における国内の戦時体制および動員と徴発の実態については，龍粛（1959），川添（1977），相田（1982），海津（1998），村井（2001），新井孝重（2007）などを参考にした。

35）資料で確認できるだけでも 3 回にわたって出兵が計画されており，弘安の役の後の異国外征の計画では，大和・山城の悪党を動員しようとした動きがあり，国内における兵員の徴発も徹底的に実施されていたことがわかる（海津 1998，38-67 頁；新井孝重 2007，157-162 頁）。

106　第Ⅰ部　農業生産量の推計

## 表 2-9　文献にあらわれた治承・寿永の乱による戦災・徴発の記事，1180-1186 年

| 年月日 | | | 記　　　　　事 |
|---|---|---|---|
| 1180 | 12 | 11 | 三井寺炎上（平家物語） |
| | | 15 | 平家による女院・公家の領地の召し上げ（玉葉） |
| | | 29 | 南都焼討ち（玉葉・平家物語） |
| 1181 | 2 | 8 | 京中在家の計注，美濃国へ官吏・検非違使を遣わし渡船等を点検（玉葉） |
| | | 17 | 阿波国で熊野法師の焼討ち，在家の雑物・資材・米穀等を追捕（玉葉） |
| | | 20 | 京中在家の計注は兵糧米徴発と飢饉のためとの伝聞（玉葉） |
| | 閏2 | 1 | 平家軍の兵糧米が尽きる，計略なし（玉葉） |
| | | 3 | 美濃国追討の平家軍の食糧がなく餓死におよぶ（玉葉） |
| | | 6 | 関東の平家軍の兵糧が尽きる，西海道・北陸道の運上物を点定して兵糧米にあてる（玉葉） |
| | 3 | 6 | 平家軍の兵粮が尽きる，計略なし（玉葉） |
| | | 28 | 関東討伐の平家軍が帰京，兵粮なし（玉葉） |
| | 9 | 1 | 去月 23 日，賊徒が越前国に乱入し，大野・坂北両郷を焼払う（吉記） |
| 1182 | 3 | 17 | 諸国の荘園に兵粮米徴収の院宣（吉記） |
| 1183 | 4 | 13 | 武士等が京都近郊の畠で狼藉（玉葉） |
| | | 14 | 武士等が狼藉（玉葉） |
| | 4 | 17 | 義仲軍追討のため派遣した平家軍，北陸道で片道分の兵糧を路次追捕（平家物語）。「かくのごとくの，人民を費し，国土を損する事なし」（延慶本平家物語） |
| | 7 | 25 | 平家都落，京白河四五万の在家を皆焼払う（平家物語） |
| | | 26 | 京中で狼藉・放火・物取追捕が頻発（吉記） |
| | | － | 平家都落の際，六波羅の屋敷が焼かれると，京中の物取りが乱入し物を取った。京中は互いに追捕をして物がなくなった（愚管抄） |
| | | 27 | 京中の士卒の狼藉を停止させるため，木曽義仲・源行家の入京を期待する（玉葉） |
| | | 28 | 義仲・行家，入京，京中の乱暴の停止を命じる（玉葉） |
| | | 30 | 京中の士卒が多いため乱暴狼藉が絶えない（玉葉） |
| | 8 | 6 | 京中の物取・追捕が日に日に倍増する。「天下すでに滅亡しをはんぬ」（玉葉） |
| | | 10 | 源氏等の悪行止まらず（玉葉） |
| | 9 | 3 | 畿内近辺にて刈田狼藉，京中の神社・仏寺・人屋在家，ことごとく追捕。荘園の京への運上物が奪われる（玉葉） |
| | | 5 | 京中の物取りが倍増。「万人存命不能」（玉葉） |
| | 10 | 9 | 鎌倉軍が入京すると京都は絶えられない（玉葉） |
| | 11 | 19 | 院御所付近で戦闘。「万人迷惑」（吉記） |
| | | － | 木曽義仲軍，京都にて悪行振舞い，家々追捕（延慶本平家物語） |
| 1184 | 1 | 20 | 鎌倉軍（源義経），宇治川の戦いで在家を皆焼払う（延慶本平家物語） |
| | | | 鎌倉軍（源義経），入京。九条河原辺では狼藉なし。「最冥加也」（玉葉） |
| | 1 | 27 | 九条兼実の屋敷が鎌倉軍に接収される（玉葉） |
| | | 28 | 小槻隆職が鎌倉軍に追捕される（玉葉）。「我朝之滅亡なり，誠に天下之運滅尽之期歟」（玉葉） |
| | 2 | 4 | 鎌倉軍（梶原景時），勝尾寺焼払う，衣服食糧を略奪（延慶本平家物語） |
| | 2 | 5 | 鎌倉軍（源義経），三草山の戦いで小野原の在家に放火（平家物語） |
| | 2 | 23 | 武士の押妨停止，公田・荘園への兵糧米の徴集停止する宣旨（玉葉） |
| | | 25 | 近傍の小屋等が追捕される（玉葉） |
| | 6 | 16 | 平家軍，播磨国室泊を焼払う（玉葉） |
| 1185 | 1 | 6 | 鎌倉軍，船なく兵糧米が尽きる（吾妻鏡） |
| | 2 | 5 | 散在の武士が平家追討を理由に畿内近国で狼藉をする（吾妻鏡） |
| | 2 | 19 | 鎌倉軍（源義経），屋島の戦いで高松の在家に放火（平家物語・吾妻鏡） |
| | 4 | 15 | 鎌倉軍，荘園の年貢を抑留し国衙の官物を掠取（吾妻鏡） |
| | 11 | 3 | 源義経が京より零落，洛中の人びとが狼藉を疑って逃げ隠る（玉葉） |
| | | 18 | 源義経・行家軍，摂津国大物浦に宿し，逃行の武士等が近辺の在家に寄宿（玉葉） |
| | | 28 | 諸国に守護・地頭を補任し，荘園・公田に関係なく兵糧米として反別 5 升をあてる（吾妻鏡・玉葉） |
| 1186 | 3 | 1 | 諸国の兵糧米の徴収を停止（吾妻鏡） |

注）括弧内は資料名をあらわす。
資料）増補「史料大成」刊行会編（1965a, b），梶原・山下校注（1991-93），吉澤校注（1977），黒板・国史大系編修会編（2011l），国書刊行会校注（1906-07）より作成。

による国土の掌握が進んでおり，それは，1272（文永9）年に軍役賦課の基礎となる土地所有状況を把握するための諸国田文（土地台帳）の作成・提出にはじまり，本来であれば幕府の支配をうけない本所一円地（荘園・公領）の非御家人への軍役が賦課されるようになったこと，九州および山陰諸国の荘園・公領の年貢が兵糧として徴発されたこと，港湾の船舶と乗員も差し押えられ，京都や各地の主要都市では，戦略上の兵糧料所・宿所が設置されたことなど，数々の戦時体制下での有事立法・政策が幕府の主導でなされていた。

　いくつかの具体例をあげておこう。文永の役（1274年）の翌年1275（建治元）年と推定される東寺領安芸国新勅旨田の年貢米の京都への移送にかんする資料は，当時の軍事徴用の実態を生々しく伝えている。

　　まかりくたり候てのちなんてう御事候らん，かねてハ又，ゐ中はむくりの事こうしやうになり候て，あさましきしたいにて候，今月十月一日ニすこそのもとへ御き御けうそつき候やうは，すうこならひに御けにんちとうあひともに，むくりのためにもんすのせきにむかうへく候なりて候あひた，御米かんとりにセうゝをろし候て，すてにセうゝふねにつミて候つるを，ふねともみなゝてんちやうセられ候あひた，この御ふねも同てんちやうせられて候かやうに候あひた，御ねんくとしのうちはよもまいり候ハしとあひ存候，このうへ一定むかうへきにて候ハゝ，ひやうらんまいにとるへきよしを申候，すこのひさもにて候あひた，ともかくもするそほうなく候なり，一人のことに候ハねとんかゝるなけきこそいてき候へ，そうしてすこのてんちやうするふね百よそうにをよひ候，たといへちの事候ハすとん，すこそはなに事かな事にふれて，よろつにわつらいをなしたかるものにて候あひた，きとふねをあけて御米つません事よも候ハしと人ゝ申あひて候，かやうの大事をいかてかよく申あけて候へき，いそきゝ申させ給て，やかてゝ下やうの御ハからひあるへく候，くハしくハこの下人御たつね候へく候
　　　　　十一月十七日　右馬允康経（花押）
　　謹上　しんさうの御房[36]

---

36) 年未詳11月17日右馬允康経書状，東寺百合文書，な函250。

108 　第 I 部　農業生産量の推計

　この書状からは，現地では蒙古（むくり）襲来のことで大変な騒動となっていること，幕府から安芸国の守護所（すこそ）へ御教書（御けうそ）が到着し，守護（すこ）は御家人（御けにん）・地頭（ちとう）を率いて蒙古襲来の警固のため門司関（もんすのせき）に向かえとの命令があったこと，京都への移送用のため船に積み込んだ年貢米（御米・御ねんく）が船もろともすべて点注（てんちやう：差押え）されたこと，これは年貢米を兵糧米（ひやうらうまい）に徴発するためのものといわれていること，こうした守護による船の差押えは安芸国で 100 艘を超えていること（百よそうにをよひ）など，現地では守護所による兵糧米および船舶の徴用が強行されていたことがわかる。徴用された年貢輸送船は軍船への転用が目的のものと考えられるが，安芸国で 100 艘の船が徴用されたことを考えると，全国規模でに相当な規模の船舶の徴用があったと考えられる。

　筑前国の東大寺領金生荘では，1277（建治 3）年，年貢米を移送中に「蒙古類□事により候て，守護所よりをしとゝめられ候て，御年貢米一かうも，かかり候はす候」と，年貢米がモンゴル軍の再攻撃に備えて兵糧米として現地確保のため差押えになったことが，僧堯寛が東大寺の越後得業御房に送った書状に記されており（『鎌倉遺文』12903 号），その金生荘に隣接する筑前国高野山領粥田荘では「異国敵賊警固者，天下一同之大事也」として荘園そのものが兵糧料所とされた事例も確認できる（『鎌倉遺文』14269 号）。この蒙古襲来に動員された兵力数は文永の役で「十万二千余騎」とされている[37]。これを実数とみるかについては考慮しなければならないが，相当な規模の武士団の兵糧物資を確保するための軍事徴発があったとみてよいだろう。

　また，先の治承・寿永の内乱期におこった養和の飢饉ほどではなかったが，この蒙古襲来の時期においても全国的な疫病や飢饉は慢性的に続いており（表2-10），また「去ル程ニ米穀ノ類，自ハ=西国=不ㇾ上，京都ノ商人ハ売買不ㇾ輙。（中略）蒙古不=乱入=トモ，此飢渇ニハ可ㇾ死」[38]と，京都では物資が不足するな

---

37）『八幡愚童訓・甲』（桜井，荻原，宮田校注 1975，184 頁）。なお，モンゴル帝国側の記録では，日本の兵力は「征日本，与倭兵十万遇，戦敗之」と 10 万人となっている（『元史』巻 152・列伝第 39・劉通，宋 1967）。

表 2-10　蒙古襲来の前後における自然災害と飢饉・疫病の記録，1270-1284 年

| 年 | 記録の件数 | | | 主　な　記　録 |
|---|---|---|---|---|
| | 諸国 | 京都 | 地方 | |
| 1271 | 2 | 5 | 5 | 諸国旱害，飢饉（本朝通鑑）。京都，大風（吉続記ほか） |
| 1272 | 0 | 1 | 4 | 安芸国，損亡（東寺百合文書） |
| 1273 | 6 | 16 | 10 | 諸国大旱（歴代皇記）。日本国一同飢渇（日蓮聖人遺文）。京都，旱魃（歴代皇記） |
| 1274 | 4 | 2 | 9 | 文永の役。文永年中，炎旱久シテ，国々飢饉ヲヒタダシク聞シ（沙石集）。天下一同異損（東大寺文書） |
| 1275 | 0 | 3 | 8 | 京都，大風（続史愚抄ほか）。山城国，炎旱（白河本東寺文書）。紀伊国，損亡（高野山文書ほか） |
| 1276 | 0 | 1 | 6 | 下総国・甲斐国，飢饉（日蓮聖人遺文）。若狭国，損亡（東寺百合文書） |
| 1277 | 2 | 1 | 2 | 秋以来，天下病患流布（園太暦） |
| 1278 | 15 | 4 | 11 | 諸国疾疫（園太暦）。坂東に疫癘（沙石集）。疾疫による改元 |
| 1279 | 3 | 7 | 6 | 日本国の内，大疫起て人半けんして候（日蓮聖人遺文）。炎旱（吉続記ほか） |
| 1280 | 1 | 0 | 5 | 大和国，洪水（尋尊大僧正記ほか） |
| 1281 | 6 | 6 | 8 | 弘安の役。筑前，大風（日蓮聖人遺文ほか）京都，暴風大雨（勘仲記ほか） |
| 1282 | 1 | 4 | 3 | 京都，夏以来病事流布（園太暦）。日本国中人民俄ニ喉腫塞（羽黒山年代記） |
| 1283 | 12 | 6 | 1 | 京都，天下疾疫（園太暦） |
| 1284 | 1 | 13 | 4 | 諸国異損（勘仲記） |

注）下線が引かれた年は，それぞれ文永の役，弘安の役の年次をあらわす。記録の件数のうち，「諸国」は「諸国」，「天下」，「世間」と書かれたものをカウントした。なお，同じ内容の記録も重複してカウントしている。記録の括弧内は資料名をあらわす。

資料）藤木編（2007）より作成。

どの人為的な要因による食糧不足などもみられた[39]。もちろん戦乱の影響がどの程度持続したかを考慮する必要はあるが，これまでみてきたように，中世前半における大規模な戦乱と飢饉は，実際の戦闘がおこなわれた周辺地域でなくとも，社会経済を停滞させるのに十分な影響があったのではないだろうか。

これとは視点を変えて制度的な側面からの影響をみるなら，古代後半には，かつて「産業としての農業」を経営していた古代の律令国家が消滅しており，

---

38）『八幡愚童訓・甲』（桜井・萩原・宮田校注 1975，190 頁）。

39）モンゴル軍の前線基地となっていた朝鮮半島（高麗）では，日本遠征のための苛烈な物資と人員の徴用により国土が荒廃した記録を確認することができる（『高麗史日本伝』家 123-128〔武田編訳 2005，147-152 頁〕）。

その結果，食糧生産における社会制度とその保証力が弱体化していたことも考えられる（井原 2012，173 頁）。もちろん，平安時代後半から鎌倉時代初頭は，古代における律令国家による墾田が進んだ時期，近世の新田開発という 2 つの大規模開発と同様に，前近代日本における「大開墾時代」であったと認識されている（木村 1992，第 1 章）。本章では耕地面積そのものの推計はおこなっていないが，少なくとも農業生産量の推計結果からは大きな成長はみられなかった。地域的・時期的な違いは考慮するとしても，また，耕地面積そのものは増加していたとしても，全体としてはこの時期の農業生産の伸びは――その後に続く中世後半にくらべれば――それほど大きなものではなかったと考えることも可能だろう。よって，農業生産が本格的に発展するのは中世前半ではなく後半になってからであったと，ここでは一応，判断したい。

### 3) 中世後半の農業生産をめぐる状況

中世後半に農業生産が成長したとみる考えは，Farris（2006）における人口推計の考え方とも合致する。ファリス推計によれば，日本の全国人口が増加をはじめたのは，蒙古襲来の後の時代，鎌倉幕府が崩壊した 14 世紀からであった。この指摘は，南北朝の動乱期を境にして列島社会の転換期があったとする網野（2008，325–338 頁）の議論とも時期的に一致する。こうした社会の変化は，農村部における村落の構造的変化からも確認することができ，12 世紀後半にはじまった集村化への動きが現代にまでつながる定住地の形成となったのは 13 世紀末から 14 世紀であることが，考古学の成果からも指摘されている（榎原 2000，23 頁）。この散村から集村化への現象は，農業生産の安定化・集約化をともなった動きでもある（金田 1985，411–414 頁）。地域によって時期的な差はあるものの，集村化の動きは 14 世紀から 16 世紀前半には全国各地でみられるようになった（湯浅 2015，147–149 頁）。

中世後半は農業技術が進展・普及した時代であった。宝月（1943）は，中世前半の鎌倉時代では灌漑の施設と管理は主に荘園領主によっておこなわれていたが，中世半ば以降，室町期になると地域における土豪・名主層によって管理・統制され，ときには複数の荘園にまたがった規模で共同利用されるように

第 2 章　中世の農業生産量の推計　**111**

なったことを指摘し，それは荘園制が解体し，土地支配が中世的な支配・管理から近世的なものに移行していく過程のうえに進んだものであったとしている（328-347 頁）。

　中世前半においては過剰裏作問題をかかえていた二毛作についても生産力の向上がみられるようになった。太閤検地期には，裏作の実態を把握して，決定される年貢額も単作田地より高く見積る試みがあったが（三鬼 2012, 第 8 章；脇田 1991, 63 頁），こうした動きは領主側が課税対象として二毛作を把握するということであり，その二毛作田が恒常的に経営されており，かつそこからの剰余的部分を見込めたということにほかならない。もちろん，東国では単作地帯が形成されていたように地域的な差はあるものの，中世後半には二毛作が用水供給・肥料の確保によって生産力を向上させるようになり，適性規模をもって広がっていったと考えられる（磯貝 2002, 301-320 頁）。1422（応永 28）年に来日した朝鮮使節は，日本の農村では「耕地は一年三たび穀を刈る」と，大小麦・稲・蕎麦の三毛作がおこなわれており，また「川塞がれば則ち畓と為し，川決すれば則ち田と為す」と，その耕地の灌漑技術によって，そうした裏作が可能となっていたことを伝えている[40]。

　二毛作の普及に関連して，稲の品種についても言及しておく必要がある。すでに古代から稲には粳米・糯米があり，それらには早稲・中稲・晩稲の熟期の異なるものがあったこと，また数多くの品種がつくり出されていたことは第 1 章でも述べたが，それは中世においても同様であり，文献資料から多くの品種を確認することができる（古島 1975, 169 頁）[41]。稲の品種については，11 世紀から 14 世紀の間に日本に伝来したといわれる印度型（インディカ種）の赤米は中世農業の発展において重要な存在であろう。赤米は，その耐旱性・早熟性に優れていたことから急速に国内で広がり，中世から近世にかけて「唐干」，「占城米」，「大唐米」など，さまざまな名称でよばれた[42]。この外来種の赤米の特

---

40）『老松堂日本行録』（村井校注 1987, 144 頁）。ここでの「畓」は朝鮮の造語で水田の意味，「田」は陸田，すなわちハタケの意味となる。

41）南北朝期に成立したとされる『庭訓往来』には「粳，糯，早稲，晩稲等，西收の期に苅穎春法の既得なることを願ふ可し」とあり（山田・入先・早苗校注 1996, 16 頁），中世の稲には粳・糯の 2 種類があり，両方に早熟と晩熟があったことがわかる。

徴の一つに栽培に田地を選ばない点，すなわち，水はけの悪い土地であっても，用水不足気味の水田であっても安定した収量が見込まれることがあったが，これは当時の日本の耕地条件にとって重要な点である。赤米が日本に入ってきた頃，中世の水田の立地条件は悪く，栽培条件も比較的幼稚であったと考えられていること，また水田開発は中世以降から近世前半期に開田が盛んにおこなわれたことを考えると，それに応じて移入された赤米が主に不備な条件をもつ新田向けとして作付けされ，稲作面積拡張に大きな貢献をしたものと考えられる（斎藤 2015b）。当時の開田は，平野部ではすでに熟田化していた丘陵寄りの部分から低湿地の河岸近くの方向へ，また沿岸部干拓地では海岸近くの方へ順次工事が進められてきたと思われるので，それらの新田には多くの場合まず赤米種がつくられ，その後になって水田が漸次整備され熟田化するにつれて，作付けされていた赤米が真米に代わり，さらにその低湿地の方に進んだ新開田地に新たに赤米が作付けされるといった順序で，赤米から真米への転換が開田の順序にともなって繰り返されてきた（嵐 1974，166-167 頁）。つまり，赤米は常に新田での稲作のパイオニアとしての役割をつとめてきたといえよう[43]。朝鮮半島からの使者として日本を訪れた黄慎の『日本往還日記』によれば，庶民の間では赤米が広く食べられていることが記録されており（谷川編 1981，132 頁），このことからも，少なくとも西国方面においては赤米が広い栽培圏を形成していたことがわかる。もっとも，赤米は，その特性のため開発地での作付けに広く利用されたが，開発が安定するとその必要性がなくなるため，他の品種に

---

42) 赤米には在来の日本型（ジャポニカ種）もあるが，本章でとりあげるのは印度型の赤米である。中世における赤米の普及について考察したものとして，宝月（1949），嵐（1974），黒田（1983），八木（1983），宮川（1987），斎藤（2015b）などがある。とくに，嵐（1974）は，稲作開始期からの赤米の分布について，文献，考古，聞き取りなどの方法で資料を収集し，東アジアの他地域との比較もしながら通史的・包括的に分析したものである。本章での通史的な記述は，とくに注記のないかぎり上記の研究によっている。

43) 赤米の国内での伝播経路については，もともとは中国での高名種の珍しい多収穫種として中国より畿内の上層階級や大寺院に伝えられたものが，関係荘園などを通して全国に広がっていったとされている（嵐 1974，25 頁）。これは，当時の田植え歌には，京から下ってきた大唐米を多収量の「福の種」と謡った歌があることと一致する。

とってかわるもので，また，その食味の悪さにより評判が悪く一般的に商品価値は低かったとされており，先の黄慎の記録には「殆ド下咽ニ堪エズ，蓋シ稲米之最悪ノ者也」（谷川編 1981，132 頁）と，その味が酷評されている[44]。その意味では赤米は「悪米」であったが，その品種としての特性により種々の不良環境でも栽培が可能であったことは，領主にとっては生産の安定，すなわち最低限の年貢を保証する側面をもたらすという利点はあった（福島 1999，325–327頁）[45]。地域的・時期的な差はあるだろうが，赤米は中世後半にはより広く普及していたものと考えてよいだろう。

　開発に必要な農具は，主に鋤・鍬，犁・馬鍬などの耕耘具であった。鉄器そのものの普及は既に古代後半から進んでいたと考えられているが（原島 1961a, b），一方でこの時期は木製農具が中心で，本格的に農具に鉄が使用されるのは近世以降，軍需用・築城用の鉄需要が一段落してからであったとする説もある（伏見 2011，284–295 頁）。ただし，中世後期に開発が進んだとされる沖積平野は主に土砂層や泥層・粘土層からなる土地であったため，その開墾は土地によっては木製農具でも対応できた可能性もある。

　14 世紀以降，室町期からの農業生産の増加については，農業技術方面からの議論だけでなく，この時期における不在地主制の全国的展開からも説明できる。西谷（2006）によれば，中世における土地所有の構造は，古代の公的な領域支配権と墾田土地所有権が融合して形成されたもので，そこでは，領主の公的支配権は上級所有権，百姓の土地に対する権利は下級所有権（私領）と理解され，「作手」・「作職」と称された下級所有権は，初発段階から地主制的な構造を内包していた（297 頁）。中世の土地所有の関係は複雑かつ細分化されたものであったが，基本的構成は「領主―地主―作人―下作人」と模式化され，この場合，荘園領主・地頭などの土地の上級所有者が「領主」，下級所有者を「地主」，下級所有権の客体を「作手」，地主と代耕関係にあるのが「作人」，作

---

44) 近世の記録のなかでも赤米は「最下品ニシテ賤民ノ食ナリ」と書かれており，下等品とされていた（『重修本草綱目啓蒙』巻之十七，穀之一）。

45) 播磨国の東寺領矢野荘では，応永年間（1394–1427 年）以降，赤米の納入が定量化される現象が確認でき，領主の東寺側にとっては年貢の保証，荘園側には恒常的な利分を獲得するための手段であったことが指摘されている（福島 1999，322–326 頁）。

人が下請けに代耕関係をむすんだのが「下作人」となる。下級の土地所有権は地主だけでなく，作人・下作人も土地に対する一定の権利（職）を保持する存在であり，中世の土地耕作における基本的構造は請作の関係にあったといえる（297-298頁）。この新不動産物権，すなわち土地の耕作権とそれにともなう収益権としての「作職」は，農業先進地帯であった京都近郊地域では14世紀半ばには成立し，15世紀半ばには活発な作職の売買がおこなわれるようになっていた（第2編第1章，第4章）。不在地主制は土地所有者だけでなく耕作者への取り分を前提としているため，それを可能にする農業生産力の向上があったことを示唆しているといえ，また，耕作を担う自立した小経営農家による生産に対する高いインセンティヴが期待される。

　これら中世後半の農業生産の向上は，各地域における流通・商業ネットワークの進展が大きく関連していた。中世に発展した市場経済化の影響によって，列島の各地には市・津・宿・泊とよばれる無数の町場が誕生し，そうした町場は中世後半に点と点がむすばれることによってネットワークを形成していった（詳細は本書第5章を参照）。こうした市場の形成の中心にあったのが京都を核とした巨大な畿内市場であり，その消費需要をめぐって，地方において生産された農産物が，荘園や領域を越えて畿内市場に向けて求心的に流通していったのである。また，流通していた農産物は，米などの穀物だけではなかった。中世後半における加工原料となる農産物の商品化の動きにともない，生糸，麻苧，茜・藍，荏胡麻などの商品作物も流通するようになり，とくに，畿内都市の衣料生産に関連する衣料原料や染料は，次第に特産品化していったとされている（佐々木1972，第1章）。また，この時期の各地の流通網のなかに誕生した中核都市群の発展も考慮するなら，それら都市部における消費力の拡大は，生産量の増加だけでなく商品構成にも影響をあたえていたと考えても何ら不思議ではない。こうした都市と地方の双方向の広域流通の発展，すなわち市場経済の発展が，中世後半の農業生産の成長の背景にあったと考えられる。

　もちろん，藤木（2001）が指摘したように中世後半も前半と同様に飢饉と戦乱が頻発する時代であり，気候的にも「気温が乱高下する」時代であった（中塚2016，16頁）。そうした要素が農業生産にあたえた影響は十分あったと考え

られなくもない。

　事実，中世後半の 15 世紀にも飢饉は頻発しており，文献資料上にも多くの飢饉の記録を確認することができる。なかでも 15 世紀半ばに発生した長禄・寛正の飢饉（1459-1461 年）は深刻な被害をもたらした。この飢饉は全国的な餓死者を出したが，中世前半の養和の飢饉と同じく，旱魃・暴風雨・虫害などの自然条件による要因に加えて，各地での戦乱が相次いだために，飢饉の被害が拡大したものであった（藤木 2001，51-54 頁）。そうした状況下，「諸国者共成ニ乞食ニ，京都へ上集，自ニ去年十月ニ，此洛中表（充ヵ）満不レ知幾千万ニ云事」[46)]とあるように，京都では被災民の流入がみられ，二次災害としての飢饉が発生し，その惨状は「自ニ四条坊橋上ニ見ニ其上流ニ，々屍無数，如ニ塊石磊落ニ，流水壅塞，其腐敗臭不レ可レ当也」[47)]とある。

　また，戦乱による荒廃は当然存在していた。「乱取り」とよばれる戦地での農作物の略奪，人身売買などは常態化しており（藤木 1995；1997；2001 ほか），その物的・人的な被害は局地的なものだとしてもそれなりの規模であったと考えられる。また，中世前半と同様に戦争のための兵糧米の徴収が農村部の疲弊をもたらした可能性は十分にある。

　しかし，推計結果は中世後半を農業生産の成長の時代とする結果となった。もっとも，その成長の時期的変化を詳しくみれば，中世後半から近世初頭，すなわち 15 世紀後半の戦国時代から 17 世紀初めの織豊政権・徳川幕府の成立期に成長が加速したことがわかる。Saito（2015）は，小鹿島（1894），西村・吉川編（1936），藤木編（2007）がまとめた飢饉記録をもとに，古代から近世までの長期の飢饉頻度を分析した結果，16 世紀中に飢饉頻度が急に低下したことを指摘している。このことは，飢饉の要因となるはずである気候変動はこの時期も多く，自然条件は劣悪であったにもかかわらず，飢饉そのものの発生は減ったことを意味する。つまり，気候変動が飢饉に決定的な影響をあたえなくなったことになる。これは，日本列島が，気候などの自然的要件や戦乱といった社会的条件により短期的にはマイナスの影響をうけたとしても，技術や制度の進

---

46)『経覚私要鈔』寛正 2（1461）年 3 月 26 日条（高橋・小泉校訂 1985，78 頁）。
47)『碧山日録』寛巳（寛正 2 年）2 月晦日（近藤編 1902，234 頁）。

116　第 I 部　農業生産量の推計

**表 2-11**　中世の農業生産量・人口・1 人あたり農業生産量の推計（古代・近世初頭も含む），730-1600 年

A. 推　移

| 年 | 農業生産量<br>（1000 石） | 人口<br>（100 万人） | 1 人あたり農業生産量<br>（石／人） |
|---|---|---|---|
| 730 | 6,329 | 6.10 | 1.04 |
| 950 | 7,990 | 5.00 | 1.60 |
| 1150 | 9,035 | 5.90 | 1.53 |
| 1280 | 8,298 | 5.95 | 1.39 |
| 1450 | 14,016 | 10.05 | 1.39 |
| 1600 | 25,879 | 17.00 | 1.52 |

B. 成長率　　　　　　　　　　　　　　　　　　　（単位：％）

| 期　　間 | 農業生産量 | 人口 | 1 人あたり農業生産量 |
|---|---|---|---|
| 730-950 | 0.11 | ▲0.09 | 0.20 |
| 950-1150 | 0.06 | 0.08 | ▲0.02 |
| 1150-1280 | ▲0.07 | 0.01 | ▲0.07 |
| 1280-1450 | 0.31 | 0.31 | 0.00 |
| 1450-1600 | 0.41 | 0.35 | 0.06 |

注）単位はすべて近世の単位に換算した。
資料）農業生産量は表 2-8 の平均値による。人口は第 4 章表 4-5 より作成。

展によって長期的には成長を維持できる社会になったことを意味するのではないだろうか。

　この動きを，1 人あたり農業生産量の推移から確認する。表 2-11 は中世の農業生産量，全国人口，および農業生産量を全国人口で除して算出した 1 人あたり農業生産量をあらわしたものである。1 人あたり農業生産量は，古代末期の 1150 年に 1.53 石であったのが，中世前半（1280 年）に 1.39 石に低下している。この間の成長率は −0.07 ％ で，農業生産量と全国人口の伸びもそれぞれ −0.07 ％，0.01 ％ となっており，非常に停滞的な結果となっている。1 人あたり農業生産量は中世半ば（1450 年）になっても 1.39 石の同水準にとどまっているが，農業生産量と全国人口の推移をみると，双方ともに約 1.7 倍の増加を示しており，徐々にではあるが経済社会が安定のきざしをみせはじめているこ

とがわかる。中世の全国人口の推計をした Farris（2006）が 'Muromachi Optimum（室町時代における経済成長の最適期）' の時期とした 1370-1450 年は，この時期に相当する（chapters 3-4）。その成長は 1450 年から 1600 年にかけて加速することになり，1 人あたり農業生産量は 1.52 石に増加した。年成長率は 0.06% になり，古代後半から 500 年にわたって長く続いたマイナス成長が，ここでようやくプラスに転じることとなった。農業生産量と全国人口も，それぞれ 1.8 倍，1.7 倍と大幅に増加している。

このように，農業生産からみた中世後半の経済成長は，厳密にいえば戦国期（1450-1600 年）に加速したということになる。よって，戦国期の各大名の領国下での積極的な開発による生産の増加を支持することが可能であり，自然条件の悪化による生産の危機に直面したときに，生産手段としての土地の拡大をもとめて戦乱が発生し，領国の維持のために開発が進んだ可能性も十分に考えられる。たとえば戦国大名の領国支配については多くの研究蓄積があるが[48]，この大名領国制を経済成長の視点で考えるなら，戦時経済のなかで各戦国大名たちが領国経済を破綻させずに支配機構を整備し，生産を安定的に確保・拡充させるという支配システムを構築していったことが大きかったのではないだろうか。それまでの日本社会は，京都や鎌倉などの都市部の荘園領主が列島各地の所領を支配し，そこから年貢などを集めるという散在的なネットワークのうえに成立していたのが，戦国期になると，そうした支配体制は崩壊し，列島の各地の戦国大名が領国内の土地と人を支配するようになった（山田 2008，346-348 頁）。制度的な変化をみるなら，戦国大名は，その領国の外側からの軍事的緊張だけでなく，内側においても国人や地侍・土豪などの個別勢力を大名の家臣団として編成し，国内支配体制を構築することがもとめられていた。その結果として大名領国という地域「国家」が各地に形成され，この時期に後の国家と国民という国家形成の萌芽をみることになった（勝俣 1996，第 I 部第 1 章）。このように，戦国期に個々の地域内での政治・経済活動が出現するようになり，そうした経済的基盤のうえに成長がはじまり，近世の経済社会の源流となって

---

48）池（1995），勝俣（1996），永原（2007b）などを参考にした。

いった。

　また，戦乱が常態化した時代では，戦時・平時にかかわらず収奪と荒廃が頻発したことは十分に想定できるが，一方で，兵糧を中心とした物資の徴発について収奪・消耗とは違った視点からの評価も可能である。戦国時代以前においては，兵糧は戦争のたびに賦課されていたものであったのが，あらかじめ年貢から控除されるよう変質し，戦国時代後半になると，領国内の食糧がすべて潜在的に兵糧となり，大名によって管理統制されるようになったことが明らかになっている（久保 2015，235-236 頁）。これは大名の恣意的な収奪ではなく，兵糧が戦争のたびに賦課されることがなくなったことを意味する。また，すべての食糧が潜在的に兵糧として管理統制されるということは，それら食糧は戦争がおこるたびに戦費として年貢から徴発される対象ではなくなることになる。また，この時期，兵糧は食糧というモノとしてだけではなく，軍事資金，すなわちカネとしての価値・支払手段として流通するようになり（久保 2015，第 5 章；本田 2006，第 2 編第 4 章），そうした戦争による社会経済の構造的変化が背景にあったことも注目してよいだろう。

　以上のように，中世後半の農業生産量の増加は，その生産における技術という農業的側面だけでなく，農業経営や土地制度，商業流通の進展，領国支配による列島の社会構造の変化などの当時の経済社会の状況と相互に作用しながら進んでいったとみるべきであろう。中世後半の社会は，それが，網野（1977）が指摘した「交換・貨幣・流通が（中略）それ自体の機能と作用をあらわにする社会」になり，「ある意味では『構造的』ともいうべき転換」（256 頁）を経験した日本の経済社会の姿であったと考えたい[49]。

---

49）井原（2013）は，中世前半の社会経済力を「縮小再生産や農村の人口減少をよぎなくされていた」としているが，中世全体については「気候の寒冷化・災害飢饉の破壊力が，内乱・戦争による農業労働力の減少とあいまって，領主の開発・勧農権の社会力をはるかに凌駕して」いたとする立場をとっている（291 頁）。中世前半にかんするかぎりは，本章の議論とも方向性は一致しているが，後半の停滞的な中世経済史像については，逆に本章の推計結果と議論は農業生産力の向上を選択する結果となっている。

## む　す　び

　以上，土地資料および需要量を計算する 2 つの方法により中世の農業生産量を推計し，その推移の背景となる中世農業生産の動向について確認してきた[50]。

　推計の結果，京都近郊荘園の土地資料から推計した中世後半の 1 人あたり農業生産量は，年貢高ベースで約 1.5 石，生産高ベースで約 2.0 石となった。これは当時の畿内先進地域における高い農業生産性と，それにもとづく経済成長があったことを示唆するものである。また，需要サイドから推計した 1 人あたり農業需要量の結果を古代から近世を通じて確認したところ，賃金データに疑義がある時期を除けば，土地資料から推計される 1 人あたり農業生産量とも整合的な結果となった。中世の 1 人あたり農業生産量は，古代との接続において一時的な減少をみせるものの，その後ゆるやかではあったが増加傾向にあったことがわかった。

　1 人あたり農業生産量の増加は国家体制が分散していた中世という時代に成立した。成長の動きはとくに中世後半，具体的には大名たちが各領国を支配するようになった戦国期から織豊政権期にみられた。たしかに，それ以前の国家もまた公家・寺社・武家という各勢力がそれぞれに支配する土地を経済的基盤として相互補完的に国家が成りたっており政治的に分散してはいたが，それは後の徳川時代の幕藩体制にくらべれば「きわめて弱体・形式的で，非集権的」なものであった（黒田 1975，35 頁）。力強い生産の上昇は中世後半の大名領国制から幕藩体制へと帰結する社会構造の変化のなかでおこったことは，注目してよい発見であろう。

　もっとも，この推計結果は実質賃金データをもとにしているため，物価・賃

---

50) 本章では，海外貿易による農業生産品の輸出入について，土地資料を利用した供給サイドからの推計では，第 1 章と同様に詳しい説明をしていない。また，需要サイドからの推計については，既述のように，消費関数による農業生産需要量の推計は農業生産物の消費量が全農業生産量と数的に同等となると設定されているが，それは中世日本の場合，日宋・日明貿易，倭寇による密貿易などの海外貿易における農業生産物の取引は推計に影響をあたえる規模のものでなかったと考えるからである。

金の資料そのものの特性に大きく依存するのも事実である。中世後半から徳川
時代初頭にかけてみられた貨幣制度の混乱はその典型的な事例であろう。また，
その多くを都市部における雑業者の賃金データに依拠しているため，日本にお
いて西欧的な賃労働者を前提とした推計方法を適用することについても留意す
る必要があるのはいうまでもない。

　しかし，こうした問題を含む一方で，現実問題として土地資料から生産デー
タを推計することが困難な前近代社会において，この需要サイドからのアプ
ローチは一定の有効性をもつものであると考える。それは，後述のように，賃
金データが比較的豊富で統計上の問題が比較的軽微な徳川時代後半において，
統計資料からのデータによる推計値との比較が整合的であることからも明らか
である。また，古代においても，賃金データは平城京を含む一部畿内地域に限
定されるが取得が可能である。将来的には，こうしたデータも利用することで
前近代を通じた需要サイドからの生産量推計をおこない，土地資料を利用した
供給サイドからの推計値とのクロスチェックをすることが望まれる。

# 第3章
# 徳川時代・明治期初頭の農業生産量の推計

## はじめに

　本章の目的は，近世の農業生産量を地域別に推計し，前近代日本の経済成長を概観することにある。具体的には徳川時代を対象とするが，それに続く明治期初頭を前近代経済の最終局面と考えるため，ここでは明治期初頭も含めた分析をする。また，厳密にいえば，徳川幕府は 1603 年にはじまるものではあるが，全国的な石高制の開始期として 16 世紀末に豊臣政権が実施した太閤検地の時期も対象としている。

　前章でみたように，中世後半の経済社会は農業生産と流通・市場経済が列島の社会構造の変化と相互に作用して成長してきた（この点については第 5 章においても詳しく述べられる）。本書における近世とは，そうした中世からの経済社会の変化のうえにたっているものと解釈したい。中世末から近世初頭の時代とは，速水（2009）が指摘するように，近世社会をあらわす石高制の実行手段であった検地が土地の調査だけでなく，年貢を負担する農民の数の調査もおこなっていたことから，政治支配の観点からは「賦役の負担」と「人と家の把握」の時代であったといえる[1]。つまり，近世初頭とは中世末との連続性が色濃く存在する社会であり，後の幕藩体制における「年貢の負担」や「宗門改による人別改」の時代とは異なるものであったと理解してよいだろう。一方で，

---

　1）また，太閤検地は制度的にも中世の荘園制からの延長線上にたつものであったことが指摘されている（池上 2012）。

122    第 I 部　農業生産量の推計

豊臣政権を引き継いだ徳川幕府は石高制を完成させ，全国規模での生産力の把握を実現させた。本章であつかう徳川時代とは，そうした社会構造の大きな変化のなかで成立し展開した時代である。

　その社会の基盤を支えた生産にかんして，日本の前近代における生産量の推計は，これまで主に農業部門を中心に進められてきた。前近代における農業生産量は，豊臣政権にはじまり徳川幕府によって確立された社会体制原理である「石高制」によってあらわされている。石高とは，幕府や封建領主による検地によって確定した土地の生産力を米の収穫量に換算してあらわすものであり，その意味では，米をニューメレール，すなわち，一種の価値尺度として考えることができ，その集計された石高データは主に農業生産物についての産出量統計として解釈することができる。

　徳川時代における石高データは複数の年次について幕府統計資料が利用可能であるが，実際の石高数値そのものは，最初の検地以降は，現実にあわせて改訂されることはほとんどなかったため，時代が進むにつれて実際の生産量との差は拡大していった。この石高と実際の生産量との乖離の問題を解決するため，中村哲は，土木工事にかんする件数を時系列的に把握し，既存の石高系列と合わせることによって「実収石高」とよばれる新たな石高系列を推計した（中村1968，168-171 頁）。

　中村が提示した徳川時代の新たな石高系列は，その推計方法のユニークさもあり，これまで存在しなかった石高の実態を反映したものとして数量経済史家によって歓迎され，多くの近世の社会経済の分析に利用されることとなった。速水・宮本（1988）は，中村の実収石高系列を利用し，さらに耕地面積と総人口の推計を加えて，徳川時代の経済発展について数量的に分析をした[2]。Maddison（2001）は，世界経済の 2000 年にわたる GDP 推計の試みのなかで，日本の推計における基礎データとして中村推計を利用し，徳川時代の日本の 1 人あたり GDP を推計した。

　ただし，中村自身も認めているように，この推計に問題がないわけではない。

---

　2）速水・宮本（1988）による石高・人口・耕地面積の推計系列は後に Miyamoto（2004）に英訳版として再録されたが，本章では初出の速水・宮本（1988）よりの引用とした。

中村は幕藩体制が確立し，領主層が農民の生産物を把握していた徳川時代初頭および，地租改正による土地調査によって生産量が調査された明治期初頭の時期においてすら，農業生産が石高として完全に把握されることはなかったとし，彼が推計した「実収石高」でさえ実際の生産量より3割程度は過小であったとしている（中村 1968, 169-170 頁）。したがって，トレンドについてはある程度把握可能であるとはいえ，このギャップを埋めなければ，実際の生産量にもとづいた実態経済を分析することは難しいといえよう。また，中村の石高系列は日本全国単位での推計値であり，地域別の推計はされておらず，その発展のプロセスや地域的な差異については詳しく述べられていない。いうまでもなく，日本の国土は東西南北に大きく広がっており，データの豊富な近世については，こうした地理的な違いも考慮した推計がもとめられるであろう。

　以上のような問題関心が，本章における徳川時代から明治期初頭にかけて石高をベースとした生産量を地域別に推計し分析をおこない，徳川時代の経済成長を概観する前提となっている。また，推計の方法および基礎資料についても言及する。

　本章の構成は以下のとおりとなる。次節では推計の基本方針について触れ，第2節で地域別の石高推計を試みる。第3節では推計結果からえられた農業生産量を中心に徳川時代の経済成長について検討する。最終節は小括にあてられる。


# 1　推計の基本的な方針

## 1）地域区分

　日本は現在 47 都道府県の行政区分となっているが，本書が推計の対象とする徳川時代および明治期初頭はそれとは大きく異なっていた。徳川時代の日本は 68 の旧令制国によって構成されており[3]，明治期初頭は，1871（明治4）年

---

　3）明治維新後の 1868 年に，出羽国は羽後国・羽前国に，陸奥国は，磐城国・岩代国・陸前国・陸中国・陸奥国にそれぞれ分割された。

124　第 I 部　農業生産量の推計

**表 3-1**　徳川時代・明治期初頭の地域区分一覧

| | 地　域 | | 徳川時代（旧国） | 明治期初頭（府県） |
|---|---|---|---|---|
| 1 | 東日本 | 東東北 | 陸奥（陸奥，陸中，陸前，岩代，磐城） | 青森，岩手，宮城，水沢，福島，磐前，若松 |
| 2 | | 西東北 | 出羽（羽前，羽後） | 秋田，山形，酒田，置賜 |
| 3 | | 東関東 | 常陸，上総，下総，安房 | 茨城，栃木，千葉，新治 |
| 4 | | 西関東 | 武蔵，相模，上野，下野 | 東京，埼玉，熊谷，神奈川，足柄 |
| 5 | | 東山 | 甲斐，信濃，飛驒，美濃 | 山梨，長野，筑摩，岐阜 |
| 6 | 中間地域 | 新潟・北陸 | 佐渡，越後，越中，能登，加賀，越前，若狭 | 新潟，相川，新川，石川，敦賀 |
| 7 | | 東海 | 伊豆，駿河，遠江，三河，尾張 | 浜松，静岡，愛知 |
| 8 | 西日本 | 畿内 | 山城，大和，和泉，河内，摂津 | 京都，大阪，奈良，兵庫，堺 |
| 9 | | 畿内周辺 | 近江，伊賀，伊勢，志摩，紀伊，播磨，淡路，丹波，丹後，但馬 | 滋賀，三重，度会，飾磨，豊岡，和歌山，名東（一部） |
| 10 | | 山陰 | 因幡，伯耆，出雲，隠岐，石見 | 鳥取，島根，浜田 |
| 11 | | 山陽 | 美作，備前，備中，備後，安芸，周防，長門 | 北条，岡山，小田，広島，山口 |
| 12 | | 四国 | 阿波，讃岐，伊予，土佐 | 名東（一部），愛媛，高知 |
| 13 | | 北九州 | 筑前，筑後，肥前，壱岐，対馬，豊前，豊後 | 福岡，三潴，小倉，佐賀，長崎，大分 |
| 14 | | 南九州 | 肥後，日向，大隅，薩摩 | 白川，宮崎，鹿児島 |

注）蝦夷地（北海道）および琉球（沖縄）を含まない。
資料）鬼頭（1996），斎藤（1985）の地域区分を参考に作成。

の廃藩置県により全国に 3 府 302 県が設置され，その後の府県の統合により本推計の最終ベンチマーク年である 1874（明治 7）年に 3 府 61 県となった。したがって，1874 年以前の日本には，徳川時代の旧国および近代初頭の府県という 2 つの異なる行政区分が存在していたことになる。一部には旧国と府県，たとえば近江国と滋賀県，土佐国と高知県のように境界がほぼ変わらない地域も存在するが，ほとんどの府県の境界は程度の差はあるものの近代初頭の旧国からの移行の過程で複雑な変遷を経験している。本推計では，1875 年刊の『共武政表』に記載された郡別の人口調査をもちいた各国の人口比率を利用して 1874 年の境界を調整している[4]。本来であれば，すべての地域を旧国もしくは府県へと個々に再編成して推計することが望ましいが，調整方法によってお

---

　4）府県域の変遷については，内務省地理局（1881），および藤原編（1964）に収録された「府県域・郡域変遷表」を参考にした。

第 3 章　徳川時代・明治期初頭の農業生産量の推計　125

こりうる数値の整合性の問題から，本章では行政区分を徳川時代から明治期初頭にわたって接続させるため，日本を地理的・経済的な特色のある 14 の地域に分けて考察する（表 3-1）。なお，蝦夷地と琉球（現在の北海道と沖縄県）については，徳川時代における行政的枠組みが違うことや，統計データの問題があるため，推計の対象からは外している。

## 2）産業の分類と単位

　本推計は，「石」を生産量の単位として採用している。石は，もともとは米穀の単位であったが，土地の生産力を米の収穫高であらわすために石高という概念が使われて以降，米以外の農作物や海産物の生産量も，米の生産量である石に換算されて表示されるようになった。これが，徳川時代の石高を農林水産物の生産量とみなす所以である[5]。

　また，本来であれば，細分類の産業についても推計をすることが求められるが，徳川期の生産データはきわめてかぎられているため，本推計での石高は第 1 次部門（農業，林業，水産業）の生産高をあらわすものとする。

## 2　石高系列の推計

### 1）中村推計の検討

　本節では，徳川時代の開始から明治期初頭までの新しい石高系列を作成することを目的とするが，その前に中村（1968）による「実収石高」の推計方法について検討したい。

　中村は，1600 年前後の太閤検地段階の石高データは幕藩体制が確立しておらず，領主は農業生産を完全に把握する段階になかったとした。中村は，近世

---

5）1874 年については，統計資料中の生産価格は「円」で表記されているが，これは同じ年における全国の米の 1 石あたり平均価格 5.52 円で割ることにより石換算した値にて推計した。後述するように，1874 年の第 1 次部門の生産データは攝津・Bassino・深尾（2016）の推計値を利用している。円から石への換算には，この推計の基礎資料である『明治七年府県物産表』における米 1 石の全国平均価格を利用した。

126 第 I 部 農業生産量の推計

封建社会の構造から，幕藩体制が確立し，形成されてきた小農民経営が体系的に把握されるようになったのは17世紀半ば頃で，それと同じように，明治期初頭の地租改正の際に調査された農業生産統計も生産の実態を反映したものと判断し，一方でその間の時期については，幕藩領主は完全に農業生産を石高として把握していなかったものとした。よって，中村は17世紀中頃および明治期初頭の生産統計データが，石高系列を推計する際に実際の生産量を反映した「実収石高」としてのベンチマーク年に設定されるべきであるとした。

　中村推計における「実収石高」のベンチマーク開始年は正保郷帳の石高データである。現時点で入手可能な近世の石高データは，太閤検地（1598年），慶長郷帳（1605年），正保郷帳（1644年），元禄郷帳（1697年），天保郷帳（1831年）の石高データで，計5時点のものが存在する[6]。中村は，太閤検地期は幕藩体制の確立前で農民の生産が完全に把握されていないことから，正保郷帳の時点を領主による農業生産の把握の完了とみなして「実収石高」の最初のベンチマーク年とし，最終年のデータは，農商務省がまとめた農業生産物統計である『農産表』の1877年から1879年の3カ年平均農産額を米換算したものを1868年のものとして利用した。よって，それ以外の年次の1598年，1697年，1831年の石高データは中村推計においては信頼することができないデータとなり，ベンチマーク年としてのみ利用されることとなっている。

　次に中村は，これら残りの生産が完全に把握されていない年の「実収石高」について，正保期（1645-1648年）から幕末期（1867年）における土木工事データと石高の増加量を利用して推計することとした。利用された耕地改良・開発にかかわる土木工事データは戦前期に編纂された『大日本土木史』（以下，『土木史』）から集計されたものである。まず中村は，農業生産量の増加は土木工事の増加件数に対応（比例）するものと仮定し，1645-1867年の間の石高増加量2365万石を同期間の開発件数1467件で除し，算出された1万6124石を土木工事1件あたりの増加石高とした。次に中村は，各ベンチマーク年の間

---

6）本章では郷帳作成開始年にてベンチマークをとっているため，中村推計における石高データの年次とは若干の相違がある（正保郷帳：1644年，天保郷帳：1830年）。また，中村推計には慶長郷帳の石高は記載されていない。

第3章　徳川時代・明治期初頭の農業生産量の推計　**127**

**表 3-2**　中村（1968）における実収石高の推計，1600-
1867 年

| 年 | 石高（1000 石） | 実収高（1000 石） | 石高/実収高（%） |
|---|---|---|---|
| 1600 | 18,505 | 19,731 | 93.8 |
| 1645 | 23,133 | 23,133 | 100.0 |
| 1700 | 25,796 | 30,630 | 84.2 |
| 1830 | 30,426 | 39,757 | 76.5 |
| 1867 | 32,220 | 46,812 | 68.8 |

資料）中村（1968，170 頁，表 4-2）より作成。

（1600-1645 年，1646-1700 年，1701-1830 年，1831-1867 年）の工事件数に 1 件あ
たり増加石高 1 万 6124 石を掛けることにより，時期別の増加石高を算出した。
そして，1645 年の石高に増加石高を加えていくことにより（1600 年は 1645 年
より減じる），各ベンチマーク年の「実収石高」を推計したのである[7]。推計さ
れた実収石高は表 3-2 のようになっている。

## 2）石高の推計

　「はじめに」でも触れたように，この中村推計は，速水・宮本（1988）や
Maddison（2001）など数量経済史家によって徳川時代の経済成長の推移を分析
するための基礎推計として利用されてきた。しかし，この開発工事件数を利用
して明治期初頭と徳川時代の生産のギャップを埋めた実収石高の推計は，全国
の工事件数と生産量を一律で計算したものであり，また，中村が使用した『土
木史』の工事件数は現在の府県別で集計されているため，本推計にあたって地
域別の推計をするためには，個々の地域について郡単位で耕地改良・開発件数
をカウントし，それを旧国にもとづく地域に集計しなおす必要がある[8]。

---

7）この推計方法は，速水・宮本（1988）においても踏襲された。なお，耕地の開発・改
　良の件数が農業生産高の増加と比例しているという仮定にたっており，農産額は耕地
　開発・改良以外の農業技術の発展や集約化により増大し，耕地開発・改良の 1 件あた
　りの規模や内容も時期的に異なる問題が指摘される。これについて中村は，前者の場
　合は時期が降るほど顕著になり，後者は徳川時代前期の方が一般に 1 件あたりの規模
　は大きいことから，両者の問題はある程度相殺されるとしており，本章もこの考えに
　したがった。
8）期間ごとの工事件数を集計するために『土木史』の各工事をまとめた年表から集計す

128　第 I 部　農業生産量の推計

　よって，本推計では中村の推計方法を改良して，『土木史』に書かれた県別
の増加実収量を計算し，それを各地域の石高にあてはめなおす方法を採用する
こととする。前述のように中村は，太閤検地期は幕藩体制の確立前で農民の生
産が完全に把握されていないことから，正保期（中村のベンチマーク年では
1645 年）を領主による農業生産の把握の完了としており，この領主層による農
民経営の体制的把握については，他の先行研究においても指摘されてきた[9]。
一方で，最終年のデータについては，中村は『農産表』の 1877 年から 1879 年
の 3 カ年平均農産額を米換算したものを 1867 年のものとして利用しているが，
これには問題がある。明治期以降の日本の経済成長は徳川時代にくらべて高い
成長率で推移しており，中村のように 1870 年代後半（明治 10 年前後）の生産
データを 10 年前の明治初年のデータとして利用するのは無理があるからであ
る。加えて，『農産表』に記載された農業生産物は品目が限定されているため，
この資料からえられたデータをもって明治政府が全収量を把握していたとみる
のは難しいといわざるをえない。よって，本章では『明治七年府県物産表』
（以下，『物産表』）に記載された 1874 年の生産統計データを利用することとす
る。『物産表』は農業生産物だけでなく林業・水産業の生産物が記載品目に含
まれているため，この点も『農産表』より信頼できるデータといえよう。よっ
て，石高系列のベンチマーク年は 1644 年と 1874 年が採用され，その前後
1598 年，1697 年，1831 年について石高が推計されることとなる（ただし，慶
長郷帳の石高データは太閤検地の時期に近いため，推計ではベンチマーク年から除
外している）。また，中村は日本全国のみの石高を推計したが，本章では，前

---

　　　　る方法も可能であるが，この年表には誤記や欠落が多いため，『土木史』の本文に書か
　　　　れた各開発内容の記述から工事件数を計算する必要もある。
　9）安良城（1959），佐々木（1964），朝尾（1967）など。ただし，近年は太閤検地期の石
　　　　高を生産高ではなく年貢高としてとらえる説が有力となってきている（池上 2012）。
　　　　もっとも，徳川時代初期の年貢徴収では検地帳の石高と同じ額が徴収されることはな
　　　　く，百姓留保分を差し引いた額が年貢とされており（検地帳石高－免除高＝年貢石高），
　　　　検地帳石高を生産高に近い数値と考えることも可能かもしれない（水本 2008，121-
　　　　123 頁）。この場合，太閤検地の生産高は年貢高と同額となり，生産物すべてが年貢と
　　　　なるが，実際は一定額が免除された残余分が年貢となると解釈される。本章では，こ
　　　　うした論争を考慮して，1600 年の生産高推計には太閤検地データは利用しなかった。

第 3 章　徳川時代・明治期初頭の農業生産量の推計　129

**表 3-3**　国別石高データ，1598-1873 年

(単位：石)

| 国 | 1598 年 太閤検地 | 1605 年 慶長郷帳 | 1644 年 正保郷帳 | 1697 年 元禄郷帳 | 1831 年 天保郷帳 | 1873 年 郡村石高帳 |
|---|---|---|---|---|---|---|
| 陸奥 | 1,672,406 | 1,729,000 | 1,431,060 | 1,921,935 | 2,874,239 | 2,448,747 |
| 出羽 | 318,095 | 870,000 | 965,674 | 1,126,249 | 1,295,324 | 1,436,454 |
| 常陸 | 530,000 | 753,600 | 840,048 | 903,778 | 1,005,707 | 912,454 |
| 下野 | 374,080 | 464,000 | 568,733 | 681,703 | 769,905 | 762,842 |
| 上野 | 496,380 | 468,000 | 515,215 | 591,834 | 637,332 | 631,890 |
| 下総 | 393,255 | 400,699 | 444,829 | 568,331 | 681,063 | 685,028 |
| 上総 | 378,890 | 285,300 | 326,121 | 391,114 | 425,080 | 427,314 |
| 安房 | 45,045 | 91,779 | 92,641 | 93,886 | 95,736 | 95,641 |
| 武蔵 | 667,106 | 840,000 | 982,327 | 1,167,863 | 1,281,431 | 1,270,250 |
| 相模 | 194,204 | 191,524 | 220,617 | 258,217 | 286,720 | 289,763 |
| 佐渡 | 17,030 | 20,599 | 24,812 | 130,374 | 132,565 | 135,514 |
| 越後 | 390,770 | 450,061 | 611,960 | 816,776 | 1,142,556 | 115,568 |
| 甲斐 | 227,616 | 250,000 | 245,298 | 253,023 | 312,159 | 307,584 |
| 信濃 | 408,358 | 547,360 | 548,600 | 615,819 | 767,788 | 785,459 |
| 飛驒 | 38,000 | 38,764 | 38,764 | 44,469 | 56,602 | 57,196 |
| 越中 | 380,300 | 530,637 | 592,415 | 611,000 | 808,008 | 877,764 |
| 能登 | 210,000 | 216,891 | 225,006 | 239,209 | 275,370 | 28,452 |
| 加賀 | 355,570 | 442,507 | 422,957 | 438,282 | 483,666 | 456,633 |
| 越前 | 499,410 | 682,654 | 682,182 | 684,272 | 689,305 | 69,244 |
| 若狭 | 85,000 | 85,100 | 85,099 | 88,282 | 91,019 | 91,767 |
| 美濃 | 540,000 | 581,523 | 609,718 | 645,102 | 699,764 | 729,646 |
| 伊豆 | 69,832 | 79,353 | 79,653 | 83,791 | 84,171 | 83,894 |
| 駿河 | 150,000 | 170,000 | 191,315 | 237,937 | 250,539 | 220,078 |
| 遠江 | 255,160 | 268,800 | 280,696 | 328,651 | 369,553 | 372,486 |
| 三河 | 290,715 | 336,000 | 350,888 | 383,413 | 466,081 | 472,374 |
| 尾張 | 571,737 | 480,842 | 483,432 | 521,481 | 545,876 | 764,321 |
| 大和 | 448,950 | 444,134 | 459,380 | 500,497 | 501,362 | 502,686 |
| 山城 | 225,260 | 216,071 | 215,982 | 224,258 | 230,132 | 222,369 |
| 河内 | 242,105 | 308,858 | 264,952 | 276,330 | 293,787 | 293,007 |
| 和泉 | 141,510 | 138,797 | 159,326 | 161,692 | 172,848 | 176,297 |
| 摂津 | 356,070 | 290,902 | 375,478 | 392,708 | 417,399 | 416,388 |
| 伊勢 | 567,105 | 572,787 | 585,065 | 621,027 | 716,451 | 694,831 |
| 志摩 | 17,154 | 17,849 | 20,061 | 20,062 | 21,470 | 17,806 |
| 伊賀 | 100,000 | 95,594 | 100,540 | 100,540 | 110,097 | 110,918 |
| 近江 | 775,380 | 832,123 | 832,122 | 836,830 | 853,095 | 853,216 |
| 紀伊 | 143,550 | 395,248 | 398,393 | 397,668 | 440,858 | 400,024 |
| 丹波 | 263,887 | 280,570 | 289,829 | 293,446 | 324,136 | 327,714 |
| 播磨 | 358,540 | 521,300 | 562,291 | 568,518 | 651,965 | 660,558 |
| 丹後 | 113,000 | 123,170 | 123,175 | 145,821 | 147,615 | 147,992 |

(つづく)

130    第 I 部　農業生産量の推計

| 国 | 1598 年 太閤検地 | 1605 年 慶長郷帳 | 1644 年 正保郷帳 | 1697 年 元禄郷帳 | 1831 年 天保郷帳 | 1873 年 郡村石高帳 |
|---|---|---|---|---|---|---|
| 但馬 | 114,235 | 123,960 | 129,069 | 130,673 | 144,313 | 148,134 |
| 因幡 | 88,500 | 131,650 | 149,539 | 170,728 | 177,845 | 195,633 |
| 伯耆 | 109,047 | 175,032 | 170,254 | 194,417 | 217,991 | 251,070 |
| 出雲 | 186,650 | 223,477 | 253,597 | 282,490 | 302,627 | 278,280 |
| 石見 | 111,770 | 137,370 | 139,401 | 142,499 | 172,210 | 182,137 |
| 隠岐 | 4,980 | 11,803 | 11,501 | 12,165 | 12,560 | 12,665 |
| 美作 | 186,017 | 227,116 | 186,500 | 259,354 | 262,099 | 262,334 |
| 備前 | 221,762 | 286,200 | 280,200 | 289,225 | 416,582 | 418,965 |
| 備中 | 176,929 | 227,895 | 236,691 | 324,456 | 363,916 | 371,355 |
| 備後 | 186,150 | 238,838 | 248,606 | 295,679 | 312,055 | 315,293 |
| 安芸 | 194,150 | 259,385 | 265,071 | 269,478 | 310,648 | 314,669 |
| 周防 | 167,820 | 164,420 | 202,787 | 202,788 | 489,429 | 552,160 |
| 長門 | 130,660 | 134,060 | 166,623 | 166,624 | 404,853 | 458,143 |
| 淡路 | 62,440 | 63,621 | 70,186 | 70,428 | 97,165 | 136,638 |
| 阿波 | 183,500 | 186,754 | 186,753 | 193,862 | 268,894 | 310,484 |
| 讃岐 | 126,200 | 175,002 | 173,554 | 186,394 | 291,320 | 309,819 |
| 伊予 | 366,200 | 381,641 | 400,271 | 429,163 | 460,998 | 443,855 |
| 土佐 | 98,200 | 202,627 | 202,626 | 268,485 | 330,027 | 514,304 |
| 筑前 | 335,690 | 522,512 | 522,512 | 606,981 | 651,782 | 633,405 |
| 筑後 | 266,000 | 302,086 | 302,089 | 331,498 | 375,589 | 536,743 |
| 豊前 | 140,000 | 330,745 | 231,680 | 273,802 | 368,914 | 366,948 |
| 豊後 | 418,313 | 378,592 | 378,592 | 369,547 | 417,514 | 459,184 |
| 肥前 | 309,935 | 561,437 | 561,437 | 572,284 | 706,471 | 359,574 |
| 壱岐 | 15,982 | 15,982 | 15,982 | 18,073 | 32,743 | 32,855 |
| 対馬 | 9,246 | 14,156 | 13,681 | 14,496 | 16,623 | 17,355 |
| 肥後 | 341,220 | 572,989 | 572,980 | 563,857 | 611,920 | 851,237 |
| 日向 | 120,184 | 288,590 | 288,539 | 309,955 | 340,129 | 418,137 |
| 大隅 | 175,057 | 170,828 | 170,828 | 170,833 | 170,833 | 261,793 |
| 薩摩 | 283,480 | 315,252 | 315,251 | 315,006 | 315,006 | 323,483 |

注) 資料中に記載がないものについては以下の方法にて補完した。対馬国（全ベンチマーク
年）：農産表の筑前・筑後・豊前・豊後・肥前・肥後・日向の各国の対馬に対する比を
使って補完。壱岐国（1598 年）：1605-1644 年の成長率にて外挿して補完。大隅国・薩摩
国（1873 年）：『日本地誌提要』にて補完。下総国（1598 年）：『大日本租税志』にて補完。
下総国（1605 年）：1598-1644 年の成長率にて内挿して補完。上総国（1644 年）：1605-
1697 年の成長率で補完。
資料) 1598 年・1605 年・1697 年・1831 年：大野（1987），1644 年：和泉（2008），1873 年：一
橋大学経済研究所附属社会科学統計情報センター所蔵『明治六年国郡高反別調』より作成。

掲表 3-1 にあらわされた 14 の地域別に推計をおこなうものとする[10]。いま，

10）なお，別の簡便な方法としては，全国の増加実収量を計算し，それを各旧国の石高に
あてはめなおす方法も考えられるが，このやり方では開発工事 1 件あたりの増加実収

第 3 章　徳川時代・明治期初頭の農業生産量の推計　131

**表 3-4**　耕地開発関係土木工事件数，1598-1874 年

| 地域 | 1598-1643 年 | 1644-1696 年 | 1697-1830 年 | 1831-1874 年 |
|---|---|---|---|---|
| 東東北 | 14 | 50 | 71 | 21 |
| 西東北 | 9 | 13 | 23 | 48 |
| 東関東 | 26 | 8 | 18 | 12 |
| 西関東 | 19 | 33 | 67 | 43 |
| 東山 | 17 | 24 | 22 | 22 |
| 新潟北陸 | 9 | 36 | 47 | 32 |
| 東海 | 25 | 39 | 34 | 13 |
| 畿内 | 11 | 13 | 59 | 16 |
| 畿内周辺 | 7 | 29 | 76 | 55 |
| 山陰 | 2 | 14 | 54 | 36 |
| 山陽 | 79 | 267 | 203 | 139 |
| 四国 | 23 | 43 | 61 | 42 |
| 北九州 | 25 | 41 | 77 | 95 |
| 南九州 | 30 | 47 | 198 | 187 |

資料）土木学会編（1973），農林省農務局編（1927）より作成。

　資料上に書かれた推計前の石高データを集計すれば，表 3-3 のとおりとなる。
　耕地開発にかんする土木工事件数のカウントについては，『土木史』からえられる情報に加えて，農林省が調査した『旧藩時代ノ耕地拡張改良事業ニ関スル調査』（以下，『旧藩時代』）に記載されている府県別の開発情報も利用する。『土木史』は『旧藩時代』を主要な参考文献としているにもかかわらず，一部引用されていない箇所もあるため，これを補完することによって工事件数のカヴァレッジがいく分改善されることが期待されるからである。表 3-4 は『土木史』および『旧藩時代』から集計した耕地開発にかんする 1598 年から 1874 年の各時期の地域別の土木工事件数をあらわしている。これら各時期・各地域の土木工事件数が石高推計のための基本データとなる。
　表 3-5 の各パネルは地域別の石高推計手順の各段階をあらわしたものである。まず，1644 年から 1874 年の地域別の石高の増加量を，同期間の土木工事件数でそれぞれ除し，算出された各地域の土木工事 1 件あたりの増加石高を各ベン

---

　量は開発の規模にかかわらず全国一律でカウントするため，小規模な開発が多かった地域では過大評価，大規模開発があった地域では過小評価となる可能性があり，本推計ではその方法はとらなかった。

132 第I部 農業生産量の推計

## 表3-5 土木工事件数による石高系列の補正, 1598-1874 年

### A. 石 高
(単位：1000 石)

| 年 | 東東北 | 西東北 | 東関東 | 西関東 | 東山 | 新潟北陸 | 東海 |
|---|---|---|---|---|---|---|---|
| 1598 | 1,672 | 318 | 1,347 | 1,732 | 1,214 | 1,938 | 1,337 |
| 1644 | 1,431 | 966 | 1,704 | 2,287 | 1,442 | 2,644 | 1,386 |
| 1697 | 1,922 | 1,126 | 1,957 | 2,700 | 1,558 | 3,008 | 1,555 |
| 1831 | 2,874 | 1,295 | 2,208 | 2,975 | 1,836 | 3,622 | 1,716 |
| 1874 | 3,208 | 1,685 | 2,876 | 5,198 | 3,267 | 2,697 | 3,152 |

| 年次 | 畿内 | 畿内周辺 | 山陰 | 山陽 | 四国 | 北九州 | 南九州 |
|---|---|---|---|---|---|---|---|
| 1598 | 1,414 | 2,515 | 501 | 1,263 | 774 | 1,495 | 920 |
| 1644 | 1,475 | 3,111 | 724 | 1,586 | 963 | 2,026 | 1,348 |
| 1697 | 1,555 | 3,185 | 802 | 1,808 | 1,078 | 2,187 | 1,360 |
| 1831 | 1,616 | 3,507 | 883 | 2,560 | 1,351 | 2,570 | 1,438 |
| 1874 | 3,615 | 6,294 | 1,177 | 4,685 | 3,194 | 3,774 | 2,312 |

### B. 土木工事1件あたり増加実収高

| 期 間 | 東東北 | 西東北 | 東関東 | 西関東 | 東山 | 新潟北陸 | 東海 |
|---|---|---|---|---|---|---|---|
| 1644-1874 | 13 | 9 | 31 | 20 | 27 | 0.5 | 21 |

| | 畿内 | 畿内周辺 | 山陰 | 山陽 | 四国 | 北九州 | 南九州 |
|---|---|---|---|---|---|---|---|
| 1644-1874 | 24 | 20 | 4 | 5 | 15 | 8 | 2 |

### C. 増加石高

| 期 間 | 東東北 | 西東北 | 東関東 | 西関東 | 東山 | 新潟北陸 | 東海 |
|---|---|---|---|---|---|---|---|
| 1598-1643 | 175 | 77 | 802 | 387 | 456 | 4 | 513 |
| 1644-1696 | 626 | 111 | 247 | 570 | 644 | 16 | 801 |
| 1697-1830 | 888 | 197 | 555 | 1,465 | 590 | 21 | 698 |
| 1831-1874 | 263 | 411 | 370 | 875 | 590 | 15 | 267 |

| 期 間 | 畿内 | 畿内周辺 | 山陰 | 山陽 | 四国 | 北九州 | 南九州 |
|---|---|---|---|---|---|---|---|
| 1598-1643 | 268 | 139 | 9 | 402 | 351 | 205 | 67 |
| 1644-1696 | 316 | 577 | 61 | 1,348 | 657 | 328 | 105 |
| 1697-1830 | 1,435 | 1,512 | 235 | 1,043 | 932 | 640 | 442 |
| 1831-1874 | 389 | 1,094 | 157 | 707 | 642 | 779 | 417 |

### D. 補正石高

| 年 | 東東北 | 西東北 | 東関東 | 西関東 | 東山 | 新潟北陸 | 東海 |
|---|---|---|---|---|---|---|---|
| 1598 | 1,256 | 889 | 901 | 1,900 | 986 | 2,640 | 873 |
| 1644 | 1,431 | 966 | 1,704 | 2,287 | 1,442 | 2,644 | 1,386 |
| 1697 | 2,057 | 1,077 | 1,951 | 2,857 | 2,086 | 2,661 | 2,187 |
| 1831 | 2,945 | 1,274 | 2,506 | 4,322 | 2,676 | 2,682 | 2,885 |
| 1874 | 3,208 | 1,685 | 2,876 | 5,198 | 3,267 | 2,697 | 3,152 |

| 年 | 畿内 | 畿内周辺 | 山陰 | 山陽 | 四国 | 北九州 | 南九州 |
|---|---|---|---|---|---|---|---|
| 1598 | 1,208 | 2,971 | 716 | 1,185 | 612 | 1,821 | 1,281 |
| 1644 | 1,475 | 3,111 | 724 | 1,586 | 963 | 2,026 | 1,348 |
| 1697 | 1,791 | 3,688 | 785 | 2,935 | 1,620 | 2,354 | 1,453 |
| 1831 | 3,226 | 5,200 | 1,020 | 3,977 | 2,552 | 2,994 | 1,894 |
| 1874 | 3,615 | 6,294 | 1,177 | 4,685 | 3,194 | 3,774 | 2,312 |

注）100 石以下は四捨五入している（補正は1の位より計算した）。
資料）農林省農務局編 (1927)，土木学会編 (1973)，表3-3, 表3-4 より作成。

第 3 章　徳川時代・明治期初頭の農業生産量の推計　133

チマーク年の間（1600-1643 年，1644-1696 年，1697-1830 年，1831-1874 年）の工事件数に掛けることにより，時期別の増加石高を算出する。パネル A は，1598-1874 年の幕府・明治政府の統計による石高データである。既述のようにこの石高データのうち，1598 年，1697 年，1831 年は過小であるので，利用可能なのは 1644 年と 1874 年だけになる。よって各地域の石高の 1874 年から 1644 年の間の差分を表 3-4 の該当期間の工事件数で除したものが，パネル B の地域別の土木工事 1 件あたりの増加石高である。次に，これら地域別の土木工事 1 件あたり増加石高を各ベンチマーク期間の工事件数に乗じたものがパネル C にあらわした地域別の増加石高になる。最後に，地域別にこれら増加石高を 1644 年の石高にベンチマーク年ごとに追加（1600 年は 1644 年より減じた）したもの，すなわち新たに算出された石高系列がパネル D である。この石高系列は，中村推計流にいうなら「実収石高」に相当するものである。

　表 3-6 は，上記の問題点を考慮して新たに推計しなおした，徳川時代・明治期初頭の地域別の石高系列および 1 人あたり石高の変遷をあらわす。ベンチマーク年は，1 人あたり石高を計算する必要から，人口推計のベンチマーク年にあわせて 1600 年，1721 年，1804 年，1846 年，1874 年に補正してある。各年の人口は，1600 年は斎藤（2018）の全国値，1721-1846 年および 1874 年は鬼頭（1996）および攝津・Bassino・深尾（2016）の地域別の人口推計をそれぞれ利用している（人口推計の詳細については，第 5 章を参照）。推計結果について，まず地域別の石高の変遷を表 3-6 のパネル A でみてみると，すべての地域において徳川時代を通じた石高の増加が確認できる。とくに，先進地域であった西関東，畿内，畿内周辺，山陽の各地域だけでなく，西東北，新潟・北陸という東日本の日本海側における成長も大きなものとなっている。

　次に 1 人あたり石高の変遷であるパネル B では，東東北において 1721 年から 1846 年にかけての成長が著しく大きいことが目をひく。これは，東北地方において頻繁に発生した飢饉による人口減少による数値上の影響であろう。よって，飢饉による人口減の影響が大きかったと考えられる東東北・西東北を除外してみた場合，徳川時代中期の 1720 年には 1 人あたり石高の各地域間での格差が存在していたのが，それ以降，後半にかけて徐々に縮小してきたもの

134　第Ⅰ部　農業生産量の推計

## 表 3-6　徳川時代・明治期初頭の石高推計，1600-1874 年

### A. 推　移

（単位：1000 石）

|   | 地　　域 | 1600 年 | 1721 年 | 1804 年 | 1846 年 | 1874 年 |
|---|---|---|---|---|---|---|
| 1 | 東東北 | 1,259 | 2,195 | 2,748 | 3,038 | 3,208 |
| 2 | 西東北 | 850 | 1,110 | 1,233 | 1,411 | 1,685 |
| 3 | 東関東 | 914 | 2,041 | 2,387 | 2,635 | 2,876 |
| 4 | 西関東 | 1,908 | 3,169 | 4,017 | 4,623 | 5,198 |
| 5 | 東山 | 995 | 2,182 | 2,550 | 2,878 | 3,267 |
| 6 | 新潟・北陸 | 2,640 | 2,665 | 2,678 | 3,254 | 4,533 |
| 7 | 東海 | 881 | 2,299 | 2,734 | 2,980 | 3,152 |
| 8 | 畿内 | 1,213 | 1,993 | 2,882 | 3,363 | 3,615 |
| 9 | 畿内周辺 | 2,974 | 3,924 | 4,866 | 5,576 | 6,294 |
| 10 | 山陰 | 716 | 823 | 970 | 1,075 | 1,177 |
| 11 | 山陽 | 1,192 | 3,109 | 3,752 | 4,222 | 4,685 |
| 12 | 四国 | 618 | 1,759 | 2,338 | 2,770 | 3,194 |
| 13 | 北九州 | 1,825 | 2,466 | 2,860 | 3,258 | 3,774 |
| 14 | 南九州 | 1,282 | 1,524 | 1,799 | 2,037 | 2,312 |
| | 全　国 | 19,308 | 31,260 | 37,814 | 43,122 | 48,969 |
| | 東日本 | 5,966 | 10,697 | 12,935 | 14,587 | 16,233 |
| | 中間地域 | 3,522 | 4,964 | 5,412 | 6,233 | 7,685 |
| | 西日本 | 9,820 | 15,599 | 19,467 | 22,302 | 25,051 |
| | 西日本（中間地域を含む） | 13,342 | 20,563 | 24,879 | 28,535 | 32,736 |

### B. 1 人あたり石高

（単位：石）

|   | 地　　域 | 1600 年 | 1721 年 | 1804 年 | 1846 年 | 1874 年 |
|---|---|---|---|---|---|---|
| 1 | 東東北 | – | 0.93 | 1.43 | 1.57 | 1.33 |
| 2 | 西東北 | – | 1.05 | 1.18 | 1.29 | 1.33 |
| 3 | 東関東 | – | 0.96 | 1.36 | 1.42 | 1.46 |
| 4 | 西関東 | – | 0.79 | 1.18 | 1.33 | 1.43 |
| 5 | 東山 | – | 1.14 | 1.25 | 1.35 | 1.52 |
| 6 | 新潟・北陸 | – | 1.02 | 0.97 | 1.07 | 1.31 |
| 7 | 東海 | – | 1.16 | 1.30 | 1.34 | 1.48 |
| 8 | 畿内 | – | 0.74 | 1.19 | 1.40 | 1.66 |
| 9 | 畿内周辺 | – | 1.06 | 1.39 | 1.55 | 1.77 |
| 10 | 山陰 | – | 0.98 | 0.96 | 1.02 | 1.14 |
| 11 | 山陽 | – | 1.28 | 1.41 | 1.45 | 1.54 |
| 12 | 四国 | – | 0.96 | 1.11 | 1.19 | 1.30 |
| 13 | 北九州 | – | 1.03 | 1.17 | 1.28 | 1.26 |
| 14 | 南九州 | – | 1.17 | 1.19 | 1.26 | 1.03 |
| | 全　国 | 1.14 | 1.00 | 1.23 | 1.34 | 1.42 |
| | 東日本 | – | 0.93 | 1.27 | 1.39 | 1.42 |
| | 中間地域 | – | 1.08 | 1.11 | 1.18 | 1.38 |
| | 西日本 | – | 1.03 | 1.24 | 1.35 | 1.43 |
| | 西日本（中間地域を含む） | – | 1.04 | 1.21 | 1.31 | 1.42 |

　注）蝦夷地（北海道）・琉球（沖縄）を含まない。石高は各地域ごとに 100
　　　石以下の位を四捨五入している（推計は 1 の位より計算した）。
　資料）パネル A：表 3-5 のパネル D をもとに成長率で内挿。パネル B：各地
　　　域の石高を第 4 章表 4-4 の地域別人口で除して算出。

**表 3-7** 徳川時代・明治期初頭の 1 人あたり石高の変動係数の推移，1721-1874 年

A. 変動係数

|  | 1721 年 | 1804 年 | 1846 年 | 1874 年 |
|---|---|---|---|---|
| 14 地域 | 0.138 | 0.118 | 0.116 | 0.134 |
| 東北地方を除く 12 地域 | 0.146 | 0.118 | 0.113 | 0.142 |

B. 変動係数（人口のウェイトをつけた場合）

|  | 1721 年 | 1804 年 | 1846 年 | 1874 年 |
|---|---|---|---|---|
| 14 地域 | 0.157 | 0.120 | 0.116 | 0.138 |
| 東北地方を除く 12 地域 | 0.165 | 0.119 | 0.114 | 0.144 |

注）東北地方は東東北・西東北の 2 地域。
資料）表 3-6 により作成。

が幕末から明治期初頭にふたたび拡大していったことがわかる。

　地域間格差の指標として具体的に変動係数を確認してみると，表 3-7 のパネル A にあらわしたように，全国 14 地域では 1721 年時点では 0.138 であったのが 1846 年には 0.116 にまで小さくなったが，明治初頭の 1874 年にはふたたび 0.134 にまで広がっており，徳川時代後半の飢饉の影響があったと考えられる東北地方を除いた 12 地域でもその傾向は変わらない。この係数をもう少し厳密にとらえるために人口にウェイトをつけた場合（パネル B）では，全国 14 地域では，その格差の広がりの傾向がウェイトをつけない場合にくらべて大きな差がないことがわかる。また，東北地方を除いた場合でもウェイトをつけない場合とほぼ同様の結果となった。

　ところで，中村（1968）が指摘していたように，推計された実収石高をもってしても，幕藩領主は完全には農業生産量を把握していなかった。中村は，幕藩体制が確立し，領主層が農民からの生産物を把握していた徳川時代初頭および地租改正による土地調査によって生産量が調査された明治期初頭の時期においてすら，農業生産を石高として完全に把握することはなかったとし，彼が推計した「実収石高」でさえ実際の生産量より 3 割程度は過小であったとしているのである（中村 1968，169-170 頁）。この問題は，表 3-8 にあるように，1840 年代に長州藩において実施された領内の経済調査である『防長風土注進案』の結果と幕府・

136　第Ⅰ部　農業生産量の推計

**表 3-8**　徳川時代後半の長州藩における石高データと生産量の乖離

（単位：1000 石）

| 藩資料（1840 年代） | | 幕府・政府統計 | | A/B | A/C |
|---|---|---|---|---|---|
| 出来高（A） | 石高（B） | 天保郷帳（C）<br>（1835 年） | 明治期初頭（D）<br>（1873 年） | | |
| 837,223 | 712,485 | 318,708 | 724,712 | 1.18 | 2.63 |

注）石高は国内ではなく支配地域内の郡別の石高を集計したもの。複数藩が支配する
　　郡については，村数の割合にて調整した。
資料）「天保郷帳」，「明治六年国郡高反別調」，山口県文書館編（1966），穐本（1987）
　　より作成。

明治政府による統計データとの比較からも明らかである。よって，そのトレンド
についてはある程度の議論が可能かもしれないが，このギャップを埋めない限り
は，実際の生産量にもとづいた実態の経済を分析することは難しいといえよう。

　この統計資料における生産量と現実の生産量の乖離の問題は，その解釈に難
しい点が存在するのも事実であるが，ここでは，最終ベンチマーク年の 1874
年の石高を，攝津・Bassino・深尾（2016）によって別途算出された 1874 年の
第一次部門の付加価値額を石高換算したものと比較し，その差分を徳川時代に
もさかのぼって適用することによって調整する方法をとるものとする[11]。この
場合の石高と第一次部門との差をあらわしたのが表 3-9 で，全国平均ではその
差は約 1.56 倍となっている。

　この調整方法について補足しておくと，攝津・Bassino・深尾（2016）は本章
の石高系列の最終年で利用した『物産表』を補正して 1874 年の第一次産業の
付加価値額を推計しているため，これと比較することにより，石高データでは
把握できない生産量を補完することが可能となる。これを地域別に分けてみた
ものが，表 3-9 である。表のうち A 欄が攝津・Bassino・深尾（2016）におけ
る新推計，B 欄が『物産表』の集計値である。これら 2 つの数値の差分は，全
国平均で 1.56 倍だが，最も小さいもので畿内の 1.21 倍，大きいもので西東北
の 2.16 倍となっている。これら石高とその補正値との比は畿内・関東におい

---

11）本章での 1874 年の第一次部門の付加価値額は，もともとは筆者もかかわった Fukao et
　　al.（2015）にて推計されたものを新たに改訂した攝津・Bassino・深尾（2016）を利用
　　している。

第 3 章　徳川時代・明治期初頭の農業生産量の推計　137

表 3-9　明治期初頭『物産表』記載石高と補正石高との比較

| | 地　域 | 補正石高（A）<br>（1000 石） | 『物産表』石高（B）<br>（1000 石） | A/B |
|---|---|---|---|---|
| 1 | 東東北 | 6,696 | 3,208 | 2.09 |
| 2 | 西東北 | 3,640 | 1,685 | 2.16 |
| 3 | 東関東 | 3,828 | 2,876 | 1.33 |
| 4 | 西関東 | 6,950 | 5,198 | 1.34 |
| 5 | 東山 | 4,789 | 3,267 | 1.47 |
| 6 | 新潟・北陸 | 7,557 | 4,533 | 1.67 |
| 7 | 東海 | 4,129 | 3,152 | 1.31 |
| 8 | 畿内 | 4,376 | 3,615 | 1.21 |
| 9 | 畿内周辺 | 8,904 | 6,294 | 1.41 |
| 10 | 山陰 | 2,216 | 1,177 | 1.88 |
| 11 | 山陽 | 6,893 | 4,685 | 1.47 |
| 12 | 四国 | 5,768 | 3,194 | 1.81 |
| 13 | 北九州 | 6,078 | 3,774 | 1.61 |
| 14 | 南九州 | 4,528 | 2,312 | 1.96 |
| | 計 | 76,351 | 48,969 | 1.56 |

資料）A：攝津・Bassino・深尾（2016）による新推計，B：『物産表』より
作成。

ては大きくないが，地域によっては2倍前後のものもあり，中村が3割として
いた乖離より大きくなっているが，その差は地域によってはさらに過大であっ
たことを考えれば，全国平均としては受け入れられる範囲のものであろう。推
計過程で生じた乖離の原因としては，攝津・Bassino・深尾（2016）の『物産
表』の補正において，東北・南九州などの地域で生産が十分に把握されていな
い雑穀の生産が多かったと仮定していることが影響しているものと考えられる。
この点については議論の余地があるため，本章では最終的な補正を加えた石高
系列の推計およびそれにもとづいた議論は，地域別ではなく全国値によってお
こなうこととする。


## 3　推計結果の分析

推計の結果は近世日本の生産ベースでの成長をどのように描いているか。表

138　第Ⅰ部　農業生産量の推計

表 3-10　徳川時代・明治期初頭の石高推計の補正（全国値），1600-1874 年

A. 推　移

|  | 1600 年 | 1721 年 | 1804 年 | 1846 年 | 1874 年 |
|---|---|---|---|---|---|
| 石高（1000 石） | 30,678 | 48,808 | 58,803 | 67,062 | 76,351 |
| 人口（1000 人） | 17,000 | 31,290 | 30,691 | 32,212 | 34,516 |
| 1 人あたり石高（石／人） | 1.80 | 1.56 | 1.92 | 2.08 | 2.21 |

B. 成長率　　　　　　　　　　　　　　　　　　　　　　　　　　　　　　　　　　　（%）

|  | 1600-1721 年 | 1721-1804 年 | 1804-1846 年 | 1846-1874 年 |
|---|---|---|---|---|
| 石高 | 0.38 | 0.22 | 0.31 | 0.46 |
| 人口 | 0.51 | ▲0.02 | 0.12 | 0.25 |
| 1 人あたり石高 | ▲0.12 | 0.25 | 0.20 | 0.22 |

注）蝦夷地（北海道）・琉球（沖縄）を含まない。石高・人口の 100 以下の位は四捨五入している（補正は 1 の位より計算した）。

資料）石高は，表 3-6 の各地域石高に表 3-9 の A/B の比を乗じて算出，人口は第 4 章表 4-4 の全国人口より作成。

3-10 は，上記の石高推計の全国値についての補正値および 1 人あたりの石高をみたものである。石高は，1600 年から 1721 年にかけて約 1.6 倍に増加している。これは，徳川時代前半の各地における新田開発による生産量の増加による影響が大きいだろう。徳川時代半ばには生産そのものは増加し続けているものの，その成長は前半の年率 0.38 ％にくらべれば，0.22-0.31 ％のやや低い増加率となっている。

　徳川時代の新田開発は多数の新田村落の増加をともなうもので，それは地域的な差はあるものの 16 世紀末頃からはじまり，19 世紀半ばまで続いており，この時代は日本史上における「大開拓時代」と評価されている（菊地 1977，1 頁）。しかし，終盤の 1846 年から 1874 年にかけて年率 0.46 ％という全期間を通じて最も高い成長をみせている。その要因としては，各藩の特産品の奨励政策，農村工業の発展による商品作物の生産の増加があったのではないかと考えられる[12]。近世を通じての生産量は全体で約 2.5 倍の増加となった。

---

12）徳川時代の農業生産力・農業技術の発展についての通史的記述は，古島（1956；1974；1975），菊地（1977），葉山（1969），田中（1987），平野（2010）によった。近世農業生産の進展には，その農業的要因として，平野部における新田開発の拡大，集約農業，灌漑・施肥・農具の発展，品種改良，農書の普及，二毛作をはじめとした多毛作の展開があげられている。また，本書の関心の一つである経済社会の進展の観点からは，

第 3 章　徳川時代・明治期初頭の農業生産量の推計　　139

　これを 1 人あたり石高でみた場合は，徳川時代半ばまではマイナス成長となっているが，それ以降は順調な伸びとなっている。徳川時代前半に 1 人あたり石高が停滞していた理由として最初に思いあたるのは，人口の大幅な増加であろう。徳川時代の石高の成長は増加を続けたものの，1 人あたり石高でみれば前半と後半では成長パターンが異なっていたということになる。

　前節で説明したように，本章では全国値によって補正された石高系列の推計値を結論としているが，議論の参考として，地域別に補正した推計結果も確認しておこう。表 3-11 は 14 地域での補正石高の推計値である。この補正後の結果をもとに地域間格差の尺度として変動係数をみた場合，その値は徳川時代後半から明治期初頭にかけて縮小傾向となる（1721 年 0.233，1846 年 0.202，1874年 0.132）。これは，補正しなかった場合と違い，格差は縮小傾向であったこととなるが，その原因としては，一部の農業生産量が過少な地域については，十分に把握されていない雑穀などの生産量を考慮して補正した結果，地域間の生産の格差が改善されたことが原因と考えられる。

　図 3-1 は，本章で新たに推計（新推計）された 1 人あたり実収石高の全国値の推移をグラフ化したものである。先行研究（中村推計）との比較のために，速水・宮本（1988）において推計された全国石高の推移も加えた（速水・宮本推計は中村推計のベンチマーク年を補正したものであるので，実質的には中村推計とみてよいからである）。また，比較のため表 3-12 にその一覧をあらわしておく。

　全国の 1 人あたり実収石高は，新推計および速水・宮本推計ともに徳川時代前半（17 世紀から 18 世紀初頭）にかけて減少するが，18 世紀半ばより回復する動きをみせている。速水・宮本推計は徳川時代初頭の 1600 年の 1 人あたり実収石高が徳川時代を通じて最も高く，かつ明治期初頭のそれを上回っている。また 17 世紀初頭にかけての減少は大きく，一見すると徳川時代前半の社会は非常に停滞的であったかの印象をあたえている。

―――――――――――――――
　　人口増加による大量消費によって農業生産物への需要が増大し，農民に経済的インセンティヴがあたえられ，生産が拡大し流通機構が形成されたとする速水融の指摘がある（速水 1971，99 頁；1977，10-11 頁）。

第I部　農業生産量の推計

表 3-11　徳川時代・明治期初頭の石高推計の補正（地域別），1600-1874 年

A. 推　移

（単位：1000 石）

| | 地　　域 | 1600 年 | 1721 年 | 1804 年 | 1846 年 | 1874 年 |
|---|---|---|---|---|---|---|
| 1 | 東東北 | 2,629 | 4,581 | 5,735 | 6,342 | 6,696 |
| 2 | 西東北 | 1,923 | 2,398 | 2,664 | 3,049 | 3,640 |
| 3 | 東関東 | 1,216 | 2,716 | 3,177 | 3,507 | 3,828 |
| 4 | 西関東 | 2,551 | 4,237 | 5,371 | 6,182 | 6,950 |
| 5 | 東山 | 1,458 | 3,199 | 3,739 | 4,220 | 4,789 |
| 6 | 新潟・北陸 | 4,402 | 4,443 | 4,465 | 5,424 | 7,557 |
| 7 | 東海 | 1,154 | 3,012 | 3,581 | 3,903 | 4,129 |
| 8 | 畿内 | 1,468 | 2,412 | 3,488 | 4,070 | 4,376 |
| 9 | 畿内周辺 | 4,207 | 5,551 | 6,883 | 7,887 | 8,904 |
| 10 | 山陰 | 1,347 | 1,550 | 1,825 | 2,023 | 2,216 |
| 11 | 山陽 | 1,754 | 4,575 | 5,522 | 6,213 | 6,893 |
| 12 | 四国 | 1,116 | 3,177 | 4,222 | 5,002 | 5,768 |
| 13 | 北九州 | 2,940 | 3,972 | 4,606 | 5,248 | 6,078 |
| 14 | 南九州 | 2,512 | 2,985 | 3,525 | 3,991 | 4,528 |
| | 全　国 | 30,678 | 48,808 | 58,803 | 67,062 | 76,351 |
| | 東日本 | 9,777 | 17,132 | 20,686 | 23,300 | 25,903 |
| | 中間地域 | 5,557 | 7,454 | 8,046 | 9,327 | 11,686 |
| | 西日本 | 15,344 | 24,222 | 30,070 | 34,435 | 38,762 |
| | 西日本（中間地域を含む） | 20,900 | 31,676 | 38,116 | 43,762 | 50,448 |

B. 1 人あたり石高

（単位：石）

| | 地　　域 | 1600 年 | 1721 年 | 1804 年 | 1846 年 | 1874 年 |
|---|---|---|---|---|---|---|
| 1 | 東東北 | – | 1.94 | 2.98 | 3.29 | 2.77 |
| 2 | 西東北 | – | 2.28 | 2.55 | 2.78 | 2.88 |
| 3 | 東関東 | – | 1.27 | 1.81 | 1.88 | 1.94 |
| 4 | 西関東 | – | 1.06 | 1.58 | 1.78 | 1.92 |
| 5 | 東山 | – | 1.67 | 1.84 | 1.98 | 2.23 |
| 6 | 新潟・北陸 | – | 1.70 | 1.61 | 1.78 | 2.19 |
| 7 | 東海 | – | 1.52 | 1.71 | 1.76 | 1.94 |
| 8 | 畿内 | – | 0.89 | 1.44 | 1.70 | 2.00 |
| 9 | 畿内周辺 | – | 1.50 | 1.97 | 2.19 | 2.50 |
| 10 | 山陰 | – | 1.84 | 1.80 | 1.91 | 2.15 |
| 11 | 山陽 | – | 1.88 | 2.07 | 2.13 | 2.27 |
| 12 | 四国 | – | 1.73 | 2.00 | 2.15 | 2.35 |
| 13 | 北九州 | – | 1.67 | 1.88 | 2.06 | 2.03 |
| 14 | 南九州 | – | 2.29 | 2.34 | 2.47 | 2.03 |
| | 全　国 | 1.80 | 1.56 | 1.92 | 2.08 | 2.21 |
| | 東日本 | – | 1.49 | 2.04 | 2.22 | 2.27 |
| | 中間地域 | – | 1.62 | 1.65 | 1.77 | 2.09 |
| | 西日本 | – | 1.59 | 1.92 | 2.09 | 2.21 |
| | 西日本（中間地域を含む） | – | 1.60 | 1.86 | 2.01 | 2.19 |

注）蝦夷地・琉球を含まない。石高は各地域ごとに 100 石以下の位を四捨五入している
　　（補正は 1 の位より計算した）。
資料）パネル A：表 3-6 の各地域の石高に表 3-9 の地域別の乖離率を乗じて算出。パネル
　　B：各地域の補正石高を第 4 章表 4-4 の地域別人口で除して算出。

第3章　徳川時代・明治期初頭の農業生産量の推計　141

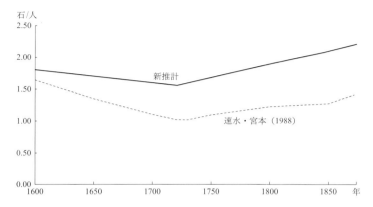

**図 3-1** 徳川時代・明治期初頭の1人あたり石高の推移，1600-1874年（速水・宮本推計との比較）

資料）表3-9，速水・宮本（1988）より作成。

**表 3-12** 徳川時代・明治期初頭の石高の推移，1600-1874年（速水・宮本推計との比較）

| 年 | 石　高 ||  1人あたり石高 ||
|---|---|---|---|---|
|  | 新推計 | 速水・宮本(1988) | 新推計 | 速水・宮本(1988) |
| 1600 | 30,678 | 19,731 | 1.80 | 1.64 |
| 1650 |  | 23,133 |  | 1.35 |
| 1700 |  | 30,630 |  | 1.11 |
| 1720 | 48,808 | 32,034 | 1.56 | 1.02 |
| 1730 |  | 32,736 |  | 1.02 |
| 1750 |  | 34,140 |  | 1.10 |
| 1800 | 58,803 | 37,650 | 1.92 | 1.23 |
| 1850 | 67,062 | 41,160 | 2.08 | 1.28 |
| 1872 | 76,351 | 46,812 | 2.21 | 1.41 |

注）速水・宮本推計は中村（1968）の実収石高値を利用したものである。なお，速水・宮本推計との比較のために，新推計のベンチマーク年である1721年，1804年，1846年，1874年は，それぞれ1720年，1800年，1850年，1872年となっている。速水・宮本推計の1人あたり石高は小数点3桁を四捨五入した。

資料）表3-9，速水・宮本（1988）より作成。

142　第 I 部　農業生産量の推計

　徳川時代初頭において 1 人あたり石高が明治期よりも高いことはにわかには信じがたい数値であるが，この点についてはいくつかの理由が考えられる。それは，速水・宮本推計は 1600 年の全国人口を 1200 万人として 1 人あたり石高を推計していることである。その前提として，17 世紀の日本列島は「人口爆発」とも形容できるほど急激な人口増加を経験していたことになっているが（速水・宮本 1988，47-48 頁），これに対して新推計は斎藤・高島（2017）による最新の全国人口の推計値である 1700 万人を採用している。したがって，分母（人口）が過少となっている速水・宮本推計の 1 人あたり石高が高位水準で算出されることになるのである。また，速水・宮本（1988）においても，彼らの徳川時代前半の農業生産の推計は成長率を過小評価していることを認めており，実際には 1 人あたり石高が増加していた可能性すら示唆している（49-50 頁）。これに対して，新推計での 1 人あたり石高の減少は速水・宮本推計ほど大きなものではなく，徳川時代における都市化の進展による非農業部門での生産も考慮した場合，実態として生活水準が大幅に低下するようなことはおこっていなかったと考える方が自然であろう。

　新推計の 1 人あたり実収石高は，18 世紀後半から 19 世紀前半にかけて徳川時代初頭の値を超えるまでに回復している。新推計は中村推計（そしてそれを補正した速水・宮本推計）による「実収石高」そのものが実際の生産量より過少であることに着目し，その過少分を明治期初頭の推計値による差分によって補正したものである。1600 年から 1650 年の時点では，新推計と速水・宮本推計との差が存在はしているものの，その差は 1.1-1.3 倍程度と過剰な開きではないが，その後 1700 年以降は時期が進むにつれてその幅が大きくなり，約 1.6 倍の差となる。

　この速水・宮本推計（中村推計）との推計値の開きが徳川時代前半と後半で大きく違う理由の一つに，推計上の説明としては根拠となるデータの違いがあげられる。前半は両推計ともに徳川幕府の正保検地による石高データを利用しているが，明治期初頭については，速水・宮本推計は調査品目が少ない明治 10 年前後の『農産表』データを根拠として推計しているのに対して，新推計はより多くの品目が収録された明治 7 年の『物産表』を利用しているのである。

第 3 章　徳川時代・明治期初頭の農業生産量の推計　　143

しかし，そうしたデータの違いだけでなく，より示唆的なことを考えるなら，幕藩体制下による封建領主・幕府が農民の全生産を把握できておらず，その傾向は徳川時代後半になってより顕著になっていったことが背景として存在していたことを考えねばならず，新推計はその動向をうまくとらえているといえる。


## む　す　び

　本章では，徳川時代から明治期初頭にかけての地域別に主に農業生産量を中心とした石高系列について，土木工事件数を利用した中村推計を改良して新たな系列を作成し，その結果をもとに日本全国および地域別の石高および 1 人あたり石高の成長について概観した[13]。

　徳川時代の石高については，生産量は徳川時代を通じて各地域ともに生産の増加が確認された。1 人あたり石高については，徳川時代前半に若干の低下がみられたものの，後半 18 世紀半ば以降は東北地域を除いてほぼすべての地域で成長の開始が確認された。この徳川時代後半の成長の背景には列島各地の市場経済および農村工業の発展が考えられるが，その成長には地域差が認められた。本章でおこなった推計については，可能な限りの一次資料とその数値の補正を行ったが，一次データの性格に起因する推計上の限界があるのも事実である。この要因の影響は新推計においても一部地域において不自然な数値を少なからず生む結果となったが，その解釈には注意を要する。この点は，今後の課題としたい。

---

13) 国際貿易による農業生産物の輸出入については，第 1 章・第 2 章と同様，本書でのGDP 推計は生産面からのアプローチをとっているため，これについて触れることは控えた。もし，海外貿易の存在が推計に何らかの影響をあたえたと仮定するとしても，それは，開港の結果，絹などの海外への重要な輸出品となった農村工業品の原材料となる農業生産物の生産が増加することであり，それは本章での推計結果に含まれているものである。また，16 世紀の戦国時代後半から続く国際貿易が 17 世紀前半に終了し，（長崎，対馬，薩摩，松前の 4 つの窓口，いわゆる「四口」による海外との交流は存在していたが）対外的には事実上「鎖国」状態となったことから，その間の海外貿易そのものが農業生産の推計方法に影響をあたえないと判断した。

第 II 部

前近代社会における人口成長

# 第4章
# 全国人口の推移

## はじめに

　本章の目的は，古代から明治期初頭までの時期を対象に全国人口について先行研究を中心にサーベイし，それらの結果を検討することによって日本の前近代社会の人口変動を概観することにある。

　前近代日本の人口推計については，徳川時代より考証家らによっていくつかの論考が発表されてきたものの，それらのほとんどは資料の根拠が曖昧であったり，きわめて単純な仮定にもとづくものであった（表4-1）。

　徳川時代の人口推計は戦後，速水融によって紹介された歴史人口学の手法をもちいた研究が進み，宗門人別改帳や幕府の人口調査をもとにした推計によって長期の人口変動の推計結果が生み出された。鬼頭宏は，自身が参加した社会工学研究所の日本の人口分布の長期時系列分析の研究成果をもとに徳川時代を通じた人口推計をおこなった。この鬼頭の人口推計は古代以前，縄文時代から現代までを対象とした人口推計の長期系列となっている（鬼頭 1996；2000）。

　徳川時代以前の人口推計については，戦前期に澤田吾一による綿密な資料分析と統計手法を駆使した推計がなされており，その後，鬼頭，ウィリアム・ウェイン・ファリスらによって複数の人口推計が作成されている（鬼頭 1996；2000, Farris 2006；2009）。

　以上，簡単ではあるが前近代日本の人口推計についての研究史を概観した（個々の人口推計の研究については，以下の各節において述べる）。人口史研究は戦

第 4 章　全国人口の推移　　147

**表 4-1**　文献にあらわれた前近代の全国人口

| 時　期 | 人口数 | 出　典 |
|---|---|---|
| **古代** | | |
| 崇峻天皇期 | 3,931,152 | 「聖徳太子伝記」（井上瑞枝『大日本国古来人口考』所収） |
| | 4,988,842 | 「太子伝」（松井輝星『它山石初編』所収） |
| | 5,031,050 | 「十玄遺稿」（松井輝星『它山石初編』所収） |
| | | 「太子伝」（釋盤察『三国事跡 温故要略』所収） |
| 推古天皇期 | 4,969,000 | 「十玄遺稿」（松井輝星『它山石初編』所収） |
| | | 西川求林斎『町人嚢底拂』 |
| | 4,969,890 | 新井白石『折たく柴の記』 |
| | | 山岡浚明『類聚名物考』 |
| | 4,969,899 | 大江季彦『経済新論』 |
| | | 鈴木重嶺『皇風大意』 |
| | 4,990,000 | 「十玄遺稿」（松井輝星『它山石初編』所収） |
| | | 西川求林斎『両域人数考』 |
| 奈良時代前半 | 3,999,648 | 『南膽部州大日本国正当図』（『運歩色葉集』所収） |
| | 4,508,951 | 山岡浚明『類聚名物考』 |
| | 4,584,893 | 『行基大菩薩行状記』 |
| | 4,588,842 | 『南膽部州大日本国正当図』（『運歩色葉集』所収） |
| | 4,899,620 | 『行基菩薩図』（『世俗用字集』所収） |
| | 4,899,648 | 『扶桑国之図』 |
| | 5,000,000 | 『行基式目』 |
| | 8,000,000 | 「十玄遺稿」（松井輝星『它山石初編』所収） |
| | | 西川求林斎『両域人数考』 |
| | 8,631,000 | 〃　　　『町人嚢底拂』 |
| | 8,631,074 | 新井白石『折たく柴の記』 |
| | | 山岡浚明『類聚名物考』 |
| | 8,631,770 | 大江季彦『経済新論』 |
| | | 鈴木重嶺『皇風大意』 |
| 平安時代後半 | 4,276,800 | 『日本国図』 |
| **中世** | | |
| 鎌倉時代 | 4,989,658 | 日蓮上人『日眼女御返事』 |
| | 4,994,828 | 〃　　　『曽谷の道宗御返事』 |
| | 4,989,658 | 〃　　　『秋元太郎兵衛殿御返事』 |
| | 4,589,659–4,994,828 | 〃　　　『曽谷二郎入道殿御報』 |
| | 4,589,658 | 〃　　　『光日上人御返事』 |
| | 4,994,828 | 山岡浚明『類聚名物考』 |
| 室町時代 | 4,861,659 | 『日本略記』 |
| | 4,918,652 | 「権少僧都俊貞雑記集」（栗田寛『栗田先生雑著』所収） |
| 戦国時代 | 4,994,800 | 『香取文書纂』 |

注）時期は目安程度のものである。おおよその人口数である「余人」は省略した。
資料）高橋（1971，52-86 頁）より作成。

148　第 II 部　前近代社会における人口成長

後の歴史学・経済史学・歴史人口学など各方面において進んできたといえるが，人口そのものを推計する数量的なアプローチはきわめて少なく，鬼頭とファリスの研究を除いてほとんどの場合において個々の推計は時期的に分断されているのが現状である。また，都市人口については長期の推計は存在していない。もちろん，個々の推計の前提条件や根拠となる資料が異なる場合，それらを単純に接続することに意義を見いだすことは難しいかもしれないが，場合によっては複数の人口推計を並列的に分析したり，先行研究に対する新たな推計を加えることで，長期の変動としてマクロ方面で俯瞰することは，前近代の日本の経済成長を分析するうえできわめて重要な作業であろう。

　本章の構成は以下のとおりとなる。次節では日本における人口調査の歴史と資料について触れ，その歴史的経緯と資料の性格について概観する。第 2 節，第 3 節では古代・中世，徳川時代・明治期初頭の全国の人口推計についてそれぞれ先行研究を検討し，最終節は古代から明治期初頭の推計をまとめ，小括として長期の人口変動について検討する。


# 1　日本における人口調査の歴史と資料

## 1) 古代・中世

　日本における全国規模の人口調査，いわゆるセンサスに類似した調査の開始は 7 世紀にさかのぼる。それ以前にも記録のうえでは人口調査が実施されたことが確認できるが，大化改新（645 年）の翌年に発布された大化改新詔に「初造＝戸籍計帳班田收授之法＝。凡五十戸為レ里，毎レ里置レ長一人，掌下按檢＝戸口＝，課＝殖農桑＝，禁＝察非違＝，催中駈賦役上」（『日本書紀』巻 25・孝徳天皇紀・大化 2 年正月甲子条）とあるように[1]，制度として戸籍の作成が定められたのは，大化改新以降，中国の制度をもとに律令国家が成立してからであった。

　古代の戸籍は，規定によれば 6 年に 1 回改められることとなっていた。人び

---

1）黒板・国史大系編修会編（2011a, 225 頁）。

とは，課税および非課税の身分として，課口（16-65 歳の男女），不課口（15 歳以下および 66 歳以上の男女）にそれぞれ分類され，さらに課口は正丁（21-60 歳の男女），次丁（61-65 歳の男子および軽度の障害者），中丁（16-20 歳の男女）に区別されていた。そうした情報が，各世帯の戸主・家族・同居者の姓名・年齢・戸主との続柄の記述とともに戸籍に記録され，その身分・性別によって割り当てられた税を負担することが定められていた。また，戸籍とは別に毎年，戸籍の移動および調庸の負担額を集計した計帳も作成され，こうした戸籍・計帳の管理にもとづいた徴税システムが古代の律令国家の基盤になっていた。

　これらの律令政府の事務書類は一定期間の使用年限の後，用済みになったものは廃棄されたが，当時，紙は貴重なものであったので，片面だけ使用された背面の白い紙は反古紙として利用されていた。奈良時代には国家事業としての仏教経典の写経事業が平城京の東大寺写経所で実施されており，写経所では入手した反古紙を使って事務書類が作成されていたので，国家事業であった写経所にて作成された文書類は，聖武天皇・光明皇后に関係する宝物や資料を保管する正倉院に収蔵されることとなった（栄原 1991，226-232 頁）。つまり，紙背文書として再利用された資料が今日利用可能な奈良時代の律令政府の資料として伝わっているのである。よって，律令政府が行政事務の過程で作成した文書類や戸籍・計帳のすべてが残存しているわけではない。人口調査にかんする資料についても，日本一国単位で人口を記録した資料は残っておらず，国や郷里などの各行政単位での資料が一部伝わっているのみである。先行研究における古代の人口推計は，こうした現存する戸籍・計帳だけでなく，他の律令政府の公文書，古代の古典籍，木簡，考古資料などのあらゆる資料からえられた情報を利用しながら算出されたものである。

　律令国家の戸籍制度は，中央集権国家を目指した律令国家の衰退にともない消滅し，以後 1000 年近くにわたる人口統計の空白期間を生むこととなった。中世は人口を推定するための資料が存在しない暗黒の時代とされ，その理由として，律令政府の政治力・経済力の低下と，荘園と公領（国衙領）からなる土地制度（荘園公領制）の確立により，国家による全国的な人口・耕地調査が実施できなくなったこと，領主層の土地の生産に対する数量的関心そのものが希

150　第 II 部　前近代社会における人口成長

薄であったことが指摘されている（鬼頭 2000, 77 頁；2007, 56-57 頁）。

## 2）徳川時代

　戸籍に類似の制度がふたたび歴史に登場するのは，徳川時代に入ってからである[2]。周知のように，徳川幕府はキリスト教禁止政策を徹底するため，全国の寺院を通じて宗門改を実行した。そのためには一人ひとりに対して人別を改める必要があり，その結果として各地の村々に「宗門改帳」や「人別改帳」などの資料が作成されることとなったが，これら宗門改・人別改の資料はキリスト教禁止策の結果として人口調査に相当した資料が戸籍・租税の帳簿としての性格をもつようになったといえる。これら宗門人別改の資料は，徳川時代の個々の村レベルでのミクロデータとして利用することが可能ではあるが，人別改の対象は武士階級以外の農民・町民などに限定されており，また，宗門人別改に関する資料の残存状況は地域や時期によって一定していないため，その利用には注意が必要である[3]。

　徳川時代に全国規模の人口調査が開始されるのは，8 代将軍吉宗の時代である。最初の人口調査は 1721 年に，第 2 回は 5 年後の 1726 年におこなわれ，その後は 6 年ごとに実施された。この全国調査は，現在の国勢調査のような調査票の記入，収集，集計をもとにしたものではなく，幕府が諸藩に通達して，事前に調査済みの当該年の男女別人口を国ごと・郡ごとに集計し，その結果を幕府勘定奉行所で整理集計したものである。調査を命令された諸藩では人別改がおこなわれているので，村別の人口はあらかじめ把握されていた。

　地理的範囲は，当時の日本の領域の本州・四国・九州の 68 国であった。蝦夷地（北海道）については松前藩領・函館などの一部において調査はされていたが，ほぼ全域を占めるアイヌ人居住地は対象となっていなかった。琉球についても薩摩藩が調査をしていた可能性は否定できないが，幕府作成の国別人口表には記載されていない。

---

　2）徳川時代の人口調査にかんする概略は，とくに注記がないかぎり，関山（1958, 1-9 頁）によった。

　3）近年では個人情報にかかわる資料であることから利用制限の問題も存在する。

調査対象となった身分については，宗門人別改で除外されていた武士および
その家族・従者が除外された。よって，大名や将軍に使える主家持ちの武士だ
けでなく，浪人や，徒士・足軽のような下級武士，仲間・小者などの武家奉公
人なども調査対象外であった。人口としては少なかったが，公家身分も除外さ
れていた。また，いわゆる賤民身分（エタ・非人）についても（完全にではな
かったが）ほぼ調査はされていたと考えられている。

身分以外にも年齢による除外も存在した。初期の幕府人口調査の各藩での布
達では，調査対象年齢に制限はなく，その基準は各藩に任せられていたが，後
に 15 歳以下は調査から除外されることとなった。もっとも，藩によって実際
の調査対象年齢には幅があり，15 歳以下にも広げて実施していた藩もあり，
いずれにせよ幼齢人口については不十分な場合が多い。また，薩摩藩領であっ
た大隅国・薩摩国の人口は過少であった可能性が高い。

幕府の全国人口調査は，現時点では 1846 年のものが全国人口の判明する最
後の年となっている。調査結果は幕府の公文記録として保管されていたと考え
られるが，明治政府が幕府より引き継いだ記録類には全国人口調査の結果にか
んするものは残っておらず，廃棄されたか散逸したものと考えられている。た
だし，その公文記録の副本や抄録，調査の根拠資料，写本が明治期以降に公表
されており，現在は 1721 年から 1846 年までの間の 18 回分の全国人口，うち
11 回分の男女別人口が利用可能である。除外された身分・年齢の問題はある
ものの，18 世紀以降の国別の人口変動の動向を知ることのできる唯一の資料
であり，実際に鬼頭（1996）はこの全国人口調査の結果に除外人口数を推定し
て加えることにより，徳川時代の国別の人口推計値を算出している。

## 3) 明治期初頭

徳川幕府による最後の全国人口調査の後，本格的な全国人口調査は 1872 年
に作成された，いわゆる壬申戸籍である[4]。この戸籍はもともと長州藩で 18 世
紀末より実施されていた「戸籍（とじゃく）」といわれる人口調査をもとにし

---

4）明治期初頭の人口調査にかんする概略は，とくに注記がないかぎり，速水（1992；
1993）によった。

152　第 II 部　前近代社会における人口成長

たもので，徳川時代は各藩によって異なっていた宗門改・人別改の方式を全国的に統一したものであった[5]。ただし，この戸籍には少なくない脱漏があったことが確認されている。壬申戸籍そのものは現在諸々の問題から一次資料を利用することは事実上不可能となっているが，その集計結果である『日本全国戸籍表』が利用可能である。『日本全国戸籍表』での人口の行政区分は使府県となっている。その後『日本全国戸口表』と名称を変えて，『日本全国郡区分人口表』（1879 年），『日本全国人口表』（1880 年）へと引き継がれた（高橋 2012，36 頁）。『日本全国人口表』での人口の行政区分は当時の中位の単位である郡区別にまでわたる詳細なものとなっている。これら戸籍は本籍人口をもとにしており，それらの行政単位での人口数は動態人口の把握や脱漏の問題は残るものの，近代的な工業化・都市化が本格化する以前の明治期初頭の段階では，比較的実数に近いものと考えられる。

　明治期初頭の都市人口については，地理的資料である『日本地誌提要』および陸軍が軍事目的で作成した『共武政表』および『徴発物件一覧表』から，人口 1000 人以上の規模の市町村の人口数をえることができる。ただし，都市人口については，その境域の定義が曖昧であり，同じ都市であっても資料によって人口が異なる場合があるため，その利用には注意が必要である。

## 2　古代・中世の人口推計

　古代の人口推計には，個々の時期に限定した推計および新たな推計を加えた比較的長期の人口系列があり，後者には大きく分けて鬼頭推計とファリス推計の系列が存在する。以下，これらの推計について説明する。

　人口史研究上で，本格的な古代の人口推計の嚆矢として有名なのは戦前期の澤田吾一による奈良時代（8 世紀）の全国人口の推計である（澤田 1927）。澤田は東京高等商業学校（現在の一橋大学）の教授であった数学者で経済数学など

---

5)　明治期のごく初頭（1868-1871 年）には，長州藩の戸籍に近い書式の戸籍帳が各地で試行的に作成されていたが，一方で従来の宗門人別改帳の作成も継続していた。

の教鞭をとっていたが，定年退官後に東京帝国大学文学部国史学科に再入学したという経歴の研究者である[6]。澤田が卒業後に提出した学位請求論文において奈良時代の人口が推計されたが，残念なことに論文は審査を通過したものの現時点では所在が確認できない。しかし，推計方法が海外の数学および統計理論にもとづいていたことや，当時としては研究内容が特異であったことから，澤田はその内容を一般用に書き改め『奈良朝時代民政経済の数的研究』として発表しており，そこから推計の詳細な過程を知ることができる。

　澤田の推計方法を要約すれば，以下のとおりとなる。まず，古代の政府による農民への強制的稲貸付制度である「出挙」に着目し，当時の出挙の稲数が課丁（税負担者）の数に比例していたことを複数の資料をもちいて明らかにし，国単位で数値が判明する陸奥国の816年の課丁数と，820年成立の法令資料である『弘仁式』に記載された陸奥国の出挙稲数の比を求めた。次に，算出した課丁数と出挙稲比を『弘仁式』の各国の出挙稲数に乗じて，国別の課丁数を算出し，この課丁数を，奈良時代の戸籍・計帳の断簡からもとめた8世紀後半の課丁数と人口比で除し，各国の人口を算出した（『弘仁式』に記載のない東海道諸国と近江国については，927年成立の『延喜式』の出挙稲数を利用し，畿内5国と志摩国・対馬国・種子島・平城京の人口についても別途算出されている）。その結果，560万人の人口がえられ，別途確認のため『延喜式』の出挙稲数のみで算出した557万人との平均値559万人を約して560万人とした。これは出挙稲に反映される身分のみの人口（良民人口）なので，浮浪・奴婢・雑戸などの身分の人口を加えて，全国人口を600万-700万人になるとした。

　澤田による奈良時代の全国人口推計は戦後もしばらくの間，影響力をもって受け入れられていたが，これを見直したのが鎌田元一による新資料を利用した推計である（鎌田2001，587-622頁）[7]。鎌田は，茨城県鹿ノ子C遺跡で発見された平安時代初頭の漆紙文書からえられた延暦年間（782-806年）の常陸国人

---

6）澤田の経歴および研究成果については，桑原（1965），高橋（1971，26-29頁），板倉（1987，63-73頁），新井（2007）を参照。

7）鎌田推計の初出年は1984年であるが，本章では2001年に単著に再録されたものを利用している。後述する2000年の鬼頭推計は1984年の鎌田推計を修正したものとなっている。各推計の発表年次が前後するのは上記の理由による。

口 22 万 4000 人が，澤田が推計した常陸国の人口 21 万 6900 人に近いことから，澤田が 8 世紀とした推計人口は平安時代初頭の人口であるとした[8]。また，8 世紀の全国人口についても新たに推計をしており，現存する戸籍・計帳から 1 郷あたりの良民人口 1052 人を算出し，これを『延喜式』の全国郷数 4041 郷に乗じて全国の良民人口 425 万 1132 人を導きだし，これに平城京人口 7 万 4000 人と，戸籍・計帳から算出したとする賤民人口の良民人口に対する比率 4.4 ％からえられた賤民人口 18 万 7050 人を加えて，全国人口を約 450 万人とした。これとは別に鎌田は，複数の資料から算出した 1 郷あたり平均人数（良民・賤民を含む）によって推計した約 440 万人とあわせて，奈良時代の 8 世紀前半の政府掌握人口を 440 万-450 万人，脱漏人口や推計値の範囲も考慮して 400 万-500 万人と結論づけた[9]。

　これら澤田・鎌田の推計方法を一部補正したうえで，平安時代末期までの人口系列を新たに推計したのが鬼頭宏の一連の研究である（鬼頭 1983；1996；2000）。鬼頭の人口推計は，8 世紀前半（725 年）の全国人口については鎌田推計を一部補正して 451 万人とし，奈良時代末期から平安時代初頭（800 年）については澤田推計を補正した 550 万人としている[10]。

　律令体制の弛緩により戸籍・計帳の制度が形骸化した 9 世紀以降の人口については，田積（水田面積）を基礎にした推計方法が採用されている。この方法は，班田収授の規定により水田が班給されたときに，どれだけの人口が扶養可能かという考え方にもとづいている。鬼頭は 10 世紀初頭（900 年）の全国人口

---

8) 鎌田は，澤田が推定した平城京人口 20 万人は過大であったとしており，また，出挙稲数の再計算をしたうえで，奈良時代末期から平安時代初期の全国人口は 600 万人前後であったとしている（鎌田 2001，603-610 頁）。

9) 坂上康俊は，澤田・鎌田の推計は平安時代成立の『和名抄』記載の郷数を利用している点を批判し，奈良時代成立の『律書残篇』記載の郷数および『出雲国風土記』を利用して試算した結果，総計 450 万人前後を奈良時代前半の政府掌握人口としている（坂上 2007）。この数値は算出方法こそ違っているが，鎌田推計と大きくは違わないものとなっている。

10) 725 年は，鎌田が『延喜式』の全国郷数をもちいたのに対して，鬼頭は『和名抄』記載の国別郷数を利用して補正している。800 年は，澤田の平城京人口 20 万人を平安京人口 12 万人に置き換えて補正している。

について，当時の状態を反映しているとされている『和名抄』の全国田積数を律令体制の班田収授の規定から算出した男女込みの1人あたり班給面積1.6反で割り班給人口を計算し，班給をうけることのできない6歳未満人口は6歳以上人口の16％であったと仮定して，これに平安京人口12万人を加えて，全国人口として644万1400人を算出した。平安時代末期（1150年）についても当時の田積数を反映した『拾芥抄』を利用し，900年と同様の方法で推計されている。ただし，鬼頭自身も認めているように，班田制がほぼ崩壊していた当該期に班給田の面積に依拠していること，また水田以外の耕地（畠地・山野・海河川）に生活の基盤をおく人口集団については無視されていることなどの点に留意しなければならないのも事実である。

　もう一つの人口系列であるファリス推計も，手法としては澤田・鎌田の推計を補正したものである。奈良時代は，澤田・鎌田らが戸籍・計帳資料から算出した1郷あたり人口を補正した数値（1250-1450人）に，鎌田が利用した『延喜式』ではなく古代の刑法資料である『律書残篇』に記載された全国郷数4012郷を乗じ，これに平城京・難波宮・大宰府の都市人口数15万人，脱漏人口10万人を加えて推計しており，730年時点の全国人口を580万-640万人としている（Farris 2009, pp. 16-19）。平安時代前半については，低位値推計人口には，横山（1867）による『宋史日本伝』記載の課丁数88万3329人に扶養家族5人を掛けた10世紀中頃の推計人口数441万6650人を設定し，さらに，鬼頭推計を修正したものを高位推計値として採用している。ファリスは，鬼頭が10世紀初頭とした『和名抄』記載の田積数は10世紀半ばのものと仮定し，鬼頭が1.6反とした1人あたり班給田の面積を，澤田および鬼頭，そして律令時代の農民の生活水準を計算した瀧川政次郎の研究を複合して判断し導きだした2.17反に置き換えて計算し，また都市人口15万人を加えて，480万人を算出した。これに，実際の耕作地は『和名抄』に書かれた田積数の75％しかなく，田積数から求めた人口の約25％相当にあたる人口が別に水田以外の農業や狩猟によって生活していたという仮定を加えて，560万人が950年時点の全国の高位値であったとした（Farris 2009, p. 3, pp. 20-24）。

　平安時代末期（1150年）についても，ファリスは『拾芥抄』を利用した900

156 第 II 部 前近代社会における人口成長

年の鬼頭推計の補正方法と同様の手順で 550 万人を推計し，これに実際の田積
数から求めた人口の約 25 ％ 相当にあたる人口が水田以外の農業や狩猟によっ
て生活していたという仮定を加えて 630 万人と推計することで，550 万-630 万
人が 1150 年の全国人口であったとしている（Farris 2009, pp. 24-27）。平安時代
の土地状況については，荒れ地や休耕地などの非耕作地が少なからず存在して
いたことは戸田（1967）などの先行研究においても指摘されており，事実，
ファリスも戸田芳実の指摘を引用している。そうした土地状況の実態を考慮し
たことは注目すべきことではあるが，その一方で，ファリスが仮定した非耕作
地の割合や，水田耕作以外の生活手段をもつ人口および都市人口の算出方法は，
先行研究および資料からえられた情報を参考にして導きだされたものであり，
今後の検証が必要であるのも事実である。

　ファリスは，古代以降の中世についても人口推計を試みている。鎌倉時代
（1280 年）の人口推計の方法は，基本的には平安時代の推計方法と同様である。
当時の田積数は中世初頭の土地調査資料である「大田文」のうち現存する 13
カ国の田積と『拾芥抄』の国別田積数を比較により推計し，これに 1 人あたり
配給田面積を 1.81 反と仮定して，6 歳未満人口を 6 歳以上人口の 16 ％，都市
人口 20 万人（平安京 10 万人，鎌倉 6 万人），これに実際の田積数から求めた人
口の約 25 ％ 相当にあたる人口が水田以外の農業や狩猟によって生活していた
という仮定を加えて，1150 年の高位推定人口の範囲 590 万-630 万人より若干
減少した 570 万-620 万人を推計している（Farris 2009, pp. 22-26）。

　室町時代（1450 年）の推計は当時の守護大名がかかえる兵隊人口の比較によ
るものである。ファリスは，京都醍醐寺の僧であった満済が記した『満済准后
日記』から計算の結果，山名氏・土岐氏・畠山氏などの守護大名が平均して
325 騎・歩兵 2500 人の軍隊を保有していたことに着目し，これに当時の全国
の守護大名の総数 37-60 家を乗じ，さらに大名 10 家分に相当する軍事力を保
有すると仮定した足利将軍家を加えて，兵隊総数 13 万 2775 人から 19 万 7750
人とした。これに律令時代の兵隊人口比（人口 56 人に兵隊 1 人）をあてはめて
地方人口 920 万人を算出し，さらに都市人口率を 4 ％ と仮定することで全国
人口を 960 万人と推計した。また，年 0.4 ％ の人口増加率を仮定して徳川時代

からさかのぼって計算した斎藤修の当時未公表の人口推計 1050 万人も考慮することで，960 万-1050 万人を室町時代半ばの全国推計人口としている（Farris 2006, pp. 95-100）[11]。

ただし，古代と同様にファリスの中世の全国人口の推計値には疑義がまったくないわけではない。土地資料として利用した「大田文」に記載された田積数の数値とその利用には依然として議論があり[12]，また，律令制度が完全に崩壊し荘園制の時期となった中世においても班田収授の規定が適用されていること（これは鬼頭推計にもいえることである）や，水田以外の耕地を生活基盤とする人口の推計

**表 4-2** 古代・中世の全国人口推計の比較，725-1450 年

（単位：1000 人）

| 年 | 鬼頭（2000） | Farris（2009） |
|---|---|---|
| 725 | 4,512 | |
| 730 | | 5,800-6,400 |
| 800 | 5,506 | |
| 900 | 6,441 | |
| 950 | | 4,400-5,600 |
| 1000 | | |
| 1150 | 6,837 | 5,500-6,300 |
| 1250 | | |
| 1280 | | 5,700-6,200 |
| 1450 | | 9,600-10,500 |

注・資料）各系列の推計方法については本文を参照。澤田（1927）および鎌田（2001）の各推計は，補正されたものが鬼頭推計に採用されているため含めていない。

についての根拠は，先行研究や資料からえられた非数値情報を読み解いた推定であることなどである。ただし，先行研究や資料から各時期の人口成長の要因を丁寧に分析・検討したもので，その解釈には一定の妥当性があるものと思われる。

---

11) ファリスが引用した斎藤による人口推計について説明しておく。この推計値は斎藤（2002）のなかで補注として数値のみが暫定値として紹介されていたものであったが，その後，Farris（2006, p. 170, p. 231），杉山（2012, 69 頁）において引用され，全国人口の推計やマクロ経済の概観の研究に利用されるようになった。ファリスの解説によれば，斎藤は徳川時代の飢饉と人口変動の関係から実現しうる前近代の人口成長率について，徳川時代最初の全国人口調査である 1721 年の人口から中世後半の 1450 年の間は年率 0.51 ％の成長率で 1600 年にまでさかのぼって全国人口を推計し，さらに中世にさかのぼって飢饉の頻度などの情報をもとに，1450 年から 1600 年の人口成長率を 0.3 ％と仮定して，中世の全国人口を 600 万人（1000 年），650 万人（1250 年），1050 万人（1450 年）とした（Farris 2006, p. 99, p. 170）。なお，この推計方法とそれによって計算された全国人口は，当時の暫定的なものであり，より詳細に推計し直された結果は，斎藤（2018）で公表され，斎藤・高島（2017）にも掲載されている（ただし，1000 年，1250 年，1450 年の推計値は却下され，ファリス推計が採用されている）。

12) たとえば，工藤（2002）は，「大田文」の田数は「一国内の田地を総括的・統一的に掌握する高度に政治的な作業にもとづく数字」であって，現実の生産活動・生産力の実態を反映したものではないと評価している。他にも入間田（1975），誉田（2000）でも同様の指摘がなされている。

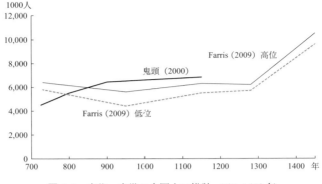

**図 4-1** 古代・中世の全国人口推計，725-1450 年

資料）表 4-2 より作成。

　以上の古代・中世の全国人口推計について，鬼頭推計，ファリス推計の人口系列をまとめたものが表 4-2 で，それをグラフにしたものが図 4-1 にあらわされている[13]。

　まず，古代 (8-12 世紀) の人口推計は，鬼頭推計が古代前半にかけて人口が増加し，後半は微増ではあったがほぼ停滞していたのに対し，ファリス推計は高位・低位の両推計値ともに古代前半に大きな人口減となり，その後，古代後半に回復するという対照的な結果となっている。また，推計された人口数をみ

---

13) これらの人口推計以外に，長期の人口現象の推移のパターンから古代の全国人口を推計したものがある。桑原 (1963) は，日本は地理的に「完全封鎖」状態にあったとして，当時の入手可能な前近代の人口推計値から「Y 年数を要して，人口が半減したとき，さらにその人口が半減（はじめからいえば四分の一減）に達する場合の年数は 2Y 年である」という仮説をたて，それによって描かれる双曲線をたどれば前近代の全国人口の推計が可能であるとした。これは，横軸を $x$ 年，縦軸を $y$ 年とすれば，以下の計算式によってあらわされることになる。

$$y = \frac{2y_1\,(x_2-x_1)}{2x_2\,(x+x_1)}$$

この方法により推計された古代・中世の人口（680 年：600 万人，1380 年：1200 万人）は結果的には後に鬼頭やファリスによって推計された全国人口と似たものとなっている。ただし，その人口現象の推移の根拠となる全国人口には，鎌田による修正前の澤田 (1927) の人口推計が使われており，また実際に推計された古代・中世の人口についての検証はなされていない。

ても，ファリス推計の人口は奈良時代で600万人前後であるのに対し，同時期の鬼頭推計はそれより100万人以上少なくなっている。両推計の基礎となった資料はすべてが同一ではないが，平安時代には『和名抄』・『拾芥抄』という田積資料が両推計で利用されている。鬼頭推計は，古代前半の人口成長の要因を，弥生時代から続く稲作農耕の定着と，気温の上昇による稲の栽培にとっての自然環境の好転にもとめている（鬼頭2000, 62-65頁）。また，後半の人口停滞については，当時の農業技術では農業生産の上昇が難しかったこと，温暖化が進んだことによって旱害が進んだこと，そして大陸からもたらされた疫病の流行をあげているが，最も重要な要因として，社会体制の変質を指摘している（鬼頭2000, 65-69頁）。すなわち律令国家の衰退による政治力・経済力の低下による人口増加へのマイナスの影響である。ファリスもまた，人口増加が減速した理由として，天然痘の流行があったことを指摘しており，それは14世紀の西欧で猛威をふるった黒死病の被害に相当する規模のものであったとし，それによって律令制国家が機能不全に陥ったことを指摘している（Farris 1985）。

　同一資料と類似の仮定にもかかわらず，成長のパターンに大きな違いが出ていることの根拠は，両者の推計方法の前提となる経済成長の解釈の違いにある。ファリス推計は古代前半の時点から非耕作地の存在（全耕作地の25％）を仮定している。これは，疫病による社会へのダメージを考慮したものである。また，その後の人口停滞は，疫病に加えて律令体制の弛緩によって耕作地がうまく経営されていなかったことを前提としていると考えられる。これに対して，鬼頭推計はとくに人口変動要因への仮定を推計にはあたえていない。もちろんファリスの想定した耕作地率について，その妥当性をめぐる議論はあるが，当時の粗放的な耕地経営のありようを推計にあたって考慮することは重要である。ただし，第2章でみたように，古代前半，奈良時代から平安時代前半にかけての時期は，律令国家体制が整備され，農業生産量が大きく増加した時期であった。もっとも，補論1で推計したように，古代の安定耕作地は6-7割程度であったとすれば，人口がファリス推計のように極端に減少した可能性は考えられるだろう。

　次に，ファリスによる古代後半から中世の人口推計をみてみよう。12世紀

160　第 II 部　前近代社会における人口成長

から 13 世紀については，1150-1280 年は高位値で 630 万人から 620 万人に減少したのに対して，低位値では 550 万人から 570 万人と増加している。低位値では増加したとはいえ，年率 0.03 ％ の低い成長率で推移している。この時期の全国人口は実態としては目立った増加はなく，むしろ定常的であったといえる。

　全国人口は中世の半ば 13-14 世紀頃に成長を開始する。中世半ばから後半にかけてのファリス推計は約 1.6-1.7 倍にまで人口が増加している。一般には中世後半とは，応仁の乱（1467-1477 年）以降の各地の戦国大名らによる戦乱の時代であり[14]，戦闘による収奪と土地の荒廃は各地で多々あったものと考えられる。また，中世前半には 3-5 年に 1 回の割合で発生していた飢饉は，後半になると 2 年に 1 回の割合で発生するようになっていた（藤木 2001，9 頁）。つまり，中世後半の日本は頻発する戦乱と慢性的な飢饉の状態におかれていたことになる。にもかかわらず，推計結果はこの間，持続的な人口成長があったと結論づけている。鬼頭推計は中世には人口を推定するために参考となる情報が少ないことから，この時期の人口を推計していないが，中世後半は人口が成長し続けた時代であったと評価している（鬼頭宏 2000，66-68 頁）[15]。

　戦乱と飢饉が頻発していた中世後半の人口成長の背景には，農業技術の向上，二毛作の普及，新田開発による耕地面積の増加による農業生産力の向上があった。これらの農業生産方面の進展は食糧増産をもたらし，死亡数の減少と出生率の上昇をもたらした。また，マイナス要因にみえる戦国大名の割拠もまた，生産の拡大および人口の成長にプラスの作用をもたらした。さらに，他国との戦争に備えるため，それぞれの領国においては地域支配を強化し，軍役や兵糧を年貢として賦課徴収し，生産増大をはかるための基礎として，土地と人口が正しく把握される必要があった。

　つまり，推計結果が示した中世後半の人口成長は，中世後半における農業生

---

14）なお，近年の研究では，乱以降も室町幕府の政治的影響力は一応は維持されており，本格的な戦国時代の開始は，明応の政変（1493 年）の足利将軍廃立のクーデターとする説が有力である（山田 2000）。

15）鬼頭が 2007 年に改訂した人口表には，中世の推計値としてファリス推計の全国人口推計の平均値が採用されている（鬼頭 2007，6-7 頁）。

産力の上昇と，それにともなう出生率引き上げの可能性や，戦国大名による領国支配をつうじて領地内における生産と人口に対する関心が高まっていたことを前提としている。その意味において，中世後半は，土地および農業生産力の制約からの脱出という人口成長における課題を解消するうえでも重要な時期であったといえよう。


## 3　徳川時代・明治期初頭の人口推計

### 1）徳川時代初頭

　近世初頭（1600 年）は，太閤検地による石高についての情報が存在しているものの，人口についての記録は残されていない。この時期の全国の人口推計として，戦前期に吉田東伍が推計したものが戦後しばらくの間まで定説となっていた。それは徳川時代半ばから後半にかけての石高はおよそ 3000 万石，その時期の幕府の人口調査による人口は 2500 万人から 2700 万人程度であったので，これに調査対象外であった武士などの身分を含め約 3000 万人とすれば，1 人に対応する石高は 1 石となる。これを太閤検地期の全国総石高である約 1850 万石に対して適用すれば，天正年間（1573-1592 年）の総人口は約 1800 万人と計算できる（吉田 1910，25-26 頁），というものであった。

　吉田の 1800 万人説は大きな批判もなく受け入れられたが，速水融による新たな推計によって大きく改められることとなった（速水 1968）。速水は吉田の推計の根拠であった石高と人口の比（1 人＝ 1 石）を疑い，17 世紀初頭の細川氏の農村の調査資料である「小倉藩人畜改帳」からえられた豊前・豊後の両国での人口・石高比 0.28-0.44 を，慶長期の石高 1850 万石を 2 割上方修正した 2200 万石に乗じて，石高に比例する人口は 518 万-814 万人とし，これに非農民人口を加えて全国人口数を 622 万-980 万人と推計した。

　この速水の推計は，吉田による石高と人口の大ざっぱな比による推計について，資料を詳細に分析することによって改めたものであったが，手法としては吉田と同様のものであったといえる。後に速水はこの推計方法ではなく，彼自

162　第 II 部　前近代社会における人口成長

身が日本に紹介した歴史人口学による手法を用いて，近世初頭の全国人口の再
推計をしている。その方法は，信濃国諏訪郡における宗門改帳の研究からえら
れた人口成長のパターンを利用したものであった[16]。その詳細は，速水が参加
した社会工学研究所の研究プロジェクトの報告書，および新保博・西川俊作と
あらわした数量経済史の入門書に詳しく書かれている（社会工学研究所 1974,
52-59 頁；速水 1975，47-49 頁）。まず，近世初頭の 150 年間に 3 倍になる成長
パターンを計算し，このパターンは開始時点が違っていても各地共通のものと
仮定する。次に，日本を先進地域（畿内 5 国）・中間地帯（畿内を除いた尾張国
から播磨国の 7 国）・後進地域（その他の国）に設定し，それら地域における人
口成長の開始時期を，それぞれ 1500 年・1550 年・1600 年として，すべての地
域において人口は 150 年で 3 倍に増加して極限人口に達すると仮定する。1750
年の極限人口には幕府調査人口に，除外人口として 20 ％を上乗せして，ここ
からさかのぼって地域別に推計するというものである。この結果えられた推計
値は 1200 万人となり，速水は，推計における誤差の範囲を 20 ％と仮定して，
1200 万人プラスマイナス 200 万人を 1600 年の全国推計人口とした。

　鬼頭宏の推計も，速水と同じく自身が参加した社会工学研究所および速水の
推計方法を踏襲したもので，全国人口を 1600 年 1227.3 万人とした。同様の
方法で近世初頭の 1650 年，1700 年についても推計をおこない，それぞれ
1749.79 万人，2828.72 万人と推計した（鬼頭 1996；2000）。ただし，鬼頭は速
水推計における 1600-1721 年の年平均増加率が高かったことを疑い，人口成長
のパターンは速水と同じとしながらも，その成長の開始時期を速水の仮定より
20-30 年早かったものと仮定して再計算をし，その結果，1600 年の全国人口と
して 1432 万-1547 万人とした別推計値も提示している。この場合の 1600-1721
年の成長率は年 0.58-0.65 ％と速水推計より低くなっている（鬼頭 2000）[17]。

　斎藤修の 1600 年の全国人口推計も鬼頭推計と同じく速水推計の仮定を改訂
したものである。斎藤は西村・吉川編（1936），藤木編（2007）より作成した中

---

16）諏訪郡の宗門改帳をもちいた歴史人口学的手法による研究は，速水（1973）を参照。
17）この推計値は正式には鬼頭推計には採用されておらず，その後に鬼頭が発表した著書
　においても 1227.3 万人が 1600 年の全国人口となっている（鬼頭 2007）。

世の飢饉年表をもとに，16世紀半ばに飢饉の発生回数が減少していることから人口成長の開始時期は速水・鬼頭らの想定より早い時期であったと考え，また，速水が先進地域を畿内のみに限定していたことを指摘し，瀬戸内海周辺地域も先進地域に含まれるべきものと仮定して再推計をし，1600年の全国人口を1700万人とした[18]。また，ファリスも1600年の全国人口として1500万-1700万人と推計しているが，これは鬼頭推計と斎藤推計の結果を改良し組み合わせたものである（Farris 2006, pp. 165-171）。

　表4-3は1600年における全国人口の各推計値を比較したものである。1600年の全国推計には1200万人前後とするもの（速水推計・鬼頭推計）と1500万-1700万人とするもの（斎藤推計・ファリス推計）に大きく分けられるといえる。推計値の違いは，中世後半から近世初頭にかけての人口成長の開始のタイミングをどこに定めるかの違いにあるといえよう。これを確認するために，1600年の各人口推計を鬼頭推計の1721年に接続したものが図4-2である。この図における近世前半1600-1721年の全国人口の成長率は，鬼頭推計0.78％，速水推計0.80％となっている。近代的な人口成長がはじまったとされる明治期の人口成長率が年1.10-1.40％であったのにくらべれば極端に高いものではないが，それでも斎藤推計0.51％，ファリス推計0.56％に対して高い成長率となっていることがわかる。鬼頭自身も認めているように，近世初頭に自然増加だけで，これだけの成長が100年以上続いていることには留意が必要であろう。事実，徳川時代のマクロ経済分析からも，このような高い水準での人口成長が1世紀以上も続いていたことへの疑問が出ている。アンガス・マディソンは徳川吉宗が諸藩に作成させた人口調査資料から計算した結果，かつて吉田（1910）が1人1石という単純な仮定にもとづいて推計した全国人口1800万人の方が大ざっぱとしても，推計値そのものはもっともらしいとして，太閤検地時の石高1850万石に対応する1850万人を1600年の全人口とした（マディソン2004，277-278頁）。また，藤野正三郎も同様に諸藩人口調査を利用して，1600年の全国人口を1937万人と推計した（藤野2008，9-11頁）。

---

18）推計方法については，斎藤（2018），斎藤・高島（2017）を参照のこと。

164　第 II 部　前近代社会における人口成長

表 4-3　1600年の全国人口推計の比較

(単位：1000人)

| 年 | 速水 (1975) | 鬼頭 (2000) | Farris (2006) | 斎藤 (2018) |
|---|---|---|---|---|
| 1600 | 12,000 | 12,273 | 15,000–17,000 | 17,000 |
| 1721 | – | 31,290 | – | – |
| 1750 | – | 31,011 | – | – |

注・資料）各推計の方法については本文を参照。鬼頭推計は原資料が原因となる不自然な数値については，前後の年より算出した成長率を利用した直線補完によって修正している。

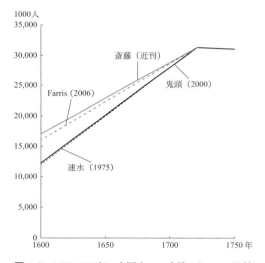

図 4-2　1600–1721年の全国人口の成長パターンの比較

注・資料）表 4-3 より作成。1600年の速水・斎藤・ファリス推計の人口数を鬼頭推計の1721年の人口数に接続した。

　一方，斎藤推計の人口成長の開始時期は速水・鬼頭の両推計より早い時期に設定しており，その影響が近世初頭の人口成長をゆるやかにしているといえる。また，ファリス推計はその高位値を斎藤推計にもとめ，低位値を鬼頭の人口成長の開始時期を早めた推計をもとにしたものであるから，同じような成長の軌跡をみせるのは当然といえる。

## 2）徳川時代・明治期初頭

　1600年より後の徳川時代の人口は，幕府調査人口が存在しているものの，これには武士などの除外人口が含まれていない。これについて鬼頭（1996；2000）は，1721年から1846年までのすべての期間について全国一律に幕府調査人口に20％を上乗せすることによって徳川時代の全国人口を推計した。この20％の根拠は関山（1958）の除外人口の推測と同時期の幕府調査人口との比較から算出したものであるが，調査人口の補足率は地域によって違いがあったため，その数値としての信頼性は決して高くはないだろう。この問題については鬼頭自身も不適当であると認めているが，明治期の人口への接続自体はもっともらしくみえるのも事実である。

　また，推計の基礎となっている幕府調査人口の資料そのものへの批判も存在する。Cullen（2006）は現存する人口調査資料の書誌情報を検討した結果，調査直後の原資料に近いものは1798年，1822年，1828年，1834年の4回分のみであり，残りの資料は写本，もしくは複数回の書写を重ねたものである可能性が高いと指摘している。また，いくつかの国の人口には書き間違いによるものと思われる数値の誤差が確認できる[19]。このような問題はあるものの，1721-1846年の人口推計は鬼頭推計が唯一の研究となっている。

　表4-4は，徳川時代の全国人口・地域別人口をあらわしたものである。1600年は斎藤推計を利用したため全国値のみとし，徳川時代末期の人口調査資料は現存していないことから，攝津・Bassino・深尾（2016）による明治期初頭1874年の人口推計値を加えている。1721-1846年は鬼頭（1996）における国別の推計値を基本データとしているが，本章では，蝦夷地（北海道）・琉球（沖縄）を含めない14地域での推計値とし，ベンチマーク年も1600年，1721年，1804年，1846年，1874年の5時点に絞っている[20]。原資料が原因と考えられる不自然な数値については前後の年の成長率を利用した直線補完による修正を

---

19）たとえば，1750年の駿河国の人口が前後の年にくらべて過大となっている。また，1756年は加賀国と能登国の数字を書き違えた可能性がある（速水2008，292頁）。

20）鬼頭（1996）では国別・地域別（16地域）の推計値が掲載されていたが，鬼頭（2000）以降の研究では地域別の推計値のみ掲載となっている。なお，本章の地域区分は一部の国の所属において鬼頭推計とは異なっている。

166 第II部 前近代社会における人口成長

**表4-4** 徳川時代・明治期初頭の全国・地域別人口，1600-1874年

A. 人 口 （単位：1000人）

| | 地　　　域 | 1600年 | 1721年 | 1804年 | 1846年 | 1874年 |
|---|---|---|---|---|---|---|
| 1 | 東東北 | – | 2,355 | 1,924 | 1,930 | 2,419 |
| 2 | 西東北 | – | 1,053 | 1,044 | 1,095 | 1,263 |
| 3 | 東関東 | – | 2,134 | 1,754 | 1,861 | 1,975 |
| 4 | 西関東 | – | 4,015 | 3,401 | 3,465 | 3,627 |
| 5 | 東山 | – | 1,918 | 2,033 | 2,129 | 2,143 |
| 6 | 新潟・北陸 | – | 2,617 | 2,769 | 3,041 | 3,457 |
| 7 | 東海 | – | 1,987 | 2,096 | 2,221 | 2,127 |
| 8 | 畿内 | – | 2,700 | 2,421 | 2,399 | 2,184 |
| 9 | 畿内周辺 | – | 3,710 | 3,497 | 3,600 | 3,562 |
| 10 | 山陰 | – | 844 | 1,013 | 1,057 | 1,029 |
| 11 | 山陽 | – | 2,429 | 2,668 | 2,921 | 3,042 |
| 12 | 四国 | – | 1,839 | 2,113 | 2,332 | 2,456 |
| 13 | 北九州 | – | 2,385 | 2,454 | 2,548 | 2,996 |
| 14 | 南九州 | – | 1,305 | 1,506 | 1,613 | 2,236 |
| | 全　　国 | 17,000 | 31,290 | 30,691 | 32,212 | 34,516 |
| | 東日本 | – | 11,475 | 10,156 | 10,480 | 11,428 |
| | 中間地域 | – | 4,604 | 4,865 | 5,262 | 5,584 |
| | 西日本 | – | 15,211 | 15,671 | 16,470 | 17,504 |
| | 西日本（中間地域を含む） | – | 19,815 | 20,536 | 21,732 | 23,088 |

B. 年成長率 （単位：%）

| | 地　　　域 | 1600-1721年 | 1721-1804年 | 1804-1846年 | 1846-1874年 |
|---|---|---|---|---|---|
| 1 | 東東北 | – | ▲0.24 | 0.01 | 0.81 |
| 2 | 西東北 | – | ▲0.01 | 0.11 | 0.51 |
| 3 | 東関東 | – | ▲0.24 | 0.14 | 0.21 |
| 4 | 西関東 | – | ▲0.20 | 0.04 | 0.16 |
| 5 | 東山 | – | 0.07 | 0.11 | 0.02 |
| 6 | 新潟・北陸 | – | 0.07 | 0.22 | 0.46 |
| 7 | 東海 | – | 0.06 | 0.14 | ▲0.15 |
| 8 | 畿内 | – | ▲0.13 | ▲0.02 | ▲0.33 |
| 9 | 畿内周辺 | – | ▲0.07 | 0.07 | ▲0.04 |
| 10 | 山陰 | – | 0.22 | 0.10 | ▲0.10 |
| 11 | 山陽 | – | 0.11 | 0.22 | 0.15 |
| 12 | 四国 | – | 0.17 | 0.24 | 0.19 |
| 13 | 北九州 | – | 0.03 | 0.09 | 0.58 |
| 14 | 南九州 | – | 0.17 | 0.16 | 1.17 |
| | 全　　国 | 0.51 | ▲0.02 | 0.12 | 0.25 |
| | 東日本 | – | ▲0.15 | 0.07 | 0.31 |
| | 中間地域 | – | 0.07 | 0.19 | 0.21 |
| | 西日本 | – | 0.04 | 0.12 | 0.22 |
| | 西日本（中間地域を含む） | – | 0.04 | 0.13 | 0.22 |

注）蝦夷地（北海道）・琉球（沖縄）を含まない。人は地域ごとに100人以下の位は四捨
　　五入している。
資料）1600年は斎藤（2018），1721-1846年は鬼頭（2000），1874年は攝津・Bassino・深尾
　　（2016）より作成。

加えてある。

　徳川時代の全国・地域別人口の推移については，幕府調査人口を利用した先行研究において多くの分析と考察があり，本表もそうした幕府調査人口およびそれをもとにした鬼頭推計を利用して作成しているため趨勢およびその評価は先行研究と大きくは変わらない[21]。その概要は，18世紀以降の日本の人口成長は全国的にみれば停滞的であり，これは，食糧や資源にかんして対外的に「鎖国」状態であった農業社会が直面する問題のようにみえるが，実際は地域人口の動態には大きな差があり，東北・関東・畿内・畿内周辺を中心にして人口は減少していたものの，北陸・中国・四国・九州など西日本を中心に増加した地域も多かったことがわかる。人口増加の要因としては，新田開発など耕地面積の増加による食糧の増産があったことが考えられよう。人口減少の要因としては，頻発した凶作およびそれにともなう飢饉の影響が考えられるが，人口の変化を徳川時代の三大飢饉の時期（享保期：1730年代，天明期：1780年代，天保期：1830年代）とそれ以外の平常年に分ければ，減少は飢饉期に集中しており，平常年は多くの地域で増加が確認できることから，徳川期の人口成長は単純な停滞的傾向を示しているものではなかった，とまとめられる。

## む　す　び

　以上，先行研究をサーベイし，古代から明治期初頭までの全国人口の推計をみてきた。最後に，これら先行研究における全国人口を接続することで，古代から明治期初頭までの長期的推移を概観することによって，本章の小括としたい。

　表4-5は，730年から1874年までの全国人口をあらわしたもので，それをグラフ化したものが図4-3である。古代についてはファリス推計と鬼頭推計の複数の系列があるが，ここでは，基本的には前者を支持するものとしている。

---

21）関山（1958），鬼頭（1996；2000；2007），速水（2008）など。

第 II 部　前近代社会における人口成長

**表 4-5**　前近代日本の全国人口の推計，730-1874 年

A. 推　移　（単位：1000 人）

| 年 | 全国人口 |
|---|---|
| 730 | 5,800- 6,400　(4,512) |
| 950 | 4,400- 5,600　(6,441) |
| 1150 | 5,500- 6,300　(6,837) |
| 1280 | 5,700- 6,200 |
| 1450 | 9,600-10,500 |
| 1600 | 17,000 |
| 1721 | 31,290 |
| 1804 | 30,691 |
| 1846 | 32,212 |
| 1874 | 34,516 |

B. 成長率　（単位：%）

| 年 | 成長率 |
|---|---|
| 730-950 | ▲0.09　(0.20) |
| 950-1150 | 0.08　(0.02) |
| 1150-1280 | 0.01　(▲0.11) |
| 1280-1450 | 0.31 |
| 1450-1600 | 0.35 |
| 1600-1721 | 0.51 |
| 1721-1804 | ▲0.02 |
| 1804-1846 | 0.12 |
| 1846-1874 | 0.25 |

注）蝦夷地（北海道）・琉球（沖縄）を含まない。730-1600 年の成長率は各ベンチマーク年の高位値と低位値の平均をとって算出した。730-1150 年の括弧内は鬼頭推計（ただし，730 年は 725 年，950 年は 900 年の推計値である）。

資料）730-1600 年：Farris (2009, p. 262)，斎藤 (2018)，鬼頭 (2000)，1721-1846 年：鬼頭 (2000, 16-17 頁)，1874 年：摂津・Bassino・深尾 (2016) より作成。

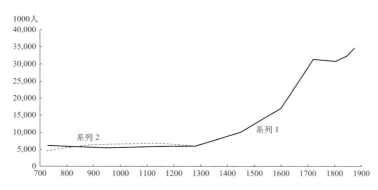

**図 4-3**　前近代日本の全国人口の推移，725-1874 年

注）蝦夷地（北海道）・琉球（沖縄）を含まない。系列 1 は古代の人口推計の系列にファリス推計を利用したもの（1700 年は斎藤推計，1721-1846 年は鬼頭推計，1874 年は摂津・Bassino・深尾推計），系列 2 は鬼頭推計を利用した場合の 725 年から 1280 年までの推移をあらわす。

資料）表 4-5 に同じ。

ファリス推計は，各ベンチマーク年における人口の増加・減少の要因について，直接に推計可能な文書資料だけでなく，飢饉や戦乱などの背景となる諸現象についても，多くの先行研究および文献資料からの確認をしており，その推計の考え方の妥当性は高いものと判断したからである。もっとも，その推計の一部には大きな仮定をおいているため，比較検討のために図には鬼頭推計もあわせて表示した。

古代は，ファリス推計（系列1）を採用した場合は人口成長は停滞的になるのに対して，鬼頭推計（系列2）でみると微増ながら人口は上昇傾向であったことになる。もちろん，その推移は後の時代にくらべれば，それほど大きく目立ったものではなく，全体としては停滞的といえるかもしれないが，一方で，これら推計値を利用して後の章で1人あたり生産量を算出するため，その違いは単なる数値の誤差や範囲の問題ではなく，古代の経済成長のパターンの解釈そのものにかかわる。よって，長期の人口推計の系列には，片方の推計値のみではなく両推計を採用することにより議論に幅をもたせた。中世はファリス推計によっている。1600年については，人口成長の前提となる中世後半の経済成長の動きをとらえている斎藤推計を利用する（この値はファリス推計の高位値でもある）。1721年から1846年の人口推計は鬼頭推計を，1874年は攝津・Bassino・深尾（2016）の最新の全国人口となっている。

まず，全国人口については，中世初頭から徳川時代初頭（1200-1600年）とそれに続く徳川時代半ばまでの時期（1600-1750年），徳川時代後半から明治期（1850-1874年）にかけて大きな人口成長の画期があったことがわかる。

古代については，ファリス推計の場合は，8世紀から10世紀にかけて人口が減少し，その後，徐々に回復傾向になっている。これは，古代前半に頻発した飢饉と疫病の影響が大きかったためとされている。この場合の人口成長の最初の画期は古代後半（950-1150年）にあったことになる。一方の鬼頭推計は，飢饉・疫病などの人口抑制効果が非常に高い社会であったにもかかわらず，古代前半（725-900年）に大きな人口成長の画期があり，微増ながらも人口が着実に増加している。この相反する推計値を，第2章において説明した農業生産量の推移から解釈するなら，古代の前半は，律令国家という中央集権国家の成

170　第II部　前近代社会における人口成長

立による政治社会の安定，積極的な耕地拡大による農業生産量の増加が考えられる。その意味では，人口が減少しなかった鬼頭推計が妥当であるようにみえなくもない。しかし，ファリス推計のように，人口を養うための耕作地に荒地や放棄地などが多数存在し，また飢饉による人口減が無視できないレベルであったとするなら，人口の減少は十分に考えられる。律令政府による列島支配が事実上崩壊した古代後半（950-1150年）は，レベルの差があるが，人口は増加に転じている。

　全国人口は14世紀頃からふたたび増加に転じ，中世から徳川時代半ばまで続く長期の人口成長の時期をむかえる。中世社会の評価については，飢饉と戦乱による停滞的な時代であったとする悲観的な評価と，流通経済の発達と農業技術の進展などによる生産の拡大があったとする積極的な評価があり，現在もなお意見が分かれているところであるが，少なくとも人口成長をみるかぎりにおいては，中世社会が持続的な成長を続けていたことになる。

　全国人口は徳川時代半ばに一時的な停滞期に入る。この停滞を，多発した飢饉によるものとしたり，マクロ経済的にはほぼ鎖国状態の農業社会である徳川日本が直面した課題であったとのみ解釈するのではなく，地域人口の動態をみれば，そこには大きな差もあったことは第3節で説明したとおりである。徳川時代後半になると，全国の人口成長はふたたび回復傾向に入り，その成長が持続した状態で明治期をむかえることとなった。

# 第5章
# 都市人口の推計

## はじめに

　本章の目的は，これまで試みられることがなかった古代から明治期初頭までの時期を対象とした超長期の都市人口の推計をおこなうこと，そして，その推計結果を検討することによって日本の前近代社会の都市化の進展を長期の視点から分析することにある。

　日本の前近代における都市人口を対象とした研究は，主に歴史人口学の分野で進められてきた。とくに近世には，第4章で説明したように，幕府調査人口，宗門改帳という一次資料が数多く現存していることから，豊富なミクロ・マクロの研究蓄積があり，それは，江戸・大坂・京都の三都といった大都市にとどまらず，各地の城下町などの地方の中小規模の都市や，農村地域の町場レベルにもいたる（浜野 2007, 24-33 頁）。しかし，都市人口そのものの推計を試みた研究は，古代の都城，近世の一部の都市を除いてほとんど存在しない。これは一次資料の決定的な不足に起因することはいうまでもないだろう。とくに，宗門改帳のような町や村レベルの調査資料が存在しない中世以前では，その傾向が顕著である。これに加えて，仮に都市人口についての資料が存在しても，そこにある数的情報は概数や戸数のみの数字が大ざっぱに書かれていることが多く，そうした事情が都市人口の推計の試みを困難なものとしている。

　古代の都市人口推計については，都市に相当する規模の人口集住地域そのものが少ないが，平城京・平安京の古代宮都についての人口推計には複数の研究

者による推計がある。それ以外の都市については藤原京・難波宮・大宰府などの推計が存在する。しかし，中世以降は商業・流通業の発達にともない，各地に中小規模の都市が数多く生まれたものの，人口資料そのものが少なく，都市人口の推計は，文献上にあらわれた都市に限定して人口数を算出した原田（1942）が唯一のものである。織豊時代・徳川時代にかけては，各地の大名が城下町を建設したことにより都市の数・規模は飛躍的に増加したが，それでも資料から推計されたものはごくわずかである。徳川時代の都市人口推計については，時系列のものとしては，斎藤誠治による全国74都市を対象としたものと，ギルバート・ロズマンによる徳川時代後期の全国都市人口と都市数の推計がある（斎藤1984；Rozman 1973）。

　上記の先行研究以外にも，古代・中世の文献上にあらわれた町や村レベルの人口に関する情報や，もしくは近世の宗門人別改帳およびそこに記された人口数などが，各地方自治体が編さんした年史や資料集に収録されている。しかし，近世の人別改関連の資料に記載された人口数には武家人口は含まれておらず，調査対象人口も都市によって差があるため，都市人口としてそのまま利用することはできない。実際問題として，これら編さんされた地方自治体史および関連する資料集の数は膨大なものであるから，すべての情報を悉皆調査することは現実的でない。したがって，本章では，過去の数的情報すべてを悉皆調査することはしない。ここでの目的は，歴史上に存在した個々の都市すべてについての人口推計をすることではなく，全国もしくはいくつかに分けられた地域別の都市化の程度を長期の視点から分析することにあるからである。

　本章の構成は以下のとおりとなる。次節では古代・中世について都城を中心とした都市の人口推計について先行研究を中心に概観する。第2節では徳川時代・明治期初頭について新たに都市人口の推計を試みる。最終節は小括として古代から明治期初頭までの都市人口推計をまとめ，その長期の都市化の度合いについて検討する。

## 1 古代・中世の都市人口推計

### 1）奈良時代

　古代には平城京・平安京に代表される都城地域しか都市は存在しない。まず，日本で最初に条坊制によって建設された宮都であった藤原京（694 年）の人口は，少ないもので 1 万-3 万人，多いもので 3 万-5 万人であったと推計されている（岸 1984, 152-165 頁；鬼頭 2000；木下 2003, 201-214 頁）。藤原京は，その成立から 16 年で破棄された。

　藤原京から遷都された平城京（710 年）の都市人口についても複数の推計が存在している。澤田吾一は平城京の面積を約 218.6 平方丈（道路部分を除けば約 177 平方丈）とし，これを明治期初頭の金沢の都市の規模と比較して京域人口 17.5 万人を算出し，これに 2 万人と仮定した郊外の寺院等の人口を加えて，平城京人口 20 万人を推計した（澤田 1927, 276-283 頁）[1]。

　澤田の平城京の推計人口は定説的位置を占めていたが，現在ではこの 20 万人説は過大であると考えられている[2]。岸（1984）は，『続日本紀』慶雲元（704）年 11 月壬寅条にある「始定=藤原宮地=。宅入=宮中=百姓一千五百五烟，賜￨布有￨差」の記載から藤原京の戸数は 1505 戸，平城京の面積は藤原京に対して 3 倍であることから，平城京の戸数は約 4500 戸となるとし，これに天平 5（733）年の「右京計帳」からえられた 1 戸あたりの平均家族数 16.4 を乗じて約 7.4 万人を算出し，その後の 70 余年間の人口増加を見積もったとしても 10 万人前後であったと推計した（165-168 頁）。鬼頭（1996, 67 頁）および鎌田

---

1）これとは別に，澤田は 1880 年頃の全国人口と東京の人口との比較から 17 万-20 万，高齢者や病人への福祉制度である賑給関係資料に書かれた平城京の高齢者・人口を全国の戸籍資料の年齢構成比に適用して 25.5 万人とする推計もしている（澤田 1927, 164-165 頁；276-283 頁）。

2）村井（1973）は，澤田の推計は平城京の全域に人びとが居住していたとする推計方法であり，また古代の都城を明治期の金沢や東京といった近代の都市と無媒介に比較しているとして，積極的に批判する材料はないと断ったうえで，実際の平城京の人口は最盛期においても 20 万人の 3 分の 1 から半分程度であったのではないかとしている（160-161 頁）。

174　第 II 部　前近代社会における人口成長

表 5-1　平城京の推計人口の比較
（単位：人）

| 推計人口 | 出　典 |
|---|---|
| 200,000 | 澤田（1927） |
| 74,000–100,000 | 岸（1984） |
| 74,000 | 鎌田（2001），鬼頭（1996） |
| 95,000–174,000 | 鬼頭清明（2000） |
| 100,000 | 田中（1984） |
| 115,000–197,000 | 鬼頭清明（2000） |

注）各推計の方法については本文を参照。

（2001，587-622 頁）の推計値も，岸の推計の低位値 7.4 万人を平城京の都市人口として，全国人口の推計に採用したものである。田中（1984）は，平城京内の宅地面積 1150 町，「右京計帳」から計算した成人男子 1 人あたりの平均家族数 6.7 人，『日本書紀』に書かれた藤原京の宅地支給の基準から復元した 1 町あたりの成人男子数 8 人をもとに，約 6.2 万人を算出し，そのうえで宅地支給基準の住民数の変動や寺院の僧侶の人数なども考慮して 10 万人，もしくはそれ以下を平城京の推計人口とした（160-161 頁）。

　鬼頭清明は，2 つの異なる推計方法で平城京の人口を推計した。1 つは，『日本書紀』にある位階による宅地班給の基準から計算した庶民と下級官人の宅地 707 町と，発掘調査からえられた住居の規模とその居住人数（16 分の 1 町に 7 人もしくは 14 人）から，庶民と下級官人の人口を 7.9 万-15.8 万人と算出し，これに 1.6 万人と別途推定した貴族・上級官人・僧侶の人口を加えて約 9.5 万-17.4 万人としたもので，もう 1 つは，平城京に居住していた住民について「職員令」や「右京計帳」などをもちいて，王族・貴族・官人・庶民・仕丁・衛士・奴婢の階層別に人口を推計し約 11.5 万-19.7 万人としたものである。鬼頭は，これらの推計値の平均として平城京人口を約 14 万人とした（鬼頭清明 2000，144-156 頁）。

　これら各推計をまとめたものが表 5-1 である。平城京の推計人口には根拠となる資料および推計方法によってばらつきが存在するが，少なくとも澤田が推計した 20 万人規模の人口は過大であり，多くても 10 万人を超えることはなかったと考えるのが現時点では妥当であるといえよう[3]。

---

　3）平城京と平安京の推計の多くは，文献資料や考古資料から一定の区域内の居住人口をもとにした推計である場合が多い。本章では，先行研究の推計人口を採用しているが，こうした推計方法はすべての地域に均等に住居が存在していたことを前提としている。よって，後の平安京の右京のように地理的条件により衰退した地域や閑散地域があった場合，実際は想定していた人口より少なくなる可能性がある。

平城京以外に建設された都城としては，726 年に平城京に次ぐ副都として建設された後期難波宮と，白村江の戦での敗北以降に対外防禦と西国統治の拠点として建設された大宰府がある。Farris（2009）は，これら都城の人口を難波宮 3.5 万人，大宰府 1.5 万人と推計している（p. 82）。この推計の根拠については不明であるが，おそらくは都城地域の面積などを考慮して推計したものと考えられる。なお，大陸の玄関口として栄えた大宰府は 8 世紀後半には「此府人物殷繁，天下之一都会也」[4]と称されるなど，多くの住人がいたことが伝えられている。その後，平安時代以降，遣唐使の廃止や瀬戸内海沿岸で発生した藤原純友の乱などにより衰退するが，平安時代末頃より宋との海外貿易の進展により復興する（石松・桑原 1985，1-78 頁）。中世に李氏朝鮮において書かれた『海東諸国紀』には，民居 2200 戸，正兵 500 余と記載されている[5]。民居あたりの世帯員数を仮に 5 人とすれば，中世前半の大宰府の人口は 1 万人以上であったと推定される。

## 2）平安時代

奈良時代末期の長岡京遷都を経て，首都機能は 794 年に平安京に移転した。平安京の人口推計についても，平城京と同様に複数の推計が存在する。村井（1979）は，（1）平安京の規模は唐の都の長安の 3 分の 1 で，その長安の最盛期の人口は 100 万人であったこと，（2）天長 5（828）年 12 月時点での平安京の町数は 580 町余で[6]，これを庶民の基準宅地の戸主（5 丈×10 丈）に換算すれば 1 万 8560 戸主となること，（3）貞観 13（871）年閏 8 月の災害時の賑給の記事から[7]，1 戸あたりの平均家族数は 5-6 人となることをあげ，（2）の 1 万 8560 戸主に 1 家族＝5 人を乗じて算出した約 9 万人とし，当時の戸には 1 家族以上

---

4）『続日本紀』巻 30・神護景雲 3（769）年 10 月甲辰条（青木ほか校注 1995，(4) 264 頁）。
5）朝鮮史編修会編（1933）。
6）『類聚三代格』巻 20・天長 5（828）年 12 月 16 日太政官符「今検=案内_，京中惣五百八十余町」（黒板・国史大系編修会編 2011f，642-643 頁）。
7）『日本三代実録』巻 20・貞観 13 年（871）閏 8 月 11 日甲寅条「霖雨未レ止。東京居人遭=水損_者卅五家百卅八人，西京六百卅家三千九百九十五人。賜=穀塩_各有レ差」（黒板・国史大系編修会編 2011b，293 頁）。

176　第II部　前近代社会における人口成長

の世帯が存在した（1戸主＝1家族とはかぎらないと仮定）と考えて10万-15万人を9世紀の平安京人口と推計した（42頁）。なお，鬼頭（1996）も村井と同様の資料・手法をもちいて800年の推計人口を12万人としている（68頁）[8]。

　井上（1992）は，村井が利用した太政官符に記載された平安京の面積580町とは左京のみの数字であると判断し，鎌田元一の平城京の人口推計からえられた8世紀前半から9世紀初頭の全国人口の増加率を参考にし，初期平安京の推計人口を岸俊男の平城京の推計人口7.4万人より2割増しの8.8万人とした。また，これとは別に各階層の居住区域の面積を推定（貴族・官人居住区600町，諸司厨町41町，一般市民居住区452.5町）し，それに資料からえられた各階層の戸数（貴族・官人の戸数863，諸司厨町の1町あたり戸数22，一般市民居住区の1町あたり戸数32），1戸あたり平均6.22人という数値をもちいて，11万7372人を算出した。これに内裏80町，寺院地域42.5町の住人や奴婢を加え，平安時代前半の推計人口を12万-13万人とした（80-84頁）。

　平安時代後半については，村井（1982）は，『日本紀略』に書かれた1011年と1024年に起こった火災記録[9]より算出した1町あたりの平均戸数30-70戸に，当時の町数600余町（平安時代前期の推計で利用した828年の太政官符の町数580余町から若干増えたと仮定），左京3.9人，右京6.3人の1戸あたり平均人口（同じく平安時代前期の推計で利用した『日本三代実録』記載より計算）を乗じることにより，王朝時代の平安京の推計人口を17万-20万人とした（142-144頁）。鬼頭（1996）は900年および1150年についても，10世紀から12世紀は本格的な都市人口の展開はなく平安京の人口成長はなかったと仮定して12万人のままとしている（69頁）。

　平安時代前半は推計方法に若干の差はあるものの，およそ10万-15万人の

---

8）鬼頭の推計値が村井のものと異なる理由は，貞観13年の平均家族数については6.22人ないし6.58人と算出しているためである。なお，鬼頭は天長5年の町数を秋山（1975）によっている。

9）『日本紀略』後篇12・寛弘8（1011）年11月4日癸酉条「上東門大路南，陽明門大路北，帯刀町東，洞院西，大路南，七百余家有ﾚ災」（黒板・国史大系編修会編2011c，227頁），後篇13・万寿元（1024）年3月1日戊子条「夜，冷泉院小路南北，二条北，堀河東，西洞院西，百余家焼亡」（黒板・国史大系編修会編2011c，261頁）。

第 5 章　都市人口の推計　　177

表 5-2　平安京の推計人口の比較

（単位：人）

| 時　　期 | 推計人口 | 出　　典 |
|---|---|---|
| 平安時代前期（800 年） | 100,000–150,000 | 村井（1979） |
| | 120,000 | 鬼頭（1996） |
| | 120,000–130,000 | 井上（1992） |
| 平安時代中期（900 年） | 120,000 | 鬼頭（1996） |
| 平安時代後期（1150 年） | 170,000–200,000 | 村井（1982） |

注）各推計の方法については本文を参照。

範囲で比較的近似の人口が推計されている。これは，根拠となる資料が少ないため各推計ともに同じ資料を利用していることが原因であろう。ただし，平安時代後半については，停滞とするものと増加とするもので別の結果が示されている。以上の平安京の人口推計をまとめると，表 5-2 のようになる。

### 3）鎌倉・室町・戦国時代（織豊期を含む）

　中世は「都市の時代」ともいわれる（仁木 2002，9 頁）。もちろん，前近代日本において，古代の都城と近世の城下町のように，その成立と発展の背景を政治的理由に求めることのできる都市を，都市の主要な類型とした見方も可能ではある（佐藤・吉田 2001）。しかし，中世に進展した市場経済化の影響は，各地に市，津，宿，泊などの町場を生み出し，「都市」というには人口規模や都市としての集中性・中心性という意味で十分ではないにしても，網野善彦が指摘したように「都市的な場」（網野 2007，14 頁）を見出すことのできる多様な種類の都市が，中世には全国に無数に存在していた。これらの都市は，中世前期の集村化の進行のなかで成立し，15-16 世紀にかけて，地方の町場がネットワークを形成し，市場経済の発展の基盤となった（仁木 1997，第 V 章）。こうした市場や港などに代表される商業・流通業の進展にともなう都市の成長の一方で，政治的機能をもつ都市の発展もみられた。それは諸国の守護所の形成にはじまり，戦国時代には各地の城下町建設へとつながっていった（小林 1985，高橋 2014）。

　こうした中世都市史の流れのなかで誕生した都市の数について，原田伴彦は，国ごとに平均 10 の都市があったと仮定して，中世末頃の全国の都市の総数は

178　第 II 部　前近代社会における人口成長

**表 5-3**　中世の文献にあらわれた都市数，1000-1600 年

A. 分類別

|  | 999 年以前 | 1000–1099年 | 1100–1199年 | 1200–1299年 | 1300–1399年 | 1400–1499年 | 1500–1600年 |
|---|---|---|---|---|---|---|---|
| 社寺関係 | 0 | 0 | 0 | 0 | 3 | 8 | 44 |
| 港津関係 | 0 | 1 | 5 | 1 | 4 | 9 | 26 |
| 宿駅関係 | 0 | 0 | 0 | 1 | 3 | 9 | 63 |
| 政治関係 | 1 | 1 | 5 | 0 | 2 | 7 | 69 |
| その他 | 0 | 0 | 1 | 1 | 6 | 7 | 17 |
| 計 | 1 | 2 | 11 | 3 | 18 | 40 | 219 |

B. 地域別

|  | 999 年以前 | 1000–1099年 | 1100–1199年 | 1200–1299年 | 1300–1399年 | 1400–1499年 | 1500–1600年 |
|---|---|---|---|---|---|---|---|
| 東北 | 0 | 0 | 1 | 0 | 1 | 1 | 6 |
| 関東 | 1 | 0 | 1 | 0 | 3 | 5 | 45 |
| 中部 | 0 | 0 | 0 | 1 | 2 | 2 | 17 |
| 北陸 | 0 | 0 | 1 | 0 | 1 | 7 | 26 |
| 東海 | 0 | 0 | 0 | 1 | 0 | 3 | 33 |
| 畿内・畿内周辺 | 0 | 0 | 5 | 1 | 7 | 13 | 50 |
| 中国 | 0 | 0 | 0 | 0 | 3 | 6 | 9 |
| 四国 | 0 | 0 | 1 | 0 | 1 | 0 | 4 |
| 九州 | 0 | 2 | 2 | 0 | 0 | 3 | 29 |
| 計 | 1 | 2 | 11 | 3 | 18 | 40 | 219 |

注）分類にある「その他」は，原田の分類では主に市場都市と定義された都市。本表では観測数が少ないため
　　独立した分類としてあつかわなかった。原田は『海東諸国紀』の対馬 82 浦のうち 16 浦を都市として取り
　　あげているが，本表では対馬全体で 1 都市としてカウントした。
資料）原田（1942），第 1 章より作成。

大小あわせて 500-600 程度であったと見積もっている（原田 1942，63 頁）。ま
た，その研究のなかで中世の文献資料にあらわれた都市を形成したものとして
231 の都市を一覧表として列挙している（第 1 章）。表 5-3 は，それら都市の文
献上の初出年について，都市の機能によるカテゴリ（寺社関係，港津関係，宿駅
関係，政治関係），および時期別にカウントしたものである。なお，集計には都
市数のカヴァレッジを改善させるため，原田が集計した都市に加えて，集計か
ら漏れた 63 都市について，地域と年代が判明するものを加えている。

　表 5-3 のパネル A にあげられた全国の都市数は，時代がさかのぼれば記録
そのものの数が少なくなることから，中世の最初の数百年については現時点で
は確定的ではないが，都市とよべるような一定の人口が集住していた地域は，
この時点では多くはなかったということが，少なくとも傾向としてはいえるだ

ろう。また，中世前半においては，港津・宿駅に関係する都市，つまり流通業・商業・サービス業といった第二次・第三次部門の成長につながる都市の数が少ないのは，表がすべての文献資料を網羅していないこともあるが，中世前半の段階では，第二次・第三次部門を担う港津・宿駅の都市は未発達か発展途上にあったと解釈すべきであろう。都市数は中世の後半，15-16 世紀に爆発的に増加するが，とりわけ，社寺関係，宿駅関係，政治関係の都市の増加が顕著である。社寺関係の都市が増えているのは，寺内町や一山寺院が中世後半に各地に誕生した結果であろう。宿駅関係の都市の増加は各地の都市間ネットワークの成長を，政治関係の都市は各地の戦国大名の領国支配地で城下町が建設された結果を明らかに反映している。これら都市数の集計表から数量的にえられた傾向は，中世都市史の枠組みにおける通説的理解とも親和性が高い。

　次に，パネル B にあらわれた地域別の都市数の変遷をみてみよう。畿内・畿内周辺地域の都市数は中世前半から他地域にくらべて多く，それは中期の 1300-1500 年になっても変わらない。これは京都を中心とした畿内・畿内周辺地域が，古代から政治的中心地域かつ経済先進地域であったことを意味する。しかし，中世後半の 1500-1600 年，すなわち戦国時代になると，その様相は大きく変貌する。まず，依然として畿内・畿内周辺の都市数も増加しているが，同じように全国的に（東北や四国を除いてではあるが）都市数が急増していることがあげられる。応仁の乱（1467-1477 年）以降，京都から守護大名が各領国の支配を強化したこと，また，第 4 章でも説明したように戦国時代に戦乱が進むにつれて，戦国大名らによる領国支配が進み，富国強兵策の結果として生産の増強および人口成長が進んだことも要因になっているものと考えられる。また，関東地域および中部・東海地域における都市数の増加も目立っている。これは，関東地域の発展と，それにともなって東国への流通・輸送のための交通経路としての役割が中部・東海地方にあったことを示唆している。九州地方の都市数の増加については，東アジア圏を対象とした貿易の進展の影響が考えられる。北陸地域での都市数の増加には，近世における日本海交易の萌芽を確認することができる。

　この都市数の増加について，実際に地図上に各都市をプロットしたものが図

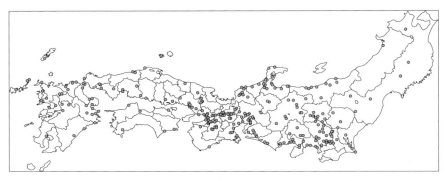

**図 5-1** 文献にあらわれた中世都市の分布，1000-1600 年

注）具体的な位置が特定できなかった 16 都市は除外した。都市のプロットは 1000 年から存在する都市も含めた累計での表示。
資料）表 5-3 より作成。

5-1 である。すべての都市を網羅していないので一部途切れたような箇所はあるが，地図上にいくつかの連続した経路を確認することができる。具体的には，畿内〜東海〜関東，関東〜中部〜北陸，北陸沿岸，畿内〜中国瀬戸内海沿岸〜九州，北九州沿岸がこれにあたり，はっきりとその交通ルート，すなわち，中世後半の各地における都市間ネットワークの進展が示されている。中世後半の都市数の増加は，各地における経済活動の発展の要因に違いは認められるものの，この時期の活発な流通商業の展開を強調するものとして十分に説得性があるといえる。

ただし，表 5-3，図 5-1 にあらわされた都市数とその分布からは説明できない事項が残っていることに気付く。それは，港津関係の都市と瀬戸内海沿岸の都市について，その都市数が他の地域にくらべて少ないことである。

まず，湊・津・泊とよばれた港津関係の都市は，古代から既に存在していた可能性がある。それは，古代の律令国家の時代であれば，諸国からの貢租品を平城京・平安京へ運搬するための海上交通の拠点に誕生したであろうし，荘園公領制が進めば，各地から大量の物資が京へ輸送され，それら物流の流れの接続点に都市が誕生し，水上交通と陸上交通が交わる地点に港津都市が誕生することが指摘されている（仁木 2006，44 頁）。

たとえば，古代から交通の要所として知られる摂津国山崎は，その存在を9世紀初頭の段階で確認することができる。『日本後紀』巻14・大同元（806）年9月壬子条の記述には，「遣使封左右京及山埼津難破津酒家甕。以水旱成災。穀米騰躍也」とあり，『日本文徳天皇実録』巻7・斉衡2（855）年10月癸巳条にも「山埼津頭失火。延燒三百餘家」とあるように，山崎は300軒ほどの人家や酒屋などの商業施設が建ち並ぶという都市的な場であり，それは古代の早い段階から存在していたことがわかる。また，越前国の九頭竜川河口に位置する三国湊は，『続日本紀』巻35・宝亀9（778）年9月癸亥条に「送高麗使正六位高麗朝臣殿嗣等，来着越前国坂井郡三国湊」と記録があるが，これは2年前に来日した中国東北部にあった渤海国からの使者を送り届けた高麗朝臣殿嗣が渤海使とともに三国湊に着いた記録であり，三国湊が日本海を通じた北陸地域の玄関口として古くから栄えていたことをあらわしている。海外との交流についてみるなら，同じ年の10月には肥前国松浦郡の橘浦に遣唐使船が帰着した記録も確認できる（「遣唐使第三船到泊肥前国松浦郡橘浦」『続日本紀』巻35・宝亀9〔778〕年10月乙未条）。また，壱岐国・対馬国には多数の港津都市があり，15世紀半ばに李氏朝鮮で編集された『海東諸国紀』によれば壱岐で13里14浦，対馬で8郡82浦の都市名が確認できる（朝鮮史編修会1933）。

　このように港津都市の多くは，古代もしくは中世の早い段階から実際には存在していながら中世の記録にあらわれていなかったことは十分に考えられる。そうした記録の外におかれた都市の代表的な例として，ここでは草戸千軒遺跡（広島県）をあげておこう。「草戸千軒」という地名は，現存する中世の記録では確認することができず，その存在を文献上で最初に確認できるのは18世紀に編纂された地誌となっている。しかし，発掘調査の結果，実際には13世紀半ばから16世紀初頭にかけて存在していた中世の港津都市であることが判明している（松下1994，27-28頁）。

　瀬戸内海沿岸の都市については，前掲表5-3で取りあげた数以上の都市が，東大寺領の摂津国兵庫北関における入船・関銭記録である『兵庫北関入舩納帳』に記録されている[10]。ここにあらわれる都市は，中世後期1445（文安2）年1月から翌年1月までの兵庫北関へ入港した船の船籍地で，合計すれば瀬戸

182 第Ⅱ部 前近代社会における人口成長

表 5-4 『兵庫北関入舩納帳』にあらわれた都市の数

| 地　域 | 国 | 都市数 |
|---|---|---|
| 畿内周辺 | 摂津 | 7 |
| | 播磨 | 21 |
| | 淡路 | 8 |
| 瀬戸内海沿岸 | 備前 | 13 |
| | 備中 | 5 |
| | 備後 | 6 |
| | 安芸 | 5 |
| | 周防 | 5 |
| | 長門 | 1 |
| | 阿波 | 9 |
| | 讃岐 | 15 |
| | 伊予 | 3 |
| 太平洋沿岸 | 土佐 | 5 |
| 北九州 | 豊前 | 1 |
| 不明 | | 3 |
| 計 | | 107 |

注）武藤（1981）の「入船納帳船籍地一覧表」より作成。

内海地域を中心とした 14 カ国で 107 を数える（表 5-4）[11]。また，船に積載されていた品目をみると，米・雑穀以外にも，魚介を中心とした水産物，藍・紙・布・壺などの農村工業製品など多くの物産が記載されており[12]，土佐国からの紀伊水道方面についても木材を中心とした物資の輸送を確認できる。また，『兵庫北関入舩納帳』からは，輸送物の運送・保管などに従事した中世の運送業者である問丸についても，年間 1 万-2 万石以上の米や塩を取りあつかう大規模なものも存在し，その集荷圏は広範囲におよんだこともわかる（徳仁親王 1982，50-51 頁）。このように，古代より続く畿内・畿内周辺地域〜瀬戸内海〜北九州という水上交通を中心とした流通ネットワークのうえに，無数の瀬戸内海沿岸地域の港津都市が成立していた。

　以上のことから，港津関係の都市は中世における荘園制的な交通の進展のなかで，各地に数多くの津や泊などの水上交通と陸上交通の交接点として生み出されており，その数は文献資料に確認される以上にかなりの数で存在していたとみてよい。8 世紀頃から瀬戸内海・日本海にお

10）『兵庫北関入舩納帳』は，戦前より東京大学文学部に所蔵されていた 1445（文安 2）年 1・2 月分の納帳に，戦後になって古書店で発見された同年 3 月から翌年 1 月分の納帳を接続して公刊されたものである（林屋 1981）。当然ながら，そこに記載された都市のほとんどは，原田が戦前に調査した資料をもとにした研究から作成した表 5-3 には反映されていない。

11）『兵庫北関入舩納帳』に記載されたいくつかの都市は，ほぼ同時期に李氏朝鮮の使者が著した『老松堂日本行録』（15 世紀前半）および『海東諸国紀』（15 世紀半ば）にもその名前を確認することができる。摂津国西宮は「利時老美夜」および「西宮津」，備後国尾道は「小尾途津」および「尾路」などと書かれている（濱田 1954，中村 1965，武藤 1981）

12）積載品目数は，神木（1984，24 頁）によれば 67 となる。

いて発達した海運輸送網は，古代の早い時点から外交使節や貢納品の運搬といった公的輸送にとどまらない私船による交易が進んでおり，それらは五畿七道という律令国家が定めた行政区分にもとづく公式の交通路ではなく，実態レベルでの新たな交易圏を形成していったことが指摘されている（栄原 1992，付章 1）。このように考えれば，こうした港津都市こそが，流通経済が発展したとされる中世を代表する都市であったともいえるのではないだろうか。

　ただし，いくら中世において無数の都市が誕生したといっても，京都・鎌倉のような巨大な政治都市や主要な商業・港湾都市にくらべれば，大多数の地方の都市の規模は大きくなかったことが想定される。表 5-5 は先行研究において中世の記録にあらわれた都市名でその人口規模が判明するものを列挙したものである。港津関係の都市では，瀬戸内海沿岸の西国街道沿いに繁栄した中世の代表的な商業都市である西宮・尾道ですら，推計人口は 5000 人前後にとどまっている。先行研究とは別に，実際の資料からえられる情報をもとに地方の小規模な港津都市をみてみると，14 世紀初頭に湊津都市として発展した尾張国江向村の在家検注資料には計 242 軒の家数を確認できるが[13]，仮に 1 軒あたりの世帯員数を 4-5 人としても，都市全体の人口規模は 1000 人前後である。また，京都近郊の農業先進地域であった上久世荘地域（ここは都市ではないが，京都に近い「都市的な場」を有していた可能性は十分に考えられるだろう）における中世後半の人口規模は，推計によれば 400 人程度であった（西谷・高島 2016）。これ以外にも，中世の荘園文書では，在家数を記録した検注書類が数多く存在するが，そのほとんどは数十件しかない。もちろん，在家人とは領主所有の屋敷に住み，それに付属する田畠を経営する者なので，検注書類に書かれた在家役をもつ者以外にも住人はいただろうが，それでも 3000-5000 人の規模になるとは考えにくい。

　また，政治関係都市でも，16 世紀に各地に建設された戦国城下町をみると，清洲や府内といった有力戦国大名の城下町でさえ 1 万人を超えていない。この時期，各地の戦国大名は家臣団の集住政策を採用したとされるが，実態として

---

13）「尾張国江向村在家検注注進状」（東京大学史料編纂所編 1971，278-290 頁）。

184　第 II 部　前近代社会における人口成長

### 表 5-5　中世都市の推計人口

(単位：人)

| 地域 | 都市 | 年・時期 | 推計人口 |
|---|---|---|---|
| 畿内 | 京都 | 1150 | 120,000 |
| | | 14 世紀後半〜15 世紀 | 100,000 |
| | | 15 世紀末 | 150,000-180,000 |
| | | 1571 | 300,000 |
| | | 1609 | 300,000 |
| | 山崎 | 1482 | 1,500 |
| | 醍醐寺 | 1155 | 4,000 |
| | 淀 | 1490 | 5,000 |
| | 奈良 | 14 世紀 | 7,000-8,000 |
| | | 15 世紀 | 10,000 |
| | 多武峰 | 1081 | 1,500 |
| | 堺 | 1399 | 50,000 |
| | | 1532 | 30,000 |
| | | 1609 | 80,000 |
| | 本願寺 | 1562 | 10,000 |
| | 大坂 | 1609 | 200,000 |
| | 天王寺 | 文明年間（1469-1486） | 35,000 |
| | 西宮 | 1371 | 4,000 |
| 東海道 | 鎌倉 | 1252 | 64,100-100,900 |
| | 安濃津 | 1522 | 25,000 |
| | 桑名 | 1526 | 15,000 |
| | 府中 | 1530 | 10,000 |
| | 駿府 | 1609 | 100,000 |
| | 山田 | 1544 | 30,000 |
| | 江戸 | 1600 | 60,000 |
| | | 1609 | 150,000 |
| | 大多喜 | 1609 | 10,000-12,000 |
| | 聖徳寺 | 1549 | 3,500 |
| | 大湊 | 1498 | 5,000 |
| | 引間 | 1485 | 5,000 |
| | 清州 | 1580 年代 | 7,500 |
| | 岩和田 | 1609 | 300 |
| 東山道 | 大津 | 1180 | 15,000 |
| | 坂本 | 1501 | 15,000 |
| | 石寺 | 1563 | 15,000 |
| | 今泉／岐阜 | 1569 | 10,000 |
| | 吉田 | 1554 | 5,000 |
| | 新町 | 1554 | 2,500 |
| 北陸道 | 春日山 | 1578 | 30,000 |

| 地域 | 都市 | 年・時期 | 推計人口 |
|---|---|---|---|
| | 瑞泉寺 | 1581 | 15,000 |
| | 柏崎 | 1488 | 30,000 |
| | 蓮沼 | 1584 | 10,000 |
| | 金沢 | 1600 | 50,000 |
| 山陽道 | 山口 | 1400 | 40,000 |
| | | 1500 | 35,000 |
| | | 1550 | 60,000 |
| | | 1600 | 80,000 |
| | 尾道 | 1320 | 5,000 |
| 南海道 | 雪ノ港 | 1361 | 8,500 |
| 西海道 | 博多 | 1151 | 8,000 |
| | | 1471 | 50,000 |
| | | 1570 | 30,000 |
| | | 1579 | 35,000 |
| | 平戸 | 1571 | 3,000 |
| | 府内 | 1571 | 5,000 |
| | 野津 | 1579 | 20,000 |
| | 莱女浦 | 1471 | 3,500 |
| | 佐賀 | 1471 | 2,500 |
| | 雉知 | 1471 | 2,000 |
| | 佐須奈 | 1471 | 2,000 |
| | 蒲江津 | 16世紀 | 5,000 |
| | 鹿児島 | 1401 | 21,000 |
| | | 1500 | 25,000 |
| | | 1600 | 45,000 |

資料）村上訳注（1929, 5 頁, 12 頁, 16 頁, 43 頁, 54 頁, 82 頁），鬼頭（1996, 69 頁），高尾・林屋・松浦（1968, 33–41 頁），小野（1934, 489–490 頁），佐々木（1975, 266–267 頁），原田（1942, 132–142 頁），Chandler（1987, pp. 452–457），河野（1989, 62–63 頁）より作成。

は城下町に移住した家臣の数は少なく，近世の城下町のようなものとはまったく違った形態であった。このように，中世の都市は，その規模からみれば，1万人を超える都市の数は少なかったと考えるのが妥当であろう。

　もちろん，表5-5で取りあげた都市のみが中世に存在した1万人以上の都市とはいえないが，いまある都市人口の情報を利用して，その規模を基準とした中世日本の都市化率を確認しておこう。推計の方法は以下のとおりである。(1) 表5-5における推計人口1万人以上の都市を対象とし，その合計人口を全

186　第 II 部　前近代社会における人口成長

国の都市人口としてあつかう，(2) 都市人口は 1000 年から 1600 年までの 50
年ごとのベンチマーク年で推計され，ベンチマーク年が存在しない都市の人口
は，前後のベンチマーク年の人口から算出した成長率による内挿補完によって
計算する，(3) 都市化率は第 4 章表 4-4 の全国人口の推計値を利用して計算し
(ベンチマーク年の存在しない推計年は成長率による内挿補完となる)，また，全国
人口は高位・低位の推計値で推計されているため，都市化率も同様に範囲値に
て計算されることになる。ただし，表 5-5 の都市人口推計そのものが暫定的な
ので，中世を大きく 3 つの時期に区分する。すなわち，前期 (1000-1300 年)，
中期 (1300-1500 年)，後期 (1500-1600 年) の各区間の都市化率の平均値を採用
することになる。以上の方法によって算出される中世日本の都市化率は，
1000-1300 年は 2.4-2.8 %，1300-1500 年は 2.6-2.8 %，1500-1600 年は 5.0-5.1
% となる。

　推計結果は，中世日本の都市化率は増加傾向にあったことを示している。推
計の根拠としている個々の都市は中世の代表的な都市に偏っていること，およ
び推計が複数の仮定のうえにもとづいてなされたものであるが，それでも興味
深い発見を確認することはできる。まず，中世前期から中期にかけては，都市
化率はほぼ横ばいとなっており，その原因として，最大規模の人口を有してい
た平安京の衰退があげられる。この時期の平安京衰退についての記述として有
名な，10 世紀末に慶滋保胤があらわした『池亭記』には京都の西部が主に荒
廃していった状況が記録されているが，こうした巨大都市における人口減の影
響は大きかったと考えられる[14]。都市人口は，鎌倉幕府の成立により東国の政
治都市としての鎌倉の成立とその発展により一時的な人口増を経験するが，鎌
倉幕府の滅亡とともに都市鎌倉は衰退したため，その結果，中期における都市
人口に大きな増加はなく，都市化率は低位のまま推移していた。しかし，戦国
時代の 16 世紀以降から都市人口は大きく増加しはじめ，中世後期の都市化率
は以前の時期と比較して約 2 倍近くにまで上昇した。応仁の乱で荒廃した京都
は 16 世紀初頭には本格的に復興し人口も回復したが，一方で首都機能が解体

────────────

14) 『本朝文粋』巻第 12・池亭記「予二十余年以来，歴=見東西二京=，西京人家漸稀，殆
幾=幽墟=矣，人者有レ去無来，屋者有レ壊無レ造」(黒板・国史大系編修会編 2011j，298 頁)。

し，市場も縮小しており，ふたたび政治的・経済的な求心力をもつのは 16 世紀末の織豊政権期になってからであった（早島 2006，61-66 頁）。都市化率の上昇には，この時期の京都における人口成長や，大坂における本願寺を中核とした大坂寺内町および秀吉による近世城下町としての発展が，寄与していることはいうまでもない。しかし，それとは別の側面として，16 世紀に京都を中心とした首都経済圏が衰退し，市場が多極化・分散化した結果，各地の商業・流通がネットワーク化され，そこで生まれた中核都市の成長があったことを中世の日本列島の特徴として積極的に評価すべきであろう。

　なお，中小都市の発展を考えるのなら，人口規模の下限を 1 万人以上より下げて，人口 5000 人以上もしくは 3000 人以上という基準にして都市化率を推計した場合についても言及しておく必要があるだろう。本章では，推計方法および資料上の制約があるため，そうした推計をすることは危険であるとして，具体的な数値を算出することは控えた。もちろん，都市人口の人口数の閾値をより少ない基準にすれば，都市の人口数そのものが増加するので，算出される都市化率は人口 1 万人以上を基準としたケースより大きくなるのは当然であろう。とくに中世の後半は，各地で都市が爆発的に増加したため，都市化率は大幅に上昇するかもしれない。しかし，既述のように，中世において各地に発生した津，市，泊といった中小規模の都市——ここでは町場と表現した方がよいかもしれない——は，そのほとんどが 1 万人はもとより 5000 人もしくは 3000 人の規模にすら届いていたのか疑問である。たしかに，3000-5000 人以上の人口規模の町場はある程度の数存在したことは十分考えられるが，それらの人口を加えた結果，都市人口はそれなりに上方修正されたとしても，全国規模でみればおそらく 1-2 ％ ポイント程度の都市化率上昇にしか寄与できないレベルのものであったとみている[15]。

———————————

15) 中世後期の都市人口については，鬼頭宏による暫定的な推計値がある。鬼頭は，本書でも利用した原田（1942）に記載の 321 の中世都市の人口数を 110 万-220 万人と推計し，ここから人口 5000 人以上の都市の人口数は 50 万-70 万人に絞られるとして，その中間値 55 万人を 1590 年の都市人口，都市化率を 5 ％ としている（鬼頭 1990，78頁）。鬼頭の都市化率は，その推計方法から全国人口を 1100 万人としていると想定されるが，これを本書での 1600 年の全国人口である 1700 万人で計算すると，都市化率

188    第 II 部　前近代社会における人口成長

　このように，中世は都市発展の時代であったといえるが，都市の発展は農村地域のあり方にも大きな影響と変化をもたらしたものと思われる。第 2 章では，養和の飢饉（1180-1181 年），長禄・寛正の飢饉（1459-1461 年）といった大規模飢饉が発生すると，京都に周辺農村から飢饉難民が流入し，二次飢饉が発生したことを述べた。この飢饉発生時における農村から都市への人口移動，二次飢饉という現象には，なぜ飢饉が消費地の都市からではなく農村という生産地において先に発生したのか，また他の生産地である農村ではなく消費地である都市に向かったのか，という問題がある。もし，不作であったとしても，農民は雑穀や山海物など食用食糧の拡大，備蓄食糧の利用，食糧をもとめた他の生産地への移動などの対策を講じることは可能であり，そこには消費地よりも生産地としての優位性があったはずである。しかし，中世社会におこった現象はその逆の動きとなっている。この飢饉発生のメカニズムは，セン（2000）においても指摘された近代以降の飢饉発生の背景にある賦存物の生産・交換・移動，すなわち食糧の生産・流通・分配システムの問題が，中世においても存在していたことを想起させる。つまり，(1) 都市はその存立の基盤として農村の余剰生産物を消費の前提としていたのではなく，政治的・社会的に「社会的余剰」をつくり出すことができたこと（藤田 1991，第 2 章），(2) 中世の農村は自給自足経済ではなく，とくに京都などの大都市周辺は，都市に食糧や物資を供給するための一種のプランテーションとなり，そこでは地域ごとに作付けがモノカルチャー化していたこと（藤木 2001，58-59 頁），以上の 2 点を指摘することができよう。この都市依存型の偏った需給関係のため，ひとたび飢饉が発生すると，農村部は飢え，食糧や物資が集積された都市への人口流入がおこることになるのである[16]。つまり，この時期，農村経済は都市を中心とした商品経済圏

　　　　は 3.2 ％となる。この都市化率は人口 5000 人以上の都市を対象としているが，本書の人口 1 万人以上の都市を対象とした 1500-1600 年の推計値である 5.0-5.1 ％を下回るものである。推計方法に違いがあるため拙速な比較はできないが，この時期の都市化率は増加傾向にあったとはいえ，後述する徳川時代のような 10 ％以上の水準に達するほどのものではなかったとはいえるだろう。

16) なお，都市部での飢饉については，1431（永享 3）年に米商人たちが結託して諸国から京都への米の輸送を妨害して搬入されるべき米を追い出して，意図的に米の価格をつり上げた。そのため京都では餓死者が発生したこと（脇田 1969，333-34 頁），1330

第 5 章　都市人口の推計　**189**

に組み込まれており，それは，中世の都市化がもたらした地域社会の変化で
あったといえよう。

## 2　徳川時代・明治期初頭の都市人口推計

　徳川時代の都市人口推計については，斎藤誠治による 1650 年，1750 年，
1850 年の各年の全国 64 の主要都市の推計値があり，これまで多くの研究者が
徳川時代の都市の発展の説明材料として利用してきた（斎藤 1984，61–63 頁）。
本節においても，この都市人口推計の数値を利用する。ただし，斎藤推計は
64 の都市に限定して推計をおこなっていたため，それ以外の大多数の都市に
ついても別途推計する必要がある。ここでは以下の方法をとった。（1）斎藤推
計から各地域別の人口成長率を算出し，これを各都市が属する地域ごとの都市
人口成長率とする。なお，成長率は 1650-1750 年，1750-1850 年，1850-1873
年の各期間別に計算される。また，都市人口の成長率を算出する際，江戸，京
都，大坂の三都は，他と比較して規模が過大であること，および伏見と神戸は
成長要因が特殊であると判断して除外する。とくに江戸については，複数の先
行推計があるがいずれも採用せず，新たに推計した人口数を利用する（推計に
ついては，Saito and Takashima 2015, Appendix 2 および本書補論 2 を参照）。武家人口
の少なくない数を占めていた参勤交代による大名家臣団の人数は，徳川時代中
期の 17 世紀後半に急増したが，次節で述べるように 18 世紀に入ると減少しは
じめ，幕末には激減していたので，江戸在住の武士人口は一定ではなかったと
考えたからである。（2）これをもとに，明治政府編纂の『日本地誌提要』に収
録された 1873 年時点の都市人口に算出された成長率を使って外挿する。一つ
ひとつの都市ごとにその属する地域の成長率を適用して時代をさかのぼり，各
時点（1650 年，1750 年，1850 年）で規模別に集計をし，1 万人以上の都市人口
を推計するのである。（3）ただし，この推計方法は各ベンチマーク年における

---

（元徳 2）年の飢饉も米商人の売り渋りが一因であったこと（桜井 2002，222 頁）など，
米商人たちの米価操作による人為的な飢饉の発生が指摘されている。

190 第 II 部 前近代社会における人口成長

都市の数を推計することを目的としていないので，都市数の推移にかんしての議論はここではしない。

表 5-6 は徳川時代および明治初頭における都市人口および都市化率の趨勢を全国 14 地域別にあらわしたものである。ベンチマーク年は，斎藤推計と同じく 1650 年，1750 年，1850 年，1873 年の 4 時点となっている。都市の定義は人口 1 万人以上である。

まず，全国レベルでみた場合，徳川時代初頭の 1600 年から 1650 年にかけて都市人口は 109 万人から 282 万人と約 2.6 倍に膨れ上がっている。これは関ヶ原の戦い（1600 年）以降にはじまった，大名の全国各地への配置替えの結果，新たな城下町が各大名の支配地に建設され，都市の数そのものが急激に増加したことによるのは明らかであろう。都市人口そのものはその後も増え続け，徳川時代半ばの 1750 年には 410 万人の規模にまで増加する。しかし，徳川時代半ばから後半にかけて，その数は徐々に低下していき，明治期初頭の 1873 年には 347 万人にまで減少する。年増加率でみた場合，その傾向はいっそう顕著にあらわれており，1600-1650 年に約 2 ％だったのがピークで，その後，徳川時代半ば（1650-1750 年）に 0.37 ％と成長は鈍化し，後半（1750-1850 年）にはマイナス成長（－0.06 ％）にまで落ち込み，その傾向は明治期初頭になっても回復することはなく，1850-1873 年の増加率は全期間内で最も停滞的（－0.48 ％）となった。

この傾向は都市化率においても同様で，徳川時代初頭に 6.4 ％から 13.6 ％へと大きく増加しているが，それをピークとして時代が進むにつれて都市化率は徐々に低下（1750 年：13.3 ％，1850 年：12.0 ％）し，1873 年には 10.2 ％にまで下落することとなる。しかし，全国人口は，徳川時代後半の成長そのものは緩慢ではあるものの明治期初頭まで増加傾向を維持しており，都市人口の減少とは対照的なパターンをみせている。Smith（1973）は，データが入手可能な全国 35 の城下町について徳川時代前半から後半の 1650 年から 1850 年にかけての町人人口を調べた結果，24 都市で著しい減少，7 都市で停滞が確認され，増加したのはわずか 4 都市しかなかったとしている。推計結果は，このスミスの分析ときわめて整合的である。

第5章　都市人口の推計　191

**表 5-6**　徳川時代・明治期初頭の都市人口・都市化率，1600-1873 年

A. 人　口　（単位：1000 人）

| | 地　　域 | 1600 年 | 1650 年 | 1750 年 | 1850 年 | 1873 年 |
|---|---|---|---|---|---|---|
| 1 | 東東北 | – | 112 | 178 | 185 | 159 |
| 2 | 西東北 | – | 93 | 109 | 121 | 134 |
| 3 | 東関東 | – | 44 | 56 | 78 | 84 |
| 4 | 西関東 | – | 277 | 1,198 | 1,161 | 737 |
| 5 | 東山 | – | 62 | 80 | 80 | 80 |
| 6 | 新潟・北陸 | – | 253 | 316 | 387 | 422 |
| 7 | 東海 | – | 167 | 181 | 170 | 207 |
| 8 | 畿内 | – | 860 | 990 | 824 | 664 |
| 9 | 畿内周辺 | – | 283 | 268 | 247 | 217 |
| 10 | 山陰 | – | 50 | 74 | 83 | 69 |
| 11 | 山陽 | – | 194 | 167 | 151 | 215 |
| 12 | 四国 | – | 119 | 110 | 121 | 174 |
| 13 | 北九州 | – | 212 | 235 | 157 | 196 |
| 14 | 南九州 | – | 96 | 140 | 110 | 114 |
| | 全　　国 | 1,088 | 2,822 | 4,102 | 3,875 | 3,471 |
| | 東日本 | – | 588 | 1,621 | 1,625 | 1,193 |
| | 中間地域 | – | 420 | 497 | 557 | 628 |
| | 西日本 | – | 1,814 | 1,984 | 1,693 | 1,649 |
| | 西日本（中間地域を含む） | – | 2,234 | 2,481 | 2,250 | 2,278 |

B. 都市化率　（単位：%）

| | 地　　域 | 1600 年 | 1650 年 | 1750 年 | 1850 年 | 1873 年 |
|---|---|---|---|---|---|---|
| 1 | 東東北 | – | – | 8.1 | 9.4 | 6.7 |
| 2 | 西東北 | – | – | 10.7 | 10.9 | 10.9 |
| 3 | 東関東 | – | – | 2.6 | 4.2 | 4.4 |
| 4 | 西関東 | – | – | 31.1 | 33.8 | 21.3 |
| 5 | 東山 | – | – | 2.5 | 2.2 | 2.1 |
| 6 | 新潟・北陸 | – | – | 24.0 | 24.9 | 22.5 |
| 7 | 東海 | – | – | 9.1 | 7.7 | 9.7 |
| 8 | 畿内 | – | – | 38.5 | 35.3 | 31.6 |
| 9 | 畿内周辺 | – | – | 7.6 | 6.9 | 6.3 |
| 10 | 山陰 | – | – | 8.3 | 8.0 | 6.8 |
| 11 | 山陽 | – | – | 6.8 | 5.2 | 7.3 |
| 12 | 四国 | – | – | 5.9 | 5.2 | 7.1 |
| 13 | 北九州 | – | – | 9.8 | 6.1 | 6.7 |
| 14 | 南九州 | – | – | 9.9 | 6.6 | 5.2 |
| | 全　　国 | 6.4 | 13.6 | 13.3 | 12.0 | 10.2 |
| | 東日本 | – | – | 13.0 | 13.5 | 9.3 |
| | 中間地域 | – | – | 15.0 | 14.8 | 15.7 |
| | 西日本 | – | – | 13.1 | 10.3 | 9.7 |
| | 西日本（中間地域を含む） | – | – | 13.5 | 11.1 | 10.8 |

（つづく）

192 第 II 部 前近代社会における人口成長

C. 年成長率 (単位：%)

| | 地　域 | 1600-1650 年 | 1650-1750 年 | 1750-1850 年 | 1850-1873 年 |
|---|---|---|---|---|---|
| 1 | 東東北 | – | 0.46 | 0.04 | ▲0.68 |
| 2 | 西東北 | – | 0.16 | 0.10 | 0.45 |
| 3 | 東関東 | – | 0.24 | 0.32 | 0.31 |
| 4 | 西関東 | – | 1.48 | ▲0.03 | ▲1.96 |
| 5 | 東山 | – | 0.26 | 0.00 | ▲0.01 |
| 6 | 新潟・北陸 | – | 0.22 | 0.20 | 0.38 |
| 7 | 東海 | – | 0.08 | ▲0.06 | 0.85 |
| 8 | 畿内 | – | 0.14 | ▲0.18 | ▲0.93 |
| 9 | 畿内周辺 | – | ▲0.05 | ▲0.08 | ▲0.55 |
| 10 | 山陰 | – | 0.39 | 0.12 | ▲0.83 |
| 11 | 山陽 | – | ▲0.15 | ▲0.10 | 1.57 |
| 12 | 四国 | – | ▲0.07 | 0.10 | 1.58 |
| 13 | 北九州 | – | 0.10 | ▲0.40 | 0.96 |
| 14 | 南九州 | – | 0.38 | ▲0.24 | 0.15 |
| | 全　国 | 1.92 | 0.37 | ▲0.06 | ▲0.48 |
| | 東日本 | – | 1.02 | 0.00 | ▲1.34 |
| | 中間地域 | – | 0.17 | 0.11 | 0.53 |
| | 西日本 | – | 0.09 | ▲0.16 | ▲0.11 |
| | 西日本（中間地域を含む） | – | 0.10 | ▲0.10 | 0.05 |

注) 蝦夷地（北海道）・琉球（沖縄）は含まない。推計方法については，1 万人以上の
都市を対象としている。1600 年，1650 年は各地域別人口の推計値がないため，都
市化率は計測していない。各地域の人口は地域ごとに 100 人以下の位は四捨五入し
ている（推計は 1 の位より計算した）。
資料) 都市人口は本文を参照。各地域および全国の都市化率は第 4 章表 4-4 の地域全国人
口にて算出。

　地域別にみた場合はどうか。東日本・西日本（中間地域を含む）に大きく分
けてみた場合では，徳川時代の前半に増加し，後半に減少するという全国と同
じパターンとなっている。しかし，より地域を分割してみると，江戸・大坂・
京都の三都をかかえる西関東と畿内における徳川時代後半から明治期初頭にか
けての減少幅が高いことがわかる（西関東が突出して高いのは，徳川幕府の崩壊
により江戸の人口が激減したためである）。また，東西でみた場合でも都市化率
そのものはほとんど差がないにもかかわらず（1873 年時点では，東日本：9.3 %，
中間地域を含む西日本：10.8 %），東日本における都市人口の減少は西日本のそ
れに対して大きくなっている。
　これらの現象から推測されるものは，(1) 徳川時代後半，全国的には人口の
増加があったにもかかわらず都市人口の減少があったのは，各地方の都市部で
は人口が減少した反面，農村部では人口成長があったこと。これは，Smith

（1969）にて提起された「農村中心的な成長（rural-centred growth）」，すなわち農村部におけるプロト工業化の進展により経済成長が維持されていたことに関連するものであろう。(2) 徳川時代後半から幕末期にかけて東日本での都市人口減少の動きがより強かったのは，江戸の大幅な人口減少の影響があることは認めざるをえないが，比較的山間部地域を多くかかえる東日本地域の養蚕業，すなわちプロト工業化における農村工業の影響が，とくに農村部での人口増加の作用として東日本ではより強くはたらいていたことを示唆するのではないだろうか。事実，生糸は，幕末開港の結果，海外貿易における重要な輸出品目となっており，そうした影響が東日本の農村部における生糸生産の拡大を喚起し，農村工業の発展があった可能性が考えられるのである。

　この徳川時代の都市化の推移を，次は都市化率とは違った観点から観察する。分析の方法としては，都市の規模別分布を考慮した変化のパターンをみるため，順位・規模分布（rank-size distribution）をプロットし，その傾向をみることとする。この分布図は，個々の都市人口が増加もしくは減少すれば，当然それらの都市人口における規模と順位には変化が生じることになるが，この考え方は，徳川時代の日本について，一国の都市群全体の規模と順位の相関関係を時系列的な発展形態としてとらえるものである。また，すべての都市を一つのグラフ（分布図）のなかで説明できるという点でも有用である。グラフは縦軸に都市の規模，横軸に順位をとり，そこに各都市をプロットすることになる。対象となる都市は，推計人口が1万人以上の比較的規模の大きい都市となるが，江戸や大坂のように，他の都市より圧倒的に規模が大きい都市の影響でデータの範囲が大きく広がってしまうため，両軸とも対数をとることにする。そうすることでえられる分布線は，直線もしくは折れ曲がった直線に近似されるため理解がしやすくなり，都市化の進展とその度合いを観測するための目安にすることができる[17]。

---

　17）一般的な分布図では，規模が縦軸，順位が横軸に設定され，その分布線は両対数グラフの上に描かれることが多い。経済地理学の研究によれば，規模・分布の相互関係は，ある国のある都市 $i$ の人口＝規模（$P_i$）と，その全都市における順位（$r_i$）の間には，
$$P_i = P_1 / r_i$$
という関係が成りたつとされている。すなわち，ある国において，全国順位が第2位

194 第Ⅱ部 前近代社会における人口成長

ここで，もう少し順位・規模分布の概念について説明しておこう。分布図において，直線の左端が第 1 位の都市の人口規模をあらわし，10 番目の都市の人口規模は横軸 10 に対応する縦軸の目盛にあらわされる。直線の右端は，基準となる人口規模以上の都市の総数によって定義される。たとえば，人口 5000 人以上の人口集住地を都市と定義すれば，横軸の右端の目盛は 5000 となる。この図における都市化の進行とは，順位・規模をあらわす分布線が右上方に移動してゆくこと（45 度線に近づくこと）である。すなわち，都市の総数の拡大をあらわす右へのシフトと，都市人口の増加をあらわす上方へのシフトが組み合わされることによる変化である。都市化の進展の度合いは，分布線の変化の大きさによってあらわされる。たとえば，古代日本のような平城京や平安京といった首都機能をもつ最大都市の人口が突出しており，2 位以下の地方都市の人口との間に大きな差があると，分布線の勾配は急になる。逆に，2 位以下の地方都市が発展して人口が増加すれば勾配はゆるやかになる（発展途上国で，初期の段階では交通・インフラの整備が進んでおらず，社会・経済が先に発展していた上位の中央都市にくらべて下位の地方都市の経済が未発達であったのが，次第に地方都市が経済的に発展して人口が増え，上位都市との差が縮まっていくことを考えればイメージしやすいかもしれない）。

徳川時代の順位・規模分布の分析としては，斎藤（2002）による徳川時代後半から昭和戦前期までを対象とした順位・規模分布図があり，本書に関連する時期は徳川時代後半の 1825 年と明治初年の 1875 年となる（29 頁）。斎藤の描

---

の都市の人口は第 1 位の都市の人口の 1/2，第 5 位の都市は 1/5，第 10 位の都市は 1/10，第 100 位の都市は 1/100 に等しいことになる。この式の両辺を対数であらわせば，

$$\log P_i = \log P_1 - \log r_i$$

となる。この分布図には傾きが－1 の右下がりの直線（45 度線）が描かれるという順位・規模の法則（rank-size rule）があるが，ここではそうした法則の議論には立ち入らない。国土面積が比較的大きい，都市化の歴史が長い，社会・経済構造が発展しているといった要件を満たす国は，このパターンに近い傾向をみせるとされているが，実際のところ，傾きが－1 の右下がりの直線を示す国はまれで，経験的に描かれる分布線は 45 度よりゆるい角度であることが多いとされている（林 1991，62-66 頁；2002，177-179 頁）。

いた分布図は，プロト工業化，大都市の衰退，在郷町の発展との関連で論じられているが，徳川時代後期の都市人口はギルバート・ロズマンの推計（Rozman 1986, p. 323）に依拠したもので，あくまでも「概念図」としてあらわされたものであった[18]。ここでは，新たな推計での具体的な都市人口の結果をもちいてその概念図についても比較したい。

　図5-2は，推計された徳川時代の人口1万人以上の都市を対象にした順位・規模分布をあらわしたものである。時期的変化の局面をとらえるため，図は徳川時代初頭の1600–1650年と徳川時代後半から明治期初頭の1850–1873年の2つを用意しているが，両分布図は対照的な変化をみせている。1600–1650年の規模・順位分布は1600年から1650年にかけて順調に右上方へシフトしている。その歴史的背景として，まず都市数をあらわす順位が右に移動しているのは，先にも述べたように，徳川幕府成立以後の各地における城下町建設によって都市の数が飛躍的に増えたことによる。また，1600年からわずか50年という比較的短期間に都市の人口規模が上方に移動しているのは，城下町建設が商工業者の移住を促したこと，さらに建設工事に従事した人足のうち少なくない数がそのまま都市に定住したことが考えられる。しかし，1850年の徳川時代後半から1873年の明治期初頭にかけては，人口規模が大きい上位都市の下方への変位が顕著になっている。1850年および1873年の両分布線は，5万–10万人規模の都市あたりで交差し，それ以下の規模の都市からは分布線が逆転していることがわかる。これは，斎藤（2002）での概念図では，徳川時代後半の分布線と明治期初頭の分布線が交差するポイントが1万人規模であったのと異なる。この両分布線の交差地点は，大都市の衰退と中小都市の成長が交差する地点をあらわしており，その都市の成長と衰退の境目はより上位の規模の都市群にあったといえる。

　ただし，比較的人口規模が小さい1万–5万人規模の下位の都市群では，両分布図ともに分布線がほぼ絡みあったような状態となっている。これは，もと

---

18) ロズマンの都市人口推計の結果は，個々の都市についての具体的な人口を推計したものではなく，都市の規模に応じた階層およびその階層ごとの都市人口と都市数を算出したものとなっている。この点については後述する。

196　第 II 部　前近代社会における人口成長

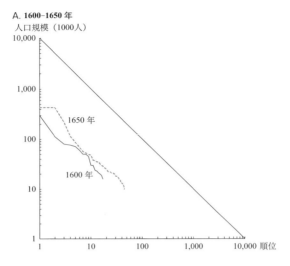

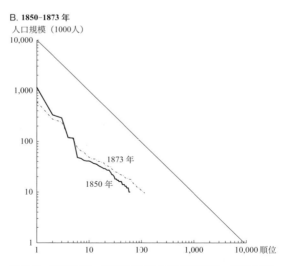

**図 5-2**　徳川時代・明治期初頭の都市の順位・規模分布，
　　　　　1600-1650 年・1850-1873 年

　　注）1 万人以上の都市を対象としている。
　　資料）1600 年：斎藤 (2018)，1650-1850 年：表 5-5 による都市人口
　　　　　推計，1873 年：『日本地誌提要』より作成。

第 5 章　都市人口の推計　　197

表 5-7　徳川時代・明治期初頭の都市の規模別変遷，1600-1873 年

A. 推　移

(単位：1000 人)

| | 1600 年 | 1650 年 | 1750 年 | 1850 年 | 1873 年 |
|---|---|---|---|---|---|
| 5 万人以上（三都を含む） | 801 | 1,430 | 2,428 | 2,077 | 1,593 |
| 1 万-5 万人 | 286 | 1,392 | 1,674 | 1,799 | 1,877 |

B. 成長率

(単位：%)

| | 1600-1650 年 | 1650-1750 年 | 1750-1850 年 | 1850-1873 年 |
|---|---|---|---|---|
| 5 万人以上（三都を含む） | 1.17 | 0.53 | ▲0.16 | ▲1.15 |
| 1 万-5 万人 | 3.21 | 0.18 | 0.07 | 0.18 |

注）100 人以下の位は四捨五入している。
資料）1600 年：斎藤 (2018)，1650-1850 年：表 5-5 による都市人口推計，1873 年：『日本地誌提要』より作成。

　もとの推計方法が地域間の成長率を採用していることから，時代をさかのぼって推計する際に，斎藤推計に採用されていないであろう 1 万-5 万程度の中小規模の都市群では，同一地域内においては 1873 年における個々の都市間の順位関係がほぼ維持された「並列」的な変化になってしまうという推計上の問題のためである。よって，中小都市にかんしては，この規模・順位の分布図から結論を出すことは早計であろう。

　そこで，この推計された大都市と中小都市について，規模別の推移からの確認をしてみよう。表 5-7 は徳川時代の都市人口を規模別にまとめたものである。都市の分類は，江戸・大坂・京都の三都を含む人口 5 万人以上の大都市群とそれ以外の 1 万-5 万人の都市群の 2 つに区分している。パネル A の両都市群の人口の推移をみると，都市人口は徳川時代初頭の 1600-1650 年の間に大幅な増加をみせているが，大都市だけでなく 1 万-5 万人の都市群においてもその数を大幅に増やしており，この時期の全国各地での城下町建設ブームを確認することができる。しかし半ばから後半になると，大都市群は 1750 年をピークに人口成長は頭打ちの状態となり，明治期初頭の 1873 年には全盛期の 6-7 割程度にまで人口数は減少する。その一方で，1 万-5 万人の都市群は，初期の城下町建設期ほどではないが，微増ながらも着実に人口成長を続けていた。

　パネル B の成長率の変化をみても，大都市群では 1750-1850 年は－0.16 ％，

198　第 II 部　前近代社会における人口成長

1850-1873 年は−1.15 ％ とマイナス成長を拡大させていたが，1 万-5 万人の都市群では 0.07 ％，0.18 ％ と成長を持続させている。大都市群には徳川時代の後半に大幅な人口減となった三都，とくに幕末から明治期初頭にかけて人口が激減した江戸を含むため，そのインパクトは大きかったものと思われるが，少なくとも徳川時代後半の 18 世紀から 19 世紀にかけて，三都および全国の大都市は人口減少もしくは停滞傾向にあったとはいえるだろう。それとは対象的に，大都市よりも人口の規模が小さい地方の都市では，人口成長が持続していたのも事実であったといえる。

　このように人口 1 万人規模の都市においても成長のパターンは大きく異なっていたが，これら都市群よりも人口規模の小さい地方の都市や農村部の町場の成長についても，具体的に確認しておく必要があるだろう。前節で一部述べたように，近世後半，各地の城下町の多くが衰退していったのに対して，農村部においては人口増加がみられた。その要因としては，人口数千人規模の在郷町の発展があったことが考えられる。第 4 章でみたように，この時期，農村工業化によって成長した農村部では人口が増加した。にもかかわらず，大都市の人口が減少していたのは，高橋（2005，第 1 章，第 9 章）が奥州道の商業中心地として栄えた在郷町の郡山を事例とした研究で明らかにしたように，地方の在郷町が周辺農村からの商業・サービス業を基盤として存在していたからである。つまり，この場合，中小都市とは，都市と農村の中間に位置する都市的要素と農村的要素の双方を兼ねる人口 1 万人未満の地方の町場のことを指すことになる。

　この人口規模 1 万人未満の都市についても推計を試みたい。この規模の都市群の個々の都市人口を推計した研究は存在しないが，近世後半の 1843（天保14）年時点の五街道を中心とした主要街道の都市（宿場）についての幕府調査の資料が利用可能である（表 5-8）。ここでは，この幕府調査による 1843 年の宿場町データを利用して，徳川時代後半における人口 1 万人以下の中小都市について都市化率を推計する。推計の前にこのデータの中身を確認しておく。まず，データ内の都市人口については，すべての都市をプールした場合，最大都市は山城国伏見 2 万 4227 人，最小都市は下野国文挟 156 人と，その規模にそれなりの差が確認されるが，そのほとんどは人口 1 万人以下の中小都市で，そ

表 5-8 徳川時代後半の街道宿場町，1843 年

| 都市数 | 人 口 数 ||||||
|---|---|---|---|---|---|---|
| | 1万人以上 | 1万人未満 | 最大 | 最小 | 平均値 | 中央値 |
| 248 | 4 | 244 | 24,227 | 156 | 1,900 | 972.5 |

注）表に含まれる街道は以下の通り（数字は宿場町の数）。東海道 57，中山道 67，日光道中 21，奥州道中 10，甲州道中 45，美濃路 7，例幣使道 13，壬生通 7，日光御成道 5，水戸佐倉道 3，本坂道 3，佐屋路 4，山崎通 6。
資料）児玉（1970；1971；1972）より作成。

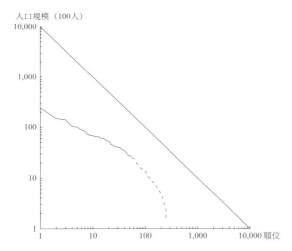

図 5-3 徳川時代後半の宿場町の順位・規模分布，1843 年
資料）表 5-8 と同じ。

の平均都市人口は 1900 人となるため，中小以下の都市の分布としては適当なものであろう。これら都市について，その規模と順位の分布をあらわした図 5-3 をみると，おおよそ 2000-3000 人規模の都市あたりで分布線の勾配が急になる。これは都市の規模がさらに小さくなると，サンプルとしての代表性が落ちることを意味する。

人口規模 1 万人未満の都市人口の具体的な推計の方法は，以下のとおりである。(1) 幕府調査記録にある中小都市と 1 万人以上の都市人口推計でも利用した 1873 年の『日本地誌提要』の両方に人口数を確認することができる人口 1

200　第 II 部　前近代社会における人口成長

万人未満 2500 人以上の都市について，その間の人口増加率を算出し，（2）そ
れを 1873 年の 1 万人未満の都市すべてに適用して外挿することにより，1850
年の人口 1 万人未満 2500 人以上の都市人口を推計することになる。推計人口
の低位値を 2500 人に設定したのは，図 5-3 における分布線の評価による。

　幕府調査による宿場町データにおいて，人口 1 万人未満 2500 人以上の都市
は 51 を数える。この中小都市のうち『日本地誌提要』に都市名を確認できる
ものは 44 である。もっとも，近世の宿場町といってもいくつかの都市は，城
下町としての機能を有しており，また，宿場町が城下町の域内に存在するもの
もある。これに加えて，徳川時代の宗門改関連の資料での問題と同じく，幕府
調査人口には武家人口はカウントされていない可能性が非常に高い。以上のこ
とを考慮して，明らかに城下町と判断されるか，もしくは城下町と宿場町の区
別が難しいと思われる合計 16 都市を除いた 28 都市について検討することにな
る。もちろん，地方の宿場町にも城下町ほどではないにしても在郷武士などが
居住していた可能性があるが，推計に影響をおよぼす規模の人数ではなかった
と考えられるため，ここでは資料に記載された人口データを利用することとし
た。

　分析の対象となる 28 の宿場町の人口成長率を推計すれば 0.74 ％ となる。こ
れは，近世後半に減少を続けた人口 1 万人以上の都市における 1850-1873 年の
成長率（−0.48 ％）にくらべれば非常に高いものである。トマス・スミスらの
先行研究でも中小地方都市の人口は上昇傾向にあったことが指摘されているが，
この宿場町データによる成長率は，そうした指摘を具体的に確認できるもので
ある。宿場町はこの時期，同じように人口成長があった農村工業町ではないが，
近世後半の地方都市は全体としてプロト工業化にともなう商業・サービス部門
の発達による恩恵を受けていたとみることはできるだろう。もちろん，宿場町
データのほとんどは東日本に集中しているため，この推計方法では若干のバイ
アスがかかるかもしれない。とくに，安政開港以後の農村工業町の人口増加率
が宿場町のそれよりも高かったことは想定されるが，一方で，西日本には開港
の影響で人口を減らした小都市があったことも考えられるため，推計された都
市化率は双方の要因がある程度は相殺された結果になるであろう。

第 5 章 都市人口の推計 201

**表 5-9** 徳川時代後半・明治期初頭の都市人口の推計，1850-1873 年

A. 新推計

| | 都市人口 （1000 人） | | 成長率 （%） | 都市化率 （%） | |
|---|---|---|---|---|---|
| | 1850 年 | 1873 年 | | 1850 年 | 1873 年 |
| 2500 人以上 | 5,353 | 5,324 | ▲0.02 | 16.6 | 15.7 |
| 5000 人以上 | 4,532 | 4,492 | ▲0.04 | 14.0 | 13.3 |
| 10000 人以上 | 3,875 | 3,471 | ▲0.48 | 12.0 | 10.2 |

B. ロズマン推計

| | 都市人口 （1000 人） | | 成長率 （%） | 都市化率 （%） | |
|---|---|---|---|---|---|
| | 1825 年 | 1875 年 | | 1825 年 | 1875 年 |
| 3000 人以上 | 5,100 | 5,367 | 0.10 | 16.0-17.0 | 16.0 |
| 5000 人以上 | – | 4,447 | – | – | 13.0-14.0 |
| 10000 人以上 | 3,800 | 3,528 | ▲0.15 | 12.0-13.0 | 10.0-11.0 |

注）100 人以下の位は四捨五入している（推計は 1 の位より計算した）。「2500 人以上」は 2500 人以上 5000 人未満ではなく，2500 人以上のすべての都市を対象としている（「3000 人以上」，「5000 人以上」も同様）。

資料）パネル A：推計値。推計方法について本文参照。パネル B：Rozman (1986, p. 323, TABLE 12.2) より作成。原著では全国人口が範囲推計となっているため，都市化率も上限値・下限値であらわされている。1825 年は徳川時代後半となっているが，同じデータを利用したロズマンの別論文では徳川時代後半の都市人口推計のベンチマーク年は 1825 年とされているため，ここでも 1825 年とした（Rozman 1990, p.70）。

　上記の方法で新たに推計された 1850 年の中小都市の人口（新推計）を前掲表 5-7 の 1 万人以上の都市人口に接続して，『日本地誌提要』の 1873 年の 2500 人以上の都市人口についてまとめたものが表 5-9 のパネル A である。都市の規模として，2500 人以上，5000 人以上，1 万人以上の都市群に分けている。都市人口は，1 万人以上の都市群では人口が大幅に減少したのに対して，2500 人以上および 5000 人以上の都市群は，増加はしなかったものの微減の状態で推移している。その減少率は，それぞれ−0.02 ％，−0.04 ％ となっており，推計の誤差の範囲内と考えれば，ほぼ定常状態に近いものであったと考えられる。都市化率についても同じことがいえる。すなわち，1 万人以上の都市群では，都市化率は 12.0 ％ から 10.2 ％ へと 1.8 ポイント下落したが，2500 人以上および 5000 人以上の都市群は，1 万人以上の都市群の半分程度の下落幅にとどまっている（0.7-0.9 ポイント）。徳川時代の後半，1 万人以上の都市群では人

202　第 II 部　前近代社会における人口成長

口減少があり，全国の都市化率は低下したようにみえるが，それよりも規模の
小さい地方都市では人口成長があったのである。

　この近世後半の推計結果を，パネル B のロズマンによる徳川時代後半の都
市人口推計と比較してみよう（Rozman 1986, p. 323）。ロズマンの都市人口推計
は，個々の都市についての具体的な数値を推計したものではなく，その歴史的
経緯や城下町を有する藩の石高などを複合的に判断して算出されたもので，そ
の結果は都市の規模に応じた階層およびその階層ごとの都市人口と都市数にて
あらわされている[19]。設定されている徳川時代後半のベンチマーク年である
1825 年，および明治期初頭の 1875 年は，新推計のそれらとほぼ同時期のもの
と判断してよく，また，都市の規模の閾値の下限が 3000 人以上となっている
のも，新推計の閾値である 2500 人にほぼ相当するものである。明治初年の都
市人口については，ロズマン推計は陸軍が作成した『共武政表』によったもの
であるが，これは新推計でも利用した『日本地誌提要』と同時期に作成された
もので，共通する事項も多く，比較の対象として十分なものである。

　まず，徳川時代後半については，新推計とロズマン推計の値は，それぞれの
推計方法が違うにもかかわらず都市化率はきわめて近似したものとなっており，
全体として整合的な結果といえる。ロズマンはまた，大都市における人口減に
ついて言及し，とくに城下町については，徳川時代は城下への武士の集住政策
による消費など成長の要因があったものの，そうした都市は明治期初頭の廃藩
の影響によって停滞を経験したとし，そうでなかった地方都市は拡大する商業
ネットワークのなかで発展することができたとしている（Rozman 1986, pp. 321–
324, p. 339）。

　この徳川時代における都市化のパターンを同時期の西欧地域とくらべてみよ
う。図 5–4 は，1500–1890 年の西欧における人口 5000 人以上の都市の順位・
規模の分布をあらわしたものである（de Vries 1984, p. 94）。時期は日本の徳川期
の経済成長に比定できるよう，西欧諸国におけるプロト工業化の開始前の
1500–1600 年から進行期である 1600–1750 年を対象にしている。まず，プロト

---

　19）推計の根拠および地域別の推計値については，Rozman（1973, pp. 252–272）を参照。

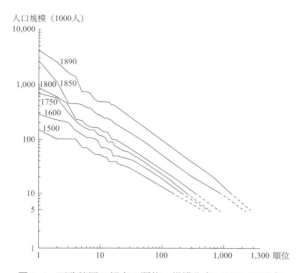

**図 5-4** 西欧諸国の都市の順位・規模分布，1500-1890 年

注・資料) de Vries (1984, p. 94). 原資料は 1300-1979 年の分布図となっている。

　工業化前の段階である 1500-1600 年の分布線の変化は，右端の変化は小さいが，左端が大きく上方に変化している。すなわち，分布線の勾配が急になっているということである。これは，近代以前の西欧においては，もともと小都市の比重が高かったことによる影響もあるだろうが，大都市の人口が増加したのに対して中小都市の人口は成長せず，その数も増加しなかったことを意味する。これに対して日本は，プロト工業化開始前の 1600-1650 年に各地で大都市のみならず中小の地方都市もその数と人口の双方で成長し，分布線が右上方にシフトしたのと対象的である。

　この西欧の都市化のパターンは，プロト工業化が進行した 1600-1750 年になっても変わらない。de Vries (1984) は，西欧においては，農村工業地帯における人口成長のために，大都市および農村工業地帯においては人口成長があったが，それ以外の大多数を占める中小都市の成長は停滞的であったことを指摘している。これに対して，プロト工業化期における日本の都市化のパター

204　第 II 部　前近代社会における人口成長

ンは，大都市の人口成長が停滞的であったが，中小の都市では成長がみられる
という，西欧とは逆の動きをみせている。近代工業化以前の社会において，日
本も西欧もともに農村工業による経済成長を経験したにもかかわらず，である。
この違いは，近世の日本の経済成長が「農村中心的（rural-centred）」であった
のに対し，西欧は「都市中心的（urban-centred）」であったという発展の経緯の
違いによる。プロト工業化期の西欧では，域内での交易および植民地との国際
貿易によって資本を蓄積したのは都市ブルジョワジィであった。これに対して，
日本は鎖国体制下にあったため，国際貿易による経済活動はほぼ存在しなかっ
た。それでも国内市場の成長はあったが，西欧の都市ブルジョワジィに相当す
る都市問屋商人の利益は低く，富の蓄積はもっぱら地方の港町や在郷町といっ
た小都市および農村部においてであった。このように，農村部と大都市が平行
して成長した西欧とは違って，中小の地方都市や農村における成長と大都市の
衰退のコントラストに，日本の近世の都市化と人口成長の特徴がある（斎藤
2008，123-152 頁）。
　最後にもう一度，これまでに推計された徳川時代の都市人口について規模別
に表 5-10 にまとめ，これら都市群の変化を確認しておく。都市の分類は，人
口 5 万人以上および 1 万人以上の都市群の 2 つに区分している。1 万人未満の
規模の都市を推計した 1850 年，1873 年については，5000 人以上および 2500
人以上の都市群を加えてある。まず，1600 年から 1650 年の全国の城下町建設
ブームの時期は，5 万人以上，1 万人以上の両区分において大幅な人口の増加
が確認できる。その成長はそれぞれ年率 1.17 ％，1.92 ％となっており，1 万-5
万人規模の中小都市の成長がこの時期の都市化を全国的に押し上げたといえる。
都市の成長は徳川時代半ばまで持続するが，それをピークに徐々に人口を減少
させていった。徳川時代後半から明治期初頭にかけての人口成長率は，5 万人
以上でみた場合，1750-1850 年は－0.16 ％，1850-1873 年は－1.15 ％，1 万人以
上の規模でも－0.06 ％，－0.48 ％とマイナス成長を増幅させた。ただし，1 万
-5 万人に人口規模の範囲を限定した都市群で成長率を計測した場合は，0.07
％，0.18 ％と成長は持続していた（表 5-7 より計算）。また，都市人口の規模を
5000 人以上，2500 人以上にしてみた場合では，1850-1873 年の人口成長率は，

第5章 都市人口の推計 205

表 5-10 徳川時代・明治期初頭の都市人口の推計（規模別），
1600-1873 年

A. 推　移
(単位：1000 人)

| 年 | 5 万人以上 | 1 万人以上 | 5000 人以上 | 2500 人以上 |
|---|---|---|---|---|
| 1600 | 801 | 1,088 | – | – |
| 1650 | 1,430 | 2,822 | – | – |
| 1750 | 2,428 | 4,102 | – | – |
| 1850 | 2,077 | 3,875 | 4,532 | 5,353 |
| 1873 | 1,593 | 3,471 | 4,492 | 5,324 |

B. 年成長率
(%)

| 期間 | 5 万人以上 | 1 万人以上 | 5000 人以上 | 2500 人以上 |
|---|---|---|---|---|
| 1600–1650 | 1.17 | 1.92 | – | – |
| 1650–1750 | 0.53 | 0.37 | – | – |
| 1750–1850 | ▲0.16 | ▲0.06 | – | – |
| 1850–1873 | ▲1.15 | ▲0.48 | ▲0.04 | ▲0.02 |

注・資料）資料・推計方法については本文参照。100 人以下の位は四捨五入して
　　　いる（推計は 1 の位より計算した）。「2500 人以上」は 2500 人以上 5000 人
　　　未満ではなく，2500 人以上のすべての都市を対象としている（他の区分も
　　　同様）。資料・推計方法については本文を参照。

−0.04 %，−0.02 % と，1 万人以上の都市群にくらべて，その減少幅はきわめ
て小さかった。この時期，大都市は人口減少もしくは停滞傾向にあった一方で，
大都市に対して比較的規模が小さい 1 万–5 万人規模の都市と，さらにそれよ
り小規模の在郷町において着実な人口増加があったといえよう。近世後半は大
都市を中心として都市化の退行を経験してはいるものの，その他の全国の大多
数の中小都市や町場における成長は無視できないレベルで進んでおり，これら
1 万人に達しない規模の定住地を含めて都市化を定義するとすれば，この時代
は都市化退行の時代ではなく，むしろ都市化が全国的に進んだ時代であったと
評価することも可能である。


むすび


以上，先行研究のサーベイおよび新たな推計により，古代から明治期初頭ま

206　第 II 部　前近代社会における人口成長

**表 5-11**　都市人口の推計と都市化率，730-1873 年

| 年 | 都市人口（1000 人） | 全国人口（100 万人） | 都市化率（%） |
|---|---|---|---|
| 730 | 124 | 5.8-6.4 (4.5) | 1.9-2.1 (2.8) |
| 950 | 135 | 4.4-5.6 (6.4) | 2.4-3.1 (2.1) |
| 1150 | 120 | 5.5-6.3 (6.8) | 1.9-2.2 (1.8) |
| 1280 | 208 | 5.7-6.2 | 3.4-3.6 |
| 1450 | 259 | 9.6-10.5 | 2.5-2.7 |
| 1600 | 1,088 | 17.0 | 6.4 |
| 1650 | 2,822 | 20.7 | 13.6 |
| 1750 | 4,102 | 30.9 | 13.3 |
| 1850 | 3,875 | 32.3 | 12.0 |
| 1873 | 3,471 | 33.9 | 10.3 |

注・資料）蝦夷地（北海道）・琉球（沖縄）は含まない。1600 年以前の都市人口は，ベンチマーク年のないものについては表 5-5 の各都市の推計人口を成長率による内挿・外挿にて補正した。都市人口は 100 人以下の位は四捨五入している（推計は 1 の位より計算した）。730-1150 年は，Farris（2009）と鬼頭（2000）の全国人口推計を併記し，都市化率も両推計による結果を併記した（括弧内が鬼頭推計）。鬼頭の全国人口は 730 年・950 年は，それぞれ 725 年・900 年となっている。ファリス推計による都市化率は全国人口の高位値・低位値の平均値にて算出した。その他の年推計値については，本文参照。

での都市人口の推計を概観してきた。最後に，これらの各時期の都市人口の推計を接続して長期的推移を概観することによって，本章の小括としたい。

　表 5-11 は，730 年から 1873 年までの都市人口，都市化率をあらわしたものである。各都市人口の推計は根拠となる資料や前提となる仮定によって推計年およびベンチマーク年が指定されたものであるが，古代・中世については，都市によってはその存在は確認されるがベンチマーク年の推計値がないものがあるため，その場合は前後のベンチマーク年から算出した成長率によって内挿・外挿の補正を加えてある。なお，都市化率は全国値のみとしている。また，古代については全国人口の推計が 2 系列（ファリス推計，鬼頭推計）存在しているため，それぞれの推計値にて都市化率を算出している。

　都市人口は，8 世紀の古代から中世初頭 12 世紀の間は，約 12 万-14 万人程度で，ほぼ横ばいで推移している。都市化率は，2 系列の全国人口から算出しているが，ファリス推計・鬼頭推計のどちらの全国人口を利用してもおおよそ 2-3 ％で推移している。この時期の都市人口は平城京・平安京に代表される大規模な都城における都市人口のみの推計値であるため，平安京が衰退していっ

た古代後半にかけて都市化率は低下の一途をたどっていったことがわかる。

　中世に入ると，都市人口は，武家政権の中心都市である鎌倉の成立により，京都・鎌倉という二大政治都市の時代となり一時的な人口増となる。しかし，鎌倉幕府の滅亡とともに都市鎌倉は衰退したため，ふたたび巨大都市は京都のみとなり，その結果，都市人口に大きな増加はおこることはなく，中世の都市化率は低位のまま推移することとなった。しかし，戦国時代以降からは都市人口は大きく増加しはじめ，中世の後半になると都市化率は前半と比較して約2倍近くにまで上昇している。都市人口増加の要因としては，応仁の乱以降の京都の復興や，本願寺を中核とした大坂寺内町の発展，そしてその跡に建設された秀吉による巨大政治都市である大坂の発展や，各地の流通商業の進展にともなう中核都市の興隆があげられるだろう。

　中世については，現時点で確認可能な人口1万人以上の都市にかぎって推計している。ただし，中世の流通経済の発展は小規模ながらも各地に市場町，港町，寺社門前町などの多数の都市的な町場を生み出しており，そうした推計値にあらわれない都市を考えた場合，中世は都市化が進展した時代であったといえ，そうした無数の町場のネットワークが進展していったからこそ，その中心に位置する地方都市が発展していったともいえるのではないだろうか。

　徳川時代以降の都市人口の発展は前節で述べたとおりである。徳川時代の前半，とくに最初の約50年の全国における城下町建設ラッシュの時期は，大幅な都市人口の増加がみられ，その成長の原動力は1万-5万人規模の中小都市であった。都市の成長は18世紀半ばまで持続するが，その後，全体としては徐々に停滞的となっていった。ただし，そのなかでも中小都市の成長は持続しており，さらに1万人に満たない小規模な地方在郷町でも着実な人口増加があった。徳川時代の後半は，たしかに大都市を中心とした都市化の退行はあったが，実態としては，地方中小都市・在郷町において都市化が全国的に進んだ時代であった。

## 補論 2　江戸の都市人口の試算

　徳川時代の江戸の総人口を知ることのできる人口統計資料は存在しない。徳川時代から明治期に書かれた記録には，最盛期には江戸は 100 万人，多いときには 200 万人以上の人口を擁していたと書かれていることが多いが，これらは伝聞もしくは概算によるもので，明確な根拠によって推計されたものではない。

　現存する徳川時代の江戸の人口資料には町方および寺社門前の町人人口しか記載されておらず，寺社方・新吉原・出稼ぎ人などの町方以外の身分や地域の人口は含まれていない。このため，町人人口以外の人口，とくに武家人口についてどう推計するかが，江戸の人口推計の議論となってきた。これら先行研究については推計方法についての差はあるが，主に総人口 100 万人を超えるか超えないかで大きく分けることができる。以下，各身分・地域の人口の詳細および先行研究について概観し，それらをふまえたうえで新たに徳川時代の江戸の人口について推計する[1]。

### 資　料

#### ①町方・寺社門前の町人

　本書での町方支配場・寺社門前の町人人口は，徳川幕府末期の幕臣であった勝海舟が著した『吹塵録』に記載された数値と，幸田（1972）および南（1978）の人口表よりとった。幸田成友の人口表は「撰要類集」，「享保撰要類集」などの徳川幕府より明治政府へ引き継がれた幕府公文書から引用したものとなっている。南和男の人口表は幸田の人口表に他の幕府公文書や町人記録を加えたものである。双方ともに，町方支配場および寺社門前別に人口が記載されている

---

1）本論は，斎藤修との共著論文（Saito and Takashima 2015）における江戸の人口推計（Appendix 2）について大幅に改訂したものである。論文の一部を材料とすることに快諾していただいた共著者に謝意を表したい。

ため，他の資料にくらべて比較的信頼性は高い。

一方，『吹塵録』に記載の人口については，町方・門前の区別がないうえに，享保16年と元文2年は「勘定所より得た」もので，それ以外は「好事家の記録」よりとったものとされているため，その利用には注意が必要である（海舟全集刊行会編1928，333頁）。数値についても，1725年9月の町方人口は53万7531人となっているが，翌1726年は47万1988人に急減し，その5年後の1731年には52万5700人に回復するように不自然な推移となっている。同様の事例は1737年，翌1738年にもみられる（52万6212人から45万3594人に減少）。しかし，これら過少となっている年の数値を幸田の人口表と比較してみると，それは町方支配場のものに近い値を示していることがわかる。1721年11月の『吹塵録』収録の人口は，幸田の人口表における同年の町方人口と一致していることから，ここでは『吹塵録』における過少人口は町方人口を反映したものであると判断した。

以上の資料および先行研究にあらわれた人口をまとめれば表A2-1のとおりとなる。江戸の町人人口は，18世紀後半に若干の停滞をみせるが，大きな増減はなく，徳川時代を通じて50万人前後で推移していたことになる。

なお，幕末の一時点ではあるが，町人居住地域内の各地域における人口分布について，山室恭子による試算がある（山室2015，第1章）。それによれば，1851年での江戸の髪結たちが個々に保有する古券状（営業権利証）に書かれた額面の総計が，利用客である男性の人口数に対応するものと仮定して，江戸切絵図による地域区分別の人口が推定され，約45％の町人が日本橋周辺地域に集中して住んでいたとされる。

②僧侶・神官・修験者など

寺社門前の僧侶・神官は上記の町方人口には含まれておらず，町人人口が記載されたのと同じ資料に，計外人口として僧侶・神官・修験者・盲人などの身分別の人口が書かれている。記載時期については18世紀前半のみ判明しており，表記方法も揃ってはおらず，一部の身分については記載がない年もあるが，各身分を総計すれば，3万-5万人前後で推移していた（表A2-2）。徳川時代を通じて町人人口が大きくは変わらなかったことを考えれば，この傾向はこれら

210 第 II 部　前近代社会における人口成長

## 表 A2-1　町方・寺社門前の町人人口，1718-1867 年

（単位：人）

| 年月 | | 町方 | 寺社 | 町方＋寺社 | 出　　典 |
|---|---|---|---|---|---|
| 1718 | 12 | 434,633 | | | 享保通鑑 |
| 1721 | － | 474,049 | | | 〃 |
| | － | 489,272 | | | 〃 |
| | 11 | 501,394 | | | 御府内人別（吹塵録），幸田（1972：撰要類集） |
| 1722 | 3 | | | 526,211 | 江戸町数人口戸数（吹塵録） |
| | 4 | 483,355 | | | 幸田（1972：撰要類集） |
| | 9 | 476,236 | | | 〃 |
| 1723 | 4 | 459,842 | | | 〃 |
| | 5 | | | 526,317 | 江戸町数人口戸数（吹塵録） |
| | 7 | | | 531,400 | 享保通鑑 |
| | 9 | 473,840 | | | 幸田（1972：撰要類集） |
| 1724 | 4 | 464,577 | | | 〃 |
| | 7 | | | 537,531 | 江戸町数人口戸数（吹塵録） |
| | 9 | 469,343 | | | 幸田（1972：撰要類集） |
| 1725 | 4 | 462,102 | | | 〃 |
| | 6 | 472,496 | | | 〃 |
| | 9 | | | 537,531 | 江戸町数人口戸数（吹塵録） |
| 1726 | － | 471,988 | | | 江戸町数人口戸数・御府内人別（吹塵録） |
| 1731 | － | | | 525,700 | 江戸町数人口戸数（吹塵録） |
| 1732 | － | | | 533,518 | 江戸町数人口戸数・御府内人別（吹塵録） |
| 1733 | 9 | 475,521 | 60,859 | 536,380 | 幸田（1972：享保撰要類集，翌年 4 月より逆算） |
| 1734 | 4 | 473,114 | 60,649 | 533,763 | 幸田（1972：享保撰要類集） |
| | 9 | 468,840 | 59,936 | 528,776 | 〃 |
| 1735 | 9 | 470,359 | 60,289 | 530,648 | 幸田（1972：享保撰要類集，翌年 4 月より逆算） |
| 1736 | 4 | 466,867 | 60,180 | 527,047 | 幸田（1972：享保撰要類集） |
| | 9 | 467,588 | 60,386 | 527,974 | 〃 |
| 1737 | － | | | 526,212 | 江戸町数人口戸数（吹塵録） |
| 1738 | － | 453,594 | | | 江戸町数人口戸数・御府内人別（吹塵録） |
| | 4 | 469,601 | 58,516 | 528,117 | 幸田（1972：町奉行支配惣町人数高之改，同年 9 月より逆算） |
| | 9 | 468,446 | 58,367 | 526,813 | 幸田（1972：町奉行支配惣町人数高之改） |
| 1742 | 9 | 446,278 | 55,068 | 501,346 | 幸田（1972：町奉行支配惣町人数高之改，翌年 4 月より逆算） |
| 1743 | － | | | 515,122 | 江戸町数人口戸数（吹塵録） |
| 1744 | － | 460,164 | | | 御府内人別（吹塵録） |
| 1746 | 4 | | | 544,279 | 江戸町数人口戸数（吹塵録） |
| 1747 | 4 | 454,226 | 58,687 | 512,913 | 幸田（1972：享保撰要類集，同年 9 月より逆算） |
| | 9 | 453,592 | 59,735 | 513,327 | 幸田（1972：享保撰要類集） |
| 1750 | 12 | | | 509,708 | 江戸町数人口戸数・御府内人別（吹塵録） |
| 1756 | － | | | 505,858 | 〃 |

補論 2　江戸の都市人口の試算　　**211**

| 年月 | | 町方 | 寺社 | 町方＋寺社 | 出　　　典 |
|---|---|---|---|---|---|
| 1762 | – | | | 505,858 | 江戸町数人口戸数・御府内人別（吹塵録），1756 年と同じ |
| | – | | | 501,880 | 御府内人別（吹塵録） |
| 1768 | – | | | 508,467 | 江戸町数人口戸数・御府内人別（吹塵録） |
| 1774 | – | | | 482,747 | 〃 |
| 1780 | – | | | 489,787 | 〃 |
| 1786 | – | | | 457,083 | 〃 |
| 1791 | – | | | 535,710 | 江戸町数人口戸数（吹塵録） |
| 1792 | – | | | 481,669 | 江戸町数人口戸数・御府内人別（吹塵録） |
| 1798 | – | | | 492,449 | 〃 |
| 1804 | – | | | 492,053 | 〃 |
| 1810 | – | | | 497,085 | 〃 |
| 1816 | – | | | 501,161 | 江戸町数人口戸数（吹塵録） |
| | – | | | 501,061 | 御府内人別（吹塵録） |
| 1822 | – | | | 520,793 | 江戸町数人口戸数・御府内人別（吹塵録） |
| 1828 | – | | | 527,293 | 〃 |
| 1832 | 5 | 474,674 | 70,949 | 545,623 | 幸田（1972：天保撰要類集） |
| 1834 | – | | | 522,754 | 江戸町数人口戸数・御府内人別（吹塵録） |
| 1840 | 5 | | | 551,369 | 南（1978：天保撰要類集） |
| 1841 | 4 | | | 563,689 | 江戸町数人口戸数（吹塵録），幸田（1972：天保撰要類集） |
| 1842 | 4 | 477,349 | 73,714 | 551,063 | 幸田（1972：天保撰要類集，翌年 7 月より逆算） |
| 1843 | 7 | 479,103 | 74,154 | 553,257 | 幸田（1972：天保撰要類集） |
| | 9 | 477,076 | 70,876 | 547,952 | 〃 |
| 1844 | 4 | 491,905 | 67,592 | 559,497 | 〃 |
| | 9 | 484,472 | 74,289 | 558,761 | 〃 |
| 1845 | 5 | | | 557,698 | 江戸町数人口戸数（吹塵録） |
| 1849 | 9 | | | 564,943 | 南（1978：藤岡屋日記） |
| 1850 | 4 | | | 559,115 | 〃 |
| 1853 | 4 | 492,271 | 82,656 | 574,925 | 南（1978：市中取締類集） |
| | 9 | 492,317 | 82,774 | 575,091 | 〃 |
| 1854 | 4 | | | 573,619 | 江戸町中人別調（統計学雑誌 306 号），1855 年 4 月と同じ |
| | 9 | | | 570,898 | 江戸町中人別調（統計学雑誌 306 号） |
| 1855 | 4 | | | 573,619 | 江戸町中人別調（統計学雑誌 306 号），1854 年 4 月と同じ |
| | 9 | | | 564,544 | 江戸町中人別調（統計学雑誌 306 号） |
| 1860 | 4 | | | 557,373 | 〃 |
| | 9 | | | 562,505 | 〃 |
| 1867 | 4 | | | 539,618 | 〃 |
| | 9 | | | 528,463 | 〃 |

資料）「江戸町中人別調」（1911），海舟全集刊行会編（1928），幸田（1972），南（1978），鈴木・小池編（1988），辻校訂（1984）より作成。

212　第II部　前近代社会における人口成長

**表 A2-2**　僧侶ほかの計外人口と町人人口の比較，1721-1743 年

| 年月 | | 僧侶ほか（人） | 町人（人） | 僧侶ほか/町人 | 出　　典 |
|---|---|---|---|---|---|
| 1721 | – | 52,176 | 474,049 | 0.110 | 享保通鑑 |
| 1722 | 3 | 44,014 | 526,211 | 0.084 | 江戸町数人口戸数（吹塵録） |
| 1723 | 7 | 34,082 | 531,400 | 0.064 | 享保通鑑 |
| 1724 | 7 | 38,127 | 537,531 | 0.071 | 江戸町数人口戸数（吹塵録） |
| 1731 | – | 29,980 | 525,700 | 0.057 | 〃 |
| 1737 | – | 32,273 | 526,212 | 0.061 | 〃 |
| 1743 | – | 54,815 | 515,122 | 0.106 | 〃 |

注）1721 年の町人人口は町方のみ。
資料）海舟全集刊行会編（1928），辻校訂（1984）より作成。

**表 A2-3**　新吉原の人口，1723-1743 年
（単位：人）

| 年月 | | 人口 | 出　　典 |
|---|---|---|---|
| 1723 | 7 | 8,161 | 享保通鑑 |
| 1724 | 7 | 8,679 | 江戸町数人口戸数（吹塵録） |
| 1731 | – | 11,960 | 〃 |
| 1743 | – | 8,679 | 〃 |

資料）海舟全集刊行会編（1928），辻校訂（1984）より作成。

身分の人口にもあてはまるものと考えられる。

　③新吉原

　僧侶などと同じく新吉原の人口も徳川時代の後半までは町人人口には含まれていない。確認できる人口資料はきわめて少ないが，少なくとも 18 世紀前半には 8000 人から 1 万人程度の人口があったことがわかる（表 A2-3）。これは居住している男女すべての人数であるが，江戸時代を通じて発行された吉原の案内記『吉原細見』にみえる各妓楼のかかえた遊女人口の集計値をみれば，18 世紀前半から後半にかけてはおおよそ 2000 人から 3000 人に増加し，1791 年から急激に増加しはじめる。その後，最盛期の 19 世紀中頃には 7000 人規模にまで増加した（表 A2-4）。新吉原には 270 軒あまりの妓楼があり，それぞれ 20 人程度の使用人がいたとすれば，遊女以外に約 5400 人の住人がいたと考えられ，これに加えて遊女屋に出入りする男芸者・女芸者が約 200 人いた。以上のことから，新吉原の人口は徳川時代を通じて 7000 人から 1 万人，最盛期で 1

補論 2　江戸の都市人口の試算　　213

### 表 A2-4　『吉原細見』に記載された遊女人口, 1723-1868 年

（単位：人）

| 年 | 人口 | 年 | 人口 | 年 | 人口 | 年 | 人口 |
|---|---|---|---|---|---|---|---|
| 1723 | 2,213 | 1749 | 2,775 | 1776 | 2,616 | 1845 | 6,762 |
| 1724 | 2,079 | 1751 | 2,531 | 1778 | 2,830 | 1846 | 7,197 |
| 1728 | 2,193 | 1753 | 2,413 | 1782 | 2,912 | 1847 | 6,280 |
| 1730 | 1,885 | 1756 | 2,775 | 1785 | 2,838 | 1850 | 5,788 |
| 1731 | 2,076 | 1757 | 2,809 | 1787 | 2,597 | 1851 | 6,269 |
| 1732 | 2,690 | 1758 | 2,718 | 1791 | 3,290 | 1852 | 5,378 |
| 1733 | 2,156 | 1761 | 2,791 | 1795 | 4,443 | 1856 | 4,519 |
| 1734 | 2,101 | 1767 | 2,863 | 1796 | 4,387 | 1860 | 5,084 |
| 1735 | 2,103 | 1768 | 2,908 | 1797 | 4,198 | 1862 | 4,628 |
| 1736 | 2,190 | 1769 | 2,780 | 1799 | 4,972 | 1863 | 4,246 |
| 1738 | 2,532 | 1770 | 2,765 | 1800 | 4,910 | 1865 | 4,126 |
| 1740 | 2,718 | 1771 | 2,879 | 1801 | 4,963 | 1868 | 4,159 |
| 1741 | 2,789 | 1772 | 2,396 | 1833 | 4,920 | | |
| 1743 | 2,786 | 1774 | 2,570 | 1842 | 4,429 | | |
| 1748 | 2,372 | 1775 | 2,668 | 1844 | 6,225 | | |

注）1728 年, 1733 年, 1735 年, 1743 年, 1748 年, 1771 年,
　　1776 年は複数資料の記載値の平均値。
資料）西山・山城（1975）, 山城（1976）より作成。

### 表 A2-5　出稼ぎ人の人口と町人人口の比較, 1843-1867 年

（単位：人）

| 年 | 月 | 出稼ぎ人 | 町人 | 出稼ぎ/町人 | 出　　典 |
|---|---|---|---|---|---|
| 1843 | 7 | 34,201 | 553,257 | 0.062 | 幸田（1972：天保撰要類集） |
| | 9 | 29,475 | 547,952 | 0.054 | 〃 |
| 1844 | 4 | 24,092 | 559,497 | 0.043 | 〃 |
| | 9 | 21,650 | 558,761 | 0.039 | 〃 |
| 1849 | 9 | 11,594 | 564,943 | 0.021 | 南（1978：藤岡屋日記） |
| 1850 | 4 | 10,434 | 559,115 | 0.019 | 〃 |
| 1851 | 4 | 9,265 | 574,927 | 0.016 | 南（1978：市中取締類集） |
| | 9 | 9,075 | 575,091 | 0.016 | 〃 |
| 1854 | 4 | 8,515 | 573,619 | 0.015 | 江戸町中人別調, 1855 年 4 月と同じ |
| | 9 | 8,306 | 570,898 | 0.015 | 江戸町中人別調 |
| 1855 | 4 | 8,515 | 573,619 | 0.015 | 江戸町中人別調, 1854 年 4 月と同じ |
| | 9 | 7,979 | 564,544 | 0.014 | 江戸町中人別調 |
| 1860 | 4 | 6,393 | 557,373 | 0.011 | 〃 |
| | 9 | 8,021 | 562,505 | 0.014 | 〃 |
| 1867 | 4 | 4,692 | 539,618 | 0.009 | 〃 |
| | 9 | 4,616 | 528,463 | 0.009 | 〃 |

資料）「江戸町中人別調」（1911）, 幸田（1972）, 南（1978）より作成。

214　第II部　前近代社会における人口成長

**表A2-6**　先行研究における総人口・武家人口

（単位：人）

| 時　期 | 総人口 | 武　家 | 町方・寺社方 | 出　典 |
|---|---|---|---|---|
| 1722（享保7） | | 263,466 | | 小宮山（1891） |
| | 1,927,880 | 560,000 | 1,367,880 | 阪本（1928） |
| 徳川時代中期 | 1,100,000 | 520,000–530,000 | 530,000–540,000 | 関山（1958）。総人口には無籍者を含む |
| 1843（天保14） | 1,559,313 | 299,313 | 1,260,000 | 小宮山（1891） |
| 天保期 | 1,308,315 | 619,882 | 688,763 | 鷹見（1940） |
| 弘化・嘉永期 | 1,300,000 | 600,000 | 700,000 | 吉田（1923） |

資料）小宮山編（1891），吉田（1923），阪本（1928），鷹見（1940），関山（1958）より作成。

**表A2-7**　斎藤（1984）の江戸の推計人口

（単位：人）

| 年 | 人口 |
|---|---|
| 1650 | 430,000 |
| 1750 | 1,220,000 |
| 1850 | 1,150,000 |

万2000人程度であったと考えられる。

### ④出稼ぎ人

　幕府による江戸の人口調査は主に4月と9月に実施されていたが，これらの町人人口には秋から冬にかけて農村部から江戸にやってきた出稼ぎ人の人口は含まれていないと考えられる。これら出稼ぎ人の人口が判明するのは，人返し令が実施された1843年以降，幕末期までのごくかぎられた時期のみである（表A2-5）。

### ⑤武家人口

　参勤交代制の成立以降，諸国から大名および家臣団が1年おきに江戸に滞在することになったため，徳川時代を通じて江戸には相当数の武家人口が存在していたと考えられている。これら江戸の武家人口およびそれを含めた総人口については資料が現存していないが，明治以降にいくつかの推計がされてきた。主なものをまとめれば表A2-6のとおりである。推計の多くは時系列ではなく，最盛期の江戸の人口を推計したものとなっている。

　時系列の推計では，斎藤誠治のものが有名であるが（斎藤1984），斎藤推計はその根拠を明らかにしていない（表A2-7）。同じく時系列推計であるT.チャンドラーの推計は（Chandler 1987），1875年の町人人口と武士人口の比率から武士の数は町人の8分の3程度であったと仮定して，それを1700-1854年の町人人口にも適用し，武士人口を加算して総人口を推計している（表A2-8）。なお，町人・武家の人口比に用いた1874年の人口は，総人口56万5905人，

**表 A2-8** Chandler（1987）の江戸の推計人口，1600-1875 年

（単位：人）

| 年 | 人口 | 年 | 人口 |
|---|---|---|---|
| 1600 | 60,000 | 1800 | 685,000 |
| 1604 | 60,000 | 1801 | 685,000 |
| 1700 | 688,000 | 1844 | 769,000 |
| 1701 | 689,000 | 1850 | 780,000 |
| 1721 | 700,000 | 1854 | 788,000 |
| 1750 | 694,000 | 1875 | 780,621 |
| 1798 | 685,000 | | |

**表 A2-9** 参勤交代の規模（平均人数）の変遷

（単位：1000 人）

| | | | |
|---|---|---|---|
| 17 世紀前半 | 49 | 18 世紀後半 | 41 |
| 後半 | 92 | 19 世紀前半 | 41 |
| 18 世紀前半 | 41 | 後半 | 10 |

資料）Saito（2014）より作成。

町人 21 万 4716 人となっているが，幕府滅亡後に徳川家およびその家臣団，諸藩が国元へ帰ったことによる人口減を考えた場合，それ以降の明治期初頭の身分構成を徳川時代にあてはめるのは無理があると思われる。

　これらの推計をみると，江戸の武士人口の推計は，18 世紀以降は 20 万-30 万人（小宮山推計，チャンドラー推計）もしくは 50 万人以上（斎藤推計など）で推移していたことになり，町人人口と同じようにほぼ大きな増減がなかったことを前提としていることがわかる。また，鬼頭（1989）は，徳川時代後期の江戸の武士人口は 50 万人を超える町人人口に匹敵する規模であったと仮定し，町人の 2 倍の人口を江戸の総人口と推定している。しかし，Saito（2014）によれば，武家人口の大半を占めていた参勤交代による大名家臣団の人数は，徳川時代半ばの 17 世紀後半に急増したが，徳川時代の後半から末期にかけて減少していたことがわかる（表 A2-9）。このことから考えられるのは，江戸在住の武士人口は最盛期においては町人人口と同規模であったが，それ以外の時期においては上記の随行家臣団の増減から判断されるように，一定ではなかったと考えるのが適当であろう。

　江戸の武家人口の推計方法は，基本的には関山直太郎において提示された徳川時代半ば以降の江戸の人口推計を利用する（関山 1958）。この推計方法は武家人口を 4 つのカテゴリに分けて考えるものであるが，ここではそれらカテゴリ中のいくつかについては新たに計算しなおすこととする。

　（a）旗本御家人，旗本御家人の家族，家来・従属者

216 第 II 部　前近代社会における人口成長

(b) 諸藩の江戸常住者，江戸常住者の家族，参勤交代の江戸在住者

(c) その他大名・旗本・幕府直属の足軽・中間・小者・雑役奉公人

(d) 浪人

　まず，カテゴリ (a) のうち旗本御家人の人数は関山推計にしたがい 2 万 3000 人で，徳川時代を通じて多少の増減はあったと考えられるが，本論においては一定と仮定する[2]。その家族数については，村越（2009）における 1600-1750 年までの 25 年ごとの旗本の男子数データから計算した平均子供数を，旗本にかんする資料が存在しない 1751 年以降のデータについては，村越（2011）における徳島藩「無足」（俸禄をあたえられた御目見以上の家臣）のデータから計算した平均子供数をそれぞれ利用し，これら平均子供数に妻 1 を加えた数値を平均家族数として，武家の家族数の推移を計算する（表 A2-10，表 A2-11）[3]。なお，徳川時代の子供数については女子の記載漏れなどにより男女の性比が不自然となる場合が多いため，ここではヤマムラ（1976）が採用した男子の 2 倍を子供数とする補正方法を採用した。旗本御家人の家来・従属者については，関山推計と同じく 10 万人とする。

　次に，カテゴリ (b) のうち諸藩の江戸常住者について，いくつかの藩では江戸常住者についての資料は存在しているが，長期にわたって観測できるものは少ない。また，藩によって人員の増減に幅があるため，一概に幕末期に向けて減少傾向にあったとも断定しがたい[4]。よって，ここでは関山の説にした

---

2）関山は推計値が徳川時代半ば以後としている根拠についてはとくに明記していないが，おそらく『吹塵録』記載の 1722（享保 7）年の旗本御家人の数と考えられる。その内訳は，旗本（万石以上）264 人，旗本（万石以下）5205 人，御目見以下御家人 1 万 7399 人，御扶持下され候職人・町人・幸若・猿楽共 480 人，合計 2 万 3348 人（原資料では 2 万 3355 人）となっている。

3）ヤマムラ（1976）においても 1500-1740 年の旗本の 30 年ごとの平均子供数を計算しているが，本論では村越（2009）を利用した。なお，双方の計算における平均子供数の結果に大きな差はみられなかった。また，村越（1991）においては，旗本に相当する徳島藩「無足」より上位身分の「知行取」の 50 年ごとの男子数も計算されているが，19 世紀の男子数が 1801-1869 年の 1 期間しかないこと，また，上記の子供数の補正方法により平均子供数を計算した場合に 19 世紀に不自然な数値がみられたため，ここでは利用しなかった。

4）確認可能な諸藩の江戸常住者の人口について事例をあげておく。津和野藩では 1805 年

補論 2　江戸の都市人口の試算　　217

**表 A2-10**　旗本の子供数の推計，1601-1750 年

（単位：人）

| 期　　間 | 男子数 | 子供数<br>（男子数×2） | 当主数 | 平均子供数 |
|---|---|---|---|---|
| 1601-1625 | 231 | 462 | 117 | 3.95 |
| 1626-1650 | 283 | 566 | 171 | 3.31 |
| 1651-1675 | 394 | 788 | 244 | 3.23 |
| 1676-1700 | 560 | 1,120 | 336 | 3.33 |
| 1701-1725 | 697 | 1,394 | 420 | 3.32 |
| 1726-1750 | 630 | 1,260 | 409 | 3.08 |

資料）村越（2009）より作成。

**表 A2-11**　徳島藩「無足」の子供数の推計，1601-1860 年

（単位：人）

| 期　　間 | 男子数 | 女子数 | 計 | 計：補正<br>（男子数×2） | 当主数 | 平均子供数 |
|---|---|---|---|---|---|---|
| 1601-1650 | 43 | 27 | 70 | 86 | 30 | 2.87 |
| 1651-1700 | 324 | 197 | 521 | 648 | 226 | 2.87 |
| 1701-1750 | 710 | 618 | 1,328 | 1,420 | 504 | 2.82 |
| 1751-1800 | 1,385 | 1,304 | 2,689 | 2,770 | 913 | 3.03 |
| 1801-1825 | 878 | 862 | 1,740 | 1,756 | 587 | 2.99 |
| 1826-1850 | 767 | 682 | 1,449 | 1,534 | 546 | 2.81 |
| 1851-1860 | 179 | 171 | 350 | 358 | 307 | 1.17 |

資料）村越（2011）より作成。

がって 3 万人とし，その人数は徳川時代を通じて一定とする[5]。江戸常住者の

---

　　272 人であったのが 1846 年 198 人，1851 年 179 人へと幕末にかけて減少している（亀
　　井 1932）。出石藩は 1709 年 819 人，1814 年 509 人，1843 年 258 人に漸減している
　　（ヴァポリス 2010）。しかし，宇和島藩では 18 世紀後半から 19 世紀初頭にかけて 700-
　　800 人前後で推移していたのが幕末の文久年間（1861-1863 年）に 900 人以上に急増し，
　　その後，徳川時代最末期の 1867 年に 407 人に急減するまでの数年間は 600-700 人台と
　　徳川時代半ばとほぼ同じ水準を維持していたという事例もある（安澤 1980）。

[5] 関山は諸藩の江戸常住者および参勤交代の江戸滞在者の人数は，19 世紀初頭に蒲生君
　　平が著した『不恤緯』における「藩之十二」の記述より，諸藩の家臣総数の 2 割と仮
　　定して 6 万人を算出し，その内半分が家族持ち（常住者）としている。ただし，関山
　　は諸藩の武士総数の根拠を明確にはしていない。関山は徳川時代初頭の武士人口とし
　　て『日本帝国形勢総覧』から 1624 年における全国兵数として大名 25 万 2219 人，一門
　　15 万 2997 人の記録を引用しており，この大名兵員の 2 割は約 5 万人，一門を加えた
　　総数の 2 割は約 8 万人となる。徳川時代を通じて武士人口に大きな変動がなければ，

218　第 II 部　前近代社会における人口成長

**表 A2-12**　17-19 世紀の江戸の武家人口とその内訳

(単位：人)

| | | 17 世紀前半 | 17 世紀後半 | 18 世紀前半 | 18 世紀後半 | 19 世紀前半 | 19 世紀後半 |
|---|---|---|---|---|---|---|---|
| (a) | 旗本御家人 | 23,000 | 23,000 | 23,000 | 23,000 | 23,000 | 23,000 |
| | 家族 | 105,097 | 98,662 | 96,633 | 92,781 | 89,787 | 49,821 |
| | 家来・従属者 | 100,000 | 100,000 | 100,000 | 100,000 | 100,000 | 100,000 |
| (b) | 諸藩江戸常住者 | 30,000 | 30,000 | 30,000 | 30,000 | 30,000 | 30,000 |
| | 家族 | 137,083 | 128,690 | 126,043 | 121,019 | 117,114 | 64,984 |
| | 参勤交代の在府者 | 35,854 | 67,317 | 30,000 | 30,000 | 30,000 | 7,317 |
| (c) | 足軽・雑役奉公人など | 100,000 | 100,000 | 100,000 | 100,000 | 100,000 | 100,000 |
| (d) | 浪人 | 20,000 | 20,000 | 20,000 | 20,000 | 20,000 | 20,000 |
| | 計 | 551,034 | 567,669 | 525,677 | 516,800 | 509,901 | 395,122 |

注）資料・推計方法については本文参照。

　家族人数については，旗本御家人の家族の推計方法と同様とする。参勤交代の江戸在住者についても，関山推計と同じく 3 万人と仮定するが，その人数は前掲表 A2-9 にあらわした Saito（2014）の 50 年ごとの参勤交代の平均従事者数の推移から明らかなように一定でなかったことが考えられる。関山は参勤交代の江戸在住者の人数は徳川時代半ば以後としているため，ここではこれを 18 世紀前半の状態を反映したものと判断して，それ以外の時期（17 世紀，18 世紀後半以降）については，Saito（2014）における参勤交代の随行人員の 18 世紀に対する比を使って計算する。

　カテゴリ（c）のその他大名・旗本・幕府直属の足軽・中間・小者・雑役奉公人は関山推計より 10 万人，カテゴリ（d）の浪人の人数は関山推計では 2 万-3 万人とあったが，ここでは 2 万人とし，両カテゴリともに徳川時代全時期で一定であったとする。

　以上の考え方をもとに江戸の武家人口を推計した結果が表 A2-12 および図

この 5 万-8 万人程度で推移していたことになり，こうした資料から 6 万人を徳川時代の江戸在住人口と推定したと考えられる。なお，関山は戦前に旧大蔵省文書中に「庚午年概算」なる統計書類から筆写したものとして，1870 年の士族 23 万 1866 戸，卒 19 万 4538 戸を紹介している（原本は焼失したものと思われる）。これら戸数を当主である武士の人数と考えれば，その 2 割として 8 万 5280 人となり，先の徳川時代初頭の武士人口の最大値とおおむね一致する。

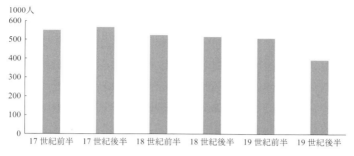

**図 A2-1** 17-19 世紀の江戸の武家人口の推移

資料）表 A2-12 より作成。

A2-1 である。徳川時代の江戸の武家人口は17世紀後半をピークとして18世紀以降は漸減傾向をたどっていった。とくに19世紀後半の武家人口の減少は大きくなっており，これは諸藩の江戸への参勤交代人員の減少による影響からくるものであるが，それ以外にも幕末期の1862年に幕政改革により参勤交代を3年に1回または100日に緩和する措置がおこなわれたことにより，諸藩の江戸への滞在期間が減少したことも大きな要因と考えられる。

## 江戸の人口

以上の江戸における諸階層の人口（町人人口，計外人口，武家人口）をもちいて，徳川時代の江戸の人口を推計する。推計の基本的な考え方は，記録が最も豊富かつ資料より数値が直接えられる町人人口に各身分の人口推計値を加算するものとする（町人人口＋武家人口＋計外人口＝総人口）。以下，各身分別の推計方法を説明する。

町人人口については，とくに不自然な数値でないかぎりは表 A2-1 の人口数を採用した。ただし，1746年および1791年の町人人口には急激な増加が確認されるため除外している。両年とも『吹塵録』に所収の「江戸町数人口戸数」によるものであるが，同資料では他の年では町方の町人人口と寺社方の町人人口を区別なく列挙しているため，計外の人口もカウントされた数値がそのまま記載されている可能性がある。これらの年および町方在住の町人人口しか記録

220 第 II 部　前近代社会における人口成長

のない年については前後の年の人口増加率によって内挿補完した。なお，同じ
年に複数月の人口資料がある場合は，一部を除いて最初の月の資料に記載の数
値を採用した。

　計外人口については以下のとおりである。僧侶などの人口は前掲表 A2-2 に
おける町人人口の比から計算して町人人口に対して 8 % で推移していたと仮
定した。新吉原は遊女人口に妓楼在住者と出入り芸者の合計 5600 人を加算す
ることで算出した。該当年がない場合は成長率によって内挿補完した。出稼ぎ
人は天保期以降の人口が把握可能な年はその数値を利用し，それ以前の不明な
年については町人人口に対して 5 % で推移していたと仮定した（以降の不明な
年は前後の年の比にて計算した）。武家人口は前掲表 A2-12 で推計したとおりで
ある。これら各身分の推計の結果をまとめたものが表 A2-13，そのトレンドを
あらわしたのが図 A2-2 である。

　この推計値によって徳川時代の江戸の人口の推移をみると，少なくとも 18
世紀前半には 100 万人を超える人口を擁しており，途中 19 世紀にさしかかる
前後の時期に若干の人口減少をみせるが，徳川時代を通じて 100 万人規模を維
持した巨大都市であったことになる。1850 年に人口が急激に低下するのは，
武士人口の推計の条件を半世紀ごとに区切ったことによる推計上の変化である
ことに留意したい。また，幕末の最末期の 1867 年に 100 万人を下回っている
のは，先述のとおり 1862 年の幕政改革による参勤交代の緩和措置がおこなわ
れたことにより武家人口が急減したことによる影響であろう。

　徳川時代から明治期初頭への接続については，推計結果では幕末から明治期
初頭で約 40 万人近い人口減となっている。徳川幕府の滅亡により徳川家およ
びその家臣団が江戸を去り，参勤交代の廃止により諸大名が自国へ戻ったこと
により江戸の人口は大きく減少したことは広く知られているところであるが，
『吹塵録』に書かれた旧幕臣であった勝海舟の試算によれば，徳川家の家臣団
を戸数 1 万 4000 家，諸藩の帰国者 2 万戸，横浜へ移動した商人 5000-6000 家
で，これを世帯人数 5 人で計算して約 20 万人が江戸を離れていったと仮定し，
これに武家奉公人などの従事者，農村部からの出稼ぎ人を加えれば，30 万人
程度の人口減が幕末から明治期初頭にかけてあったとされる。推計に利用した

補論 2　江戸の都市人口の試算　221

### 表 A2-13　江戸の推計人口とその身分構成比，1718-1879 年
（単位：1000 人）

| 年 | 町人 | 僧侶ほか | 新吉原 | 出稼ぎ人 | 武家 | 計 |
|---|---|---|---|---|---|---|
| 1718 | 526.4 | 42.1 | 8.6 | 26.3 | 525.7 | 1,129.2 |
| 1721 | 526.3 | 52.2 | 8.1 | 26.3 | 525.7 | 1,138.5 |
| 1722 | 526.2 | 44.0 | 8.0 | 26.3 | 525.7 | 1,130.2 |
| 1723 | 526.2 | 34.1 | 7.8 | 26.3 | 525.7 | 1,120.0 |
| 1724 | 526.1 | 38.1 | 7.7 | 26.3 | 525.7 | 1,123.9 |
| 1725 | 526.0 | 42.1 | 7.7 | 26.3 | 525.7 | 1,127.8 |
| 1726 | 526.0 | 42.1 | 7.7 | 26.3 | 525.7 | 1,127.8 |
| 1731 | 525.7 | 30.0 | 7.7 | 26.3 | 525.7 | 1,115.3 |
| 1732 | 533.5 | 42.7 | 8.3 | 26.7 | 525.7 | 1,136.8 |
| 1733 | 536.4 | 42.9 | 7.8 | 26.8 | 525.7 | 1,139.5 |
| 1734 | 533.8 | 42.7 | 7.7 | 26.7 | 525.7 | 1,136.5 |
| 1735 | 530.6 | 42.5 | 7.7 | 26.5 | 525.7 | 1,133.0 |
| 1736 | 527.0 | 42.2 | 7.8 | 26.4 | 525.7 | 1,129.0 |
| 1737 | 526.2 | 32.3 | 8.0 | 26.3 | 525.7 | 1,118.4 |
| 1738 | 528.1 | 42.2 | 8.1 | 26.4 | 525.7 | 1,130.6 |
| 1742 | 501.3 | 40.1 | 8.4 | 25.1 | 525.7 | 1,100.6 |
| 1743 | 501.2 | 54.8 | 8.4 | 25.1 | 525.7 | 1,115.1 |
| 1744 | 504.1 | 40.3 | 8.3 | 25.2 | 525.7 | 1,103.6 |
| 1746 | 510.0 | 40.8 | 8.1 | 25.5 | 525.7 | 1,110.1 |
| 1747 | 512.9 | 41.0 | 8.0 | 25.6 | 525.7 | 1,113.3 |
| 1750 | 509.7 | 40.8 | 8.3 | 25.5 | 525.7 | 1,109.9 |
| 1756 | 505.9 | 40.5 | 8.4 | 25.3 | 516.8 | 1,096.8 |
| 1762 | 501.9 | 40.2 | 8.4 | 25.1 | 516.8 | 1,092.3 |
| 1768 | 508.5 | 40.7 | 8.5 | 25.4 | 516.8 | 1,099.9 |
| 1774 | 482.7 | 38.6 | 8.2 | 24.1 | 516.8 | 1,070.5 |
| 1780 | 489.8 | 39.2 | 8.5 | 24.5 | 516.8 | 1,078.7 |
| 1786 | 457.1 | 36.6 | 8.3 | 22.9 | 516.8 | 1,041.6 |
| 1791 | 477.5 | 38.2 | 8.9 | 23.9 | 516.8 | 1,065.2 |
| 1792 | 481.7 | 38.5 | 9.2 | 24.1 | 516.8 | 1,070.3 |
| 1798 | 492.4 | 39.4 | 10.2 | 24.6 | 516.8 | 1,083.5 |
| 1804 | 492.1 | 39.4 | 10.6 | 24.6 | 509.9 | 1,076.5 |
| 1810 | 497.1 | 39.8 | 10.6 | 24.9 | 509.9 | 1,082.2 |
| 1816 | 501.2 | 40.1 | 10.5 | 25.1 | 509.9 | 1,086.8 |
| 1822 | 520.8 | 41.7 | 10.5 | 26.0 | 509.9 | 1,108.9 |
| 1828 | 527.3 | 42.2 | 10.5 | 26.4 | 509.9 | 1,116.3 |
| 1832 | 545.6 | 43.6 | 10.5 | 27.3 | 509.9 | 1,137.0 |
| 1834 | 522.8 | 41.8 | 10.5 | 26.1 | 509.9 | 1,111.1 |
| 1840 | 551.4 | 44.1 | 10.1 | 27.6 | 509.9 | 1,143.1 |
| 1841 | 563.7 | 45.1 | 10.1 | 28.2 | 509.9 | 1,157.0 |
| 1842 | 551.1 | 44.1 | 10.0 | 27.6 | 509.9 | 1,142.6 |

（つづく）

222　第 II 部　前近代社会における人口成長

| 年 | 町人 | 僧侶ほか | 新吉原 | 出稼ぎ人 | 武家 | 計 |
|---|---|---|---|---|---|---|
| 1843 | 553.3 | 44.3 | 11.0 | 34.2 | 509.9 | 1,152.7 |
| 1844 | 559.5 | 44.8 | 11.8 | 24.1 | 509.9 | 1,150.1 |
| 1845 | 557.7 | 44.6 | 12.4 | 11.4 | 509.9 | 1,136.0 |
| 1849 | 564.9 | 45.2 | 11.6 | 11.6 | 509.9 | 1,143.2 |
| 1850 | 559.1 | 44.7 | 11.4 | 10.4 | 509.9 | 1,135.6 |
| 1853 | 574.9 | 46.0 | 10.8 | 8.5 | 395.1 | 1,035.3 |
| 1854 | 573.6 | 45.9 | 10.5 | 8.5 | 395.1 | 1,033.7 |
| 1855 | 573.6 | 45.9 | 10.3 | 8.5 | 395.1 | 1,033.5 |
| 1860 | 557.4 | 44.6 | 10.7 | 6.4 | 395.1 | 1,014.2 |
| 1867 | 539.6 | 43.2 | 9.7 | 4.6 | 395.1 | 992.3 |
| 1874 | - | - | - | - | - | 593.7 |
| 1876 | 599.8 | - | - | - | 116.9 | 716.7 |
| 1877 | 609.5 | - | - | - | 127.4 | 736.8 |
| 1878 | 662.0 | - | - | - | 151.4 | 813.4 |
| 1879 | 675.1 | - | - | - | 150.1 | 825.2 |

注・資料）1874 年以降の町人人口は平民人口，武士人口は華族人口と士族人口の合計値。1874 年は『東京一覧』の朱引内（旧市域 15 区）人口。1876-1879 年は『東京府統計書』の朱引内の本籍人口と寄留人口の合計値。ただし，1876 年は『東京府管内統計表』では 89 万 1324 人（本籍・寄留の記載なし）となっているが，ここでは 1877 年の人口表における前年との増減比較より算出した。その他の年の資料・推計方法については本文を参照。各身分の人口ごとに 10 人以下の位は四捨五入している（推計は 1 の位より計算した）。

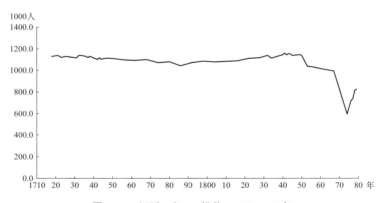

図 A2-2　江戸の人口の推移，1718-1879 年

資料）表 A2-13 より作成。

江戸（東京）の人口は，明治期初頭の
人口統計の数値をそのまま引用してい
る。明治期の都市人口の統計はその統
計方法や寄留人口の脱漏などの多くの
問題があるため検討が必要ではあるも
のの，少なくとも 30 万–40 万人規模
の人口の縮小が，明治維新を挟んだ江
戸から東京の過渡期に発生していたこ
とになる。

　表 A2–14 は，推計した江戸の人口
と関東地域・日本全国の人口を比較し
たものである。ベンチマーク年は幕府
による全国人口調査年にあわせたもの
である。17 世紀初頭，徳川幕府成立
前の人口は 6 万人で他の地方城下町と
同規模であったが，18 世紀以降は徳
川時代を通じて西関東地域の 4 分の 1，
関東地域の 5 分の 1 を占めており，江
戸地廻りの商業圏の中核都市として機能していたことがわかる。

**表 A2–14**　江戸の推計人口，1600–1874 年
（他地域との比較）

（単位：1000 人）

| 年 | 江戸 | 西関東 | 関東 | 全国 |
|---|---|---|---|---|
| 1600 | 60 | 1,285 | 2,019 | 12,266 |
| 1721 | 1,139 | 4,015 | 6,149 | 31,290 |
| 1750 | 1,110 | 3,855 | 6,057 | 30,908 |
| 1756 | 1,097 | 3,832 | 5,972 | 31,255 |
| 1786 | 1,042 | 3,437 | 5,251 | 30,072 |
| 1792 | 1,070 | 3,397 | 5,162 | 29,836 |
| 1798 | 1,083 | 3,445 | 5,221 | 30,531 |
| 1804 | 1,076 | 3,401 | 5,155 | 30,691 |
| 1822 | 1,109 | 3,379 | 5,091 | 31,839 |
| 1828 | 1,116 | 3,416 | 5,213 | 32,538 |
| 1834 | 1,111 | 3,363 | 5,005 | 32,396 |
| 1840 | 1,143 | 3,360 | 5,157 | 31,025 |
| 1846 | 1,138 | 3,465 | 5,326 | 32,212 |
| 1874 | 594 | 3,627 | 5,603 | 34,516 |

注）西関東地域は上野国・下野国・武蔵国・相模
　　国，関東地域はこれに常陸国・下総国・上総
　　国・安房国を加えた地域となる。
資料）江戸については，1600 年は Chandler（1987）
　　よりとったが，徳川幕府成立後の 1609 年に
　　15 万人の記録がある（『ドン・ロドリゴ日本
　　見聞録』）。その他の年は表 A2–13 を参照。他
　　地域は鬼頭（1996）の地域別推計より算出し
　　た。

　以上，徳川時代の江戸の人口について，現存する記録資料および先行研究の
成果を参考にして推計した。町人以外の人口については推計人口が固定されて
いる期間があるため，概算的な側面をもつことは否定できないのも事実である
が，江戸の推計人口は 100 万–115 万前後で推移しており，これまでの通説的な
江戸の都市人口 100 万人説と近いものとなったが，一部先行研究にみられた最
盛期に 130 万人以上という結果にはならなかった。この推計結果の妥当性につ
いては，他の諸推計との整合性にも注意する必要があるが，たとえば，鬼頭
（1989）では 40 万–50 万人規模の人口縮小となっているのは，徳川時代の江戸の
武士人口を全期間で町人の 2 倍と一律に仮定していることに起因している。こ

れに対して本論は，身分別・居住区別に，かつ幕末後半の武士人口の減少を考慮に入れたうえで，江戸の都市人口の新たな推計を試みたものである。

第 III 部

非農業生産そして GDP の推計と国際比較

# 第6章

# 徳川時代における非農業生産の推計

## はじめに

　本章の目的は，徳川時代から明治期初頭（1600-1874 年）にかけての第二次部門および第三次部門の生産量を推計することにある[1]。

　第3章では，資料情報が比較的豊富な第一次部門の生産量について徳川時代の実収石高を推計することにより，そのトレンドと地域別の傾向を確認したが，その基礎的資料として石高データの存在があった。これに対して，第二次部門・第三次部門にかんする統計的データは徳川時代においては皆無に等しい。仮にそうした非農業生産にかんする資料が存在していたとしても，それは，たとえば鉱業部門において，ある銅山のある時期の銅の算出量が経営文書に記録されたもの，あるいはある酒造商家のある時期の酒の生産量が帳簿に書かれていたという類のものでしかない[2]。これら資料によって特定の経営組織や個別産業についての経営史的分析や，ある時期の生産の動向をつかむことはできても，ここから各産業分野のすべての品目，かつ長期の生産量について推計をす

---

1) 本章における徳川時代の非農業生産部門の産出高推計の考え方および推計方法は，斎藤修との共著論文（Saito and Takashima 2016）に依拠している。論文の骨子と内容の一部を使用することを快諾していただいた共著者に謝意を表したい。

2) 一部の品目・業種と地域に絞ってではあるが，18 世紀以降の非農業部門の生産動向を推計し，同時期における投資活動を考察したものに尾高（1996）がある。あつかわれている品目は，木炭（紀州地方），木材（丹波地方），銅（別子銅山），鉄（南部藩），綿織物（和泉地方など 14 地域の合計値），染料（阿波），醤油（播磨国），海運業（阿波地方）である。

ることは不可能である。さらに，第三次部門になれば，断片的な資料さえ存在
しておらず，これら産業部門の生産量を資料から直接に推計することはきわめ
て難しい状況となっている。

　例外的に，1840年代の長州藩が支配地域下の全村落にかんする経済調査を
おこなっており，その結果は『防長風土注進案』としてまとめられている。そ
の調査項目は，生産，租税，財政，支出など多岐にわたり，生産については農
業部門・非農業部門に分けられているなど詳細な情報を知ることができる。前
近代において，ここまで大規模な経済調査の資料はほかには存在していないが，
一方で，これは長州藩という西国の雄藩における資料であって，これを手がか
りとすることはできても，これをもって日本全国の第二次部門・第三次部門の
推計の材料とすることはできないのも事実であろう[3]。

　したがって，本章では非農業部門の推計については，こうした一次資料を直
接利用した生産量推計はせず，日本と同じように前近代の非農業生産にかんす
る資料がほぼ存在していないヨーロッパ諸国での歴史的国民計算にてもちいら
れる間接的な推計方法を採用する。すなわち，資料からえられる生産量のデー
タもしくはそれをもとに推計する方法（direct approach）ではなく，なんらの
パラメータ・代理変数をもちいて別途生産量を推計する方法（indirect approach）
である。この間接的な推計方法において有効とされているのが，イタリアの経
済史家パオロ・マラニマによって提示された都市化率を利用した非農業部門の
推計方法であり（Malanima 2011），本章においても，これを推計方法の手がか
りとする。マラニマは，19世紀以前の，7世紀にわたる統一前のイタリアにお
ける工業と貿易のトレンドが同時期の都市化率に反映されていたことを証明し
たうえで，第二次部門・第三次部門の生産量の全生産量における割合を，統一
後のイタリアにおける第二次部門・第三次部門の生産量の全生産高に占める割
合と都市化率との間に計測されるパラメータによって推計することが可能であ
るとした（詳細は後述）。この都市化率と近代以降の時系列データを用いた非農

---

　3）『防長風土注進案』を利用して徳川期の防長地方の経済を分析した樵本洋哉は，この地
　　方の経済状況を，当時の先進地域であった畿内と後進地域の東北地方の中間に位置す
　　る「ほぼ平均的な」水準であったとしている（樵本1987，ⅰ頁）。

228 第 III 部 非農業生産そして GDP の推計と国際比較

業生産量の推計方法は，前近代の生産量推計にたずさわる経済史研究者に受け入れられ，都市化率が利用可能ないくつかの国において同様の方法による推計がおこなわれた[4]。

　しかし，この推計方法をそのまま徳川日本の生産量推計にあてはめることはできない。周知のように，徳川日本では都市だけでなく地方の小規模な農村部，たとえば人口 5000 人以下の規模の村々においても農村工業や商業・サービス業が発展しており，都市と農村の差が比較的区別できるようなイタリアの事例とは歴史的前提が異なるからである。とくに徳川時代後半は，歴史的にプロト工業化の時代と定義されているが，この時期は，非農業生産と都市化率の関係が失われていった時期であり，都市化率のみをパラメータとした推計方法では，当時の日本の経済状況を反映できないからである。

　これに加えて，近代以降のデータの分析結果をそのまま前近代社会に使う方法にも問題がある。日本では，1930 年代以降，それまで農村工業の発展の中心的存在であった在来産業型の製糸業が衰退し，近代的製造業へと移行していった。こうした日本の事例に，近代における工業部門とサービス業部門を一括して計測し，その結果をそのまま前近代に適用するやり方をとることはできない。

　また，マラニマの回帰分析に利用されたデータは近代イタリア一国の時系列分析のみからなっており，そこには現在もなお南北問題をかかえるイタリア国内の地域間の差は考慮されていない。日本においても，明治以降に東京を中心とした大都市圏の形成，大阪・愛知・福岡などでの近代的工業化の進展などの経済成長の地域的差異があるため，こうした成長の差をコントロールして統計的分析に反映させる必要がある。

　上記の問題を考察するため，本章は，以下のように検討を進める。まず次節

---

4) 都市化率を利用した非農業生産量の推計がなされた国には，スペイン（Álvarez-Nogal and Prados de la Escosura 2007），ドイツ（Pfister 2011）がある。なお，日本の GDP 推計についても都市化率のみを利用したものがあるが（Bassino et al. 2011），本章で利用する Saito and Takashima（2016）で提示された新しい推計式によって修正された（Bassino et al. 2015）。この研究プロジェクトには筆者も参加しており，今後，本書によって提示された推計方法によって改訂される予定である。

にて，マラニマの推計方法の概要およびその問題点を分析し，日本において適用するための補正方法を検討する。第2節では，改良されたマラニマの推定式に利用するための明治期の府県データをもちいたパネル・データを構築し，これら地域別パネルデータによる回帰分析をおこなう。利用される変数は，人口密度と都市化率の2つの説明変数といくつかのダミー変数である。第3節では，徳川時代の第二次部門・第三次部門の総生産における割合について，回帰分析により計測された2つの説明変数の回帰係数を利用して，遡及推計をおこなう。第4節では，遡及推計の結果から徳川時代の生産量推計をおこなう。最終節は小括にあてられることになる。

# 1　推計の基本的な方針

　マラニマの推計方法の基本的な考え方は，前近代社会においては都市化が非農業生産部門の代理変数だとする点にある。彼は近代イタリアの統一期と第二次大戦期との間の時系列データを利用して，都市化率を説明変数，非農業生産のシェアを被説明変数とした回帰分析をし，そこからえられた回帰係数を近代以前の都市化率にあてはめて 1300-1861 年の非農業生産の総生産におけるシェアを推計した。その回帰式は，以下のようにあらわされる（Malanima 2011, p. 183）。

$$\frac{Y_{na(t)}}{Y_{(t)}} = 15.371 + 1.82U \tag{6.1}$$

$Y_{na(t)}/Y_{(t)}$ は全生産における非農業生産のシェアを，$U$ は都市化率をあらわしている（両変数ともにパーセンテージ表示）。この回帰結果の意味するところは，イタリアでは 1％ の都市化率の上昇が非農業生産量の全生産量におけるシェアを 1.82％ 増加させたということである。

　日本においても，第3章および第4・5章において推計した徳川時代の第一次部門の生産量と全国人口・都市人口のデータが利用できるため，イタリアと

230　第 III 部　非農業生産そして GDP の推計と国際比較

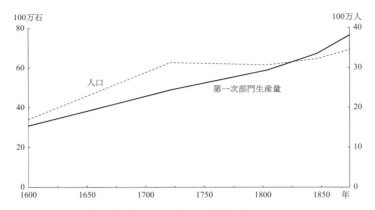

**図 6-1**　徳川時代・明治期初頭の第一次部門生産量と人口の推移，1600-1874 年

資料）第一次部門の生産量は第 3 章表 3-7，全国人口は第 4 章表 4-4 より作成。

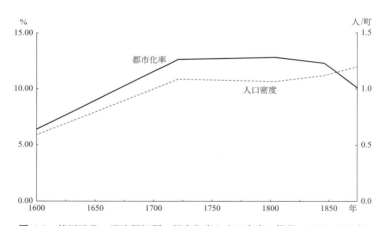

**図 6-2**　徳川時代・明治期初頭の都市化率と人口密度の推移，1600-1874 年

注・資料）人口密度は第 4 章表 4-5 の全国人口を『第 1 回帝国統計年鑑』に記された面積で除して計算した。都市化率は第 5 章表 5-5 より作成。

同様の方法で非農業部門のシェアを推計することは可能である（図 6-1，図 6-2）。しかし，この方式を近世の日本に適用しようとすると，イタリアとは逆の結果，すなわち長期にわたる非農業部門の生産量の下落が生じてしまうこと

になる。その理由は，徳川時代の都市化率のトレンドをみれば明らかであろう。第5章における人口1万人以上の都市を対象とした推計をもとにした図6-2をみれば，近世以降の全国の都市化率は，徳川時代に入ってから1600年に6％，1721年に12.6％と上昇を続けていたが，これをピークとして18世紀で伸びが止まり，徳川時代後半の1846年に12.3％に減少し，明治期初頭の1874年には10.0％にまで落ち込んでいたことがわかる。徳川時代の後半において都市人口が減少もしくは停滞傾向にあったことは，先行研究においても言及されている。アメリカの経済史家トマス・スミスは，近世日本の経済成長の研究において人口データが利用可能な35の都市（城下町）を分析した結果，18世紀初頭から19世紀半ばにかけて，24都市で人口の減少，7都市で停滞がみられ，増加したのはわずか4都市にとどまっていたことを指摘している（Smith 1973）[5]。

　これら歴史的事実から，徳川時代半ばから後半にかけての18世紀から19世紀の間，農村部における農村工業と商業の発達の時期——いわゆるプロト工業化の時期——に，各地方で都市人口が減少した一方で，農村部においては人口が増加していたことがいえよう。しかも，大半は人口3000人以下の小規模な農村であった。これがスミスの指摘するところの「農村中心的成長（rural-centred growth）」であり，それは徳川時代の後半になるにしたがって非農業生産の拡大をともなうものであったが，その背景には農民の副業による非農業収入の増加があった（Smith 1969）。事実，近世後半の農家における非農業活動の時間と収入はかなりの割合を占めていたことがわかっており，たとえば，Nishikawa（1987）が『防長風土注進案』をもとに作成した産業連関表によれば，1840年の長州藩の支配地域における世帯の75％は農家であったにもかかわらず，地域全体における非農業収入の総収入に占める割合は付加価値ベースで計算すれば39％にのぼっていた。

　以上の歴史的事実から考えれば，仮にイタリアのように都市化の変遷のみをたどって非農業生産を推計しようとしても，日本の近世後半の都市化が減退す

---

5）徳川時代の人口データは武士などの除外人口があるため，このスミスの分析は町民人口のみを対象としている。

232 第 III 部　非農業生産そして GDP の推計と国際比較

る時期における農村中心的成長の影響をつかむことは難しいだろう。イタリア
のように，国の成りたちとして都市国家群が歴史的に起源となる場合は，都市
と農村が比較的区別しやすく，都市化率のみで非農業生産を推計することは可
能であるかもしれないが，日本はこれにあてはまらない。もっとも，この農村
部における非農業生産業の進展はマラニマの推計方法においても認識されてお
り，イタリアの製糸業の成長の背景には農村世帯の労働があったことの説明が
なされている。彼はこうした農村工業の進展をとらえるために，非農業生産部
門の労働の割合の変化を以下のように考えた（Malanima 2011, pp. 184-185）。

$$\frac{Y_{na(t)}}{Y_{(t)}} = \left(\frac{Y_{nc(t0)}}{Y_{(t0)}}\right) \times \left(\frac{L_{na(t)}}{L_{na(t0)}}\right) \tag{6.2}$$

$L_{na}$ は非農業生産の労働力をあらわし，$t0$ は基準年，$t$ は $t-50$，$t-100$ と変化
する。しかしながら，この方法は，日本のような農家世帯が副業によって非農
業生産品およびサービスを供給するような農村地域においては機能しない。と
いうのも，現存する資料では，非農業生産（$L_{na}$）から専業の労働力と副業の農
家労働力を分けることは事実上不可能だからである。

　こうした問題を解決するため，本章では人口密度を非農業分野における労働
力の割合の指標として考えたい。再び図 6-2 をみてみよう。徳川時代の都市化
は，1600 年から 1721 年までの間，人口密度と歩調を合わせるかのように上昇
していたが，その後両者のトレンドは別の方向へと進み，19 世紀以降は都市
化率が急激に低下した一方で，人口密度のレベルは上昇を続けていたことがわ
かる。先にも触れたように，前近代社会の農村地域における人口増加の傾向は，
多くの場合それは非農業生産の活動に起因するものである。したがって，そう
した人口圧力の高まった地域——それは，繁栄した地域といってもよいだろう
——は，都市化によって発展した地域だけでなく，地方の工業化された地域，
商業化された地域であることを指すことになるはずである。

　日本の農村工業における主要品目は（それは他の国でも同様であったが）綿と
絹に代表される繊維産業から生み出されていた。とくに綿と絹は 18 世紀後半
から 20 世紀初頭までの間，日本の農村工業における重要品目として位置づけ

第 6 章　徳川時代における非農業生産の推計　　233

表 6-1　徳川時代・明治期初頭の人口変遷，1600-1874 年

A. 推　移

(単位：1000 人)

| | 1600 年 | 1721 年 | 1804 年 | 1846 年 | 1874 年 |
|---|---|---|---|---|---|
| 東日本 | – | 11,475 | 10,156 | 10,480 | 11,428 |
| 西日本（中間地域を含む） | – | 19,815 | 20,536 | 21,732 | 23,088 |
| 全　　国 | 17,000 | 31,290 | 30,691 | 32,212 | 34,516 |

B. 成長率

(単位：%)

| | 1600-1721 年 | 1721-1804 年 | 1804-1846 年 | 1846-1874 年 |
|---|---|---|---|---|
| 東日本 | – | −0.15 | 0.07 | 0.31 |
| 西日本（中間地域を含む） | – | 0.04 | 0.13 | 0.22 |
| 全　　国 | 0.51 | −0.02 | 0.12 | 0.25 |

注・資料）蝦夷地（北海道）・琉球（沖縄）は含まない。第 4 章表 4-4 の 14 地域を東日本（東東
北・西東北・東関東・西関東・東山），中間地域（新潟・北陸・東海）および西日本（畿
内・畿内周辺・山陰・山陽・四国・北九州・南九州）に分けた。東日本・西日本・全国の人
口の 100 以下の位は四捨五入している（推計は 1 の位より計算した）。

られており，綿は主に西日本もしくは中間地域の平野部において生産され，製
糸業・絹織物業は東日本の山間部地域において生産されていた。この関係は人
口の地域的分布においてもいえることである。これを表 6-1 にあらわされた徳
川時代の東西地域別の人口成長の推移からみてみると，徳川時代半ばから後半
にかけて全国人口は減少したが，それは東日本において顕著であり，逆に西日
本においては微増ではあるが人口成長は続いていたことがわかる。実際に，
1721-1804 年の東日本の人口成長は年率で−0.15 ％，1804-1846 年には若干回
復して 0.07 ％となるが，それでもゆるやかではあるが確実に成長を続ける西
日本にはおよんでいなかった。この背景には飢饉の影響が東日本においてとく
に強かったことがあった。しかし，この状況は幕末から明治期初頭にかけて一
変する。1846-1874 年の東日本の人口成長率は年 0.31 ％であったのに対して，
西日本は 0.22 ％と若干ではあるが東日本が上回る結果となった。

　これは意外な結果にみえるかもしれないが，日本の近代移行期における農村
工業をめぐる変化と整合的である。つまり，幕末の開港後，東日本地域の生糸
産業が世界市場における需要の高まりに応えるかたちで主要輸出品となったこ
とで，それら地域における経済成長がおこり，その結果として人口成長が進ん

だといえる。これは，主穀生産地域と農村工業品生産地域との地域間分業をともなう経済成長の現象であるプロト工業化の理論としてとらえることができる。プロト工業化論の研究では，17–18世紀のヨーロッパで穀物生産が劣位の地域において域外，とくに国際貿易市場向けの農村工業が発展し，その経済発展の結果として人口成長がおこったことが指摘されているが（Mendels 1972），これと同じ現象が日本においても観察できるということである。Saito（1983）および斎藤（1985）は，日本の徳川時代から近代初頭のプロト工業化の発展について，17世紀における高い人口増加率と土地への圧力が農村工業化の開始と関係をもっていたことを指摘し，農村工業化の発展の決定要因としては，東日本では穀物生産に不向きな畑作地域における人口密度の上昇があったのに対して，西日本では農業発展および市場経済化との相互作用がより強い説明力をもっていたことを明らかにした。また，明治期初頭のクロスセクション・データを用いて，都市化の度合いのみが人口密度を決定する要因ではないこと，および人口密度と農村工業の地域的分布の間には強い相関が存在することを指摘した。この前者の指摘は，de Vries（1984）において示されたプロト工業化期のヨーロッパにおける都市化のパターンと整合的であり，後者の指摘は，人口密度は農村部における製造業・商業の双方において有効な指標となりうる可能性を示唆している[6]。したがって，前近代日本においては，工業化の決定要因として人口密度と都市化率の2点が重要な役割をもち，さらに列島の東西の発展のプロセスは異なっていたことになる。

　なお，西日本の綿糸産業は海外からの綿糸・綿織物の流入による打撃があったが，明治期でも中部地域などでは綿糸産業そのものは持続していた。また，繊維産業以外の農村工業品，たとえば，酒・味噌・醤油などの醸造業や製紙業などの産業は，徳川時代の日本のあらゆる地域で，その産地を確認することができる（斎藤・谷本1989）。

　こうした農村工業品の製造の大部分は，明治期の近代工業化が進むなかでも在来産業として生き残った。「在来産業」とは，近世からの在来技術を基盤と

---

6）近年の研究では，19世紀のイングランドとウェールズ，低地諸邦における郡レベルでの人口密度地図がこの傾向をよく示している（Buyst and Shaw-Taylor 2015）。

した中小規模の家族共同体経営にもとづく産業のことを指すが，これに対して，明治期以降に海外から移植された技術と制度にもとづいた産業は「近代産業」と分類され，明治期初頭の企業勃興期から第二次大戦後の高度成長期まで，それら2つの「在来」と「近代」の産業は並列的発展（concurrent growth）をし，産業構造としては二重構造の状態を維持していた（西川・阿部 1990）。とくに，明治期初頭の企業勃興期から昭和恐慌期（1930年頃）までの間は，伝統的な在来産業が日本の製造業部門における重要な位置を占めていた。全製造業部門における農村工業生産品の割合は時代が進むにつれて徐々に低下はするものの，その絶対的なレベルは大きくは落ちず，明治期以降も多かれ少なかれ近代工業と在来産業がバランスを保ちながら成長していたことが明らかになっている（中村 1971）。こうした日本の製造業部門の構造が変化したのは，農村工業の発展の中心的存在であった在来産業型の製糸業が衰退し，近代的製造業へと移行した1920-1930年代になってからであった。

　徳川時代から近代にかけての非農業部門の経済成長の過程，いいかえれば日本におけるプロト工業化期から近代工業化期への移行過程について，以下のような結論が導きだせるだろう。まず，近世日本の工業化を決定する要因として人口密度と都市化の関係があげられること，そして，近世の農村工業という伝統的産業部門は近代に入っても近代産業と併存するかたちで存続し，少なくともそうした産業構造は20世紀初頭までは維持されていたことである。したがって，徳川期の製造業，商業・サービス業部門といった第二次部門・第三次部門の生産のシェアを推定するために，近代の人口密度と都市化の程度をパラメータとして利用することは有効であるといえよう。この方法はいいかえれば，ちょうど Malanima（2011）が統一後のイタリアの時系列データをもちいて非農業部門のシェアと都市化率で回帰分析をし，その結果を近世以前にあてはめて非農業生産の生産量を遡及推計したように，日本近代の（しかし，産業構造の大部分は徳川時代と似ている）データを利用して統計的分析を試み，徳川時代に適用するということである。近代の生産量データについては，攝津・Bassino・深尾（2016）にて推計された最新の明治期の府県別生産データが利用可能である[7]。よって，イタリアは一国のみのデータであったのに対して，以下に推計

236 第 III 部 非農業生産そして GDP の推計と国際比較

する日本の場合は地域間の差を考慮した 45 府県にまたがるクロスセクション・データをもちいることにも大きな違いがある。

## 2 資料とデータ

回帰分析に入る前に，利用する明治期パネル・データについて説明する。まず，府県別の各生産部門のシェアは，総生産における第二次（もしくは第三次）部門のシェアではなく，第一次部門との和に対するシェアとする。これは，徳川時代において部門別に遡及推計する際の利便性を考慮したものである。府県別の生産量データは攝津・Bassino・深尾（2016）の最新の成果から，第一次，第二次，第三次の部門別データを利用する[8]。彼らのデータにおける明治期のベンチマーク年は，明治期初頭（1874 年），明治中期（1890 年），明治後期（1909 年）の 3 時点となっているため，本章のベンチマーク年も同じ年となる。府県の総数は，北海道と沖縄県を含む 47 都道府県となっているが，ここではそれら 2 地域を除く 45 府県とした。両地域は近世では，それぞれ蝦夷地，琉球とよばれた地域であるが，近世から近代に続く地理的・経済的な経緯が本土地域にくらべて大きく異なっており，また，統計データに問題があるため，本章のような近代のデータをもちいた結果を利用して近世に遡及推計する分析には不向きだからである[9]。

---

7) 攝津・Bassino・深尾（2016）の明治期の府県別生産データは，もともとは筆者もかかわった Fukao et al.（2015）にて推計されたものを新たに改訂したものである。

8) 攝津・Bassino・深尾（2016）において推計された生産量とは，厳密にいえば「実質粗付加価値」である。この実質粗付加価値における「実質」とは価格変化の要因を除いた値で，「粗」とは固定資本損耗を除かない値のことである。経済全体の粗付加価値合計の値は総生産に等しくなる。

9) たとえば，北海道は徳川以前の人口・生産データが存在していないので推計そのものが困難であること，松前藩による蝦夷地の支配地域が一部に限定されていたこと，明治期になってからも広大な土地に比して人口が極端に少なく，人口密度の計測に大きな影響が考えられることなどである。沖縄も琉球王朝が本土とは違った組織・制度によって統治されていたため，本章の問題関心に利用するには不向きである。

第 6 章　徳川時代における非農業生産の推計　　237

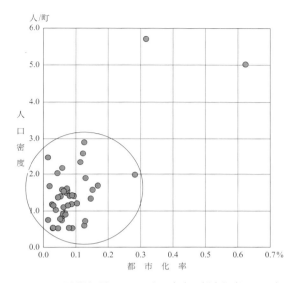

**図 6-3**　明治期初頭における人口密度と都市化率，1874 年

注）都市化率は十進法数での表記。
資料）都市化率は第 5 章表 5-10 の年成長率をもとに外挿して作成，
　　　人口密度は攝津・Bassino・深尾（2016）より作成。

　回帰分析において重要な変数である人口密度と都市人口のデータは，人口については生産データと同じく攝津・Bassino・深尾（2016）の府県別人口推計を利用する。人口密度を計測するための府県別の土地面積データは，『明治四十二年日本帝国人口静態統計』に記された府県面積を利用する[10]。もう一つの変数である都市人口については，1874 年には統計データが存在しないため，各都市の 1873 年と 1879 年の人口成長率で内挿した推計値をもちいることとする[11]。1890 年，1909 年の都市人口は，『日本帝国人口静態統計』の数値を利用

---

10）原資料では面積の単位が「平方籵（km$^2$）」表記となっているが，本章では回帰結果でえた係数を利用して徳川時代へ遡及推計することを前提としているため，面積は 1 平方キロメートル＝0.00991736 町にて「町」に換算したものを利用する。本章における他の推計においても面積はすべて「町」で統一した。

11）1873 年は『日本地誌提要』から，1879 年は『共武政表』から，それぞれ人口 1 万人以上の都市人口を府県別にカウントした。ただし，一部『共武政表』の数値で，その信

238　第 III 部　非農業生産そして GDP の推計と国際比較

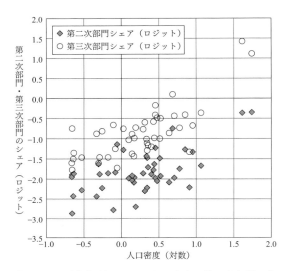

**図 6-4**　明治期初頭における人口密度と第二次部門・第三次部門のシェア，1874 年

注）人口密度は対数変換したもの。シェアは各部門の第一次部門の和に対する割合を示す。
資料）図 6-3 に同じ。

する[12]。ただし，境界変更のあった都市および 6 大都市の人口については，梅村・高松・伊藤（1983）にて補正値が計算されているので，これを利用する。

統計的分析に入る前に，明治期の人口密度と都市化率の関係について確認しておこう。というのも，近世および明治初頭のような近代的な経済成長がなかった時代においては，比較的大きな都市をかかえる地域（都市化率が高い地域）における人口密度は当然大きくなるので，この両者を同時に変数として使うことの有用性を確認しておかなければならないからである。

図 6-3 は，明治期初頭 1874 年時点の 45 府県について人口密度と都市化率と

---

憑性が疑われるものについては，1873 年以前の地域別都市人口成長率を延長して外挿することにより計算した。

12）明治期の都市人口データには本籍人口・現住人口があるが，本章では現住人口を利用している。なお，現住人口には原数値である甲種とそれに統計的補正を加えた乙種の 2 種類が存在するが，市町村レベルで計算されたものは存在していない。

第 6 章　徳川時代における非農業生産の推計　239

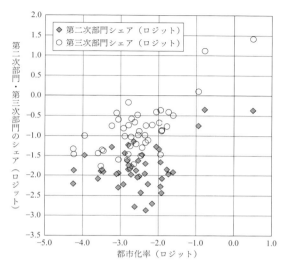

**図 6-5**　明治期初頭における都市化率と第二次部門・第三次部門のシェア，1874 年

注）本文参照。都市化率はロジット変換したもの，シェアは各部門の第一次部門の和に対する割合を示す。
資料）図 6-3 に同じ。

の関係をあらわした散布図である。東京が右上に，大阪が中央上に外れ値として位置している以外は，ほぼすべての府県において人口密度と都市化率の関係は左下で密集して分布している。明治期初頭から巨大な二大都市圏を形成していた東京と大阪を含めた場合はそれに引きつけられて近似線が描けるような相関関係を期待できなくもないが，その 2 府県を外せば，人口密度と都市化率の間での強い相関は確認できない[13]。したがって，人口密度と都市化率の間には強い相関はなく，都市化の程度が人口密度の主要な決定要因ではないとうことがわかる。つまり，人口密度と都市化は，それぞれ独立して非農業生産部門の生産の割合を説明する変数としてあつかわれるべきであるといえる。

---

13) 人口密度を対数変換に，都市化率をロジット変換して，あらためて散布図をとってより自然な分布にした場合でも，東京・大阪を除けば，ほぼすべての府県は依然として密集して分布している（Saito and Takashima 2016, p. 375）。

240　第 III 部　非農業生産そして GDP の推計と国際比較

　確認のため，これら 2 つの変数を非農業生産部門に対して直接プロットしてみよう。図 6-4 は 1874 年における人口密度と第二次部門・第三次部門のシェアの相関をとったもの，図 6-5 は同じく 1874 年における都市化率と第二次部門・第三次部門のシェアの相関をとったものである（それぞれ，対数変換，ロジット変換を施してある）。結果は明瞭で，両方の図ともに部門別のシェアに対する人口密度もしくは都市化率の相関関係は有意であることがわかる。以上のことから，明治期のパネルデータベースを用いた回帰分析が，第二次部門・第三次部門の部門別に分けておこなわれることが適切な方法であるといえよう。

　ただし，近代日本の産業構造は在来産業が少なくない位置を占めていたとはいえ，前近代を対象とした推計のために近代のデータを使った回帰分析の変数を利用することには注意を払わなければならないのも事実である。まず，回帰分析のために構築されるデータのベンチマーク年は 1874 年，1890 年，1909 年の 3 時点であるが，このうち 1890 年と 1909 年を回帰式の右辺の年次ダミーとする。これによって，回帰結果における近代化が進んだ明治中期と後期の経済状況の変化の影響を確認することができる。次に，データはクロスセクションでもあるので，明治期における西洋化・近代化の過程で発生したであろう地域間の経済成長の違いをコントロールする必要がある。東京と大阪は明治時代の早い時期から近代化の影響をうけており，たとえば，大阪は 1890 年の株式会社の数が 1887 年の 3 倍になるなど 1880 年代に近代化・工業化が大きく進展している。また明治期の全国の鉄道網の拡張により，その影響は福岡や名古屋の地方の都市部にも広がった（中村 2010）。ただし，近代化した府県は 1909 年においても多くはないため，それらの府県を回帰分析における地域ダミーとしてあつかうこととする。こうすることで，年次ダミーだけでなく，個々の府県における近代化の影響が回帰分析によって明らかになり，その結果が明治期以前の推計により適用しやすくなるわけである。

## 3 推 計

　パネルデータ分析には，プーリング回帰モデル，それに各府県の人口のウェイトをつけたウェイトつき推定，固定効果モデルおよびランダム効果モデルの計4つの分析をおこなう。すべての回帰式で説明変数・被説明変数は同じである。右辺には，まず，2つの重要な変数である人口密度と都市化率があてられる。人口密度（population density）は各府県の1町あたりの人口数，都市化率（urbanisation rate）は各府県の人口1万人以上の町や村の人口集中区域の合計人数を同じく各府県の総人口で除したものである（各変数は，それぞれ対数変換およびロジット変換を施してある）。これに，以下の2つのダミー変数があてられる。府県ダミー（prefectural dummy）は1874年以降の東京と大阪＝1，1909年の愛知と福岡となり，年次ダミー（year 1890 dummy／year 1909 dummy）は，1890年および1909年の各府県＝1となっている。

　左辺については，第二次部門の生産量のシェア（S-share）は前節において説明したように，総生産における第二次部門と第一次部門との和に対するシェアとし，ロジット変換を施している。推定モデルにおける基本的な回帰式は，次のようになる。

$$Ln\left(\frac{S\text{-}share}{1-S\text{-}share}\right) = \alpha_0 + \alpha_1 lnD + \alpha_2 ln\left(\frac{U}{1-U}\right) + \alpha_3 m + \alpha_4 yr1 + \alpha_5 yr2 + \varepsilon \qquad (6.3)$$

ここでは，$D$ は1町あたり人口数であらわした人口密度，$U$ は都市化率を指す。ダミー変数は，$m$ が近代化された府県のダミー変数，$yr1$，$yr2$ はそれぞれ1890年，1909年の年次ダミーである。

　第三次部門の生産量のシェア（T-share）は，総生産における第三次部門と第一次部門との和に対するシェアで，第二次部門の場合と同じくロジット変換が施されている。その他の変数は第二次部門と同じである。すなわち，

242　第 III 部　非農業生産そして GDP の推計と国際比較

$$Ln\left(\frac{T\text{-}share}{1-T\text{-}share}\right)=\alpha_0+\alpha_1 lnD+\alpha_2 ln\left(\frac{U}{1-U}\right)+\alpha_3 m+\alpha_4 yr1+\alpha_5 yr2+\varepsilon \qquad (6.4)$$

とあらわされる。

　表 6-2 は，これら 2 つの回帰式（第二次部門，第三次部門）における，4 つの各モデル（プーリング，人口によるウェイトつき，固定効果，変量効果）の測定結果である。パネル A が第二次部門のシェア，パネル B が第三次部門のシェアについて推定した結果となっている。

　それぞれの測定ごとに結果をみていこう。まず，すべてのデータをプールして回帰したプーリング推定（パネル A の(1)，パネル B の(1)）では，人口密度と都市化率の係数は高い有意水準となっており，両変数がともに第二次部門および第三次部門の成長を決定する要因であることを意味している。また，近代化府県ダミーおよび各年次ダミーも同じく強く有意に働いていることから，それらダミーは明治期以降の近代化の地域別変化をうまくとらえているといえよう。このプーリング推定に各府県の人口をウェイトとしてつけた場合（パネル A の(2)，パネル B の(2)）においても，ほぼ同様の結果となっている。しかし，個々の府県固有の特徴をとりこんだ固定効果モデル（パネル A の(3)，パネル B の(3)）では，第二次部門のシェアにおいて，人口密度が 10 ％以下の有意水準にとどまり，都市化率については有意水準に届いておらず，第三次部門についても近代化府県ダミーが有意となっていない。ランダム効果モデル（パネル A の(4)，パネル B の(4)）では，第二次部門のシェアにおける都市化率の効果が若干弱くなってはいるものの，各変数はすべて有意に働いている。

　モデル選択の検定結果をみると，プーリングモデルとランダム効果モデルの比較をする Breusch and Pagan 検定ではランダム効果モデルが選択される。次に，プーリングモデルと固定効果モデルを比較する F 検定では固定効果モデルが選択される。最後に，ランダム効果モデルと固定効果モデルを比較する Hausman 検定ではランダム効果モデルが選択される。この結果，ランダム効果モデルが最もふさわしい推定方法であるということになる。一般的に，固定効果モデルでは直接に観察することのできない各府県固有の特性をコントロー

第6章　徳川時代における非農業生産の推計　　243

表6-2　第二次部門・第三次部門のシェアのパネル推定

A. 第二次部門

| | Pooling (OLS) (1) | Pooling (OLS) Population weighted (2) | Fixed Effect (3) | Random Effect (4) |
|---|---|---|---|---|
| Population density (log) | 0.369*** (4.74) | 0.379*** (5.04) | 0.439* (1.75) | 0.460*** (4.65) |
| Urbanization rate (logit) | 0.192*** (3.48) | 0.121** (2.11) | −0.025 (−0.27) | 0.122* (1.92) |
| Prefectural dummy | 0.939*** (4.70) | 1.026*** (4.32) | 0.630** (2.60) | 0.775*** (3.84) |
| Year 1890 dummy | 0.430*** (5.04) | 0.447*** (5.49) | 0.510*** (7.18) | 0.447*** (7.38) |
| Year 1909 dummy | 0.701*** (7.63) | 0.727*** (8.01) | 0.883*** (7.84) | 0.743*** (10.11) |
| Constant | −1.366*** (−8.47) | −1.549*** (−9.51) | −1.917*** (−7.63) | −1.557*** (−8.48) |
| Number of observation | 135 | 135 | 135 | 135 |
| Number of groups | | | 45 | 45 |
| Adj R-squared | 0.7396 | 0.6639 | | |
| F test (p-value) | | | 4.81 0.0000 | |
| Breusch and Pagan test (p-value) | | | | 36.47 0.0000 |
| Hausman test (p-value) | | | 7.74 0.1713 | |

B. 第三次部門

| | Pooling (OLS) (1) | Pooling (OLS) Population weighted (2) | Fixed Effect (3) | Random Effect (4) |
|---|---|---|---|---|
| Population density (log) | 0.448*** (7.39) | 0.421*** (7.18) | 0.629*** (3.25) | 0.538*** (6.97) |
| Urbanization rate (logit) | 0.350*** (8.14) | 0.311*** (6.95) | 0.221*** (3.13) | 0.310*** (6.26) |
| Prefectural dummy (Modernized=1) | 0.517*** (3.32) | 0.681*** (3.68) | 0.132 (0.71) | 0.307** (1.96) |
| Year 1890 dummy | 0.382*** (5.75) | 0.401*** (6.32) | 0.414*** (7.55) | 0.388*** (8.29) |
| Year 1909 dummy | 0.409*** (5.71) | 0.434*** (6.12) | 0.487*** (5.61) | 0.428*** (7.52) |
| Constant | −0.205 (−1.63) | −0.313 (−2.47) | −0.559*** (−2.89) | −0.319** (−2.24) |
| Number of observation | 135 | 135 | 135 | 135 |
| Number of groups | | | 45 | 45 |
| Adj R-squared | 0.8355 | 0.7880 | | |
| F test (p-value) | | | 4.98 0.0000 | |
| Breusch and Pagan test (p-value) | | | | 37.36 0.0000 |
| Hausman test (p-value) | | | 8.19 0.1461 | |

注) ***, **, * はそれぞれ1%, 5%, 10%水準の有意性を示す。

244 第 III 部 非農業生産そして GDP の推計と国際比較

ルすることができ，その分析結果における説明変数の正味の効果が推定される
ものとされているが，検定において固定効果モデルが却下されたことは，いい
かえれば，明治期データにおける各府県の個体としての効果は，少なくとも本
章が目的とする部門別シェアを測定する回帰式のモデル形成においては大きな
問題とならないことを意味しているといえる。よって，これ以降の考察は，ラ
ンダム効果モデルをもとにした回帰結果について議論することとなる。

　ランダム効果推定における 2 つの重要な説明変数——人口密度と都市化率
——はともに有意水準に達しており，府県ダミーおよび年次ダミーもまた高い
$t$ 値を示している。計測された係数の強い効きから判断すれば，人口密度と都
市化率はともに第二次部門および第三次部門のシェアを定義する要素であるこ
とが証明されたといってよいだろう。すなわち，人口密度だけでは第二次部門
の成長を決定づける要素とはいえず，また第三次部門の成長は都市化によって
のみ説明できるものではないということである。しかし，各変数の意味合いは，
各産業部門において若干の違いがあることも結果から読みとることができる。
パネル A の (4) およびパネル B の (4) を比較してみると，第二次部門におけ
る人口密度の係数の都市化率の係数に対する大きさの度合いは第三次部門にく
らべておよそ 2 倍となっているが，これをシンプルに考えれば，都市化の影響
は第二次部門よりも第三次部門の成長に大きく，第二次部門の成長において重
要なのは都市化ではなく農村部における人口成長の度合いということになる。
このパターンは，これまで日本経済史で説明されてきた徳川時代後半の経済社
会における現象にほぼ合致するものである。また，推定において近代化の影響
をうけた府県ダミー，明治期の中期と後期の年次ダミーがすべて強く有意と
なっていることは，1874 年の時点では日本の各地域の経済構造は，徳川時代
後半から大きくは変わっていなかったことを示唆している。


# 4　推計結果とその分析

　前節での各推定および検定の結果から，ランダム効果モデルにおいて計測さ

**表 6-3** 第二次部門・第三次部門のシェアおよび部門別生産量比の推定，1600-1874 年

### A. シェアの推移

| 年 | S-share | T-share |
|---|---|---|
| 1600 | 0.106 | 0.192 |
| 1721 | 0.147 | 0.294 |
| 1804 | 0.146 | 0.293 |
| 1846 | 0.149 | 0.296 |
| 1874 | 0.171 | 0.321 |

### B. 部門別生産量の推移

| 年 | 生産量（1000 石） | | | 部門別生産量比（%） | | |
|---|---|---|---|---|---|---|
| | 第一次部門 | 第二次部門 | 第三次部門 | 第一次部門 | 第二次部門 | 第三次部門 |
| 1600 | 30,678 | 3,652 | 7,306 | 73.7 | 8.8 | 17.5 |
| 1721 | 48,808 | 8,434 | 20,361 | 62.9 | 10.9 | 26.2 |
| 1804 | 58,803 | 10,091 | 24,402 | 63.0 | 10.8 | 26.2 |
| 1846 | 67,062 | 11,698 | 28,140 | 62.7 | 10.9 | 26.3 |
| 1874 | 76,351 | 15,782 | 36,043 | 59.6 | 12.3 | 28.1 |

注・資料）蝦夷地（北海道）・琉球（沖縄）は含まない。各部門の生産量は 100 石以下の位は四捨五入している（推計は 1 の位より計算した）。資料および推計方法については本文を参照。

れた係数，すなわち前掲表 6-2 のパネル A の(4) およびパネル B の(4) における第二次部門・第三次部門の各変数（人口密度，都市化率，誤差項）の係数を利用して，徳川時代の非農業生産部門のシェアを遡求推計する。各式の係数より推計式はそれぞれ以下のようになる。

$$Ln\left(\frac{S\text{-}share}{1-S\text{-}share}\right) = -1.557 + 0.46lnD + 0.122ln\left(\frac{U}{1-U}\right) \tag{6.5}$$

$$Ln\left(\frac{T\text{-}share}{1-T\text{-}share}\right) = -0.319 + 0.538lnD + 0.31ln\left(\frac{U}{1-U}\right) \tag{6.6}$$

　表 6-3 は，上記の推計式を前章にて推計した徳川時代の第一次部門の全国推計値にあてて推定した各ベンチマーク年の S-share と T-share および，それらシェアから遡及推計した各産業の生産量をあらわしている。なお，ベンチマーク年は徳川幕府の人口調査年に合わせて 1600 年，1721 年，1804 年，1846 年

246　第 III 部　非農業生産そして GDP の推計と国際比較

の値に調整されている。

　結果をみると，第二次部門の第一次部門との和におけるシェア（*S-share*）が，第三次部門のシェア（*T-share*）よりも大幅に低くなっていることがわかる（パネル A）。パネル B による遡及推計された部門別の生産量の時期的変化のパターンをみると，徳川時代の前半（1600–1721 年）に両部門ともに総生産に占める割合が広がってはいるが，その広がりの幅には差があることをみてとることができる。1721 年に第二次部門の割合は若干上昇して 10 ％ を超えるが，その後は停滞的で徳川時代後半まで 10 ％ 台にとどまっている。これに対して，第三次部門の総生産における割合は 17 世紀に 17.5 ％ から 26.2 ％ に大きく広がっている（ただし，その後は大きな変化のない状態が続いている）。各部門の総生産に占める割合は徳川時代を通じて全体の釣り合いがとれたような構成で変化をしていたようにみえるが，これは第二次部門・第三次部門のシェアがともに第一次部門との和に対する割合にて算出されており，前掲図 6-1 においても確認したように，第一次部門が安定的に成長していたことの影響であると考えられる（第一次部門の産出量の年増加率は，1600–1721 年が 0.38 ％，1721–1846 年が 0.22 ％ である）。

　特筆すべきことは，徳川時代を通じた第三次部門の総生産に占める割合の高さであろう。第三次部門のシェアは第二次部門のシェアを徳川時代の間を通じて上回っており，この結果については今後さらなる検討が必要ではあるが，現時点で推計結果からいえることは，これまでプロト工業化と解釈されていた徳川時代の経済成長は，農村工業を中心とした製造業部門によってではなく，実際には商業・サービス部門の成長に大きく牽引されたものであったということである。

　各部門のシェアの推移をみていると，各部門の成長の変化の画期が 1600–1721 年，1846–1874 年の 2 つの時期に明確にあらわれていることがわかる。まず，1600–1721 年の変化は，16 世紀の戦国時代後半から続く海外貿易が 17 世紀前半に終了し対外的には「鎖国」状態となったことや，徳川幕府成立以降の，各大名の配置転換，それに続く領国統治の進展という，日本の政治と経済の構造が大きく変化した時期に相当する。次に，1721–1874 年については，第二次

部門，第三次部門がともに同じテンポで成長しているにもかかわらず，幕末から明治期初頭の最後の局面の 1846-1874 年においては違うテンポで成長していたことがわかる。これは，Saito（1983）および斎藤（1985）で説明されているように，幕末における海外貿易の開始によって農村工業品の輸出という外生的需要の増加がおこり，そのなかでもとくに主要産業である養蚕・製糸業が成長したことの影響であると考えられる。表 6-4 は幕末の 1865 年と 1867 年の主要輸出品のリストおよびその価格であるが，この表からわかるように，生糸・蚕卵紙が全品目の大半を占めている（1865 年：84％，1867 年：65％）。生糸は日本のプロト工業化における代表的生産品で

**表 6-4 幕末期の主要輸出品目およびその価格**
（単位：1000 ドル）

| 輸出品 | 1865 年 | 1867 年 |
|---|---|---|
| 生糸 | 14,843 | 5,559 |
| 蚕卵紙 | 727 | 2,303 |
| 茶 | 1,935 | 2,006 |
| 銅 | – | 62 |
| 木蠟 | 51 | 123 |
| 樟脳 | 33 | 97 |
| 石炭 | 13 | 263 |
| 乾魚 | 95 | 300 |
| その他 | 794 | 1,371 |
| 計 | 18,491 | 12,124 |

資料）杉山（1989），195 頁，表 4-2。1867 年の合計は原資料どおり。

あったが，開港と同時にそれは生糸の世界市場における需要の高まりに応えるかたちで主要輸出品になったということである。

　次に，地域別の総生産量を推計して算出した 1 人あたり総生産量についてみてみよう。表 6-5 は 3 つの地域パターン（パネル A：全国 14 地域，パネル B：東西 2 地域，パネル C：全国）で推計された総生産量をあらわしている。第 3 章において説明したように，現時点では地域別の分析は推計の前提となる明治期データに依存しているため，その分析結果には留意しなければならないが，一方で，徳川時代の 1 人あたり総生産量について地域別の展開をとらえるためのエクササイズとしては試す価値は十分にあるだろう。地域別の推計をする際には，資料的および推計上の限界から地域を細かく分ければ分けるほど結果として不自然な推計値が出る可能性に注意しなければならないため，各地域区分での推計結果の比較によるダブルチェックをしておく必要がある。各地域パターンによる推計結果をみると，少なくとも各地域を合計した全国値で比較した場合では，総生産および 1 人あたり総生産ともに極端に大きな乖離はみられない（パネル D）。これは，地域別の推計において多少のギャップが発生しても，全国値でみた場合ではそうした誤差はある程度相殺されているものと考えられる。

248　第 III 部　非農業生産そして GDP の推計と国際比較

**表 6-5**　徳川時代・明治期初頭の地域別総生産および 1 人あたり総
生産の推計の比較，1600-1874 年

A. 14 地域にて推計

①総生産　　　　　　　　　　　　　　　　　　　　　　　　（単位：1000 石）

| 　　　　地　　　域 | 1600 年 | 1721 年 | 1804 年 | 1846 年 | 1874 年 |
|---|---|---|---|---|---|
| 1　東東北 | – | 6,111 | 7,654 | 8,465 | 9,103 |
| 2　西東北 | – | 3,311 | 3,685 | 4,235 | 5,071 |
| 3　東関東 | – | 3,913 | 4,546 | 5,066 | 5,211 |
| 4　西関東 | – | 8,746 | 10,913 | 12,740 | 15,493 |
| 5　東山 | – | 4,298 | 5,043 | 5,710 | 6,649 |
| 6　新潟・北陸 | – | 6,844 | 7,089 | 8,791 | 12,176 |
| 7　東海 | – | 4,930 | 5,851 | 6,428 | 6,740 |
| 8　畿内 | – | 6,286 | 8,922 | 10,210 | 12,415 |
| 9　畿内周辺 | – | 8,798 | 10,786 | 12,351 | 15,309 |
| 10　山陰 | – | 2,251 | 2,720 | 3,040 | 3,254 |
| 11　山陽 | – | 6,961 | 8,403 | 9,493 | 10,585 |
| 12　四国 | – | 4,647 | 6,263 | 7,506 | 9,710 |
| 13　北九州 | – | 6,418 | 7,375 | 8,301 | 9,482 |
| 14　南九州 | – | 4,104 | 4,864 | 5,523 | 6,978 |
| 　　　全　　国 | 41,635 | 77,617 | 94,114 | 107,858 | 128,176 |
| 東日本 | – | 26,379 | 31,841 | 36,216 | 41,527 |
| 西日本（中間地域を含む） | – | 51,238 | 62,273 | 71,642 | 86,649 |

②1 人あたり総生産　　　　　　　　　　　　　　　　　　　　（単位：石）

| 　　　　地　　　域 | 1600 年 | 1721 年 | 1804 年 | 1846 年 | 1874 年 |
|---|---|---|---|---|---|
| 1　東東北 | – | 2.59 | 3.98 | 4.39 | 3.76 |
| 2　西東北 | – | 3.14 | 3.53 | 3.87 | 4.01 |
| 3　東関東 | – | 1.83 | 2.59 | 2.72 | 2.64 |
| 4　西関東 | – | 2.18 | 3.21 | 3.68 | 4.27 |
| 5　東山 | – | 2.24 | 2.48 | 2.68 | 3.10 |
| 6　新潟・北陸 | – | 2.62 | 2.56 | 2.89 | 3.52 |
| 7　東海 | – | 2.48 | 2.79 | 2.89 | 3.17 |
| 8　畿内 | – | 2.33 | 3.69 | 4.26 | 5.68 |
| 9　畿内周辺 | – | 2.37 | 3.08 | 3.43 | 4.30 |
| 10　山陰 | – | 2.67 | 2.69 | 2.88 | 3.16 |
| 11　山陽 | – | 2.87 | 3.15 | 3.25 | 3.48 |
| 12　四国 | – | 2.53 | 2.96 | 3.22 | 3.95 |
| 13　北九州 | – | 2.69 | 3.01 | 3.26 | 3.17 |
| 14　南九州 | – | 3.15 | 3.23 | 3.42 | 3.12 |
| 　　　全　　国 | 2.45 | 2.48 | 3.07 | 3.35 | 3.71 |
| 東日本 | – | 2.30 | 3.14 | 3.46 | 3.63 |
| 西日本（中間地域を含む） | – | 2.59 | 3.03 | 3.30 | 3.75 |

## B. 東西 2 地域にて推計

### ①総生産
(単位：1000 石)

| | 地　域 | 1600 年 | 1721 年 | 1804 年 | 1846 年 | 1874 年 |
|---|---|---|---|---|---|---|
| 1 | 東日本 | ‒ | 26,642 | 31,885 | 36,188 | 41,527 |
| 2 | 西日本（中間地域を含む） | ‒ | 51,175 | 61,695 | 70,996 | 86,649 |
| | 全　国 | 41,635 | 77,816 | 93,580 | 107,184 | 128,176 |

### ②1 人あたり総生産
(単位：石)

| | 地　域 | 1600 年 | 1721 年 | 1804 年 | 1846 年 | 1874 年 |
|---|---|---|---|---|---|---|
| 1 | 東日本 | ‒ | 2.32 | 3.14 | 3.45 | 3.63 |
| 2 | 西日本（中間地域を含む） | ‒ | 2.58 | 3.00 | 3.27 | 3.75 |
| | 全　国 | 2.45 | 2.49 | 3.05 | 3.33 | 3.71 |

## C. 全国値にて推計

### ①総生産
(単位：1000 石)

| 地　域 | 1600 年 | 1721 年 | 1804 年 | 1846 年 | 1874 年 |
|---|---|---|---|---|---|
| 全　国 | 41,635 | 77,603 | 93,296 | 106,900 | 128,176 |

### ②1 人あたり総生産
(単位：石)

| 地　域 | 1600 年 | 1721 年 | 1804 年 | 1846 年 | 1874 年 |
|---|---|---|---|---|---|
| 全　国 | 2.45 | 2.48 | 3.04 | 3.32 | 3.71 |

## D. 各推計の全国値の比較

### ①総生産
(単位：1000 石)

| | 地　域 | 1721 年 | 1804 年 | 1846 年 |
|---|---|---|---|---|
| 1 | 14 地域による推計 | 77,617 | 94,114 | 107,858 |
| 2 | 東西 2 地域による推計 | 77,816 | 93,580 | 107,184 |
| 3 | 全国値による推計 | 77,603 | 93,926 | 106,900 |
| 1/3 | | 1.000 | 1.009 | 1.009 |
| 2/3 | | 1.003 | 1.003 | 1.003 |

### ②1 人あたり総生産
(単位：石)

| | 地　域 | 1721 年 | 1804 年 | 1846 年 |
|---|---|---|---|---|
| 1 | 14 地域による推計 | 2.48 | 3.07 | 3.35 |
| 2 | 東西 2 地域による推計 | 2.49 | 3.05 | 3.33 |
| 3 | 全国値による推計 | 2.48 | 3.04 | 3.32 |
| 1/3 | | 1.000 | 1.009 | 1.009 |
| 2/3 | | 1.003 | 1.003 | 1.003 |

注・資料）蝦夷地（北海道）・琉球（沖縄）は含まない。資料および推計方法については本文を参照。各推計値ともに 1600 年は全国値のみの推計であること，1874 年はすべて攝津・Bassino・深尾（2016）による同じ推計値であるため，これらベンチマーク年の比較は表からは省いている。各地域の推計値は 100 以下の位は四捨五入している（推計は 1 の位より計算した）。

250　第 III 部　非農業生産そして GDP の推計と国際比較

**表 6-6**　徳川時代・明治期初頭の 1 人あたり総生産の変動係数の推移

**A. 変動係数**

|  | 1721 年 | 1804 年 | 1846 年 | 1874 年 |
|---|---|---|---|---|
| 全国値 | 0.136 | 0.139 | 0.156 | 0.200 |
| 全国値（東北を除く） | 0.131 | 0.113 | 0.134 | 0.216 |
| 東日本 | 0.185 | 0.179 | 0.192 | 0.169 |
| 西日本（中間地域を含む） | 0.091 | 0.104 | 0.123 | 0.212 |

**B. 変動係数（人口のウェイトをつけた場合）**

|  | 1721 年 | 1804 年 | 1846 年 | 1874 年 |
|---|---|---|---|---|
| 全国値 | 0.132 | 0.137 | 0.153 | 0.197 |
| 全国値（東北を除く） | 0.130 | 0.115 | 0.136 | 0.210 |
| 東日本 | 0.175 | 0.192 | 0.207 | 0.188 |
| 西日本（中間地域を含む） | 0.093 | 0.109 | 0.127 | 0.210 |

資料）表 6-5, A②の 14 地域より作成。

また，上記の推計式が一定の堅牢性をもっていることのあらわれともいえるだろう。

　この 1 人あたり総生産の地域間の格差をみるため変動係数をはかったものが表 6-6 である。この表のパネル A をみてみると，14 地域すべてを対象とした場合は，1721 年に係数が 0.136 であったのが徐々に拡大し，徳川時代後半 1846 年に 0.156 に広がり，1874 年には大きく 0.200 にまで拡大している。人口減少の影響があった東東北・西東北を除外して 12 地域にした場合でも，その傾向は変わらない（1721 年：0.131，1874 年：0.216）。第 3 章でみたように，1 人あたり石高で 14 地域間の変動係数を計測した場合，徳川時代後半から明治期初頭にかけて縮小傾向となったが，非農業生産部門を含む総生産量を 1 人あたりベースで計測すると，その格差は拡大するという逆の結果となっている。このことは，時代が進むにつれて，第二次・第三次部門の非農業生産部門の総生産に占める割合が拡大していったことと無関係ではないだろう。すなわち，農業生産部門を中心とした前近代の経済社会とはいえ，プロト工業化と農村経済の発展による市場の発達は，徐々に国内の地域間格差を広げる効果があったということである。

厳密にみれば，1人あたり総生産でみた場合，徳川時代半ばから後半にかけて地域間の格差が拡大傾向であったことと，それが幕末以降に広がったことを意味していることになるが，これを東西別にみた場合，その様相は大きく変わってくる。1721年の係数は，東日本は0.185，西日本は0.091と，東日本における格差が大きくなっている。1846年時点においても東日本における格差が西日本を上回っている。しかし，格差の広がり方は西日本の方が徐々に大きくなってきており，1874年になるとその立場は東西で逆転することとなる。すなわち，東日本は0.169へ係数が減少したのに対して，西日本の係数は0.212へと大きく上昇していることである。この変化のパターンはパネルBにあるように，人口をウェイトとしてつけた変動係数の場合でも，程度の差はあるがトレンドそのものは大きくは変わらない。

この東西の差をどのように解釈すべきか。徳川時代後半の18世紀以降に日本は，各地で商業的農業が展開し，農村部での工業と商業が成長した，一般に経済史でいうところのプロト工業化の時期に相当し，日本の経済史研究においてもこの間に農村工業と商業の発展によって経済成長が前進したものとされている。また，これまでに何度も言及したように，日本のプロト工業化期の経済発展には，主に山間部の養蚕を中心とした農村工業の発展を主とした東日本と，市場・流通産業を軸とした西日本とではそのプロセスに大きな違いが認められている（斎藤1985）。推計からえられた結果からは，徳川時代のような前近代社会では，農村工業に牽引された経済成長（東日本）よりも市場経済による経済成長（西日本）の方が地域間格差を拡大する要因として強かった可能性を示唆している。

また，東日本において主力産業であった養蚕業で製造される生糸は，幕末以降の日本の重要な輸出品となった。拙速な結論は避けなければならないが，開港による貿易開始の結果，東日本においては農村工業品目の生産が発展したことにより格差が縮小されたのではないだろうか。

最後に，日本全体の総生産量，すなわちGDPについて考察する。表6-7は徳川時代のGDPおよび1人あたりGDPを石高値とドル換算値（1990年ゲアリー＝ケイミス国際ドル〔1990年国際ドル〕に換算したもの）を併記してあらわ

**表 6-7** 徳川時代・明治期初
頭の 1 人あたり GDP,
1600-1874 年

| 年 | 石高 | 1990 年国際ドル |
|------|------|----------------|
| 1600 | 2.45 | 667 |
| 1721 | 2.48 | 676 |
| 1804 | 3.04 | 828 |
| 1846 | 3.32 | 904 |
| 1874 | 3.72 | 1,013 |

注・資料) 表 6-5 のパネル C②よ
り作成。1874 年には攝津・
Bassino・深尾 (2016) にお
ける北海道 (蝦夷地)・沖縄
(琉球) の生産額を石高変換
した数値, および人口を加
えて計算している。

したものである。また, 先行するマディソン推計
における 1 人あたり GDP 値を比較のために付し
て図 6-6 にあらわしている。

　まず, 本章における新推計とマディソン推計を
比較すると, その成長のトレンドそのものには極
端な差がなさそうにみえる。しかし, 両推計の間
には, 大きなギャップが存在しており, 1600 年
時点で新推計の 1 人あたり GDP はマディソンの
それを 28 % も上回っている。1721 年に一時的に
差が縮小するが, それでも新推計はマディソン推
計に対してプラス 19 % となっている。

　19 世紀以降, マディソン推計とのギャップは
時代が進むにつれて広がりをみせるようになる。徳川時代後半の 1846 年の新
推計は同時期 (1850 年) のマディソンの推計値より 33 % 上昇し, その広がり
は明治初頭の 1874 年になっても縮小していない。マディソン推計は, 1500
年から 1820 年の間の非農業生産の産出量は農業生産量よりも早いペースで増
加したという仮定をもとにした推計である (Maddison 2001, pp. 256-258)。これ
は, マディソンの仮定が, 現実にはある時期からある時期にかけての成長率が
同じということはないにもかかわらず, ゆるやかな成長が徳川時代にも続いて
いたとしたことにある。これとは対照的に, 新推計が描くストーリーは明解で
ある。すなわち, 1600 年から 1721 年の間に, 1 人あたり GDP の年平均成長率
は 0.01 % と低く, 徳川時代前半の 120 年間はとりたてて目立った成長はな
かった。しかし, 状況は 1720 年代に変わり, 成長が加速することとなった
(1721-1804 年: 0.25 %, 1804-1846 年: 0.21 %)。鎖国という海外貿易がほぼ皆無
の環境下の前近代的経済成長であっても, その成長は持続的であったというこ
とである。もっとも, この新推計における徳川時代後半の経済成長は, 現在の
基準からみればゆるやかであったかもしれないが, それはマディソンが仮定し
たものより確実に強い成長であったといえる。マディソン推計の 1700-1850 年
の 1 人あたり GDP の成長率は年 0.12 % となっているが, 新推計における同時

第 6 章　徳川時代における非農業生産の推計　253

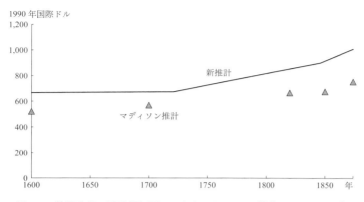

**図 6-6**　徳川時代・明治期初頭の 1 人あたり GDP の推移，1600-1874 年

注）マディソン推計の 1 人あたり GDP 値は，1600 年 520 ドル，1700 年 570 ドル，1820 年 669 ドル，1850 年 679 ドル，1874 年 756 ドル。
資料）新推計は表 6-7，マディソン推計は Original Homepage Angus Maddison (http://www.ggdc.net/maddison/oriindex.htm) より作成。

期の 1721-1846 年における成長率は年 0.23 ％ と大きく上方に修正されている。幕末の開港によりはじまった海外貿易の後の最終ベンチマーク年である 1874 年では，新推計の 1 人あたり GDP はマディソン推計のそれを 34 ％ も上回るものとなっている。

　この徳川時代後半から明治期初頭の近代移行期における経済成長の背景には何があったのだろうか。新推計は各生産三部門の生産量の積上げによるものとなっているため，推計の過程からは，その背景にあるメカニズムを探ることは難しいが，西川（2012）による 1840 年代の防長地域の産業連関表は，その解釈に一つの手がかりをあたえている。西川俊作は，長州藩領内の経済調査資料である『防長風土注進案』の産出データには各産業の労働量とコストの情報が記載されていたことに注目し，そこから部門ごとの産業連関表（西川は，これを「経済表」と名付けている）を作成した（第 12 章）。この経済表では，全体における非農業部門からの所得の比率は 47.5 ％ であったことから，第 1 節でも述べたように，徳川時代の後半は一概に農業経済であったとは評価できないことがわかるが，もう一つ重要な点として，部門間の相互取引，すなわち中間投入総額の総生産量に対する割合（中間取引割合）の計算もされている。西川に

254 第 III 部 非農業生産そして GDP の推計と国際比較

よれば「産業，なかでも製造業，建設業，運輸通信業などが相互の産出物を中間投入として必要にするというのが産業化，ないし工業化経済」（251 頁）であり，中間投入割合とは分業と市場の深化を反映した経済発展の尺度であるとも解釈される。もともと西川が推計した経済表では中間取引割合は 22％でしかなく，それはまさに「前工業化の状態」（251 頁）を反映したものであったが，これを改訂した斎藤（2013）の経済表での中間取引割合の再推計では，それは 27-30％に上昇しており，すでに産業革命が達成されていた英国での同時期（1840 年代）の割合である 34％にほぼ近い水準となっている（205-206 頁）。その意味においては，前工業化期――ここでは，プロト工業化期といってよいだろう――の徳川時代後半の経済構造では，各産業間の相互依存が工業化経済の水準とほぼ同水準に達しており，開国後の経済成長は，そうした産業間の相互依存の効果が開国にともなう外国貿易の開始により外部市場から影響をうけ，加速していった結果であったことを意味している。


む　す　び


　本章では，徳川時代の第二次部門および第三次部門の生産量を，人口密度と都市化率を利用する方法で推計し，その部門別の推移を考察した。本章の要点をまとめれば，以下のようになる。まず，資料情報が不足している近代以前の非農業生産部門の生産量の推計は，これまでの都市化率を利用した推計方法ではプロト工業化期における農村部の経済活動をとらえることができないため，人口密度を考慮した推計方法が有効であり，それは部門別になされる必要があること。次に，その推計の結果，えられた徳川時代の非農業生産量の推移には 2 つの成長の画期，すなわち徳川時代前半と幕末維新期があり，前者は海外貿易の隆盛から鎖国へという対外状況の変化と幕藩体制の確立[14]，後者は開港に

---

　14) 本章における第二次・第三次部門の推計結果は，先述したように，理論的には海外貿易による影響が含まれていることを前提としている。なお，Schreurs（2015）による試算では，17 世紀初頭における非鉄金属鉱業は日本の GDP の約 4％を占めていたとさ

第 6 章　徳川時代における非農業生産の推計　　255

よる貿易開始と幕藩体制の崩壊という構造的変化の時期におこったこと。そして，部門別には全体として第二次部門より第三次部門のシェアが高く，プロト工業化期における経済成長とは商業・サービス部門の成長を多分に含むものであったこと，以上の 3 点である。

　また，本章において提起された人口密度と都市化率を組みあわせた非農業生産のシェアの推定方法は，これまでヨーロッパを中心におこなわれた都市化率を利用した方法をさらに発展させたものと解釈することも可能である。すなわち，ヨーロッパ諸国にくらべてより強い農村中心的な成長があった徳川日本の経験に適応させるための方法を考察したことである。近世から近代にかけての経済発展の経験とその過程は国や地域によって大きく異なるのはいうまでもないが，そうした成長の経路の違いが推計方法の違いにもあらわれているといえる[15]。

---

　　れており，これを前提とすれば，中世末期からの国内鉱業の発展は，GDP を大きく押し上げる効果はなかったことになる。ただし，16 世紀から 17 世紀における国内のシルバーラッシュによる海外貿易の影響は，鉱工業を含む第二次部門およびそれに付随する商業・サービス業などの第三次部門の生産量に少なくない寄与をしたと考えられる。本章の推計では，海外貿易の経済効果を，都市化の進展や農業部門における生産性向上を通じて間接的にしか反映していないため，今後の推計方法の改良および資料・データベースにもとづいた研究が待たれる。

15）推計における留意点として，回帰分析に利用した明治期の生産量データの問題があげられるだろう。明治期データは最新の推計値を利用しているが，一方でその資料情報そのものに起因する制約や推計の限界があるのも事実である。また，推計値である生産量データにおける第二次部門の全体に占める割合が 1874 年時点から低いことも留意しなければならない。明治期初頭のデータは日本の統計制度の勃興期であり，さまざまな統計資料が作成されたとはいえ，その情報不足は認めざるをえない。本章において利用した各部門の生産量もまたそうした資料を利用した推計値であり，遡及推計をする以上は明治期データに影響されざるをえないからである。

# 第 7 章

## 前近代日本の超長期 GDP の推計と国際比較

### はじめに

　本章の目的は，これまでの各章において推計された生産量推計およびその推計方法を用いて，古代から近代初頭（730-1874 年）までの超長期の総生産（GDP）を推計することにある[1]。

　序章でも述べたように，これまでに前近代日本の GDP を推計したものはアンガス・マディソンが世界経済 2000 年の歴史における GDP 推計をおこなったものが唯一といってよいだろう（Maddison 2001）。マディソンの推計の特色は，統計データが乏しい前近代社会の経済については数量的情報の有無にかかわらず文献サーベイを丁寧におこなうことにある。サーベイされる文献は経済史だけでなく，社会史・政治史など多岐にわたるもので，そこからえられた情報をもとにして何らかの仮定を導きだし，GDP が推計されるのである。たとえば，徳川時代については，中村（1968）が推計した実収石高を農業部門の生産高をもとに他の文献調査からえられた情報を勘案して，1500 年からの 1 人あたり GDP の成長は農業生産量の 3 分の 1 であったと推定し，1990 年ゲアリー＝ケイミス国際ドルに換算した GDP 値が推計されている。

---

1) 本章における超長期 GDP 推計の考え方は，ジャン - パスカル・バッシーノ，スチーブン・ブロードベリ，深尾京司，ビシュヌプリヤ・グプタとの共著論文（Bassino et al. 2015；2017）および斎藤修との共著論文（Takashima and Saito 2015）に依拠している。論文の骨子と内容の一部を本章の材料とすることを快諾していただいた共著者に謝意を表したい。

第7章　前近代日本の超長期 GDP の推計と国際比較　　257

しかし，非数量資料をも利用したこの方法は，推計というよりは一種の当て推量（guesstimate）に近いものである。マディソンは生活水準の国際比較のために各国の人口1人あたり GDP を推定しており，日本については，徳川時代よりも先，すなわち中世・古代になると，当時の世界のほとんどの国がそうであったように生存限界値と設定された 400 ドルを少し上回る程度のものとされているが，GDP の推計についての明解な解説はされていない。もちろん，それがマディソンの OECD における研究活動のなかで培われた経験と知識に裏打ちされた推計方法（highly educated guess）であることは十分に認められるものの，推計方法の吟味という観点からは，より資料にそくした明示的な方法により検証され，そして改訂されるべきであり，実際，彼の死後も世界各国の研究者たちによって改訂作業が進められている（この点については後述する）。

またマディソン推計のベンチマーク年は，古代・中世では西暦1年，1000年，1500 年，徳川時代は 1600 年，1700 年，1820 年，1850 年とそれぞれ3時点，4時点に設定されている。第6章で述べたように，徳川時代はいわゆる「鎖国」という，国際的には実態として閉鎖された経済社会であったが，その間，人口成長や農村工業の進展といった歴史的現象があった。しかし，マディソンが設定したベンチマーク年ではその変化の局面に対する説明が十分にはなされていない。同じように，マディソン推計の古代・中世のベンチマーク年も実質的には2時点しかなく[2]，その期間内に日本が経験した社会経済の変化──古代における律令国家の成立と荘園制の展開，中世以降の流通経済の進展と生産力上昇，人口成長，大名による領国支配から織豊政権への全国統一期──と，その影響による変化はほとんど反映されていない。それは，マディソンの西暦1年，1000 年，1500 年の日本の1人あたり GDP 推計値が，$400，$425，$500 とほぼ定常状態（成長率では 0.01–0.03％）であったことからもうかがわれる。推計の対象時期が長期になればなるほど，そのベンチマーク年の設定には可能なかぎり歴史的な局面展開を考慮したものが設定されるべきであろう。

─────────────
2）西暦1年は日本史における弥生時代中期から後期に相当する時期であり，文献資料が皆無の先史時代であるが，マディソンの記述から推計方法の詳細を知ることはできない。

258　第 III 部　非農業生産そして GDP の推計と国際比較

　以上の問題関心から，本章では，まず第 1 節でこれまでの各章での結果をふまえたうえで日本の超長期の GDP を推計するための方法を説明し，第 2 節でその推計結果について分析する。そのうえで，第 3 節で推計結果を他の国の GDP 推計値と比較することで，日本の長期の経済成長を世界の経済史のなかで相対化することによって，その特徴について分析するものとする。最終節は小括にあてられる。


# 1　データと推計の基本的な方針

## 1）ベンチマーク年

　総生産推計にあたっての基本的な考え方は序章で説明したように，第一次部門・第二次部門・第三次部門の各部門の生産高を別個に計算するものとする。

　各部門について説明する前に，設定されるベンチマーク年について確認しておこう。基本的には，これまでの各章において利用されたベンチマーク年が設定されることになるが，その多くは人口推計のベンチマーク年を基準としている。

　古代は 730 年，950 年，1150 年，中世は 1280 年，1450 年をそれぞれの時代のベンチマーク年とする。これらの年は，基本的には Farris（2006；2009）の全国人口推計のベンチマーク年にもとづく。第 1 章・第 4 章においても説明したが，ウィリアム・ウェイン・ファリスの全国人口推計は，各ベンチマーク年における疫病や飢饉，戦乱といった人口成長の背景となる社会現象を考慮したものであり，そのとらえ方はおおむね妥当と考えるからである[3]。個々の年次の歴史的特徴をみれば，730 年は平城京建設（710 年）後の，日本で最初の中央集権国家を目指した律令国家の成立期である。950 年は，律令国家が土地・

---

3）ただし，ファリスの人口推計の根拠の一部は，「大田文」に記載された田地の数値を推計の前提としており，その内容にかんしては，必ずしも現実の生産活動・生産力の実態を反映しているものではないという指摘もあるが（工藤 2002），本章ではその他の推計方法の根拠や長期的な系列の観点などからファリス推計を採用している。

国政の諸制度を改革した結果，王権の伸長・国家財政の充実がみられた時期であり（吉川 2002a, b；2006），墾田永年私財法（743 年）などの積極的な農業・土地政策を進めた後の変化を観察することができる。1150 年は，律令制度による土地と人をひもづけた管理による列島支配が崩壊した後の，古代から中世への移行期となる。1280 年は中世前半期の荘園・国衙領などの土地の個別管理が進んだ状況を，1450 年は応仁の乱（1467 年）の直前の経済社会の状況をとらえるために設定される。とくに 1450 年は，この後 1 世紀にわたって続く戦国時代以前の中世社会がどの程度の水準にまで達していたのかを観察するという意味で重要である。これは，中世後半の 1450 年から次のベンチマーク年の近世初頭 1600 年までの間に，どのような変化があったのかを知るということにもつながる。

　徳川時代は 1600 年，1721 年，1804 年，1846 年，明治期初頭は 1874 年の各年をベンチマーク年に設定する。1600 年はその後の生産量の基礎データを創出することになる石高制が開始された太閤検地の結果が反映された時期であり，近世社会の開始時点とみなされる。この石高制を契機としてふたたび土地と人が把握される社会になったことも注目すべき点であろう。続く 3 つのベンチマーク年は，人口調査が実施された年を基準としている。ただし，徳川時代の人口調査はこれ以外にも複数回実施されているが，ここでは成長の画期をとらえるため，時期を絞って観察することにする。1721 年は，徳川幕府の成立以降の近世社会の制度的枠組みが確立され，その間の経済社会の発展をとらえるために設定され，1804 年と 1846 年は徳川時代後半の各地における農村工業の発展，すなわちプロト工業化が進展した時期で，また，全国人口の抑制期にあたる。1874 年は，明治期初頭の各生産統計データのなかで最も詳細なものと考えられる『明治七年府県物産表』の調査年であり，この時期を近世の経済社会の最終局面をあらわしたものと判断し，前近代社会の経済発展の最終ベンチマーク年とする。

## 2）人　口

　全国人口は，古代については Farris（2006；2009）・鬼頭（2000）による 2 系

260　第 III 部　非農業生産そして GDP の推計と国際比較

列の人口推計があり，ベンチマーク年の説明でも述べたように基本的にはファ
リス推計を採用するが，議論に幅をもたせるため，ここでは両系列を利用した
推計結果を併記する（ファリス推計は高位値・低位値による範囲推計のため平均値
をもちいる。以下，ファリス推計を利用する場合についても同様）。それ以後の時
代については，第 4 章で説明したように，中世はファリス推計（Farris 2006），
近世初頭 1600 年は斎藤修による推計（斎藤 2018），徳川時代は鬼頭宏による推
計（鬼頭 2000），明治期初頭は攝津斉彦らによる全国推計値（攝津・Bassino・深
尾 2016）を採用する。都市人口は，第 5 章における推計値を利用する。なお，
都市化率については，古代については全国人口と同様にファリス推計・鬼頭推
計の両推計を利用して算出，併記することとする。

## 3）農業生産量・第一次部門

　まず，前近代社会の生産の柱となる農業生産量から確認していこう。古代に
ついては第 1 章，中世は第 2 章での推計値を利用する。古代の田畠には多くの
荒れ地や耕作放棄地などの非耕作地が存在していたことが指摘されているため，
ここでは非耕作地の存在を考慮した農業生産量を利用する。耕作地・非耕作地
がどの程度の割合であったかについては，推計された古代の農業生産量に補論
1 での各時期の非耕作地率の推定値を適用して算出するものとする。また，中
世については，土地資料から説得力のある推計値を提示することは現時点では
難しいため，ここでは，実質賃金から算出された 1 人あたり農業生産需要量の
推計値に全国人口を乗じたものを農業総生産量としてあつかう。徳川時代・近
代初頭については第 3 章にて推計された石高推計をもちいることになるが，本
書では徳川時代の石高は田畑からの生産物だけでなく，山海の生産物も含まれ
ている可能性も考えられるとしているため，ここでは近代初頭の産業別構成比
を推計石高系列にあてたもの，すなわち林業・水産業を除外した石高データを
農業生産量としてあつかう。これら各時期の農業生産量を長期にまとめれば，
表 7-1 のようになる。

　第一次部門については，古代・中世の農業生産推計には林業・水産業は含ま
れないため，これをそのまま農林水産業の生産としてあつかうことはできない。

第 7 章　前近代日本の超長期 GDP の推計と国際比較　261

表 7-1　前近代日本の農業生産量，730-1874 年

A. 推　移

| 年 | 農業生産量<br>（1000 石） | 1 人あたり農業生産量<br>（石／人） |
|---|---|---|
| 730 | 6,329 | 1.04 （1.40） |
| 950 | 7,990 | 1.60 （1.24） |
| 1150 | 9,035 | 1.53 （1.32） |
| 1280 | 8,298 | 1.39 |
| 1450 | 14,016 | 1.39 |
| 1600 | 25,879 | 1.52 |
| 1721 | 41,173 | 1.32 |
| 1804 | 49,604 | 1.62 |
| 1846 | 56,571 | 1.76 |
| 1874 | 64,861 | 1.86 |

B. 成長率　　　　　　　　　　　　　（単位：%）

| 期　　間 | 農業生産量 | 1 人あたり農業生産量 |
|---|---|---|
| 730-950 | 0.11 | 0.20 （▲0.07） |
| 950-1150 | 0.06 | ▲0.02 （0.03） |
| 1150-1280 | ▲0.07 | ▲0.07 （0.04） |
| 1280-1450 | 0.31 | 0.00 |
| 1450-1600 | 0.41 | 0.06 |
| 1600-1721 | 0.38 | ▲0.12 |
| 1721-1804 | 0.22 | 0.25 |
| 1804-1846 | 0.31 | 0.20 |
| 1846-1874 | 0.49 | 0.21 |
| 730-1600 | 0.16 | 0.04 |
| 1600-1874 | 0.34 | 0.07 |
| 730-1874 | 0.20 | 0.05 |

注）1874 年は蝦夷地（北海道）・琉球（沖縄）を含む。単位は徳川時代の単位に換算してある。古代の 1 人あ
　　たり農業生産量はファリス推計を利用した結果をあらわす（括弧内は鬼頭推計の 725 年，900 年，1150 年
　　の人口推計を利用した場合）。古代の農業生産量は，各時期の資料から集計した非耕作地を考慮した推計値。
　　ただし，730 年の畠地の資料は存在しないため，平安時代と同様と仮定している（耕作地率は，730 年は田
　　地 65.9 %，畠地 68.2 % ；950 年は田地 57.1 %，畠 68.2 % ；1150 年は田地 60.9 %，畠地 68.2 %。補論 1 を参
　　照）。中世の農業生産量は 1 人あたり農業生産需要量に人口を乗じて算出（第 2 章を参照）。徳川時代の農
　　業生産量は第一次部門の生産量に，明治期初頭における農業の占める割合 84.36 % を乗じて
　　計算した。農業生産量は 100 石以下の位を四捨五入している（推計は 1 の位より計算した）。
資料）730-1150 年：第 1 章表 1-10，1280-1450 年：第 2 章表 2-11，1600-1874 年：第 3 章表 3-11 の農業生産量，
　　第 4 章表 4-5 の全国人口より作成。

　これら産業についての資料は，たとえば正倉院文書などの文献資料には，建設
資材としての材木にかんする記録や（福山 1943），また食糧としての魚介類の
記事についても正倉院文書の他に『和名抄』などの辞典資料に数多くの種類を
確認することができるが（関根 1969），それらの記録は，たとえば寺院建設の
材料費の項目や，平城京の下級役人の食糧の記録として確認されるものであり，
生産データの記録ではないため，ここから各産業分野の生産量を推計すること
はほぼ不可能である。もっとも，古代における林業・水産業における個々の品
目が現在の人が考える以上に豊富であったことや，山海の人びとにとって重要
な生業であったのはたしかであろう（羽原 1949，鳥羽 1951，網野 2003）。
　しかし，それら品目の全生産量に占める割合は実はそう高くはなかったこと
が想定される。それは，明治期初頭における林業・水産業の生産価格（付加価

値ベース）の農林水産業に占める割合は 15.6 %（林業 12.1 %，水産業 3.5 %）程度であったことからもうかがうことができる。食糧消費の面でも，明治期初頭に編纂された『斐太後風土記』をもとに当時の飛騨地方で生産された食品エネルギー量について分析した小山ほか（1981）によれば，近代初頭における 1 人 1 日あたりエネルギー摂取量は穀類だけで 89.4 % を占めていたのに対して，魚介類は 0.5 %，獣類も 0.1 % にとどまる結果となっている（549 頁）。また，近世後期の長州藩での経済調査『防長風土注進案』を利用した西川（2013）は，日常的に摂取する食糧における蛋白質の 8 割は米麦からとられており，不足分を鮮魚・塩干魚などから補っていたと推計している（128 頁）。

　したがって，古代から徳川時代の間に，林業・水産業における技術的発展と生産量の増加は当然おこりえたものであったかもしれないが，実態としては前近代社会全般においては生産および消費の大半は土地からの生産物であったと考えられる。ここでは，近代初頭の農業・林業・水産業の構成比を古代・中世においても適用されると仮定し，そこから算出された暫定値を農業生産量に加えることで，第一次部門の推計値としてあつかうものとする（徳川時代の石高は，田畑からの生産物だけでなく山海の生産物も含まれていると判断し，石高データを第一次部門の生産量としてあつかう）。

## 4）第二次部門・第三次部門

　第二次部門・第三次部門については，徳川時代については第 3 章において全生産量および 1 人あたり生産量を推計済みであるが，古代・中世については，それらの部門について推計の手がかりとなる資料は存在しない。よって，徳川時代と同様に人口密度と都市化率を利用した推計式によって，各部門のシェアを別個に推計することとする。推計のための第一次部門の生産データは先に説明したとおりである。人口データは，全国人口は第 4 章，都市人口は第 5 章の推計値を利用する。なお，古代においても徳川時代と同様に地域別データは一部の先行研究（鬼頭 1996）において存在するが，ここではそれを採用せず，全国値一本のみとする。

　推計式は，人口密度と都市化率を説明変数とした第 6 章の式（6.5）および

(6.6) が第二次部門，第三次部門の推計にそれぞれ採用される。すなわち，

$$Ln\left(\frac{S\text{-}share}{1-S\text{-}share}\right) = -1.557 + 0.46lnD + 0.122ln\left(\frac{U}{1-U}\right) \qquad (7.1)$$

$$Ln\left(\frac{T\text{-}share}{1-T\text{-}share}\right) = -0.319 + 0.538lnD + 0.31ln\left(\frac{U}{1-U}\right) \qquad (7.2)$$

となる。$S\text{-}share$, $T\text{-}share$ は，それぞれ第二次部門もしくは第三次部門の生産量の第一次部門の生産量との和におけるシェア，$D$ は人口密度，$U$ は都市化率をあらわしている。

　ただし，推計にあたって，徳川時代のプロト工業化期の生産シェアを推計することを目的とした推計式を，それ以前の古代・中世にさかのぼって推計することへの疑問は当然おこりうるものであろう。しかし，近世以前の日本の都市化については，第5章で詳細に説明したように，人口が1万人を超えるような都市は，古代であれば平城京・平安京のような都城，中世であれば京都・鎌倉のような巨大政治都市，もしくは地方の一部の中核都市のみで，都市化率そのものは総人口の約 2-3 % 程度でしかなかった。一方で，とくに中世においては，人口 5000 人以下の湊・津・宿といった小規模な町場が全国津々浦々に無数に存在していた。それら小規模な都市群がつながることで全国に流通ネットワークが展開し，また各町場に職人などの手工業が発展していたことを考えれば，近世以前にも都市部以外での非農業部門の進展は——それは徳川時代のプロト工業化期における農村工業の進展による市場の発展のような形態ではないにしても——たしかにその萌芽を確認することはできる。また，中世以前の古代においても，律令体制下での年貢や各国特産物の京都への輸送の必要から，そうした地方の町場が各交通の要所に発生していたことも確認できる。

　つまり，人口密度を考慮した第二次部門・第三次部門の推計式によって，古代・中世の地方に存在した無数の中小の町場における非農業生産を考慮した各部門のシェアを定義することは——最良の方法とはいいきれないかもしれないが——現時点では古代・中世の推計方法として採用することはできるだろう。もちろん，イタリアの事例のように都市化率のみをコントロール変数として非

264　第 III 部　非農業生産そして GDP の推計と国際比較

農業生産のシェアについてパネル分析を試みる推計方法も可能かもしれないが，それは人口密度を非農業分野における労働力の割合の指標として推計される農村工業の生産構造を一切考慮しないことになる。しかし，これまでに述べたように，農村部での非農業生産は古代・中世においても存在しており，それらの生産活動をすくい上げるための手立ては推計式で考慮されなければならず，都市化率のみを利用した推定方法を採用することはできない。以上の考え方から，本章での第二次部門，第三次部門の各生産量の推計式には，人口密度と都市化率を説明変数とした式（7.1）（7.2）を採用する。

## 2　推計と推計結果の分析

　表 7-2 は，第 1 章から第 3 章で推計した第一次部門の生産量に，前節の人口密度と都市化率を利用した推計式から算出した古代から近代初頭まで（730-1874 年）の各部門の生産量をあらわしたものである。第二次部門・第三次部門の生産推計に必要な人口密度および都市化率を算出するための全国人口は，古代にかぎり異なる推計（ファリス推計・鬼頭推計）が存在するため，古代のみ第一次部門以外は 2 系列の推計となっている。ただし，各部門や時期によっては若干の差は確認できるが，全体としては長期の時系列のトレンドとしてみるなら，両系列間に極端な違いはみられないため，以下の議論は系列 1 を中心に進めることとする。

　部門別でみると，第一次部門の成長が全体のなかでは最も大きな生産シェアを占めており，基本的には前近代社会の経済的柱は第一次部門にあったことが確認できる。とくに，古代・中世においては全生産量の 8 割以上が第一次部門となっている。ただし，第一次部門の構成比はその後，徳川時代を通じて徐々に小さくなっており，近代初頭の 1874 年の段階では 6 割程度の比率にまで低下している。古代の 730-1150 年の間は，各部門の成長に大きな差をみつけることはできないが，中世になるとゆるやかではあるが第一次部門より第二次部門・第三次部門の成長の伸びが目立つようになる。その差は徳川時代以降によ

第7章　前近代日本の超長期 GDP の推計と国際比較　　265

## 表 7-2　部門別生産量，730-1874 年

### A. 推　移

系列 1

| | 生産量（1000 石） | | | | 部門別生産比（%） | | |
|---|---|---|---|---|---|---|---|
| | 第一次部門 | 第二次部門 | 第三次部門 | 全部門 | 第一次部門 | 第二次部門 | 第三次部門 |
| 730 | 7,502 | 481 | 711 | 8,695 | 86.3 | 5.5 | 8.2 |
| 950 | 9,472 | 575 | 883 | 10,930 | 86.7 | 5.3 | 8.1 |
| 1150 | 10,711 | 677 | 998 | 12,386 | 86.5 | 5.5 | 8.1 |
| 1280 | 9,837 | 668 | 1,094 | 11,599 | 84.8 | 5.8 | 9.4 |
| 1450 | 16,616 | 1,382 | 2,221 | 20,219 | 82.2 | 6.8 | 11.0 |
| 1600 | 30,678 | 3,652 | 7,306 | 41,635 | 73.7 | 8.8 | 17.5 |
| 1721 | 48,808 | 8,434 | 20,361 | 77,603 | 62.9 | 10.9 | 26.2 |
| 1804 | 58,803 | 10,091 | 24,402 | 93,296 | 63.0 | 10.8 | 26.2 |
| 1846 | 67,062 | 11,698 | 28,140 | 106,900 | 62.7 | 10.9 | 26.3 |
| 1874 | 77,103 | 15,888 | 36,551 | 129,541 | 59.5 | 12.3 | 28.2 |

系列 2

| | | | | | | | |
|---|---|---|---|---|---|---|---|
| 725 | 7,502 | 435 | 666 | 8,603 | 87.2 | 5.1 | 7.7 |
| 900 | 9,472 | 626 | 934 | 11,031 | 85.9 | 5.7 | 8.5 |
| 1150 | 10,711 | 711 | 1,031 | 12,453 | 86.0 | 5.7 | 8.3 |

### B. 成長率

系列 1　　　　　　　　　　　　　　　　　　　　　　（単位：%）

| 期　間 | 第一次部門 | 第二次部門 | 第三次部門 | 全部門 |
|---|---|---|---|---|
| 730-950 | 0.11 | 0.08 | 0.10 | 0.10 |
| 950-1150 | 0.06 | 0.08 | 0.06 | 0.06 |
| 1150-1280 | ▲0.07 | ▲0.01 | 0.07 | ▲0.05 |
| 1280-1450 | 0.31 | 0.43 | 0.42 | 0.33 |
| 1450-1600 | 0.41 | 0.65 | 0.80 | 0.48 |
| 1600-1721 | 0.38 | 0.69 | 0.85 | 0.52 |
| 1721-1804 | 0.22 | 0.22 | 0.22 | 0.22 |
| 1804-1846 | 0.31 | 0.35 | 0.34 | 0.32 |
| 1846-1874 | 0.50 | 1.10 | 0.94 | 0.69 |
| 730-1600 | 0.16 | 0.23 | 0.27 | 0.18 |
| 1600-1874 | 0.34 | 0.54 | 0.59 | 0.42 |
| 730-1874 | 0.20 | 0.31 | 0.34 | 0.24 |

系列 2

| | | | | |
|---|---|---|---|---|
| 725-900 | 0.13 | 0.21 | 0.19 | 0.14 |
| 900-1150 | 0.05 | 0.05 | 0.04 | 0.05 |
| 1150-1280 | ▲0.07 | ▲0.05 | 0.05 | ▲0.05 |
| 725-1600 | 0.16 | 0.24 | 0.27 | 0.18 |
| 725-1874 | 0.20 | 0.31 | 0.35 | 0.24 |

注・資料）系列 1，2 は，古代の人口にかんしてのみ，それぞれファリス
　　　推計，鬼頭推計の全国人口を利用して推計した結果をあらわす。
　　　1874 年は蝦夷地（北海道）・琉球（沖縄）を含む。各部門の値は
　　　100 以下の位を四捨五入している（推計は 1 の位より計算した）。
　　　資料および推計方法については本文および各章の説明を参照。

266　第 III 部　非農業生産そして GDP の推計と国際比較

り大きくなっている。

　成長の画期はいくつかの期間に確認することができる。まず，古代末期から中世前半（1150-1280 年）の期間の停滞期（第一次部門・第二次部門はマイナス成長，第三次部門は微増）に続く中世半ばの 1280 年から 1450 年にかけて，各部門ともに大幅な生産の増加が確認できる。この成長は，第一次部門では農業部門における生産力の向上によるもの，第二次部門・第三次部門では，各地における流通・商業の発展，地方の湊・津・宿などの町場における手工業生産や商取引の進展によるものであった。この時期からの経済成長には，土地からの生産部門が，商業・流通という新たな成長部門との相互作用によって進んでいくという側面が萌芽的ながらもあらわれてきたといえよう。

　この成長は，続く中世後半の 1450-1600 年の期間も持続する。この時期は戦国期から織豊政権の時期で，すべての部門で生産の大幅な増加を確認することができる。中世，とくに戦国時代は飢饉と戦乱にかんする荒廃した時代との認識があり（藤木 1995；1997；2001；2006）。そうした研究が中世史研究にあたえたインパクトは大きいが，推計結果はそれとは逆の結果を提示している。その背景としては中世前半と同様に各地での流通経済の進展があったことはいうまでもないことだが，第 2 章でも説明したように，これとは別の要因として，戦国期における各地の大名による領国支配が進んだ結果としての生産の増加があったことが考えられよう。また，この時期は，各地の戦国大名が年貢・諸役量と軍役量を算定するための基準である貫高制を定め，農民支配と軍事力を強化編成した時期でもある。貫高制の導入によって，各大名の領国は実体的な経済領域としての性質を強くし，そこでは統一的な租税制度や，社会的分業・交換関係・貨幣流通をふまえた領国市場が形成されるようになった。この各地での社会構造とそれによる経済の変化は，列島の生産量を上昇させる効果があっただろう（永原 1975）。

　また，戦乱が常態化した時期では，平時に準備された食糧・武具などの軍需物資は戦時に大量に消費されることとなり，次の戦時においてまた物資の補填・消費が繰り返されるという循環が発生し，それはたしかに困窮をともなうものではあったが，一方でそうした物資を取りあつかう商人や金融業者のよう

に蓄財を進める階層も存在していたことが指摘されており（久保 2015，第 1 章），この時期の戦争経済による影響は，経済成長という側面に限って考えるのであれば必ずしもマイナスのみに作用したとはいいきれないだろう。

次の 1600-1721 年は徳川時代の前半，すなわち関ヶ原の戦（1600 年）から徳川吉宗の在任中に実施された享保の改革（1716-1745 年）までの時代にも生産の拡大が確認できる。この間の成長の特徴は，すべての部門が成長した先の中世後半（1450-1600 年）と違って，第一次部門の成長率は若干減少しているのに対して，第二次部門・第三次部門の成長はより加速されていることである。この要因として考えられるのは，徳川時代の初頭に戦国大名の配置転換がおこなわれ，日本全国で城下町が新たに建設されたことであろう。すなわち，城下町建設による建設業を中心とした製造部門の効果である。また，豊臣政権下ではじまった兵農分離政策の結果，城下町に武士が集住することとなり，そうした武家層を対象とした商業・サービス業が発展したことも大きいだろう。さらに，中世末期に混乱していた度量衡・通貨制度の統一，五街道の整備，村単位で年貢や諸役を包括的に負担する村請制度の確立など，社会経済の機構・制度が整備されたことも，こうした非農業部門における生産の拡大を進める要因となったと考えられる。

これら中世とそれに続く徳川時代前半の 2 つの連続する時期は，ともに大幅な生産の増加が達成された時期で，幕末から明治期初頭を除いた前近代のなかで最も高い年成長率を記録している（それぞれ 0.48 ％，0.52 ％）。中世とは律令体制崩壊後の国内における統一政権不在の時期であり，とくに後半の戦国期にはその様相はより顕著なものとなっているが，一方の徳川時代は戦乱の終焉と社会経済の諸制度が整備・統一された時期という異なる歴史的背景があり，それぞれ異なった条件のもとで生産量の拡大がみられたことは注意してもよい。

徳川時代後半，とくにベンチマークの最終期間である幕末維新期の 1846-1874 年においても第二次部門・第三次部門の大幅な増加がみられる。これは第 3 章において説明したように，プロト工業化の進展とそれにともなう商業・サービス業の拡大，幕末の海外貿易開始による農村工業品の生産の増加の影響であると考えられる。

268　第 III 部　非農業生産そして GDP の推計と国際比較

**表 7-3**　前近代日本の 1 人あたり総生産の推計，730-1874 年

A. 推　移

系列 1

| 年 | 総生産<br>（1000 石） | 人口<br>（百万人） | 1 人あたり<br>総生産<br>（石/人） |
|---|---|---|---|
| 730 | 8,695 | 6.1 | 1.43 |
| 950 | 10,930 | 5.0 | 2.19 |
| 1150 | 12,386 | 5.9 | 2.10 |
| 1280 | 11,599 | 6.0 | 1.95 |
| 1450 | 20,219 | 10.1 | 2.01 |
| 1600 | 41,635 | 17.0 | 2.45 |
| 1721 | 77,603 | 31.3 | 2.48 |
| 1804 | 93,296 | 30.7 | 3.04 |
| 1846 | 106,900 | 32.2 | 3.32 |
| 1874 | 129,541 | 34.8 | 3.72 |

系列 2

| 年 | 総生産<br>（1000 石） | 人口<br>（百万人） | 1 人あたり<br>総生産<br>（石/人） |
|---|---|---|---|
| 725 | 8,603 | 4.5 | 1.91 |
| 900 | 11,031 | 6.4 | 1.71 |
| 1150 | 12,453 | 6.8 | 1.82 |

B. 成長率

系列 1　　　　　　　　　　（単位：%）

| 期間 | 1 人あたり総生産 |
|---|---|
| 730–950 | 0.19 |
| 950–1150 | ▲0.02 |
| 1150–1280 | ▲0.06 |
| 1280–1450 | 0.02 |
| 1450–1600 | 0.13 |
| 1600–1721 | 0.01 |
| 1721–1804 | 0.25 |
| 1804–1846 | 0.21 |
| 1846–1874 | 0.41 |
| 730–1600 | 0.06 |
| 1600–1874 | 0.15 |
| 730–1874 | 0.08 |

系列 2　　　　　　　　　　（単位：%）

| 期間 | 1 人あたり総生産 |
|---|---|
| 725–900 | ▲0.06 |
| 900–1150 | 0.02 |
| 1150–1280 | 0.05 |
| 725–1600 | 0.03 |
| 725–1874 | 0.06 |

注）系列 1, 2 は，古代の人口にかんしてのみファリス推計，鬼頭推計の全国人口を利用して推計した結果をそ
れぞれあらわす。1874 年は蝦夷地（北海道）・琉球（沖縄）を含む。総生産は 100 石以下の位は四捨五入
している（推計は 1 の位より計算した）。
資料）表 7-2 の全部門の生産量，第 4 章表 4-5 の全国人口より作成。

　表 7-3 は各部門の生産量を合計し，それを全国人口で除した 1 人あたり総生
産の推移をあらわしている，ここでも，古代は人口推計にあわせて 2 系列とし
ており，系列 1 がファリス推計，系列 2 が鬼頭推計を利用したものとなってい

第 7 章　前近代日本の超長期 GDP の推計と国際比較　**269**

る。ファリス推計は非耕作地や疫病・飢饉の頻発，非水田農業によって営まれる人口を考慮しているが，こうした議論は，これまでの章においても指摘してきたことである。すなわち，古代・中世の耕地経営は少なからぬ非耕作地を含む粗放的なもので，疫病・飢饉などの厳しい自然環境からの影響をうけていたこと（第 1 章，第 2 章），また，非農業活動に従事する人口が存在していたこと（第 5 章）である。飢饉による人口抑制の効果はファリスの古代社会の分析における重要な要素であり（Farris 1985；2006；2009），その影響は人口推計にもよくあらわれている[4]。また，本書で農業生産量の推計に利用した資料をみても，奈良時代は『律書残篇』記載の郷数から水田数が推計されているが，ファリス推計も同一の資料を利用していること，また，950 年，1150 年の水田面積の根拠資料もファリス推計が利用している資料（『和名抄』・『拾芥抄』）と同じ資料となっており，こうした点はどちらかの系列を選択するうえで重要な要素となる。よって，本書における古代・中世史の認識から考えて，ファリス推計が古代・中世の経済社会を反映した人口推計とみなされることになる。本章では，古代を通じた人口成長は緩慢であったとする鬼頭推計の全国人口による系列 2 についても言及するが，基本的には系列 1 を中心に議論を進めることとする。

　まず，全体を通じた 730 年から 1874 年までの成長率は 0.08 ％ となっている。この成長を中世と近世の間で分けてみると，730-1600 年の年成長率が 0.06 ％ であるのに対して，1600-1874 年は 0.15 ％ と成長の伸びに大きな開きを確認することができる（これは系列 2 の場合でも同様である）。古代・中世は，全体を通した成長そのものは比較的ゆるやかなものとなっており（年成長率 0.06 ％），古代後半にはマイナス成長を経験するなどきわめて停滞的な時期も確認できるものとなっている。当該期間で目立った成長が確認できるのは，古代前半の730-950 年と中世末期から近世初頭の 1450-1600 年の期間である。古代前半の1 人あたり総生産の年成長率は 0.19 ％ となっており，近世以前の古代・中世

---

　4）本章での農業生産量の推計は古代の農業生産はゆるやかであったとはいえ生産量そのものは増加傾向にあり，それは耕地政策が積極的であった古代前半において顕著であったとしているのに対して，ファリスの人口推計では古代前半は頻発する疫病・飢饉の影響により人口成長は停滞的であったとしている。この人口と生産の関係については，今後の課題としたい。

270　第 III 部　非農業生産そして GDP の推計と国際比較

社会において最も高い成長をあらわしている。この時期は，平城京建設（710年）後の律令国家が，積極的な土地開発政策を実施し，諸制度を整備した時期と重なっており，まさにこの時期が古代社会における繁栄の時代であったといえよう。ただし，系列 2 の場合は，古代前半にマイナス成長を経験し，その後は徐々に回復し中世初頭に古代初頭の水準に戻るという全体として停滞的な古代社会像を描くこととなる。もっとも，鬼頭推計の全国人口には非耕作地の存在は考慮されていないため，そうしたマイナスの要素を推計に考慮すれば，系列 1 と似たトレンドとなることが期待されるだろう。中世後半（1450-1600 年）における成長は，先に説明した中世後期における各部門の生産の拡大と整合的である。

　徳川時代についてより詳しく観察してみると，1 人あたり総生産の時期別の年成長率は，1600-1721 年 0.01 ％，1721-1804 年 0.25 ％，1804-1846 年 0.21 ％，1846-1874 年 0.41 ％ と，徳川時代の半ば（ベンチマーク年であれば 1721 年）以降は，前半にくらべて成長が加速していることがわかる。もっとも，徳川時代前半（1600-1721 年）における総生産そのものの年成長率は 0.52 ％，人口成長は年率 0.51 ％ となっており，ともに前近代社会で最も高い水準となっている。したがって，徳川時代前半の経済パフォーマンスは非常に良好であったといえるが，本格的な 1 人あたり総生産という観点からは，成長がはじまるのは徳川時代前半の年率 0.01 ％ という定常状態を脱して以降の時期であり，徳川時代半ばに大きな画期があったといえる。その背景には，第 6 章で説明したように，各地での農村工業化の進展による第二次・第三次部門での生産の増加があったこと，すなわちプロト工業化による成長が進んだことが大きかったといえる。

　この 1 人あたり総生産を先行研究であるマディソン推計と比較してみたのが図 7-1 である。古代・中世については，比較対象となるマディソン推計のベンチマーク年が 1000 年と 1500 年の 2 時点しか存在しないが，本書での新推計の結果は 1000 年については，系列 1 はマディソン推計を大きく上回っている（系列 2 の場合は，おおよそではあるが近い値となっている）。1500 年については，新推計の同時期 1450 年の値が 1 割ほど大きくなっている。ただし，マディソンの古代・中世の推計方法には不明な点が多いため，この結果が即座にマディ

第7章 前近代日本の超長期GDPの推計と国際比較　271

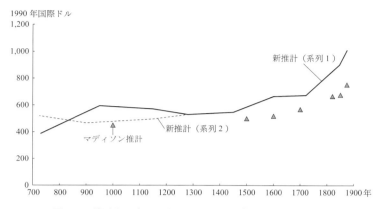

**図 7-1** 前近代日本の 1 人あたり GDP の推移，730-1874 年

注) 新推計の系列 1 は古代の全国人口をファリス推計にて推計したもの，系列 2 は鬼頭推計を利用して推計したもの。新推計の 1 人あたり GDP 値（系列 1）は，730 年 388 ドル，950 年 596 ドル，1150 年 572 ドル，1280 年 531 ドル，1450 年 548 ドル，1600 年 667 ドル，1721 年 676 ドル，1804 年 828 ドル，1846 年 904 ドル，1874 年 1013 ドル。系列 2 は 725 年 519 ドル，900 年 467 ドル，1150 年 496 ドル（1280 年以降は系列 1 と同様）。マディソン推計の 1 人あたり GDP 値は，1000 年 425 ドル，1500 年 500 ドル，1600 年 520 ドル，1700 年 570 ドル，1820 年 669 ドル，1850 年 679 ドル，1874 年 756 ドル。

資料) 新推計は表 7-3 を攝津・Bassino・深尾（2016）の 1874 年の GDP 値を石高に換算して接続，マディソン推計は Original Homepage Angus Maddison（http://www.ggdc.net/maddison/oriindex.htm）より作成。

ソンの職人芸的な推計の正確さを証明するとはいいきれないのも事実である。よって，ここではマディソン推計の信頼性についての議論はしない。また，新推計の古代・中世の推計値は，マディソンが設定した生存水準ラインである 1990 年ゲアリー＝ケイミス国際ドル換算の 400 ドルを，系列 1 の 730 年を除けば，すべての時期で上回ってはいる。近年，マディソンが設定した 1990 年基準の生存水準ラインの設定そのものについての議論があるためその評価は難しいが[5]，次に述べる近世以降の成長の伸びにくらべるのであれば，古代・中

---

5) たとえば，前工業化時代の格差について分析した Milanovic, Lindert, and Williamson (2010) では，生存水準ラインは 1990 年基準で 300 ドルに設定されている。生存水準ラインを 400 ドル以下に設定した理由として，たとえば，Bairoch (1993) が 1960 年基準で設定した生存水準ラインは 80 ドルで，これをアメリカの消費者物価指数を利用して 1990 年基準に変換すると 355 ドルとなること，また，世界銀行が 1993 年基準で設定した絶対貧困ライン（absolute poverty line）である 1 人 1 日あたり 1.08 ドルを

272　第 III 部　非農業生産そして GDP の推計と国際比較

世の 1 人あたり GDP の成長は年率 0.06 ％の緩慢なものであり，それは，マ
ディソンが設定した多くの（当時の）後進国が生存水準ラインと同等もしくは
少し上回る程度であったのと同様，日本も 1 人あたり GDP という尺度でみる
かぎりにおいては，その経済成長のレベルはゆるやかな水準にとどまっていた
ということはできるだろう。

　徳川時代については，第 6 章で議論したとおりである。新推計とマディソン
推計の成長のトレンドには極端な差はみられないが，ギャップについては大き
な隔たりがある。この差は，マディソンが推計の際においた仮定が徳川時代の
成長は幕末期を除いて全体としてはゆるやかなものと設定していたのに対して，
新推計は第一次部門の石高データをより実態に近づけるため上方修正を施して
おり，また，人口密度および都市化率をもちいた推計方法の採用により局面ご
との成長をとらえたことに起因している。

# 3　国際比較

　この日本の長期にわたる GDP 推計値とその結果から考えられる経済成長は，
経済史の文脈においてどのように位置づけられるのだろうか。この問題を明確
にするために，日本と同じように歴史的国民計算が推計されている世界各国の
GDP 値を利用して，その推移と成長についての国際比較をすることにしよう。

　各国の GDP 推計値はマディソンの推計作業の後継プロジェクトである「マ
ディソン・プロジェクト（Maddison Project）」からの最新データを利用する。マ
ディソンは 2010 年に亡くなったが，彼の作業は世界各国の経済史家たちに引
き継がれ，その最初の改訂版が 2013 年に公開されている（Bolt and van Zanden
2014）。一部の国では改訂版の公開後も新たな修正が加えられており，そのプ

---

　　1990 年基準に換算すれば 365 ドルとなること，現在もなお数億人以上の人々が，世界
　　銀行が設定した生存水準ライン以下の収入によって生活をしていること，などの点を
　　考慮したためとしている。貧困ラインの水準については，現在も世界銀行を中心に改
　　訂が続けられており，その経過と議論は，Ferreira et al.（2015）に詳しい。

第 7 章　前近代日本の超長期 GDP の推計と国際比較　**273**

ロジェクトは現在も進行中である[6]。

　比較の時期は日本の推計にあわせて 8 世紀から 19 世紀までとする（ただし，一部の旧文明国については西暦 1 年よりの推計値も取りあげる）。比較の対象となる国は，この期間における時期的なカヴァレッジと比較の目的を考慮して選ばれることとなる。

　まず，経済発展の東西の比較として，西欧諸国から，他の国々にくらべて推計の方法が明確であり，その期間も長期に取得することができる英国，オランダ，イタリア，ベルギー，ポルトガル，スペイン，ドイツ，スウェーデンの 8 カ国を選ぶこととする。なお，領土の変遷が激しかったオランダは 1807 年まではホランド州のみに，統一前のイタリアは中央・北イタリア地域に限定されている。英国は 1700 年まではイングランド，1700-1850 年はグレートブリテン，1851 年以降が連合王国となっている。

　次に，アジアのなかでの経済発展の差をみるため，トルコ，エジプト，イラク，インド，中国の 5 カ国を取りあげる。これらの国は有史以来，西欧よりも長い歴史をもっている旧文明国であり，アジアの長期の経済史のなかでは後発国である日本との経済成長の違いをみるために有効であると考えられる。トルコはビザンツ帝国およびオスマン帝国期，インドはムガル帝国期の推計値となる。その結果，ユーラシア大陸から 13 カ国が選ばれることになる[7]。

---

6) 各国の前近代の GDP 推計は，日本の場合と同様に必要な統計データが完全ではないため，推計方法についても，（統計資料をもちいたものもあるが）そのほとんどは土地面積・土地生産性を利用した生産面からの推計や賃金データによる需要方面からの推計，農業消費量を仮定した間接的な推計など，複数の推計方法を組み合わせたものとなっており，現在も各国研究者によって改訂が進められているものが多い。今後の推計作業の進展が期待される。たとえば，中国の推計は，時期・産業部門によっては推計に利用した統計データの観測数がきわめて少なく，ベンチマーク年ごとの推計値は年成長率による線形補完を利用している。したがって，データの信頼度は時代がさかのぼればさかのぼるほど低くなっているため，その推計結果およびその解釈には留意しなければならないだろう（Broadberry, Guan, and Li 2017, Table 3, Appendices A1-A4, Table A3）。

7) マディソン・プロジェクトのデータベースには，アフリカ大陸，南北アメリカ大陸のいくつかの国についても近世期以降の GDP 推計値が掲載されているが，本章では比較の対象としなかった。

274　第 III 部　非農業生産そして GDP の推計と国際比較

表 7-4　各国の 1 人あたり GDP

## A. 推　移

| 年 | 英　国 | オランダ | イタリア | ベルギー | ポルトガル | スペイン | ドイツ |
|---|---|---|---|---|---|---|---|
| 1 | | | 800 | 600 | 600 | 600 | |
| 730 | | | | | | | |
| 950 | | | | | | | |
| 980 | | | | | | | |
| 1020 | | | | | | | |
| 1050 | | | | | | | |
| 1090 | 754 | | | | | | |
| 1120 | | | | | | | |
| 1150 | | | | | | | |
| 1280 | 679 | | | | | | |
| 1300 | 755 | | 1,620 | | | 864 | |
| 1348 | 777 | 876 | 1,515 | | | 907 | |
| 1400 | 1,090 | 1,195 | 1,751 | | | 819 | |
| 1450 | 1,055 | 1,373 | | | | | |
| 1500 | 1,114 | 1,454 | 1,533 | 1,467 | | 846 | 1,146 |
| 1550 | | | | 1,512 | 1,142 | | |
| 1570 | 1,143 | 1,432 | 1,459 | | | 910 | |
| 1600 | 1,123 | 2,662 | 1,363 | 1,589 | 1,164 | 892 | 807 |
| 1650 | 1,110 | 2,691 | 1,398 | 1,445 | | 687 | 948 |
| 1700 | 1,563 | 2,105 | 1,476 | 1,375 | 975 | 814 | 939 |
| 1750 | 1,710 | 2,355 | 1,533 | 1,361 | 1,248 | 783 | 1,050 |
| 1800 | 2,080 | 2,609 | 1,363 | | 1,024 | 916 | 986 |
| 1812 | | | | 1,479 | | | |
| 1820 | | | | | 923 | | |
| 1850 | 2,997 | 2,355 | 1,481 | 1,847 | 923 | 1,079 | 1,428 |
| 1874 | 4,191 | 2,721 | 1,542 | 2,890 | 966 | 1,459 | 2,124 |

## B. 成長率

| 期　間 | 英　国 | オランダ | イタリア | ベルギー | ポルトガル | スペイン | ドイツ |
|---|---|---|---|---|---|---|---|
| 730–1300 | | | | | | | |
| 1300–1500 | 0.18 | 0.33 | ▲0.03 | | | ▲0.01 | |
| 1500–1600 | 0.01 | 0.61 | ▲0.12 | 0.08 | | 0.05 | ▲0.35 |
| 1600–1700 | 0.33 | ▲0.23 | 0.08 | ▲0.14 | ▲0.18 | ▲0.09 | 0.15 |
| 1700–1800 | 0.29 | 0.21 | ▲0.08 | 0.07 | 0.05 | 0.12 | 0.05 |
| 1800–1874 | 0.95 | 0.06 | 0.17 | 1.09 | ▲0.08 | 0.63 | 1.04 |

注)　英国は 1700 年より前はイングランド，1700 年以降はグレートブリテン，1851 年以降は連合王国。ベンチ
　　トルコの 1150 年の値は 1180 年；1348 年の値は 1330 年；1450 年の値は 1430 年；1874 年の値は 1870 年，エ
　　1300 年の値は 1330 年；1400 年の値は 1430 年；1500 年の値は 1480 年；1874 年の値は 1870 年，イラクの
　　値は 1870 年，インドの 1800 年は 1801 年；1812 年の値は 1811 年；1820 年の値は 1821 年；1850 年の値は
　　は 1846 年となっている。成長率の期間については，オランダの 1300-1500 年の値は 1348-1500 年，イタ
　　年は 1812-1874 年，トルコの 1300-1500 年の値は 1330-1500 年；1700-1800 年の値は 1700-1820 年；1800-
　　1480 年；1800-1874 年の値は 1820-1870 年，イラクの 730-1300 年の値は 850-1220 年；1800-1874 年の値
　　730-1300 年の値は 980-1120 年；1300-1500 年の値は 1400-1480 年，日本の 730-1300 年の値は 730-
　　1600-1721 年；1700-1800 年の値は 1721-1804 年；1800-1874 年の値は 1804-1874 年となっている。

資料)　英国：Broadberry et al. (2015)，Broadberry and van Leeuwen (2011)，Walker (2014)。オランダ：van Zanden
　　ルトガル：Reis Martins, and Costa (2011)。スペイン：Álvarez-Nogal and Prados de la Escosura (2007 ; 2013)。
　　(2014)（Milanovic 2006，Pamuk and Shatzmiller 2011 よりの値）。エジプト・イラク：Bolt and van Zanden
　　国：Broadberry Guan, and Li (2017)，Xu et al. (2017)。日本：図 7-1 の系列 1。以上より作成。

推計の比較，1-1874 年

(単位：1990 年国際ドル)

| スウェーデン | トルコ | エジプト | イラク | インド | 中　国 | 日　本 |
|---|---|---|---|---|---|---|
| | 700 | 700 | 700 | | | |
| | 730 | 920 | | | | 388 |
| | 690 | 810 | | | | 596 |
| | | | | | 853 | |
| | 600 | 600 | 820 | | 1,006 | |
| | 590 | 770 | | | 982 | |
| | | | | | 878 | |
| | | | | | 863 | |
| | 580 | 660 | | | | 572 |
| | | 670 | 680 | | | 531 |
| | | 610 | | | | |
| | 580 | | | | | |
| | | 730 | | | 1,032 | |
| | 610 | | | | 990 | 548 |
| | 660 | 680 | | | 858 | |
| 995 | | | | | | |
| 1,032 | | | | | 885 | |
| 761 | | | | 682 | 865 | 667 |
| 966 | | | | 638 | | |
| 1,340 | 700 | | | 622 | 1,103 | 676 |
| 973 | | | | 576 | 727 | |
| 857 | | | | 569 | 614 | 828 |
| 833 | | | | 519 | | |
| 888 | 740 | 475 | 588 | 520 | | |
| 1,076 | | | | 556 | 600 | 904 |
| 1,487 | 825 | 649 | 719 | 526 | 557 | 1,013 |

(単位：%)

| スウェーデン | トルコ | エジプト | イラク | インド | 中　国 | 日　本 |
|---|---|---|---|---|---|---|
| | | ▲0.03 | ▲0.08 | | 0.01 | 0.06 |
| | 0.08 | 0.07 | | | ▲0.18 | 0.02 |
| | | | | | 0.01 | 0.13 |
| 0.57 | | | | ▲0.09 | 0.24 | 0.01 |
| ▲0.45 | 0.05 | | | ▲0.09 | ▲0.58 | 0.24 |
| 0.75 | 0.22 | 0.63 | 0.40 | ▲0.11 | ▲0.13 | 0.29 |

マーク年については，イタリアの 1300 年の値は 1310 年，スウェーデンの 1550 年の値は 1560 年，トジプトの 730 年の値は 720 年；950 年の値は 930 年；1050 年の値は 1060 年；1150 年の値は 1180 年；730 年の値は 850 年；950 年の値は 930 年；1050 年の値は 1060 年；1280 年の値は 1220 年；1874 年の1851 年；1874 年の値は 1871 年，日本の 1700 年の値は 1721 年；1800 年の値は 1804 年；1850 年の値リアの 1300-1500 年の値は 1310-1500 年，ベルギーの 1700-1800 年の値は 1700-1812 年；1800-18741874 年の値は 1820-1870 年，エジプトの 730-1300 年の値は 720-1330 年；1300-1500 年の値は 1330-は 1820-1870 年，インドの 1700-1800 年の値は 1701-1801 年；1800-1874 年の値は 1801-1871 年，中1250 年；1300-1500 年の値は 1250-1450 年；1500-1600 年の値は 1450-1600 年；1600-1700 年の値は

and van Leeuwen（2012）。イタリア：Malanima（2011），Baffigi（2011）。ベルギー：Buyst（2011）。ポ ドイツ：Pfister（2011）。スウェーデン：Schön and Krantz（2012）。トルコ：Bolt and van Zanden（2014）（Pamuk and Shatzmiller 2011 よりの値）。インド：Broadberry, Custodis, and Gupta（2015）。中

276 第 III 部　非農業生産そして GDP の推計と国際比較

　表 7-4 は，13 カ国の長期の経済成長について 1 人あたり GDP 推計値を日本
と比較した結果で，パネル A が各国の GDP 値の推移，パネル B がそれら国々
の年成長率をあらわしている。まず，これらの国々の 1 人あたり GDP の超長
期の推移を概観していこう。10 世紀以前の古代の世界では，西暦 1-730 年頃
の推計値のほとんどは旧ローマ帝国の支配地である地中海周辺の地域に限定さ
れ，これらの国々での 1 人あたり GDP は 600-900 ドルで推移している。これ
に対して日本は最初の中央集権国家である律令国家が誕生した頃で 400 ドルを
少し下回る程度で，中東地域にくらべておよそ半分の水準であった。同時期の
中国でもすでに強大な王朝国家が存在していたが，信頼できる推計値が存在す
るのは，10 世紀後半の北宋の時代からである。日本は古代後半に 1 人あたり
GDP が上昇傾向となり中東地域の水準に近づくが，その後は停滞的になる。

　11 世紀以降の中世になると，西欧諸国の推計が利用可能になるが，それで
も日本の 1 人あたり GDP の水準は低く，当時勃興しつつあったイタリアおよ
び徐々にではあったが衰退しつつあった中国に対しては半分程度で，停滞気味
であった中東諸国にやっと追いつきそうな水準にとどまっている。

　こうした状況は，日本が徳川時代に入った 17 世紀初頭に少し変化がみられ
るようになる。パネル A の 1600 年をみると，この時期の 1 人あたり GDP の
上位は，オランダ・ベルギーの低地諸邦を首位として，イタリア，ポルトガル，
英国，スペイン，ドイツ，スウェーデンの順に西欧諸国によって占められてい
たことがわかる。日本は首位のオランダの約 4 分の 1，西欧諸国の平均に対し
てでも半分以下の水準であり，西欧諸国に対しては依然として低い水準にとど
まった状態であった。しかし，アジア・中東に眼を向けると，中国が全盛期よ
り落ちてはいるものの西欧諸国に次ぐ水準で，インドがそれに続いている。中
東地域はこの時期の推計値がないが，前後の時期から推測すれば，トルコは
700 ドル程度でインドとほぼ同水準，それ以外の地域で約 600 ドル程度と考え
られる状態であった。1600 年時点での日本の 1 人あたり GDP は 667 ドルで，
それはエジプト・イラクの中東地域を上回っており，トルコ・インドに対して
もほぼ同水準にまで近づいてきている。

　18 世紀になると英国がオランダに次ぐ水準になった。英国では産業革命に

先立つ 17 世紀から年 0.33 ％ という高い成長率で 1 人あたり GDP が上昇し，18 世紀中も年 0.29 ％ と西欧諸国で最も高い伸び幅となっている。対照的にそれ以外の西欧諸国の大部分は年率 0.1 ％ 以下の定常状態になっており，イタリアのようにマイナス成長の国も確認できる。この傾向は 19 世紀に入るとより顕著になり，18 世紀末に産業革命がはじまった英国は年率 0.95 ％ の高い成長率で成長を続け，最終ベンチマーク年にはオランダを抜いて世界で最も豊かな国となった。一方で注目されるのは，ドイツやベルギーなどの一部の西欧諸国では年率 1 ％ 以上の高い成長を示しており，英国ではじまった産業革命がヨーロッパ大陸へ波及した効果が出ているものと考えられる。

　これに対して，同時期のアジアでは 1 人あたり GDP の順位に大きな変化を確認することができる。日本の 1 人あたり GDP が，17 世紀中にインドを，18 世紀には遂に中国とトルコを追い越し，アジアで最も高い水準に達したのである。推計値のない中東諸国についても，中世からマイナス成長を続けていたので，おそらく日本の中世末から徳川時代の間にはそれらの国の水準を確実に超えたと思われる。これらアジアの諸地域の国々は，西暦以前の早い時期から古代文明が栄えていた旧文明諸国であり，長期の文明史のなかで最後発国であった日本は，徳川時代の後半になってようやく先行するアジア諸国に追いつき，追い越したことになる。ただし，成長率でみた場合，日本の 1 人あたり GDP は徳川時代を通じて西欧諸国にくらべれば目立った成長をみせてはおらず，比較的ゆるやかなものであったことがわかる（前期：0.01 ％，中期：0.24 ％，後期：0.29 ％）。一方で，旧文明国の成長は中世以降マイナス成長が続いていたことを考えれば，旧文明国へのキャッチアップは，日本の経済発展が強かったというよりは，それら国々における政治経済が鈍化し凋落傾向にあったことの影響が大きいと考えるのが自然であろう。

　これを Pomeranz（2000）によって提唱された大分岐（Great Divergence）論の文脈でみた場合はどうなるだろうか。ポメランツの大分岐論は，これまで近世において遅れた後進国と考えられてきた中国（もしくは東アジア）の経済パフォーマンスは 19 世紀初頭までは西欧にくらべても見劣りしないものと積極的に評価し，蒸気機関の利用による産業革命に成功した英国との差が開いたの

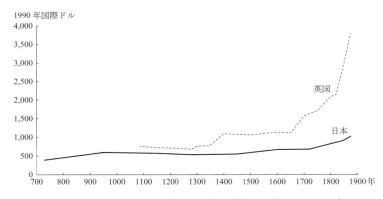

**図 7-2** 1人あたり GDP の推移：日本と英国の比較，730-1874 年

資料）表 7-4 のパネル A より作成。

はそれ以降であったとしている[8]。

　図 7-2 は日本と英国の 1 人あたり GDP の推移について比較したものである。比較は英国の GDP 推計値がある中世以降となるが，1280 年時点での日本の 1 人あたり GDP は同時期の英国の 4 分の 3 程度の水準で極端に大きな差はみられない。しかし，中世にヨーロッパを襲った黒死病の影響による大幅な人口減により英国の 1 人あたり GDP は上昇することとなった。この現象は人口減が大きかった他の西欧諸国においても同様であったが，日本には黒死病が伝播することはなかったため，大幅な人口減による 1 人あたり GDP の上昇は発生することはなく，その結果，15 世紀には日本は英国の半分の水準にまでなったが，その差は 17 世紀初頭までは大きくは広がることはなく，全体でみれば若干ではあるが縮小傾向にあった。日本と英国の格差が大きく広がるのは 17 世紀半ば以降であり，19 世紀半ばには日本の 1 人あたり GDP の水準は英国の 4 分の 1 にまで落ち込んでいる。よって，日本と英国の比較でみるなら，東西の大分岐がはじまったのはポメランツが主張した英国の産業革命の開始以降の 19 世紀からではなく，産業革命の開始以前の近世である 17 世紀半ばにまでさ

---

8）ただし，ポメランツの議論の一部にはデータの根拠や手法について問題が存在するのも事実である。詳細については序章を参照。

第7章　前近代日本の超長期 GDP の推計と国際比較　　279

**表 7-5**　1人あたり GDP の推移：日本と西欧諸国の比較，1500-
1870 年

（単位：1990 年国際ドル）

| 年 | 西欧 12 カ国 | 英国・低地諸邦 | ポルトガル・スペイン | 日本 |
|---|---|---|---|---|
| 1500 | 1,305 | 1,288 | − | 548 |
| 1600 | 1,139 | 1,547 | 924 | 667 |
| 1700 | 1,312 | 1,628 | 844 | 676 |
| 1800 | 1,473 | 2,037 | 939 | 828 |
| 1850 | 1,719 | 2,745 | 1,047 | 904 |
| 1870 | 2,141 | − | 1,158 | 1,013 |

注）日本以外のヨーロッパ諸国の1人あたり GDP は各国の人口でウェイトを
つけた平均値。人口データは Original Homepage Angns Maddison（http://
www.ggdc.net/maddison/oriindex.htm）より。

資料）西欧 12 カ国（1600-1800 年）は Bolt and van Zanden（2014）；西欧 12 カ国
（1850- 1870 年），英国・低地諸邦，ポルトガル・スペインは Maddison
Project Database；日本は表 7-4 のパネル A より作成。

かのぼることになる。この近世における英国と日本との差の原因の一つとして
考えられるのは，農業部門の生産性の違いであると思われる。産業革命はたし
かに英国の経済成長のスピードを加速させるものであったが，実際の成長が近
世からはじまっていたことは図からも読み取ることができ，この背景には産業
革命以前からの畜産業を含めた高い農業生産性による成長があった（斎藤 2008）。

　では，英国だけでなく西欧諸国とその域内の各地域と比較した場合はどうか。
表 7-5 は，1500 年から 1870 年までの1人あたり GDP について，西欧 12 カ国，
英国・低地諸邦（オランダ・ベルギー），ポルトガル・スペインの各地域と日本
を比較したものである。まず，英国を含む低地諸邦の地域との比較をみると，
1500 年の時点では日本はこの地域の半分程度の水準だったのが，1850 年には
3 分の1にまで差が広がっている。次に，西欧 12 カ国と比較してみると，18
世紀までは約2分の1の水準を示しており，これは先の英国・低地諸邦とくら
べた場合とほぼ同じ傾向である。しかし，この差は 19 世紀に入っても変化す
ることはなく，最終ベンチマーク年の 1870 年でも日本の1人あたり GDP は西
欧 12 カ国の約半分の水準を維持している。この傾向は，南欧のポルトガル・
スペインと比較した場合は違った結果となる。日本とポルトガル・スペインと
の間には 1600 年に約 1.4 倍の格差があったが，それは 17-18 世紀に徐々に縮
小し，最終的には約 1.1 倍程度のほぼ同水準までになっている。これは，西欧

280　第 III 部　非農業生産そして GDP の推計と国際比較

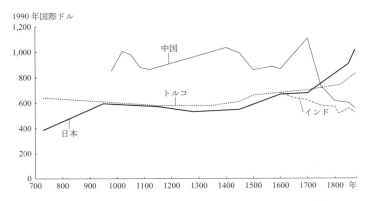

**図 7-3**　1 人あたり GDP の推移：日本と中東・アジア諸国の比較，730–1874 年

資料）表 7-4 のパネル A より作成。

諸国のなかでも，産業革命による工業化が最も早く進んだ英国や，それに続いた低地諸邦の地域では 1 人あたり GDP の大幅な上昇がおこったが，それ以外の地域ではいまだ途上の段階であったこと，すなわち西欧諸国内において「小分岐（Little Divergence）」があったからである。よって，アジア諸国を比較の対象としてみれば，小分岐後の西欧諸国において下方に位置した国における 1 人あたり GDP の水準との差は，分岐の上方の国に対してよりは小さかったことになる。その傾向はとくに南欧や東欧で顕著で，ポルトガルだけを比較対象とした場合，1870 年の 1 人あたり GDP は 966 ドルで，これは同時期の日本の 1013 ドルを下回っていることがわかる（前掲表 7-4 パネル A）。

　次に中東・アジア地域諸国の成長との比較をみてみよう。図 7-3 は中東・アジア諸国からトルコ，インド，中国の 3 カ国と日本の 1 人あたり GDP の長期の推移をあらわしている[9]。15 世紀頃までは，中国の水準が不安定であること，また，その他諸国の成長の鈍化などの差はあるものの，（中世には中東諸国とほ

---

9）中国については，時期が異なるものをまとめれば複数の推計系列が存在している（Maddsion 2001, Xu et al. 2016, Liu 2009, Ma and de Jong 2016）。本章では，マディソン・プロジェクトデータとの整合性の観点および古代からの長期の比較が可能な Broadberry, Guan, and Li（2017）および Xu et al.（2016）の長期 GDP 推計の結果を利用している。

ぼ同水準近くになっているが）西欧との比較と同様に日本が最貧国であった期間がかなり長く続いている。こうした情勢が変わってくるのが近世期で，日本は徳川時代の間にすべての旧文明国を追い抜くことになる。西欧諸国の圧力をうけながらも近代化を進めたトルコを除けば，インドと中国の近世を通じた凋落は非常に大きく，1600年には日本よりも高かった両国の1人あたりGDPは，近代初頭の19世紀後半には日本の6割前後にまで低下しており，アジア地域内においても近世の期間に小分岐がおこっていたことがわかる。ただし，徳川時代の日本の成長が非常にゆるやかで西欧にキャッチアップすることができなかったことを考えれば，このアジア内での経済成長のレースにみられた現象は，他のアジア諸国が西欧の干渉をうけていたことや，各国内での統治に問題をかかえていたことによる消極的な理由によることを考慮するのが自然だろう[10]。

## む　す　び

　以上，日本の長期の経済成長について1人あたり総生産を農業生産量および人口データをもとに推計し，各国のデータを比較することによってその特徴をみてきた。奈良時代の730年から明治期初頭の1874年にかけての日本の1人あたり総生産は年率0.08％のゆるやかな成長であったが，長期の視点でみれば，西欧やアジアの諸国にくらべて，すべての時期を通じてほぼ安定した成長となった。成長の画期は古代の後半，中世の後半，近世の前半および後半にみられ，律令国家の変革期，戦国期の大名領国支配下，徳川幕府の成立による社会経済の安定期，プロト工業化による農村工業の発展期と，それぞれ異なった条件下での経済成長がおこっていた。

---

10）ただし，中国・インドは国土面積が広大なため地域によって生産量の格差の広がりがあり，人口規模も日本よりも大きいため（1820年段階での総人口は中国3億8000万人，インド2億1000万人。同時期の日本の1804年の総人口は3069万人），全国レベルで1人あたりGDPで計測した場合，母数となる人口数によって推計上は貧しくなる傾向があるのも事実である。Pomeranz（2000）のように揚子江沿岸の先進地域で比較すると，その傾向は大きく変わることになる。

282　第 III 部　非農業生産そして GDP の推計と国際比較

　長期の生産推計は，1 人あたり GDP の推計による国際比較を可能にし，その結果，東西の大分岐は近世の前半に発生していたことがわかった。また，西欧諸国において英国が他のヨーロッパ大陸諸国にキャッチアップしその差を拡大させたのと同じように，アジアでも後発国であった日本がトルコ・インド・中国という旧文明国を追い抜くという小分岐の現象を確認することができた。そうしたキャッチアップは，日本の徳川時代後半のプロト工業化期に，農村工業の発展を中心とした経済成長が生じたことによるものが大きな要因となっている。事実，日本の徳川時代の 1 人あたり GDP の成長率は，17 世紀で 0.01 ％であったのが 18 世紀に 0.24 ％，19 世紀に 0.29 ％にまで上昇している。しかし，それでも産業革命を達成した英国や先行する他の西欧諸国へのキャッチアップを実現するほどの強い成長ではなかったことも事実であった。西欧諸国は，スミス的成長による前近代的成長のパターンから脱却することによって近代的経済成長をなしとげていたが，この時点での日本は，プロト工業化と農村経済の商業的発展による市場の発達——それが前近代的工業化のパターンであるスミス型の成長である——による経済成長の段階であったからである[11]。

---

11）一般にアダム・スミスの経済成長論は，競争によって需要と供給を均衡させる競争的市場論として定義されることが多いが，本書では前近代社会における市場の統合と分業の深化による経済成長，すなわち「産業の分化と職業の分化が進行することにより，それぞれの産業間に新たに市場が生まれ，市場取引の規模が拡大することによって，経済全体の生産性が向上するプロセス」（斎藤 2008，49 頁）を通じて経済が成長するという意味で「スミス的成長」を解釈している。

終　章

# 超長期 GDP からみた前近代日本の経済成長


　以上，各章にわたって古代から近代初頭までの日本について，数量データを利用して生産量推計を中心に分析し，その超長期の経済成長をみてきた。以下，総括と今後の課題を述べて，本書のむすびとする。


## 1　前近代の経済成長とその実態──総括

　図 8-1 は古代から近代初頭までの総生産，総人口，1 人あたり総生産の推移をまとめたものである。それぞれのトレンドを並列にみるため，各数値は1721 年のベンチマーク年を 100 とした値にて表示している。古代の人口推計および 1 人あたり総生産については 2 つの系列が存在するが，ここでは，先行研究による推計方法が再吟味され，各ベンチマーク年の間の飢饉や疾病の記録，耕地状況など，人口変動要因についての検討が加えられたウィリアム・ウェイン・ファリスの人口推計（Farris 2006；2009）および，それを利用して算出した1 人あたり総生産を採用している。

　日本の前近代の経済成長についてその超長期の推移を 1 人あたり生産量ベースでみた場合，途中いく度かの停滞を経験しながら，非常にゆるやかな成長を遂げたことがわかる。古代から近代初頭までの全体を通じた年成長率は 0.08％ で，今日の近代経済成長の基準からみた場合だけでなく，前近代の西欧諸国の経済成長と比較しても緩慢な成長であったが，凋落傾向にあった他のアジア諸国にくらべれば，日本の経済成長は緩慢ではあるものの安定的であった。

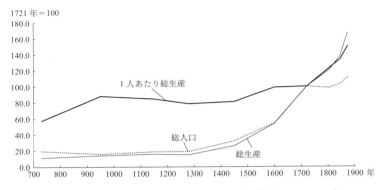

**図 8-1** 総生産・総人口・1人あたり総生産の推移，730-1874 年

注）各数値は 1721 年を 100 とした値で表示している。
資料）第 7 章表 7-3 の系列 1 より作成。

　その経済成長の実態はどのようなものであったのか。8 世紀から 15 世紀の古代・中世前半における日本の経済成長は，古代前半に成長の画期を確認することができる。奈良時代に中央集権国家を確立した律令国家は，社会経済における制度を整備し生産力の拡充をはかり，その努力は耕地面積・生産量の上昇にあらわれていたように一定の成果を生んだことは推計結果からも明らかである。ただし，古代の社会経済は，その制度機能の脆弱さにより国家のパフォーマンスが低下して以降は目立った経済成長がおこることはなかった。1 人あたり総生産でみるかぎり，その成長は停滞的なものであり，その状態は 14 世紀まで続いた。人口と総生産は全体としては成長が加速することはなく，ゆるやかな成長を続けていた。

　最初の経済成長の萌芽は 14 世紀後半から確認でき，より強い成長は 15 世紀後半から 16 世紀の期間におこっていることがわかる。通説のとおりに中世における農業生産および流通経済の進展があたえた影響は推計にも反映されており，それまでは，生産と人口が競い合うようなかたちでほぼ平行して成長していたものが，中世後半の戦国期になると生産の伸びが人口に追いつくような推移に変化してきている。中世の生産推計にはいまだ課題を残しているものの，推計値からは，度重なる戦乱と飢饉による荒廃の中世ではなく，それとは逆の，

終　章　超長期 GDP からみた前近代日本の経済成長　　285

表 8-1　徳川時代における総生産・総人口・1 人あ
たり総生産の成長率，1600-1874 年

(単位：%)

| 年 | 総生産 | 総人口 | 1 人あたり総生産 |
|---|---|---|---|
| 1600-1721 | 0.52 | 0.51 | 0.01 |
| 1721-1874 | 0.34 | 0.07 | 0.26 |

資料）第 7 章表 7-3 の系列 1 より作成。

政治的分散期における経済成長の実現という結果を示している。興味深いのは，中世はほぼ全時期を通じて飢饉や戦乱が頻発していた時代であり，事実，古代後半から中世初頭にかけては 1 人あたり生産量でみればマイナス成長の時代であったにもかかわらず，中世後半から目立った成長を実現していることであろう。この推計結果は，日本列島はこの中世後半から，飢饉という自然的要因や戦乱という社会的要因の影響をうけながらも，長期的には持続的な成長が可能な経済社会へと変化していったことを示唆しているのではないだろうか。

　中世後半の生産と人口の成長は，徳川時代前半の 17 世紀から 18 世紀半ばまで持続することになる。その背景には徳川幕府の成立による社会経済の諸機構・制度が整備されたことや，各地での城下町建設による都市化の進展があった。ただし，1 人あたり総生産でみた場合は成長の速度は若干鈍っている。

　この徳川時代半ばまでの日本の経済成長の歩みは，あたかも人口と生産のレースのような様相を呈しており，それは T. R. マルサスの人口論に代表される古典派経済学者の前近代の経済社会の評価，すなわち，人口増加と経済発展が均衡状態となる結論を惹起しかねない。しかし，推計結果は生産が人口とのレースに勝利するという逆の結果をみせている。つまり，18 世紀後半以降の推計結果からは，人口を上回る生産の増加による生活水準の上昇がわかるからである。

　表 8-1 は徳川時代の総生産・総人口・1 人あたり総生産の成長率を前半・後半に分けたものであるが，徳川時代前半 1600-1721 年の間における生産量と人口の増加率はほぼ同じレベルであったが（総生産 0.52 %，総人口 0.51 %），後半の 1721-1874 年では生産量はそのペースは若干減速するものの，人口に対しては強い成長率を示していることがわかる（総生産 0.34 %，総人口 0.07 %）。それ

は，徳川時代前半の1人あたり総生産の成長率が年率0.01％であったのに対して，後半になると0.26％に大きく上昇することからも明らかである。また，人口成長がこの時期鈍化していることは，それだけ生産量の増加に対する抑制効果が小さくなっていることを意味しており，1人あたり総生産の上昇に寄与していることもわかる。徳川時代後半以降の1人あたり総生産の推移は，近代的経済成長にくらべればゆっくりとした成長ではあったが，前近代社会においても収穫逓減に帰着することのない着実な経済発展を確認することができる。

## 2　今後の展望——むすびにかえて

　以上，日本の超長期の経済成長にかんする分析について推計結果を中心に確認した。

　では，序章にて設定した課題についてはどのような結果になったであろうか。まず，最初の課題である時代区分の問題については，超長期の経済成長を1人あたり総生産という1つの軸によって観察することにより，時代区分を超えた経済発展のプロセスを確認することができたと考える。それはたとえば，中世後半からの経済成長が徳川時代前半にまで持続的なものであり，しかもそれは違った条件によって成長がおこっていたこと，プロト工業化期の経済成長が18世紀以降に発生したことなど，経済社会の変化は時代区分に規定されないことを確認した。

　2つめの課題である中世以前の経済社会の評価については，たしかに長期でみれば，古代・中世の経済発展はその水準で考えるかぎりにおいては大きく目立ったものではなかったが，最初の中央集権国家の成立とその衰退は，確実に同時代およびその後の経済社会の進展に影響をあたえていたことがわかった。また，中世における1人あたり総生産の推計結果は，前半（1280-1450年）では年率0.02％であったのに対し，後半（1450-1600年）においては0.13％へと増加している。もっとも，本書では徳川時代の非農業部門の推計方法を古代・中世にも適用して総生産量を推計しているため，この点については若干の留意

終　章　超長期 GDP からみた前近代日本の経済成長　　287

は必要かもしれないが，第 2 章で議論したように，農業生産量の推移だけでも
中世後半の生産の伸びは十分に確認できた。したがって，中世後半，とくに戦
国時代以降の日本の経済社会の評価，すなわち戦乱と飢饉が頻発していたため
停滞的であったとするか，耕地開発や農業技術といった食糧生産力の上昇や大
名領国支配下の富国強兵策によって経済成長がおこったとするかという議論に
ついて，本書は後者の中世後半の成長を積極的に支持する結果となっている。

　3 つめの課題として設定した国際比較についても多くのことを確認できた。
超長期の経済発展を GDP という指標を推計して数量的に把握することによっ
て，世界の他の諸国の経済発展と比較し，日本の経済発展の特色を確認するこ
とが可能になった。その結果，日本は古代の推計開始時点から世界における最
貧国であったこと，西欧諸国の水準にくらべれば成長の速度は遅く 17 世紀に
東西の大分岐がおきたこと，近世後半から近代初頭にはアジア諸国へのキャッ
チアップを達成したことが明らかになった。また，近世後半からのキャッチ
アップの原動力となったのは，農村工業の進展に代表されるプロト工業化と農
業の商業化による市場の発達という前近代のスミス的成長であったが，それは
産業革命による工業化でいちはやくスミス的成長から脱して近代経済成長を実
現した西欧諸国との格差を埋めるほどのものではなかったこともわかった。

　本書における 1 人あたり総生産を軸とした日本の超長期の経済成長の軌跡は，
経済史だけでなく，文献を中心とした歴史研究のこれまでの蓄積や通説に対し
て，親和性の高い議論および対立する議論の双方を提示する結果となった。こ
れは，前者は本書において示された時系列データの推計や分析が先行研究にお
ける議論をより補強することとなり，後者は先行する歴史認識に対して破壊的
になるものではなく，歴史研究において新たな議論を提案することになったも
のと解釈したい。

　本書は，資料とデータが量的および質的の両面で制約される前近代社会の経
済的諸要素を数量的アプローチで推計し，さらに数百年以上という超長期的な
時系列分析を試みたものである。おおまかな概要については一つの全体像を提
示することはできたと考えているが，一方で今後さらに資料・文献の調査や推
計方法の充実，他研究領域との対話によって深化することのできる部分が残さ

れているのも事実である。以下，それらの将来的な研究の見通しを述べることによって，本書を終えることとする。

## 1）古代の実効支配地域

第1章で補記したように，本書では古代の生産量の推計は蝦夷地・琉球を除いた日本列島地域を対象としているが，実態としては，古代前半の律令国家は列島全体の実効支配を段階的に進めている段階であった。列島東北部への支配拡大は「征夷」すなわち蝦夷征討という軍事作戦，および城柵の設置と柵戸とよばれる移民によって郡をおくことにより進められた。城柵の設置は647（大化3）年の越国への淳足柵の設置からはじまり，812（弘仁2）年の徳丹城までの約160年間の間に20カ所以上の城柵が設置されている。征夷は城柵の設置から60年遅れて709（和銅2）年から開始され，それは811（弘仁2）年に終了している（鈴木 2008，12-16頁）。つまり律令国家による列島の実効支配が完了するのは，東北地方への城柵と征夷が終了する9世紀前半の段階であり，本書が設定した奈良時代前半（ベンチマーク年で730年）の時点では，律令国家は東北地方の大部分を完全に経営する状態となっていなかったことを意味する。

柵の設置および柵戸の移住が進められていたとはいえ，それは段階を追って進められたのであって，厳密に奈良時代から平安時代初頭の実効支配地域について考えるのであれば，古代については東北地方を含まない生産量の推計が必要となる。また，耕地面積として東日本の広い部分を占める東北地方を推計から外すことは，古代農業において先進性が高かったと想定される西日本の耕地経営，および都城を含む人口が比較的多い畿内の存在を中心に考えることとなる。こうした古代の国家支配地域とその地域的差異を考慮した新たな推計作業がもとめられよう。

## 2）中世の農業生産量

本書での中世の農業生産量は，需要サイドからの間接的アプローチによる推計を採用している（第2章）。その推計結果は，土地資料からの別推計，すなわち供給サイドからの推計によって妥当性が確認されてはいるが，推計方法そ

のものについては，より洗練されることが望ましいのも事実であり，本書における中世の農業生産量の推計値はいまだ暫定的な結果ともいえる。中世は荘園資料に算用状などの数的情報が増加する時期であり，量的には古代より格段に資料へのアクセスが容易な時期であるが，一方で，生産量推計にかんする情報については質的に難しくなる時期でもある。つまり，中世荘園文書では土地における耕地面積と年貢量が記載されることはあっても，その総収量についての情報が欠如しているという問題である。また，古代の中央集権国家の崩壊以降，度量衡システムが地域ごとに異なるという中世特有の問題も存在する。しかし，限定された状況ではあるが，第 2 章にて試みたように，年貢量の配分・年貢率など詳細な土地資料の分析から土地生産性や 1 人あたり農業生産量を推計することは決して不可能ではない。本書では，京都近郊の一部地域を中心とした分析にとどまったが，こうした手法を他の荘園資料にあてる作業が今後ますます重要になってくるだろう。もちろん，それは膨大な荘園資料の文献調査という困難をともなうものではあるが，こうした地道な作業を継続することによって中世の農業生産にかんする数量的研究が充実してゆくものと考える。

　また，本書における中世農業は，推計方法の経緯もあるが，稲作に比重をおきすぎた感があることは否定できない。周知のとおり，中世農業は畠作の進展期でもあり，穀物だけでなく地方における商品作物の特産物化がみられた時期でもあった（木村 2010b，117-20 頁）。こうした畠作物の生産も考慮した数量的分析が必要となるであろう。

## 3）人口・都市人口

　本書では，人口の推計および分析については，数多くの人口調査資料や先行研究による推計を利用している（第 4 章，第 5 章）。そのなかでも，今後最も検討の余地が残っているのは中世の人口であろう[1]。現時点での中世日本の総人

---

1) 日本の人口史研究は第二次大戦以前より存在したが，人口資料の分析を加えた本格的な研究は戦後以降にはじまり，宗門改帳・過去帳，地誌，考古学資料など多岐にわたる資料を利用した研究が生まれた。1960 年代にはヨーロッパではじまった家族復元法が，速水融によって歴史人口学的手法として日本に紹介された（鬼頭 2001）。日本の歴史人口研究には数多くの研究蓄積があり，その研究史と成果，今後の展望について

口を推計したものは，Farris（2006）および斎藤（2018）の 2 つのみである。本書ではファリス推計を軸にして議論を進めたが，その推計方法は非常に独創的である一方で，その根拠や仮定には改善の余地があるのも事実である。中世は中央集権国家不在の政治的分散期であるため，全国値を推計するための手がかりはきわめて少ないが，それでも，一部の荘園においては期間，性別，人口が限定されてはいるが情報がえられるものもあることや[2]，考古学分野における住居資料などの発掘成果から，先行研究とは別の観点からの人口推計ができるのではないだろうか。徳川時代については鬼頭（1996 ; 2000）の全国・地域別人口推計が有名であるが，ここでの推計は除外人口を全国一律に幕府調査人口に 20 ％ を上乗せすることによって計算されたもので，各地域における調査人口の吟味はされていない。この点についても，他の人口調査資料の分析によって改訂される必要があるだろう。

　また，本書における都市人口は人口 1 万人以上が居住する地域を都市として定義しているが，これは日本列島の歴史でみれば相当に規模の大きいものである。本書では現時点の推計方法の限界から人口 1 万人以下の都市については徳川時代後期を除いて推計をしなかったが，実際には 5000 人，もしくは 2000-3000 人規模の都市人口についても検討することが望まれる。都市人口データが充実することによって，都市の分布と発達の歴史を超長期にわたって分析することも可能になるだろう。

## 4）飢饉・疫病

　人口成長に関連して，本書では自然災害および飢饉・疫病が経済社会にあたえる影響については必要な箇所で述べてきたが，とくに疫病の流行については，古代以降の列島の歴史のなかでの人口の稠密化によってもたらされた側面について注意しなければならない。また，飢饉・疫病による人口の減少は成長その

---

　　は，速水・鬼頭・友部編（2001）に詳しい。ただし，研究のほとんどは宗門改帳などの詳細な人口資料が入手可能な近世以降のものとなっているのが現状である。
　2）たとえば，山城国上久世荘では中世後期の成人男子の人口数が確認できる（西谷・高島 2016）。

終　章　超長期 GDP からみた前近代日本の経済成長　　291

ものを下方に向かわせる要因となるが，経済成長として別の効果があることも
考慮しなければならない。すなわち，中世ヨーロッパ諸国において猛威をふる
い，人口の 3 分の 1 が失われたといわれる黒死病（マクニール 2007，（下）36
頁）が，結果として労働者の 1 人あたり賃金を上昇させたことである。この中
世ヨーロッパの経験は，疫病による人口の激減により労働力の希少化がおこり，
1 人あたり所得の上昇がもたらされたという事例であるが，一方で，ヨーロッ
パ人によりもちこまれた病原菌で人口が激減し，それが社会の衰退に決定的な
役割を果たしたという南北アメリカ大陸の事例（ダイアモンド 2012，（上）161-
162 頁）と対照的である。こうした双方の可能性をもつフレームワークは日本
においてはどのように解釈されるのか。

　日本における人口増加とそれにともなう人口密度の上昇は，列島の社会に経
済的・文化的発展をもたらしたが（マクニール 2007，斎藤・高島 2017），それは
人口の稠密化によって疫病が広まりやすくなることと表裏の関係でもある。ま
た，本書は中世後半の戦国期に経済成長が加速をはじめたと結論づけたが，
ファリスによれば，戦争の増加は，戦闘による死亡だけでなく，軍隊の移動に
よる感染症の拡大をもたらすので，人口増加への抑制効果があったとされてい
る（Farris 2006, pp. 190-212）。古代では飢饉と疫病が古代の経済社会の成長を相
殺する効果があったにもかかわらず，中世では疫病が経済成長への決定的なブ
レーキとならなかったのは，先述のように，この時期に列島が自然からの影響
をうけやすい脆弱な社会から脱却した可能性を示唆するものである。

　また，天然痘のように大規模な死亡率の上昇によって人口減をもたらすもの
ではないが，前近代における流行性感冒による影響にも注意しなければならな
い。流行性感冒は，密集した集団生活と輸送手段が発達する近代になってはじ
めて深刻化するものであるとされているが，浜野（2004）は，富士川游による
『日本疾病史』に掲載された疾病事例などを利用して古代から近代までの長期
の疾病データベースを分析し，徳川時代半ばの 18 世紀に伝染病の頻度が古
代・中世を上回る水準に達しており，その主な原因が流行性感冒であったこと
を明らかにした。それは，社会に深刻なダメージをあたえるような疫病の類で
はないが（杉山 2001，92-93 頁），ひとたびパンデミックがおきれば，その影響

は時期的もしくは地域的には大きかったかもしれない。

## 5）物価・賃金・所得

　本書では，所得や実質賃金にかんする議論は，第3章において農業生産量を推計する際の需要関数で必要であった中世・近世の賃金データ利用にかんするものにとどめている。いうまでもなく，この分野には時期を問わず分厚い研究蓄積があり，数量経済史的なアプローチをとる研究では，それは物価・賃金データの豊富な徳川時代においてとくに盛んであるが[3]，古代・中世になるとそうした研究は少なくなる[4]。しかし，古代・中世における物価・賃金に関する情報はきわめて豊富であり，一部資料については近年データベース整備が進められ，その成果はウェブサイトにて利用が可能である[5]。これらデータベースは生産データと同じように度量衡が混乱した時代のものであり，その分析には注意が必要ではあるが，今後の研究の進展が期待できる。

　これに関連して，前近代における所得格差の問題についても言及しておく。近代以降であれば，所得調査や税務関係資料が存在するため，完全な統計資料がなくても，南（2000）におけるジニ係数の計測や，Moriguchi and Saez（2008）による上位層の所得シェアの長期分析のような研究が可能にはなるが，前近代にはそのような資料は存在しない。

　しかし，近代的統計資料がなくとも，前近代社会における社会構成の根幹をなす身分・社会階層によってその格差を分析することは不可能ではない。斎藤（2008）では，徳川時代後半の長州藩の経済資料である『防長風土注進案』をもちいた武士・商工者・農民の階層別の所得推計の試みがなされており，同時期の英国・インドとの比較により徳川時代の日本は格差が比較的弱かった社会であったことが指摘されている。このことは，制度的な資料および人口・生産

---

　3）これら先行研究のすべてについては触れないが，徳川時代の物価・賃金のデータを時系列的に分析したものに，宮本・大阪大学近世物価史研究会編（1963），新保（1978），岩橋（1981），斎藤（1998b），Bassino and Ma（2005）などがある。

　4）百瀬（1959），神木（1968），Bassino, Fukao, and Takashima（2010）など。

　5）古代・中世都市生活史（物価）データベース（http://www.rekihaku.ac.jp/doc/t-db-index.html）。

データが存在しさえすれば，社会的身分別に所得推計が可能であり，階層間での格差を論じられる可能性があることを示唆している。もちろん，その推計にはいくつかの仮定が必要となり，ある程度おおざっぱな結果となるリスクは存在するが，前近代社会の経済パフォーマンスを分析するうえでは必要な作業ではないかと考える。

### 6）海外との関係・貿易

　本書は生産面からの推計を主としたため，貿易データが必要となる支出面からの推計に求められる海外貿易については最小限の記述にとどめている。ここでの推計結果において，海外との関係が具体的に論じられたのは，徳川時代後半から明治期初頭の間におこった開港による農村工業品の輸出による影響にかんする部分である。開港による国内経済への影響については，これまで数多くの研究が存在している。

　これとは逆の歴史的現象，すなわち「鎖国」の開始が社会経済にあたえた影響はどのようなものであったのだろうか。もっと具体的にいえば，戦国時代後半から徳川時代初頭の16世紀から17世紀前半における東アジア・東南アジア地域における貿易の効果についてである。この時期，全国規模での鉱山開発がおこなわれたが，それは戦国大名の資源開発の施策の結果であった（小葉田1956；1968）。鉱山資源の産出の背景にあったのがポルトガル・スペインなどヨーロッパ諸国との南蛮貿易で，なかでも石見・大森・生野などの各地で産出された銀は重要な輸出品であった[6]。

　貿易の実態についても，朱印船貿易などの国家レベルでの正式なルートのものだけでなく，倭寇といったある種の密貿易，西国大名による独自の外交・交易など，この時期の海外貿易は非常に活発で，それによる利益は少なくなかったと考えられる（鹿毛2006；2015）。また，東アジア・東南アジアの各地には多くの日本人町がつくられていることから（岩生1940），これら地域とつなが

---

　6）先行研究の試算によれば，この時期の日本銀の産出量は世界の銀産出量の3分の1を占めており（小葉田1968），また輸出量はアメリカ大陸からの銀輸出量の2-3割に相当していたともいわれている（岸本1998）。

る広域ネットワークを念頭においた数量的分析が必要である。南蛮貿易にかんする記録は，日本だけでなく貿易相手国においても存在しており，当時の日本が貿易からえられた利益については，17世紀前後1世紀ほどの間ではあるが相当な規模であり，その効果がこの時期のGDPを例外的に上昇させた可能性は否定できない。本書での非農業部門の生産推計は，理論上はこうした海外との交易の影響をとらえることを可能としているが，それでも，人口データを基盤においた現在の推計方法では，この時期の一時的なブームの影響を完全にとらえることは難しいのも事実である。広域アジア・西欧世界と直結した中世のグローバリゼーションを理解するためにも，データベース・推計方法を改良した今後の数量的な把握がもとめられる。

## 7) 徳川時代の商業・流通

　本書は生産量の推計を中心としているが，推計結果からみるかぎりにおいて，徳川時代における商業・サービス業の1人あたり総生産における寄与の度合いは決して低いものではなかったことがわかった。これに関連して考えるならば，徳川時代における生産物の流通の問題があげられよう。大坂は徳川時代を通じて，多数の地方領国からの米と，後背地である畿内・畿内周辺の工業生産地帯からの手工業品を集荷・交易する経済圏を形成していたし，江戸は徳川時代後半になると周辺地域においても農産物のみならず，絹業などの農村工業がおこり，関東一円への供給後背地（江戸地廻り経済圏）が形成されていた（宮本・上村1988）。こうした大坂と畿内・畿内周辺地域，江戸と関東地域のように，大都市を中心とした中央市場と地方市場の複数の地域をまたぐ巨大な経済圏における都市部の問屋のもとへかき上げられた生産物の存在は無視できないものであろう。

　また，徳川時代の商業の進展度合いからすれば，本店機能が大坂・京都にある商家が江戸に支店をもっていた場合，その所得はどのように計上されていたのだろうか。それら要因を考慮した場合，徳川時代の列島の経済社会の地域的な差異は商業部門に反映され，推計方法についても本書とは違った要素が加えられる可能性は十分にあるだろう。

終　章　超長期 GDP からみた前近代日本の経済成長　　295

## 8）非農業部門（第二次部門・第三次部門）の推計

　本書では，文献資料からの情報がほぼ皆無である前近代の非農業部門の生産量の推計については，Malanima（2011）に代表される都市化率をパラメータとして非農業生産量を推計する手法を，日本の歴史的経緯にあわせて人口密度を加えた推計式を設定して，第二次・第三次部門を個々に推計した。この推計方法は，明治期のデータをもとに徳川時代の生産量を推計するためにあみだされたものであるが，本書ではこの推計式を中世以前の推計にも利用している。しかし一方で，明治期のデータを根拠とした推計方法を中世以前にも適応することについては，まったく問題がないとは断言できないというのも事実である。また，都市化率を 1 万人で定義している点についても議論の余地は残されている（西欧での都市人口推計では，5000 人もしくはそれ以下で都市を定義する場合が多い）。本書にて提示された，この都市化率と人口密度をパラメータとして各産業部門のシェアを推計する方法は，現時点では一定の有効性をもっていると考えられるが，たとえば，中世以前の推計については，徳川時代初頭（1600 年頃）の各生産部門の生産比率を前提にして，そこから就業構造の変化，海外貿易の影響を考慮して推計する方法を別途考える必要があるかもしれない。前近代社会における資料的な限界は認めざるをえないため，アンガス・マディソンが超長期の推計でおこなったような非数値情報も含めた分析も必要である。しかし，その推計と結果は，可能なかぎり定量的な情報にもとづき，そして検証可能なものとしてなされるべきであろう。

## 9）地域別の分析

　これまでも適宜述べてきたように，長期の経済成長の過程は日本列島の各地域において均一に進行するものではなく，そこには地域差が存在するのは当然である。本書では，徳川時代の地域別石高データをもちいた数量的アプローチによる分析も一部おこなったが，中世以前については，データの制約のため地域別の分析をすることはできなかった。

　もっとも，本書の主眼は日本一国について超長期の成長を分析することにあるため，地域別分析には深く立ち入ることはしなかったという側面もあった。

その背景には，明治期以降のような全国規模での統一調査データが存在しないという前近代に特有の資料的限界があるのはいうまでもないだろう。そして，それは時代をさかのぼればより困難になる。

　理想的には，上記の課題を克服するため，新たな推計方法や各地の個別事例の積重ねによって地域別の研究や比較をすることが望まれる。たとえば，古代から比較的豊富に資料が入手できる京都を中心とした畿内地域に限定した超長期の分析をすることも一案であろう。畿内は歴史的に農業・産業・商業などあらゆる面で経済先進地域であり，それは Pomeranz（2000）において西欧との比較のために分析された中国の経済先進地域であった揚子江デルタ地域に相当するものである。畿内の超長期の成長を分析し，その結果をアジア・西欧諸国との比較経済発展の観点から研究する価値は十分にあるはずである。つまり，畿内のみを分析の対象とすることは日本全国からすれば先進地域の分析となり，普遍化することができないと考えるのではなく，逆に，畿内を対象とすることで，これまでとは違った経済成長の歩みを観察することができるのではないだろうか。実際，ポメランツの大分岐論は揚子江地域を中心としたデータによって分析・議論されており，日本においても前近代社会において常に先進地域であった畿内の超長期の分析を試みることで，新たな知見がえられる可能性は高いものと考えられる。

## 付録　度量制にかんする若干の解説[1]

### 度制（面積）

　文献資料において土地丈量にかんする制度の設定が確認できるのは，646（大化2）年の改新の詔における「凡田，長卅歩・広十二歩爲レ段，十段爲レ町」（『日本書紀』巻25・孝徳天皇2〔646〕年春正月甲子朔条）[2]の記述である。この規定が当時どの程度整備され実用化されていたかは不明ではあるが，『続日本紀』巻2・大宝2（702）年3月乙亥条に「始頒=度量于天下諸国-」[3]とあるように，8世紀初頭には度量制度の制定と施行がおこなわれていた。この度量制度は半年後（10月）に施行される大宝律令に先立って施行されており，税制と密接にかかわる度量制度を整備しておくという現実的要求があった（冨谷1992）。ここでの長さの定義は「雑令」に詳しい。関連する条文をあげれば，以下のようになる[4]。

　　凡度，十分爲レ寸，十寸爲レ尺。一尺二寸，爲=大尺一尺-。十尺爲レ丈。（第1条）
　　凡度レ地，量=銀銅穀-者，皆用レ大。此外，官私悉用=小者-。（第2条）
　　凡度レ地，五尺爲レ歩，三百歩爲レ里。（第4条）

　これら規定から，1尺＝10寸，1寸＝10分の各単位の関係が確認でき，また，その単位には大尺と小尺の2種類が存在するが，「度地」すなわち土地の測量には大尺を利用し，5尺を「歩」とすることになっていたことがわかる。

　この大宝令の度制は施行から10年後の713（和銅6）年2月に，量制ととも

---

1) ここでの度量制およびその変遷については，宝月（1961），日本学士院編（1964），小泉（1977a, b），日本計量協会（1978），橋本（1982），瀧川（1985）を参考にした。通史的な記述については，とくに注記しないかぎり上記文献によっている。ただし，先行研究中における引用資料は原資料にあたり異本や他の版も確認して利用した。
2) 黒板・国史大系編修会編（2011a，225頁）。
3) 青木ほか校注（1989，(1) 52頁）。
4) 井上ほか校注（1976，475頁）。

に改訂されることになる[5]。制定された度量をわずか 10 年ほどの運用で変更した背景としては，2 月の条文中にある「別格」に関連する説明が『令集解』の「田長条」に引用されている。少し長くなるが以下に掲げよう。

古記云，問，田長卅歩，広十二歩為レ段，即段積三百六十歩。更改二段積一為二二百五十歩一，重複改為二三百六十歩一。又雑令云，度レ地以二五尺一為歩。又和銅六年二月十九日格。其度レ地以二六尺一為レ歩者。未レ知。令格之赴，并段積歩改易之義，請具分釈。无レ使レ疑也一。答，幡云，令以二五尺一為レ歩者。是高麗法用二度レ地令一便。而尺長二作長大一，以二二百五十歩一為レ段者。亦是高麗術云之。即以二高麗五尺一，准二今尺一，大六尺相当。故格云，以二六尺一為レ歩者則是，令五尺内積歩，改名二六尺積歩一耳。其於レ地无二所レ損益一也。然則時人念下令云二五尺一，格云二六尺一。即依二格文一可上加二一尺一者。此不レ然。唯令云五尺者，此今大六尺同覚示耳。此云未レ詳。（『令集解』巻 12・田長条）[6]

この条文を簡単に説明すれば，租税の基準となる田地の面積が，大宝令の施行前の単位（おそらく高麗尺と考えられる）で測量されており，それが習慣化されていたので，大宝令によって新しい単位を制定しても，以前のものからの変更が難しく混乱をきたしたため，単位は大宝令以前に戻すことにした。雑令が 5 尺を 1 歩と定めたのに対し，格は 6 尺を 1 歩と定めた。ただし大宝令にいう 5 尺は令大尺すなわち高麗尺の 5 尺であり，令小尺の 6 尺である。したがって，1 歩の長さに変化はなく，ただ尺が異なるに過ぎない。すなわち，令の大尺で 1 尺 2 寸の高麗尺による 5 尺平方を歩とし，大尺の 6 尺平方の歩と訂正した，というのである。

この尺の長さそのものについては，大宝律令がそうであったように，基本的には唐の制度にしたがったものであったので日本の令の大小尺は唐の大小尺そのままであったとするか，令の小尺は唐の大尺（曲尺）で，令の大尺は令前の

---

5) 『続日本紀』巻 6・和銅 6 年 2 月壬子条「始二制度量・調庸・義倉等類五条事一。語具二別格一」，『続日本紀』巻 6・和銅 6 年 4 月戊申条「頒二-下新格并権衡・度量於天下諸国一」（青木ほか校注 1989，(1) 192-194 頁，196 頁）。
6) 黒板・国史大系編修会編（2011f，345-346 頁）。

付録　度量制にかんする若干の解説　　299

常用尺であった高麗尺であったとするなど諸説があったが，現在では，後者の説が有力視されている（亀田 2001，4-5 頁；冨谷 1992，274-280 頁）。

　この 713 年の改訂により，土地の測量単位としては大尺の利用が定着し，小尺は儀式的な用途以外では利用されなくなり（小泉 1977b，26 頁），これ以降，この歩・段（反）・町の土地丈量の単位・制度は，中世の後半までは基本的に変わることがなかった。また，古代・中世の土地関係資料をみると，段の下に，大（大半＝1 段の 2/3），半（半分＝1 段の 1/2），小（小半＝1 段の 1/3），丈（1 段の 1/5），杖（1 段の 1/6），合・中（1 段の 1/10）という名称を確認することができるが，これらは段の分数をあらわすものであって，土地丈量そのものの単位ではない。つまり，中世末までの丈量単位は，6 尺平方＝1 歩，360 歩＝1 段，10 段＝1 町という関係となる。

　古代・中世をつうじてほぼ変化のなかった土地丈量の単位は，戦国時代を終焉させ天下統一を果たした豊臣政権によって大きく変わることになる。文禄 3 (1594) 年 6 月 17 日の伊勢国での太閤検地条例の条目には「田畠屋敷六尺三寸棹を以，五間に六十間，三百歩を壱段に可レ致二検地一事」[7]とあり，従来の 1 歩を 6 尺平方から 6 尺 3 寸平方に，1 段を 360 歩から 300 歩に変更している。つまり，6 尺 3 寸平方＝1 歩，300 歩＝1 段，10 段＝1 町となる。

　ところが，この単位は近世になって再度見直され，6 尺平方＝1 歩，30 歩＝1 畝，10 畝＝1 段（300 歩＝1 段）になる。もっとも，1678（延宝 6）年 3 月に幕府が出した検地条例では「間竿ハ一間六尺一分ニ定メ」とあり，1 歩は 6 尺 1 分平方に改められたことになっている。しかし，1686（貞享 3）年の検地条例では「間竿之儀は，雖レ為二六尺二間竿一，壹間に壹分つゝ加来候条，長壹丈弐尺弐分竿を以検地可レ仕，勿論壹反歩は可レ為二三百坪一事」（貞享三年三月検地条例）[8]とあり，また，徳川時代の農政全般についての実務書である『地方凡例録』では「天正の頃より六尺三寸に成り，慶長・元和の頃より古に復して六尺四方を壱歩とす」[9]とあるなど，若干の差が確認できるが，両者の誤差は約 0.3

---

　7）瀧本（1916，353-355 頁）。
　8）農林省編（1930，63 頁）。
　9）大石校訂（1969，39 頁）。

表付-1　面積単位の変遷

|  | 町 | | 反 | | 畝 | | 歩 | | 尺 |
|---|---|---|---|---|---|---|---|---|---|
| 古代・中世 | 1町 | = | 10反 | | | = | 3,600歩 | | |
| | | | 1反 | | | = | 360歩 | | |
| | | | | | | | 1歩 | = | 6尺平方 |
| 太閤検地期 | 1町 | = | 10反 | | | = | 3,000歩 | | |
| | | | 1反 | = | 10畝 | = | 300歩 | | |
| | | | | | 1畝 | = | 30歩 | | |
| | | | | | | | 1歩 | = | 6尺3寸平方 |
| 徳川時代 | 1町 | = | 10反 | | | = | 3,000歩 | | |
| | | | 1反 | = | 10畝 | = | 300歩 | | |
| | | | | | 1畝 | = | 30歩 | | |
| | | | | | | | 1歩 | = | 6尺平方 |

注・資料）換算方法および根拠については本文を参照。徳川時代の1町はメートル法で0.00991736平方キロメートルとなる。古代・中世の「反」は「段」と表記されている場合があるが，ここでは「反」に統一した。「畝」は古代には存在しない。

％しかないため，ここでは近世の1歩は6尺平方として計算することとする。

　以上の丈量単位について整理すれば，1反を最小単位の平方尺であらわすと，中世で1万2960平方尺（6尺×6尺×360歩＝12960平方尺），太閤検地時で1万1907平方尺（6.3尺×6.3尺×300歩＝11907平方尺），近世で1万800平方尺（6尺×6尺×300歩＝10800平方尺）となる。これら各時期の反であらわされた面積比を計算すれば，中世の反は太閤検地時の1.088倍（12960÷11907＝1.0884...），近世の1.2倍（12960÷10800＝1.2），太閤検地の反は近世の1.103倍（11907÷10800＝1.1025...）となる[10]。これら各時代の丈量単位の関係をあらわせば，表付-1のとおりとなる。

---

10）瀧川（1985）によれば，「室町の末には，更に方6尺5寸を1歩とすることが行われて，1歩の面積はますます大きくなった」とある（350頁）。また，『地方凡例録』にも「田地の壱歩は上古も六尺四方たりし処，中古に至り壱間を六尺五寸に改め，壱間四方壱坪たるにより，田の壱歩も六尺五寸四方たりしことありしと見えたり，其後六尺三寸を壱歩とし，太閤検地の頃迄は六尺三寸と聞ゆ」とある（大石校訂1969，24頁）。この「室町の末」，「中古」とされる時期が具体的にどの時期となるかが不明であるため，本書の中世後半のベンチマーク年（1450年）とは重ならない時期であると判断して，この「6尺5寸平方＝1歩」は利用せず，中世は原則として6尺平方＝1歩ではかることとした。

## 量制（容積）

本書における容積の基本単位は，石・斗・升・合をもちいる。それぞれの単位は十進法で計算され，1石＝10斗，1斗＝10升，1升＝10合となる（合より下位の単位として抄・撮が続くが，資料引用の場合を除いて四捨五入とする）。

**表付-2　容積の基本単位**

| 石 | | 斗 | | 升 | | 合 |
|---|---|---|---|---|---|---|
| 1石 | = | 10斗 | = | 100升 | = | 1,000合 |
| | | 1斗 | = | 10升 | = | 100合 |
| | | | | 1升 | = | 10合 |
| | | | | | | 1合 |

資料）阿部（2006，173頁）より作成。

周知のように，近代以前の斗量については，度重なる変化や地域的な混乱が生じていた。ここでは，斗量の基本的な計量単位となる枡の大きさを中心にその容量の変遷について，近代以降の枡（以下「現枡」）を基準として説明する。なお，現枡の大きさについては，1875（明治8）年の度量衡取締条例が定めた枡（4寸9分四方，深さ2寸7分）による1升＝64.827立法寸とする[11]。

文献資料における量制にかんする記述は7世紀の記事にも存在はするが，その制定の過程は，『続日本紀』巻2・大宝2（702）年3月乙亥条に「始頒=度量于天下諸国-」[12]とあるように量制と平行して進められた。その単位は，先に度制でも取りあげた「雑令」のところで，度制に続く形で「量，十合為レ升，三升為=大升一升-。十升為レ斗，十斗為レ斛」（第1条）とあるように，この後，近代まで使用される量制の基本単位（10合＝1升，10升＝1斗，10斗＝1斛〔石〕）が規定されている。いま，本書で使用する容積の基本単位をあらわせば，表付-2のとおりとなる。

この量制の基本的な計量単位となる枡，すなわち1升の容量の測定については，徳川時代より多くの考証家たちによって試みられている。もっとも，各説によってその大きさもさまざまであったが，澤田（1927）は，737（天平9）年の租税関係資料である「和泉国正税帳」に記載された穀倉11棟の寸法から，

---

11）当初は，享保時代に制定されたといわれる「享保尺」の枡を基準枡としたが，これは一般に広く使われていた枡より大きく，利用に混乱をきたしたため，条例施行の翌年（1876年）に従来の尺による使用を認めることになったいきさつがある。なお，享保尺にかんする記述は徳川時代の文献にはみあたらない。この経緯については，小泉（1977a，235-252頁）に詳しい。

12）青木ほか校注（1989，（1）52頁）。

そこに貯蔵されていた「もみ」の体積を算出し，そこから当時の1石を平均2800立方寸と推定した（393-402頁）。そして，これが『延暦交替式』の「天平六年七道検税使計算法」および「宝亀七年畿内幷七道検税使算計法」[13]にある五畿七道の各国の穀倉の貯蔵穀の規程でも2800立方寸と一致もしくはそれに近似すること（402-404頁），さらに他国の穀倉および役人への1日分の食料支給量の算出方法が，先の穀倉の計量方法とも同一であることを確認した（404-421頁）。この澤田の算出した値が，今日最も信頼される推定値とされており，その容量は現在の容量に換算すれば，現枡の約0.406升にあたる。

　容量単位は統一されたが，律令国家の支配が弛緩することよって，その大きさの統一は形骸化していく。各地の土地が寺社・貴族などによる私領化，すなわち荘園として拡大するにつれて，領主や荘園ごとに異なった容量の枡が利用されるようになる。こうした事態に対して，延久年間におこなわれた荘園整理において「宣旨枡」とよばれる公定枡が制定され，14世紀頃までの文献資料にその存在が確認できるが，実際の普及の程度については不明である[14]。これより後，中世は，各地でさまざまな枡が利用されるようになり，量制の混乱の時期となる。これら枡の種類は膨大であるため，ここでは一つひとつについての解説はしない（第3章の中世の農業生産の分析では，複数の容量の異なる枡が資料中に出てくるが，これらについては各々説明している。なお，中世の枡の容量については，宝月（1961）による古典的研究，および近年の水鳥川（2010；2011；2012）による各荘園における使用枡の詳細な分析があるので，それを参照）。

　この量制の混乱の状況を終わらせたのが，太閤検地における全国的な量制の統一である。この時に制定された枡は「京枡」（もしくは，後に容量を改訂した京枡と区別するため「古京枡」）とよばれる。この京枡とされる枡が播磨国姫路

---

13) 黒板・国史大系編修会編（2011h，7-8頁）。

14) 宣旨枡の制定については，延久年間の記録としては存在していないが，鎌倉時代以降の文献に後三条天皇によって制定されたことが確認できる。『愚管抄』には「コノ後三条位ノ御時，延久ノ宣旨斗ト云物沙汰アリテ，今マデソレヲ本ニシテ用ヒラルヽ斗マデ御沙汰アリテ，斗サシテマイリタレバ，清涼殿ノ庭ニテスナゴヲ入テタメサレケルナンドヲバ，コハイミジキ事カナトメデアフグ人モ有リケリ」とある（黒板・国史大系編修会編 2000e，112頁）。宣旨枡の成立とその普及，容量については，宝月（1961，77-108頁）に詳しい。

の土豪であった芥田家に伝来しており，その枡の裏面には「立五寸壹分，横五寸壹分々半，ふかさ貳寸四分々半，但内のり也。此写国中ニ可＝相渡ー，御詮ニ候也」[15]の墨書があり，その容量は 64.349 立方寸（＝5.1 寸×5.15 寸×2.45 寸）となり，その写しが全国に広められたとある。京枡の容量については諸説があるが，近世初頭に京都在住の和算の数学者であった毛利重能があらわした『割算書』に以下の記述がある。

　物に升かす入次第
　一　京升ハ，口五寸四方，ふかさ二寸五分あり，さしわたし両にをきかけ，
　　　ふかさかけ，六二五あり，是一寸四方の物，六十二半なるるなり[16]

　この『割算書』の最も古い版本は 1622（元和 8）年のものとされており，これが近世になってまもない京都で利用されていたことはほぼ確実である（宝月1961，403-404 頁）。この算法による京枡の容積は 62.5 寸立法（＝5 寸×5 寸×2.5寸）となり，現枡に対して 0.964 升となる。また，同じく京都の数学者の吉田光由による算術書『塵劫記』においても京枡にかんする記述がある。

　今升の法（中略）壱升ニ六万四千八百廿七坪入也，ひろさ四寸九分を左右に
　置かゝれば，二千四百一坪と成，これに又ふかさ弍寸七分をかゝれハ，一分
　四方のもの一升ニハ六万四千八百廿七坪入也
　むかし升の法（中略）壱升に六万二千五百入也，ひろさ五寸を左右に置かく
　れば，弍千五百成，これに又ふかさ弍寸五分をかゝれハ，六万二千五百坪と
　成也[17]

　この計算法は寛永 11（1634）年版の『塵劫記』からのものである。ここには「今升」と「むかし升」（昔枡）の 2 つの枡が登場するが，このうち 62.5 立法寸（資料では 6 万 2500 立法分）の枡は「むかし升」である。同書には他にも「ますの法付，むかしますの法も有，当代の壱升ハ，ひろさ四寸九分四方，ふかさ弍

---

15）屋代編（1906，323 頁）。
16）浅見・安田編（2002，187 頁）。
17）近世歴史資料研究会編（2016，282 頁）。

**表付-3** 各時代の枡の大きさと現枡への換算比

|  | 現 枡 |
|---|---|
| 古代・中世 | 0.406 升 |
| 太閤検地期 | 0.964 升 |
| 徳川時代 | 1 升 |

注・資料）換算方法および根拠については本文を参照。徳川時代の1升はメートル法で1.80385リットルとなる。

寸七分」[18]の記述も確認できる。また，『塵劫記』初版の寛永4（1627）年版には「むかしの枡の法の事（中略）一升ます，ひろさ五寸，ふかさ二寸五分」[19]とある。このことは，少なくとも寛永年間（1624-1645年）の時点で，62.5立方寸の枡に代わって，若干容量の大きくなった64.827立方寸（資料では6万4827立方分）の「今升」が一般に使用されていることがわかる[20]。また，それと同時に「昔升」も，ある程度は利用されていた可能性があることも確認でき，この時期，新しい枡の容量への移行が進んでいたといえる。以上のことから，本書では，太閤検地期から近世初頭にかけて標準升として使用された京枡（旧京枡）の容量は，当時の京都における記録から算出された62.5立方寸とする。

近世初頭にその容量を改めた京枡（新京枡）は徐々に全国に普及し，貞享年間（1684-1688年）頃には全国的に代表的な枡となったが，一方で，諸大名および江戸市中においては異なる容量の枡（江戸枡）が利用されていた（宝月1961，472-473頁）。こうした状況は1668-1669（寛文8-9）年に，徳川幕府によって出された諸藩の旧枡の廃止・江戸枡の停止の法令によって改められた。すなわち，方を4寸9分平方，深さを2寸7分とした新京枡への統一が正式に決まったのである。先述のように，新京枡は縦横が1分短くなり，深さが2分長くなって，その容量は64.827立方寸（＝4.9寸×4.9寸×2.7寸）であるから，以前の京枡にくらべて3.7％の容量の増加となった。この大きさは，現枡と同容量となり，これ以降，量制は統一されることとなった。

以上，古代から近世までの容量の変遷について，その基本となる枡の大きさを検討しながら，各時代の大きさを説明してきた。最後に，これらの各時代の容量（枡）の大きさの現枡への換算比を表付-3にまとめておく。

---

18）近世歴史資料研究会編（2016，279頁）。
19）近世歴史資料研究会編（2016，56頁）。
20）この他，慶安4（1651）年版，貞享3（1686）年版，正徳4（1714）年版など他の年度の版にも古京枡・新京枡にかんする記述が確認できる（近世歴史資料研究会編2016，423頁，426頁，504頁，578頁，651頁）。

# 参考文献

1. 配列は，日本語文献，外国語文献順となっている。
2. 本文における引用ページの表記は，日本語文献からの引用は「XX 頁」，
   外国語文献からの引用は「p. XX」としている。
3. 翻訳書からの引用の場合は，外国語文献の原著を参照。

## 【日本語】（50 音順）

相田二郎（1982）『蒙古襲来の研究　増補版』吉川弘文館。

青木和夫・稲岡耕二・笹山春生・白藤禮幸校注（1989-98）『続日本紀 1-5（新日本古典文学
大系 12-16）』岩波書店。

赤松俊秀（2012）『古代中世社会経済史研究（赤松俊秀著作集　第 3 巻）』法蔵館。

槙本洋哉（1987）『前工業化時代の経済――『防長風土注進案』による数量的接近』ミネル
ヴァ書房。

秋山國三（1975）「平安京における宅地配分と班田制」秋山國三・中村研編『京都「町」の
研究』法政大学出版局，60-87 頁。

朝尾直弘（1967）『近世封建社会の基礎構造――畿内における幕藩体制』御茶の水書房。

朝河貫一（1955）『入来文書』日本学術振興会。

浅見恵・安田健訳編（2002）『日本科学技術古典籍資料・数学編 1（近世歴史資料集成　第 4
期第 1 巻）』科学書院。

阿部猛（2006）『度量衡の事典』同成社。

網野善彦（1977）「中世史の立場から――速水報告をめぐって」社会経済史学会編『新しい
江戸時代史像を求めて――その社会経済史的接近』東洋経済新報社，255-259 頁。

網野義彦（2003）『日本中世の百姓と職能民』平凡社。

網野善彦（2007）『中世都市論（網野善彦著作集 13）』岩波書店。

網野善彦（2008）『日本社会の歴史（網野善彦著作集 16）』岩波書店。

新井孝重（2007）『蒙古襲来（戦争の日本史 7）』吉川弘文館。

新井宏（2007）「奈良朝民政史・度量衡史の権威者『澤田吾一』について」『計量史研究』29
(1)，23-29 頁。

安良城盛昭（1959）『幕藩体制社会の成立と構造』御茶の水書房。

安良城盛昭（1984）『日本封建社会成立史論　上』岩波書店。

嵐嘉一（1974）『日本赤米考』雄山閣出版。

池亨（1995）『大名領国制の研究』校倉書房。

池上裕子（2012）『日本中近世移行期論』校倉書房。

伊佐治康成（1996）「律令国家の陸田政策について」『民衆史研究』51，1-19 頁。

石井進（1970）『日本中世国家史の研究』岩波書店。

石井進（1989）「文献から探る人口」石井進・大三輪龍彦編『武士の都　鎌倉（よみがえる中

世 3)』平凡社，59-61 頁。

石上英一（1997）『古代荘園史料の基礎的研究　上』塙書房。

石松好雄・桑原滋郎（1985）『大宰府と多賀城（古代日本を発掘する 4)』岩波書店。

石母田正（1956）『古代末期政治史序説——古代末期の政治過程および政治形態』未来社。

和泉清司（2008）『近世前期郷村高と領主の基礎的研究——正保の郷帳・国絵図の分析を中心に』岩田書院。

泉谷康夫（1972）『律令制度崩壊過程の研究』鳴鳳社。

磯貝富士男（2002）『中世の農業と気候』吉川弘文館。

磯貝富士男（2013）「気候変動と中世農業」井原今朝男編『中世の環境と開発・生業（環境の日本史 3)』吉川弘文館，10-33 頁。

板倉聖宣（1987）『かわりだねの科学者たち』仮説社。

稲垣泰彦（1981）『日本中世社会史論』東京大学出版会。

井上満郎（1992）「平安京の人口について」『京都市歴史資料館紀要』10，73-86 頁。

井上光貞・関晃・土田直鎮・青木和夫校注（1976）『律令（日本思想大系 3)』岩波書店。

井原今朝男（2012）「民衆知としての生業論」平川南編『日本史と環境——人と自然（環境の日本史 1)』吉川弘文館，166-201 頁。

井原今朝男（2013）「中世の生業・技術・呪術——神仏・人・山野河海の関係史」井原今朝男編『中世の環境と開発・生業（環境の日本史 3)』吉川弘文館，290-323 頁。

今津勝紀（2009）「古代の災害と地域社会——飢饉と疫病」『歴史科学』196，2-16 頁。

今津勝紀（2012）『日本古代の税制と社会』塙書房。

彌永貞三（1980）『日本古代社会経済史研究』岩波書店。

入間田宣夫（1975）「鎌倉時代の国家権力」原秀三郎・峰岸純夫・佐々木潤之介・中村政則編『大系日本国家史 2　中世』東京大学出版会，109-158 頁。

岩生成一（1940）『南洋日本人町の研究』南亜細亜文化研究所。

岩橋勝（1981）『近世日本物価史の研究——近世米価の構造と変動』大原新生社。

上島有（1970）『京郊荘園村落の研究』塙書房。

梅田康夫（1978）「律令時代の陸田と園地」『宮城教育大学紀要』13，25-41 頁。

梅村又次・新保博・西川俊作・速水融編（1976）『日本経済の発展——近世から近代へ（数量経済史論集 1)』日本経済新聞社。

梅村又次・高松信清・伊藤繁（1983）『地域経済統計（長期経済統計 13)』東洋経済新報社。

梅村又次・山本有造編（1989）『開港と維新（日本経済史 3)』岩波書店。

浦長瀬隆（2001）『中近世日本貨幣流通史——取引手段の変化と要因』勁草書房。

「江戸町中人別調」（1911）『統計学雑誌』306，397-398 頁。

榎原雅治（2000）『日本中世地域社会の構造』校倉書房。

大石慎三郎校訂（1969）『地方凡例録　上』近藤出版社。

大石直正（1965）「一一・一二世紀の土地の種類とその利用耕営の状態」豊田武編『大系日本史叢書 10　産業史 I』山川出版社，172-183 頁。

大川一司編（1956）『日本経済の成長率——1878-1942 年に関する実証的研究』岩波書店。

大川一司・篠原三代平・梅村又次編（1956-88）『長期経済統計 1-14』東洋経済新報社。

大津透（1993）『律令国家支配構造の研究』岩波書店。

大野瑞男（1987）「国絵図・郷帳の国郡石高」『白山史学』23，1-50 頁。

大山喬平（1978）『日本中世農村史の研究』岩波書店。

岡崎哲二（1999）『江戸の市場経済——歴史制度分析からみた株仲間』講談社。

小鹿島果（1894）『日本災異志』日本鉱業会。

奥本佳伸（1997）「日本における国民所得推計の歩み」『千葉大学経済研究』12 (2)，265-287 頁。

尾高煌之助（1996）「非農生産と資本形成」西川俊作・尾高煌之助・斎藤修編『日本経済の200 年』日本評論社，371-398 頁。

尾高煌之助・山本有造編（1988）『幕末・明治の日本経済（数量経済史論集 4）』日本経済新聞社。

小野晃嗣（1934）「中世に於ける奈良門前町市場」『史学雑誌』45 (4)，484-522 頁。

海舟全集刊行会編（1928）『吹塵録　下（勝海舟全集　第 4 巻）』改造社。

海津一朗（1998）『蒙古襲来——対外戦争の社会史』吉川弘文館。

鹿毛敏夫（2006）『戦国大名の外交と都市・流通——豊後大友氏と東アジア世界』思文閣出版。

鹿毛敏夫（2015）『アジアのなかの戦国大名——西国の群雄と経営戦略』吉川弘文館。

梶原正昭・山下宏明校注（1991-93）『平家物語　上・下（新日本古典文学大系 44-45）』岩波書店。

勝俣鎮夫（1996）『戦国時代論』岩波書店。

金田章裕（1985）『条里と村落の歴史地理学研究』大明堂。

金田章裕（1987）「古代・中世における水田景観の形成」渡部忠世編『アジアの中の日本稲作文化（稲のアジア史 3）』小学館，209-250 頁。

鎌田元一（2001）『律令公民制の研究』塙書房。

神木哲男（1968）「中世後期における物価変動」『社会経済史学』34(1)，21-38 頁。

神木哲男（1984）「中世後期の商品流通と領主経済」『国民経済雑誌』149(6)，18-33 頁。

亀井茲建（1932）「旧津和野藩に於ける人口調書——徳川時代身分別人口構成の一資料」『社会経済史学』2(4)，442-449 頁。

亀田隆之（1980）『日本古代制度試論』吉川弘文館。

亀田隆之（2001）『奈良時代の政治と制度』吉川弘文館。

川添昭二（1977）『蒙古襲来研究史論』雄山閣出版。

河音能平（1971）『中世封建制成立史論』東京大学出版会。

菊地利夫（1977）『新田開発　改訂増補版』古今書院。

岸俊男（1973）『日本古代籍帳の研究』塙書房。

岸俊男（1984）『古代宮都の探求』塙書房。

岸本美緒（1998）『東アジアの「近世」』山川出版社。

喜田新六（1935）「令制に於ける戸の収入と租税の負担」『史学雑誌』46(4)，411-427 頁。

北村安裕（2015）『日本古代の大土地経営と社会』同成社。

北村優季（2013）『平城京成立史論』吉川弘文館。

鬼頭清明（2000）『古代木簡と都城の研究』塙書房。

鬼頭宏（1983）『日本二千年の人口史──経済学と歴史人類学から探る生活と行動のダイナ
　　ミズム』PHP 研究所。
鬼頭宏（1989）「江戸＝東京の人口発展──明治維新の前と後」『上智経済論集』34(1・2)，
　　48-69 頁。
鬼頭宏（1990）『江戸時代の人口と社会』上智大学経済学部。
鬼頭宏（1996）「明治以前日本の地域人口」『上智経済論集』41(1-2)，65-79 頁。
鬼頭宏（2000）『人口から読む日本の歴史』講談社。
鬼頭宏（2001）「日本の歴史人口学──成果と展望」速水融・鬼頭宏・友部謙一編『歴史人
　　口学のフロンティア』東洋経済新報社，1-16 頁。
鬼頭宏（2007）『図説人口で見る日本史──縄文時代から近未来社会まで』PHP 研究所。
木下晴一（2014）『古代日本の河川灌漑』同成社。
木下正史（2003）『藤原京──よみがえる日本最初の都城』中央公論新社。
木村茂光（1992）『日本・古代中世畠作史の研究』校倉書房。
木村茂光（2010a）「古代」木村茂光編『日本農業史』吉川弘文館，40-68 頁。
木村茂光（2010b）「中世」木村茂光編『日本農業史』吉川弘文館，82-142 頁。
木村茂光編（2010）『日本農業史』吉川弘文館。
京都大学文学部国語学国文学研究室（1968）『諸本集成倭名類聚抄（本文編）』臨川書店。
近世歴史資料研究会編（2016）『日本科学技術古典籍資料・数学編 13（近世歴史資料集成
　　第 7 期　第 10 巻）』科学書院。
工藤敬一（2002）『荘園制社会の基本構造』校倉書房。
宮内庁正倉院事務所編（1988）『正倉院古文書影印集成 一』八木書店。
宮内庁正倉院事務所編（1990）『正倉院古文書影印集成 二』八木書店。
久保健一郎（2015）『戦国時代戦争経済論』校倉書房。
黒板勝美・国史大系編修会編（2011a）『日本書紀　下（新訂増補 国史大系 2　新装版）』
　　NetLibrary。
黒板勝美・国史大系編修会編（2011b）『日本三代実録（新訂増補 国史大系 4　新装版）』
　　NetLibrary。
黒板勝美・国史大系編修会編（2011c）『日本紀略　後編・百錬抄（新訂増補 国史大系 11
　　新装版）』NetLibrary。
黒板勝美・国史大系編修会編（2011d）『扶桑略記・帝王編年記（新訂増補 国史大系 12　新
　　装版）』NetLibrary。
黒板勝美・国史大系編修会編（2011e）『古今著聞集・愚管抄（新訂増補 国史大系 19　新装
　　版）』NetLibrary。
黒板勝美・国史大系編修会編（2011f）『令集解　前編（新訂増補 国史大系 23　新装版）』
　　NetLibrary。
黒板勝美・国史大系編修会編（2011g）『類聚三代格・弘仁格抄（新訂増補 国史大系 25　新
　　装版）』NetLibrary。
黒板勝美・国史大系編修会編（2011h）『延暦交替式・貞観交替式・延喜交替式・弘仁式・延
　　喜式（新訂増補 国史大系 26　新装版）』NetLibrary。

黒板勝美・国史大系編修会編（2011i）『新抄格勅符抄・法曹類林・類聚符宣抄・続左丞抄・別聚符宣抄（新訂増補 国史大系 27 新装版）』NetLibrary。

黒板勝美・国史大系編修会編（2011j）『政事要略（新訂増補 国史大系 28 新装版）』NetLibrary。

黒板勝美・国史大系編修会編（2011k）『本朝文粋・本朝続文粋（新訂増補 国史大系 29 下 新装版）』NetLibrary。

黒板勝美・国史大系編修会編（2011l）『吾妻鏡 前篇（新訂増補・国史大系 32 新装版）』NetLibrary。

黒田俊雄（1975）『日本中世の国家と宗教』岩波書店。

黒田日出男（1983）「中世農業技術の様相」永原慶二・山口啓二編『農業・農産加工（講座・日本技術の社会史 1）』日本評論社，73-74 頁。

黒田日出男（1984）『日本中世開発史の研究』校倉書房。

桑原公徳（1973）「古代における西海道の開発について」『花園大学研究紀要』4，87-113 頁。

桑原公徳（1976）「飛騨国の条里型地割と古代の田積」『花園大学研究紀要』7，37-68 頁。

桑原公徳（1978）「古代中世の文献田積について」藤岡謙二郎先生退官記念事業会編『歴史地理と都市研究 上』大明堂，139-148 頁。

桑原秀夫（1963）「『日本の古代人口』推計についての一考察」『古代文化』10(1)，1-7 頁。

桑原秀夫（1965）「澤田吾一先生の生涯──日本古代社会経済史の開拓者として」『古代文化』14(4)，78-83 頁。

経済企画庁経済研究所編（1976）『復刻日本の国富調査』大蔵省印刷局。

小泉袈裟勝（1977a）『ものさし（ものと人間の文化史 22）』法政大学出版局。

小泉袈裟勝（1977b）『度量衡の歴史』原書房。

幸田成友（1972）「江戸の町人の人口」『幸田成友著作集 第 2 巻』中央公論社，244-265 頁。

河野眞知郎（1989）「発掘から試算した人口」石井進・大三輪龍彦編『武士の都 鎌倉（よみがえる中世 3）』平凡社，61-63 頁。

国書刊行会校注（1906-07）『玉葉 1-3』国書刊行会。

古辞書叢刊刊行会編（1973a）『掌中歴』雄松堂書店。

古辞書叢刊刊行会編（1973b）『和名類聚抄 20 巻本』雄松堂書店。

古辞書叢刊刊行会編（1977）『伊呂波字類抄』古辞書叢刊刊行会。

児玉幸多編（1970）『東海道宿村大概帳（近世交通史料集 4）』吉川弘文館。

児玉幸多編（1971）『中山道宿村大概帳（近世交通史料集 5）』吉川弘文館。

児玉幸多編（1972）『日光・奥州・甲州道中宿村大概帳（近世交通史料集 6）』吉川弘文館。

古典保存会編（1934）『古律書残篇』古典保存会。

小葉田淳（1956）『鉱山の歴史』至文堂。

小葉田淳（1968）『日本鉱山史の研究』岩波書店。

小林健太郎（1985）『戦国城下町の研究』大明堂。

小宮山綏介編（1891）『江戸旧事考 第 2 巻』江戸会。

小山修三・松山利夫・秋道智彌・藤野淑子・杉田繁治（1981）「『斐太後風土記』による食料資源の計量的研究」『国立民族学博物館研究報告』6(3)，363-596 頁。

近藤瓶城編（1902）『改定史籍集覧　第 25 冊』近藤出版社。

近藤瓶城編（1930）『続史籍集覧　第 1 冊』近藤出版社。

斎藤修（1985）『プロト工業化の時代――西欧と日本の比較史』日本評論社。

斎藤修（1998a）「ソーシャル・サイエンス・ヒストリィと歴史人口学」樺山紘一・川北稔・岸本美緒・斎藤修・杉山正明・鶴間和幸・福井憲彦・古田元夫・本村凌二・山内昌之編『世界史へのアプローチ（岩波講座世界歴史 1）』岩波書店，133-157 頁。

斎藤修（1998b）『賃金と労働と生活水準――日本経済史における 18-20 世紀』岩波書店。

斎藤修（2002）『江戸と大阪――近代日本の都市起源』NTT 出版。

斎藤修（2008）『比較経済発展論――歴史的アプローチ』岩波書店。

斎藤修（2009）「農家世帯内の労働パターン――両大戦間期 17　農家戸票データの分析」『経済研究』60(2)，126-139 頁。

斎藤修（2010）「数量経済史と近代日本経済史研究――方法的多様性を求めて」石井寛治・原朗・武田晴人編『日本経済史入門（日本経済史 6）』東京大学出版会，69-90 頁。

斎藤修（2013）「産業連関分析の視点――推計と解釈」西川俊作著，牛島利明・斎藤修編『数量経済史の原点――近代経済移行期の長州経済』慶應義塾大学出版会，195-208 頁。

斎藤修（2015a）「解説にかえて」マディソン（2015）政治経済研究所監訳『世界経済史概観――紀元 1 年-2030 年』岩波書店。

斎藤修（2015b）『新版 比較史の遠近法』書籍工房早山。

斎藤修（2018）「1600 年の全国人口――17 世紀人口経済史再構築の試み」『社会経済史学』84(1)，3-23 頁。

斎藤修・高島正憲（2017）「人口と都市化と就業構造」深尾京司・中村尚史・中林真幸編『岩波講座日本経済の歴史 1　中世』岩波書店，57-89 頁。

斎藤修・谷本雅之（1989）「在来産業の再編成」梅村又次・山本有造編『開港と維新（日本経済史 3）』岩波書店，223-283 頁。

斎藤誠治（1984）「江戸時代の都市人口」『地域開発』84(9)，48-63 頁。

酒井シズ（2008）『病が語る日本史』講談社学術文庫。

坂上康俊（2007）「奈良平安時代人口データの再検討」『日本史研究』536，1-18 頁。

栄原永遠男（1991）『天平の時代（日本の歴史 4）』集英社。

栄原永遠男（1992）『奈良時代流通経済史の研究』塙書房。

栄原永遠男（2011）『日本古代銭貨研究』清文堂出版。

阪本敦（1928）「平安京及江戸の人口に就て」『柳沢統計研究所季報』24，41-68 頁。

坂本賞三（1972）『日本王朝国家体制論』東京大学出版会。

坂本太郎（1989）『律令制度（坂本太郎著作集 7）』吉川弘文館。

桜井英治（2002）「中世の商品市場」桜井英治・中西聡編『流通経済史（新 体系日本史 12）』山川出版社，199-234 頁。

桜井徳太郎・萩原龍夫・宮田登校注（1975）『寺社縁起（日本思想大系 20）』岩波書店。

佐々木銀弥（1972）『中世商品流通史の研究』法政大学出版局。

佐々木銀弥（1975）『室町幕府（日本の歴史 13）』小学館。

佐々木潤之助（1964）『幕藩権力の基礎構造――「小農」自立と軍役』御茶の水書房。

参考文献　311

佐々木常人（1984）「百万町開墾計画に関する一考察」『東北歴史資料館研究紀要』10, 1-21 頁。

佐竹昭広・久保田淳校注（1989）『方丈記・徒然草（新日本古典文学大系 39）』岩波書店。

佐藤宗諄（1977）『平安前期政治史序説』東京大学出版会。

佐藤信・吉田伸之（2001）「序」佐藤信・吉田伸之編『都市社会史（新 体系日本史 6）』山川出版社。

澤田吾一（1927）『奈良朝時代民政経済の数的研究』冨山房。

澤田吾一（1930）「東寺荘園の枡」『歴史地理』55(3), 268-276 頁。

篠塚信義（2003）「地域工業化の新たな条件を求めて」篠塚信義・石坂昭雄・高橋秀行編『地域工業化の比較史的研究』北海道大学図書刊行会, 3-34 頁。

社会経済史学会編（1977）『新しい江戸時代像を求めて——その社会経済史的接近』東洋経済新報社。

社会工学研究所（1974）『日本列島における人口分布の長期時系列分析——時系列推計と要因分析』社会工学研究所。

新保博（1978）『近世の物価と経済発展——前工業化社会への数量的接近』東洋経済新報社。

新保博・斎藤修編（1989）『近代成長の胎動（日本経済史 2）』岩波書店。

新保博・速水融・西川俊作（1975）『数量経済史入門——日本の前工業化社会』日本評論社。

新保博・安場保吉編（1979）『近代移行期の日本経済——幕末から明治へ（数量経済史論集 2）』日本経済新聞社。

杉原薫（2003）「東アジアからみたヨーロッパの工業化」篠塚信義・石坂昭雄・高橋秀行編『地域工業化の比較史的研究』北海道大学図書刊行会, 63-89 頁。

杉原薫（2010）「グローバルヒストリーと複数発展経路」杉原薫・川井秀一・河野康之・田辺明生編『地球圏・生命圏・人間圏——持続的な生存基盤を求めて』京都大学学術出版会, 27-59 頁。

杉原薫（2012）「『ヨーロッパの奇跡』再考——『大分岐』論争とその後」『経済セミナー』667, 42-46 頁。

杉山伸也（1989）「国際環境と外国貿易」梅村又次・山本有造編『開港と維新（日本経済史 3）』岩波書店, 173-221 頁。

杉山伸也（2001）「疫病と人口——幕末・維新期の日本」速水融・鬼頭宏・友部謙一編『歴史人口学のフロンティア』東洋経済新報社, 91-112 頁。

杉山伸也（2012）『日本経済史——近世～近代』岩波書店。

鈴木拓也（2008）『蝦夷と東北戦争』吉川弘文館。

鈴木棠三・小池章太郎編（1988）『近世庶民生活史料　藤岡屋日記　第 4 巻』三一書房。

関根真隆（1969）『奈良朝食生活の研究』吉川弘文館。

関山直太郎（1958）『近世日本の人口構造——徳川時代の人口調査と人口状態に関する研究』吉川弘文館。

播津斉彦・Jean-Pascal Bassino・深尾京司（2016）「明治期経済成長の再検討——産業構造, 労働生産性と地域間格差」『経済研究』67(3), 193-214 頁。

妹尾守雄（1972）「渡来銭時代」『図録日本の貨幣 1　原始・古代・中世』東洋経済新報社, 229-322 頁。

増補「史料大成」刊行会編（1965a）『吉記 1（増補史料大成 29）』臨川書店。

増補「史料大成」刊行会編（1965b）『吉記 2・吉続記（増補史料大成 30）』臨川書店。

総理庁統計局（1948）『昭和十年における我国富及び国民所得額』総理庁統計局。

続群書類従完成会編（1915）『続群書類従 第参拾貳輯上』続群書類従完成会。

高尾一彦・林屋辰三郎・松浦玲（1968）「世界のなかの京都」林屋辰三郎編『近世の胎動（京都の歴史：京都市編 3）』学芸書院，14-41 頁。

高重進（1975）『古代・中世の耕地と村落』大明堂。

高島正憲（2016）「古代日本における農業生産と経済成長——耕地面積，土地生産性，農業生産量の推計」『社会経済史学』81(4)，85-108 頁。

高槻泰郎（2012）『近世米市場の形成と展開——幕府司法と堂島米会所の発展』名古屋大学出版会。

高橋慎一朗（2014）「中世都市論」大津透・桜井英治・藤井讓治・吉田裕・李成市編『中世 2（岩波講座日本歴史 7）』岩波書店，253-283 頁。

高橋梵仙（1971）『日本人口史の研究 第一』日本学術振興会。

高橋昌明（1997）『中世史の理論と方法——日本封建社会・身分制・社会史』校倉書房。

高橋益代（2012）『日本近代経済をめぐる資料と情報——日本経済統計情報センターにおける実践から』一橋大学経済研究所附属社会科学統計情報センター。

高橋美由紀（2005）『在郷町の歴史人口学——近世における地域と地方都市の発展』ミネルヴァ書房。

高橋隆三・小泉宜右校訂（1985）『経覚私要鈔 第 5』続群書類従完成会。

鷹見安二郎（1940）「江戸の人口の研究」全国都市問題会議編『本邦都市發達の動向と其の諸問題・都市の人事行政』全国都市問題会議事務局，59-83 頁。

瀧川政次郎（1944）『律令時代の農民生活』刀江書院。

瀧川政次郎（1985）『日本法制史 上』講談社。

瀧本誠一編（1916）『日本経済叢書 21』日本経済叢書刊行会。

竹内理三（1953）『古代後期の産業経済（新日本史講座）』中央公論社。

竹内理三（2000）『律令制と貴族（竹内理三著作集 第 4 巻）』角川書店。

竹内理三編（1964-76）『平安遺文——古文書編 1-11，新続補遺』東京堂出版（再訂版）。収録資料の引用は「『平安遺文』0000 号（資料番号）」と略した。

竹内理三編（1971-97）『鎌倉遺文 古文書編 1-30，補遺 1-4』東京堂出版。収録資料の引用は「『鎌倉遺文』0000 号（資料番号）」と略した。

竹岡敬温（1976）「数量経済史の課題と動向」梅村又次・新保博・西川俊作・速水融編『日本経済の発展（数量経済史論集 1）』日本経済新聞社，343-353 頁。

武田幸男編訳（2005）『高麗史日本伝 上・下（朝鮮正史日本伝 2）』岩波書店。

田中耕司（1987）「近世における集約稲作の形成」渡部忠世編『アジアの中の日本稲作文化（稲のアジア史 3）』小学館，291-348 頁。

田中琢（1984）『平城京（古代日本を発掘する 3）』岩波書店。

田中倫子（1979）「戦国期における荘園村落と収取」『史林』62(6)，779-816 頁。

田中倫子（1995）「久世荘」網野善彦・石井進・稲垣泰彦・永原慶二編『近畿地方の荘園 II

（講座日本荘園史 7）』吉川弘文館，113-138 頁。

谷川健一編（1981）『三国交流誌（日本庶民生活資料集成 27）』三一書房。

玉泉大梁（1969）『室町時代の田租――玉泉大梁論文集』吉川弘文館。

田村憲美（2015）「自然環境と中世社会」大津透・桜井英治・藤井讓治・吉田裕・李成市編『中世 4（岩波講座日本歴史 9）』岩波書店，243-278 頁。

千枝大志（2014）「中世後期の貨幣と流通」大津透・桜井英治・藤井讓治・吉田裕・李成市編『中世 3（岩波講座日本歴史 3)』岩波書店，187-223 頁。

朝鮮史編修会編（1933）『海東諸国紀（朝鮮史料叢刊　第二)』朝鮮総督府。

築島裕編（1986）『伊呂波字類抄（古辞書音義集成　第 14 巻)』汲古書院。

築島裕編（2004）『類書 II（大東急記念文庫善本叢刊　中世中古篇　第 13 巻)』汲古書院。

辻達也校訂（1984）『享保通鑑』近藤出版社。

筒泉堯・堀尾尚志（2004）「古代農業の数量的把握――鉄・鉄製農具を中心として」『技術と文明』14(2)，1-24 頁。

寺出道雄（2013a)「新井白石の「政治算術」――「白石建議」を読む」『三田学会雑誌』106(1)，135-145 頁。

寺出道雄（2013b)「新井白石の「政治算術」――「白石建議」を読む (2)」『三田学会雑誌』106 (3)，79-93 頁。

東京大学史料編纂所編（1971）『醍醐寺文書 8（大日本古文書　家わけ 19)』東京大学出版会。

東京大学史料編纂所編（1998）『正倉院編年文書 1-25（大日本古文書)』東京大学出版会（復刻版)。

東京大学史料編纂所編（1999）『大日本史料　第 3 編之 25』東京大学出版会。

東野治之（1981）「『古律書残篇』試訓」『南都仏教』46，83-102 頁。

戸田芳実（1967）『日本領主制成立史の研究』岩波書店。

戸田芳実（1991）『初期中世社会史の研究』東京大学出版会。

鳥羽正雄（1951）『日本林業史』雄山閣。

土木学会編（1973）『明治以前日本土木史』土木学会。

冨谷至（1992）「解説」冨谷至校注『本朝度量権衡攷』平凡社，263-282 頁。

友部謙一（1999）「書評：斎藤修著　賃金と労働と生活水準――日本経済史における 18-20 世紀」『三田学会雑誌』92 (1)，229-235 頁。

虎尾俊哉（1962）『班田収授法の研究』吉川弘文館。

虎尾俊哉編（1992）『弘仁式貞観式逸文集成』国書刊行会。

虎尾俊哉編（2007）『延喜式 中（訳注日本史料)』集英社。

内閣統計局（1928）『大正十四年に於ける国民所得』内閣統計局。

内閣統計局（1933）『昭和五年国富調査報告』内閣統計局。

内務省地理局（1881）『大日本府県分轄図』内務省地理局。

永井和（2001）「現代史の時期区分論とその変遷――世界史と日本史」紀平英作編『ヨーロッパ統合の理念と近現代統合運動の歴史的考察』（平成 8-11 年度文部省科学研究費補助金)』（http://nagaikazu.la.coocan.jp/josetu/jidai.html#TOC2)。

中田祝夫・峯岸明編（1977）『色葉字類抄研究並に総合索引　黒川本・影印篇』風間書房。

中塚武（2016）「高分解能古気候データを用いた新しい歴史学研究の可能性」『日本史研究』646，3-18 頁。

中西聡（2013）「宗教を基盤に置く社会の『市場経済』」中西聡編『日本経済の歴史——列島経済史入門』名古屋大学出版会，6-7 頁。

中林真幸（2012）「中近世における土地市場と金融市場の制度変化」社会経済史学会編『社会経済史学の課題と展望——社会経済史学会創立 80 周年記念』有斐閣，56-70 頁。

永原慶二（1975）「大名領国下の貫高制」永原慶二，ジョン・W・ホール，コーゾー・ヤムラ編『戦国時代』吉川弘文館，1-21 頁。

永原慶二（2007a）「荘園解体期における農民層の分解と農民闘争の形態」永原慶二『永原慶二著作選集 2』吉川弘文館，389-444 頁。

永原慶二（2007b）「大名領国制」永原慶二『永原慶二著作選集 5』吉川弘文館，14-166 頁。

中村栄孝（1965）『日鮮関係史の研究　上』吉川弘文館。

中村金蔵（1895a）「国の富」『統計集誌』162，8 頁。

中村金蔵（1895b）「国の富」『統計集誌』167，223-224 頁。

中村金蔵（1900a）「重要農産物及推算地価」『統計集誌』230，212-216 頁。

中村金蔵（1900b）「国民の富（二）」『統計集誌』231，245-247 頁。

中村金蔵（1900c）「国民の富（三）」『統計集誌』232，311-313 頁。

中村金蔵（1900d）「国民の富（四）」『統計集誌』233，349-350 頁。

中村金蔵（1902）「帝国人民の所得（明治三十三年）」『統計集誌』279，274-279 頁。

中村金蔵（1904a）「帝国人民の所得」『統計集誌』279，299-301 頁。

中村金蔵（1904b）「帝国人民の所得」『統計集誌』280，330-334 頁。

中村金蔵（1906a）「国民の富について」『統計集誌』305，362-364 頁。

中村金蔵（1906b）「帝国の富地方別」『統計集誌』308，520-533 頁。

中村哲（1968）『明治維新の基礎構造——日本資本主義形成の起点』未来社。

中村修也（2005）『日本古代商業史の研究』思文閣出版。

中村修也（2013）「商業と商人の生成」中西聡編『日本経済の歴史——列島経済史入門』名古屋大学出版会，16-17 頁。

中村隆英（1971）『戦前期日本経済成長の分析』岩波書店。

中村隆英編（1989）『「計画化」と「民主化」（日本経済史 7）』岩波書店。

中村隆英・尾高煌之助編（1989）『二重構造（日本経済史 6）』岩波書店。

中村尚史（2010）『地方からの産業革命——日本における企業勃興の原動力』名古屋大学出版会。

名古屋市博物館編（1992）『和名類聚抄（名古屋市博物館資料叢書 2）』名古屋市博物館。

徳仁親王（1982）「『兵庫北関入舩納帳』の一考察——問丸を中心にして」『交通史研究』8，30-55 頁。

仁木宏（1997）『空間・公・共同体——中世都市から近世都市へ』青木書店。

仁木宏（2002）「古代・中世日本都市論の理論と方法」仁木宏編『都市——前近代都市論の射程』青木書店，9-25 頁。

仁木宏（2006）「中世大坂都市論——都市群とネットワーク」栄原永遠男編『大坂および日本

の都市の歴史的発展』大阪市立大学大学院文学研究科都市文化研究センター，43-50 頁。

西川俊作（1985）『日本経済の成長史』東洋経済新報社。

西川俊作（2012）『長州の経済構造——1840 年代の見取り図』東洋経済新報社。

西川俊作・阿部武司（1990c）「概説 一八八五——一九一四年」西川俊作・阿部武司編『産業化の時代 上（日本経済史 4）』岩波書店，1-77 頁。

西川俊作・阿部武司編（1990a）『産業化の時代 上（日本経済史 4）』岩波書店。

西川俊作・阿部武司編（1990b）『産業化の時代 下（日本経済史 5）』岩波書店。

西川俊作著，牛島利明・斎藤修編（2013）『数量経済史の原点——近代経済移行期の長州経済』慶應義塾大学出版会。

西川裕一（1999）「江戸期三貨制度の萌芽——中世から近世への貨幣経済の連続性」『金融研究』18（4），95-112 頁。

西谷正浩（2006）『日本中世の所有構造』塙書房。

西谷正浩（2015）「中世後期における山城国上久世荘の農業生産」『福岡大学人文論叢』47-3，679-730 頁。

西谷正浩・高島正憲（2016）「中世後期における山城国上久世荘の家族と人口」『福岡大学人文論叢』48（1），65-118 頁。

西別府元日（2003）『日本古代地域史研究序説』思文閣出版。

西村真琴・吉川一郎編（1936）『日本凶荒史考』丸善。

西谷地晴美（2012）『日本中世の気候変動と土地所有』校倉書房。

西山松之助・山城由紀子（1975）「歌舞伎と吉原」西山松之助・竹内誠編『江戸三百年 2 江戸ッ子の生態』講談社，167-200 頁。

新田一郎（2004）『中世に国家はあったか』山川出版社。

日本学士院編（1964）『明治期日本物理化学史』日本学術振興会。

日本銀行調査局（1916）『日本之富』日本銀行。

日本計量協会（1978）『計量百年史』日本計量協会。

農林省編（1930）『日本林制史資料——江戸幕府法令』朝陽会。

農林省農務局編（1927）『旧藩時代ノ耕地拡張改良事業ニ関スル調査』農林省。

橋本万平（1982）『計測の文化史』朝日新聞社。

羽田稔（1961）「三世一身法について」『ヒストリア』30，38-51 頁。

服部一隆（2012）『班田収授法の復元的研究』吉川弘文館。

羽原又吉（1949）『日本漁業経済史』改造社。

濱田敦（1954）「海東諸国紀に記録された日本の地名等について」『人文研究』5（4），236-258 頁。

浜野潔（2004）「『日本疾病史』データベース化の試み」『関西大学経済論集』54（3・4），117-128 頁。

浜野潔（2007）『近世京都の歴史人口学的研究——都市町人の社会構造を読む』慶應義塾大学出版会。

林上（1991）『都市の空間システムと立地——現代都市地理学 I』大明堂。

林上（2002）『都市経済地理学』大明堂。

林屋辰三郎（1981）「兵庫北関入船納帳について」林屋辰三郎編『兵庫北関入舩納帳』中央公論美術出版，221-231 頁。

葉山禎作（1969）『近世農業発展の生産力分析』御茶の水書房。

早島大祐（2006）『首都の経済と室町幕府』吉川弘文館。

速水融（1968）『日本経済史への視角』東洋経済新報社。

速水融（1971）「日本経済史における中世から近世への転換」『社会経済史学』37 (1)，95-105 頁。

速水融（1973）『近世農村の歴史人口学的研究——信州諏訪地方の宗門改帳分析』東洋経済新報社。

速水融（1975）「江戸時代の人口趨勢」新保博・速水融・西川俊作『数量経済史入門——日本の前工業化社会』日本評論社。

速水融（1977）「経済社会の成立とその特質」社会経済史学会編『新しい江戸時代史像を求めて——その社会経済史的接近』東洋経済新報社，3-18 頁。

速水融（1992）「人口統計の近代化過程——戸籍編成から国勢調査へ」『国勢調査以前日本人口統計集成 1（明治 5 年-18 年）』原書房，1-16 頁。

速水融（1993）「明治前期人口統計史年表——附幕府国別人口表」『日本研究』9，135-164 頁。

速水融（2008）「近世日本の人口構造と変動」『日本学士院紀要』62 (3)，285-309 頁。

速水融（2009）『近世初期の検地と農民』知泉書館。

速水融・鬼頭宏・友部謙一編（2001）『歴史人口学のフロンティア』東洋経済新報社。

速水融・宮本又郎（1988）「概説 17-18 世紀」速水融・宮本又郎編『経済社会の成立（日本経済史 1）』岩波書店，1-84 頁。

速水融・宮本又郎編（1988）『経済社会の成立——17-18 世紀（日本経済史 1）』岩波書店。

原秀三郎（2002）『地域と王権の古代史学』塙書房。

原島礼二（1961a）「律令国家の年間鉄使用量（上）」『続日本紀研究』8 (2)，11-18 頁。

原島礼二（1961b）「律令国家の年間鉄使用量（下）」『続日本紀研究』8 (3)，6-18 頁。

原田伴彦（1942）『中世における都市の研究』講談社。

原田伴彦（1981）『増補 日本封建制下の都市と社会』三一書房。

土方成美（1933）『国民所得の構成』日本評論社。

平川南（2003）『古代地方木簡の研究』吉川弘文館。

平川南（2008）『日本の原像（全集 日本の歴史 2）』小学館。

平野哲也（2010）「近世」木村茂光編『日本農業史』吉川弘文館，143-253 頁。

福島紀子（1999）「矢野荘算用状に見られる大唐米について」東寺文書研究会編『東寺文書にみる中世社会』東京堂出版，310-332 頁。

福山敏男（1943）『日本建築史の研究』桑名文星堂。

富士川游（1912）『日本疾病史』吐鳳堂。

藤木久志（1995）『雑兵たちの戦場——中世の傭兵と奴隷狩り』朝日新聞社。

藤木久志（1997）『戦国の村を行く』朝日新聞社。

藤木久志（2001）『飢餓と戦争の戦国を行く』朝日新聞社。

参考文献　317

藤木久志（2006）『土一揆と城の戦国を行く』朝日新聞社。

藤木久志編（2007）『日本中世気象災害史年表稿』高志書院。

藤田弘夫（1991）『都市と権力——飢餓と飽食の歴史社会学』創文社。

藤野正三郎（2008）『日本の経済成長と景気循環』勁草書房。

伏見元嘉（2011）『中近世農業史の解釈——清良記の研究』思文閣出版。

藤原正人編（1964）『明治九年全国農産表——附物産表・農産表＝対照府県域・郡域変遷表
　　（明治前期産業発達史資料　別冊1）』明治文献資料刊行会。

古島敏雄（1956）『日本農業史』岩波書店。

古島敏雄（1974）『近世日本農業の構造（古島敏雄著作集3）』東京大学出版会。

古島敏雄（1975）『日本農業技術史（古島敏雄著作集6）』東京大学出版会。

宝月圭吾（1943）『中世灌漑史の研究』畝傍書房。

宝月圭吾（1949）「本邦占城米考」小野武夫博士還暦記念論文集刊行会編『日本農業経済史
　　研究　小野武夫博士還暦記念論文集　下』日本評論社，167-177頁。

宝月圭吾（1961）『中世量制史の研究』吉川弘文館。

宝月圭吾（1963）「中世の産業と技術」家永三郎・石母田正・井上清・井上光貞・北島正
　　元・北山茂夫・佐藤進一・竹内理三・遠山茂樹・永原慶二・奈良本辰也・林屋辰三郎・
　　古島敏雄編『中世4（岩波講座日本歴史8）』岩波書店，79-108頁。

法隆寺昭和資財帳編纂所編（1983）『法隆寺史料集成1』ワコー美術出版。

本田博之（2006）『戦国織豊期の貨幣と石高制』吉川弘文館。

誉田慶信（2000）『中世奥羽の民衆と宗教』吉川弘文館。

前田晴人（1996）『日本古代の道と衢』吉川弘文館。

前田育徳会尊経閣文庫編（1998a）『拾芥抄　上・中・下（尊経閣善本影印修正17）』八木書店。

前田育徳会尊経閣文庫編（1998b）『二中歴　三（尊経閣善本影印修正16）』八木書店。

前田育徳会尊経閣文庫編（1999）『色葉字類抄一　三巻本（尊経閣善本影印集成18）』八木
　　書店。

前田育徳会尊経閣文庫編（2000）『色葉字類抄二　二巻本（尊経閣善本影印集成19）』八木
　　書店。

真栄平房昭（2002）「中世・近世の貿易」桜井英治・中西聡編『流通経済史（新　大系日本史
　　12）』山川出版社，331-378頁。

牧原成征（2014）「兵農分離と石高制」大津透・桜井英治・藤井讓治・吉田裕・李成市編
　　『近世1（岩波講座日本歴史10）』岩波書店，135-168頁。

正宗敦夫編（1928-30）『伊呂波字類抄　第一——第十（日本古典全集　第三期）』日本古典全
　　集刊行会。

松下正司（1994）「草戸千軒の発見と発掘」松下正司編『埋もれた港町——草戸千軒　鞆
　　尾道（よみがえる中世8）』平凡社，25-35頁。

三上喜孝（2005）『日本古代の貨幣と社会』吉川弘文館。

三鬼清一郎（2012）『豊臣政権の法と朝鮮出兵』青史出版。

水本邦彦（2008）『徳川国家のデザイン（全集　日本の歴史10）』小学館。

水本浩典（2001）「令集解」皆川寛一・山本信吉編「国史大系書目解題　下」吉川弘文館，

573-626 頁。

三谷芳幸（2013）『律令国家と土地支配』吉川弘文館。

三谷芳幸（2014）「古代の土地制度」大津透・桜井英治・藤井讓治・吉田裕・李成市編『古代4（岩波講座日本歴史4）』岩波書店，143-175頁。

三井文庫編（1989）『増補改訂・近世後期における主要物価の動態』東京大学出版会。

水鳥川和夫（2010）「中世畿内における使用升の容積と標準升」『社会経済史学』75（6），585-606頁。

水鳥川和夫（2011）「中世西日本における使用升の容積と標準升」『社会経済史学』76（4），525-545頁。

水鳥川和夫（2012）「中世東日本における使用升の容積と標準升」『社会経済史学』78（1），99-108頁。

南和男（1978）『幕末江戸社会の研究』吉川弘文館。

南亮進（2000）「日本における所得分布の長期的変化——再推計と結果」『東京経大学会誌』219，31-51頁。

峰岸純夫（2011）『中世 災害・戦乱の社会史』吉川弘文館。

宮川修一（1987）「大唐米と低湿地開発」渡部忠世編『アジアの中の日本稲作文化（稲のアジア史3）』小学館，251-290頁。

宮川満（1999）『改訂太閤検地論 第III部（宮川満著作集6）』第一書房。

宮城栄昌（1950）「房戸口分田の稼稲数量について」『史潮』43，38-46頁。

宮原武夫（1973）『日本古代の国家と農民』法政大学出版局。

宮原武夫（2014）『古代東国の調庸と農民』岩田書院。

宮本救（1998）『律令田制と班田図』吉川弘文館。

宮本救（2006）『日本古代の家族と村落』吉川弘文館。

宮本又郎・上村雅洋（1988）「徳川経済の循環構造」速水融・宮本又郎編『経済社会の成立——17-18世紀（日本経済史1）』岩波書店，271-324頁。

宮本又次・大阪大学近世物価史研究会編（1963）『近世大阪の物価と利子（日本近世物価史研究3）』創文社。

武藤直（1981）「中世の兵庫津と瀬戸内海水運——入船納帳の船籍地比定に関連して」林屋辰三郎編『兵庫北関入船納帳』中央公論美術出版，232-271頁。

村井章介（2001）『北条時宗と蒙古襲来——時代・世界・個人を読む』日本放送出版協会。

村井章介校注（1987）『老松堂日本行録——朝鮮使節の見た中世日本』岩波書店。

村井康彦（1973）『古京年代記——飛鳥から平安へ』角川書店。

村井康彦（1979）「平安京」林屋辰三郎・村井康彦・森谷尅久編『京都市の地名（日本歴史地名大系27）』平凡社，31-43頁。

村井康彦（1982）「王朝期の平安京」『文学』50，140-146頁。

村上衛（2015）「比較経済史研究の起爆剤 ケネス・ポメランツ著・川北稔監訳『大分岐——中国，ヨーロッパ，そして近代世界経済の形成』」『図書新聞』3226号，3面3頁。

村上衛（2016）「批判と反省『大分岐』を超えて——K. ポメランツの議論をめぐって」『歴史学研究』949，49-55，64頁。

村上直次郎訳，柳谷武夫編（1968-69）『イエズス会士日本通信（新異国叢書 1-2)』雄松堂書店。

村上直次郎訳注（1929）『ドン・ロドリゴ日本見聞録』奥川書房。

村越一哲（1991）「大名家臣の人口学的特徴──経済的困窮仮説の検討・徳島藩知行取の場合」『社会経済史学』57 (3)，1-27 頁。

村越一哲（2009）「旗本の出生力再検討」『人口学研究』44，19-32 頁。

村越一哲（2011）「徳島藩『無足』の出生力分析」『文化情報学──駿河台大学文化情報学部紀要』18 (1)，1-16 頁。

村山光一（1978）『研究史班田収授』吉川弘文館。

百瀬今朝雄（1959）「室町時代における米価表──東寺関係の場合」『史学雑誌』66 (1) 58-70 頁。

森田悌（1986）『日本古代の耕地と農民』第一書房。

八木宏典（1983）『水田農業の発展論理』日本経済評論社。

屋代弘賢編（1906）『古今要覧稿』国書刊行会。

安澤秀一（1980）「宇和島藩切支丹類族改・宗門人別改・公儀え指上人数改の基礎的研究」『史料館研究紀要』12，1-210 頁。

安場保吉（1976）「"新しい経済史"──革新と偏向」梅村又次・新保博・西川俊作・速水融編『日本経済の発展（数量経済史論集 1)』日本経済新聞社，343-353 頁，355-370 頁。

安場保吉（1996）「日本経済史における資源──一八〇〇〜一九四〇年」『社会経済史学』62 (3)，291-312 頁。

安場保吉（2001）「『歴史制度分析』の挑戦──新古典派数量経済史はゆらぐか」『社会経済史学』66 (6)，671-681 頁。

安場保吉・猪木武徳編（1989）『高度成長（日本経済史 8)』岩波書店。

安場保吉・斎藤修編（1983）『プロト工業化期の経済と社会──国際比較の試み（数量経済史論集 3)』日本経済新聞社。

山内晋次（2003）『奈良平安期の日本とアジア』吉川弘文館。

山尾幸久（2003）『日本古代国家と土地所有』吉川弘文館。

山口県文書館編（1966）『防長風土注進案　第 22 巻　研究要覧』山口県文書館。

山城由紀子（1976）「『吉原細見』の研究──元禄から寛政期まで」『駒澤史学』24，111-134 頁。

山田邦明（2008）『戦国の活力（全集　日本の歴史 8)』小学館。

山田俊雄・入矢義高・早苗憲生校注（1996）『庭訓往来・句双紙（新日本古典文学大系 52)』岩波書店。

山田康弘（2000）『戦後期室町幕府と将軍』吉川弘文館。

山田雄三（1951）『日本国民所得推計資料』東洋経済新報社。

山室恭子（2015）『大江戸商い白書──数量分析が解き明かす商人の真実』講談社。

湯浅治久（2015）「惣村と土豪」大津透・桜井英治・藤井讓治・吉田裕・李成市編『中世 4（岩波講座日本歴史 9)』岩波書店，139-174 頁。

横山由清（1867）『本朝古来戸口考』学芸書林。

吉川真司（2002a）「平安京」吉川真司編『平安京（日本の時代史 5）』吉川弘文館，7-100 頁。

吉川真司（2002b）「院宮王臣家」吉川真司編『平安京（日本の時代史 5）』吉川弘文館，145-185 頁。

吉川真司（2006）「律令体制の展開と列島社会」上原真人・白石太一郎・吉川真司・吉村武彦編『古代史の流れ（列島の古代史 8）』岩波書店，133-202 頁。

吉澤義則校注（1977）『応永書写延慶本 平家物語（復刻版）』勉誠社。

吉田孝（1983）『律令国家と古代の社会』岩波書店。

吉田東伍（1910）『維新史八講』富山房。

吉田東伍（1923）『日本歴史地理之研究』富山房。

吉村武彦（1996）『日本古代の社会と国家』岩波書店。

吉村武彦（2005）『古代史の新展開』新人物往来社。

龍肅（1959）『蒙古襲来（日本歴史新書）』至文堂。

脇田修（1991）『秀吉の経済感覚——経済を武器とした天下人』中央公論社。

脇田晴子（1969）『日本中世商業発達史の研究』御茶の水書房。

## 【外国語】

Allen, R. C. (2000). 'Economic Structure and Agricultural Productivity in Europe, 1300–1800', *European Review of Economic History*, 3, pp. 1–25.

Álvarez-Nogal, C. and L. Prados de la Escosura (2007). 'The Decline of Spain (1500–1850) : Conjectural Estimates', *European Review of Economic History*, 11, pp. 319–366.

Álvarez-Nogal, C. and L. Prados de la Escosura (2013). 'The Rise and Fall of Spain (1270–1850)', *Economic History Review*, 66, pp. 1–37.

Baffigi, A. (2011). 'Italian National Accounts, 1861–2011', Banca d'Italia Economic History Working Papers, 18.

Bairoch, P. (1993). *Economics and World History : Myths and Paradoxes*, Chicago : University of Chicago Press.

Bassino, J.-P. and D. Ma (2005). 'Japanese Unskilled Wages in International Perspective, 1741–1913', *Research in Economic History*, 23, pp. 229–248.

Bassino, J.-P., K. Fukao, and M. Takashima (2010). 'Grain Wages of Carpenters and Skill Premium in Kyoto, c. 1240–1600 : A Comparison with Florence, London, Constantinople-Istanbul and Cairo', Paper presented at Economic History Society Conference, University of Durham, UK, 28 March.

Bassino, J.-P., S. Broadberry, K. Fukao, B. Gupta, and M. Takashima (2011). 'Japan and the Great Divergence, 730–1870', Paper presented at the Conference on Quantifying Long Run Econmic Development, Venice, 22–24 March.

Bassino, J.-P., S. Broadberry, K. Fukao, B. Gupta, and M. Takashima (2015). 'Japan and the Great Divergence, 725–1874', CEPR Discussion Paper Series, N. 10569.

Bassino, J.-P., S. Broadberry, K. Fukao, B. Gupta, and M. Takashima (2017). 'Japan and the Great Divergence, 730–1874', Discussion Papers in Economic and Social History, no. 156, University of Oxford.

Bolt, J. and J. L. van Zanden (2014). 'The Maddison Project : Collaborative Research on Historical National Accounts', *The Economic History Review*, 67 (3), pp. 627-651.

Broadberry, S. and B. van Leeuwen (2011). 'The Growth of the English Economy, 1086-1270', London School of Economics.

Broadberry, S., H. Guan, and D. Li (2017). 'China, Europe and the Great Divergence : A Study in Historical National Accounting', Nuffield College, Oxford.

Broadberry, S., B. M. S. Campbell, A. Klein, M. Overton, and B. van Leeuwen (2015). *British Economic Growth,* 1270-1870, Cambridge : Cambridge University Press.

Broadberry, S., J. Custodis and B. Gupta (2015). 'India and the Great Divergence : An Anglo-Indian Comparison of GDP per Capita, 1600-1871', *Explorations in Economic History*, 55, pp. 58-75.

Buyst, E. (2011). 'Towards Estimates of Long Term Growth in the Southern Low Countries, ca. 1500-1846', Results presented at the Conference on Quantifying Long Run Economic Development, Venice, 22-24 March.

Buyst, E. and L. Shaw-Taylor (2015). 'Population Density, Occupational Structure and Economic Development in England and Wales, the Netherlands and Belgium in the Nineteenth Century', Paper presented at Session 20119 on "Population Density and Long-run Economic Development", XVIIth World Economic History Congress, Kyoto, 4 August.

Chandler, T. (1987). *Four Thousand Years of Urban History*, Lewiston : The Edwin Mellen Press.

Clark, C. (1940). *The Conditions of Economic Progress*, London : Macmillan；クラーク（1953-55）大川一司・小原敬士・高橋長太郎・山田雄三訳『経済進歩の諸条件』勁草書房。

Clark, G. (2009). 'Book Reviews Contours of the World Economy, 1-2030 AD, Essays in Macro-Economic History. By Maddison Angus', *Journal of Economic History*, 69 (4), pp. 1156-1161.

Crafts, N. F. R. (1985). *British Economic Growth during the Industrial Revolution*, Oxford : Oxford University Press.

Cullen, L. (2006). 'Tokugawa Population : The Archival Issues', *Japan Review*, 18, pp. 129-180.

de Vries, J. (1984). *European Urbanization 1500-1800*, London : Methuen.

Deaton, A. and J. Muellbauer (1980). *Economics and Consumer Behaviour*, Cambridge : Cambridge University Press.

Diamond, J. (1997). *Guns, Germs, and Steel : The Fates of Human Societies*, New York : W. W. Norton；ダイアモンド（2012）倉骨彰訳『銃・病原菌・鉄———一万三〇〇〇年にわたる人類史の謎』草思社。

Farris, W. W. (1985). *Population, Disease, and Land in Early Japan, 645-900*, Cambridge : Harvard University Press.

Farris, W. W. (2006). *Japan's Medieval Population : Famine, Fertility, And Warfare in a Transformative Age*, Honolulu : University of Hawai'i Press.

Farris, W. W. (2009). *Daily Life and Demographics in Ancient Japan*, Ann Arbor : The University of Michigan.

Ferreira, F. H. G., S. Chen, A. L. Dabalen, Y. M. Dikhanov, N. Hamadeh, D. M Jolliffe, A. Narayan, E.

B. Prydz, A. L. Revenga, P. Sangraula, U. Serajuddin, and N. Yoshida (2015). 'A Global Count of the Extreme Poor in 2012 : Data Issues, Methodology and Initial Results', Policy Research Working Paper, WPS7432.

Fukao, K., J.-P. Bassino, T. Makino, R. Paprzycki, T. Settsu, M. Takashima, and J. Tokui (2015). *Regional Inequality and Industrial Structure in Japan : 1874-2008*, Tokyo : Maruzen.

Hayami, A. (2009). *Population, Family and Society in Pre-Modern Japan*, Folkestone : Global Oriental.

Jones, E. L. (1981). *The European Miracle : Environments, Economies, and Geopolitics in the History of Europe and Asia*, New York : Cambridge University Press；ジョーンズ (2000) 安元稔・脇村孝平訳『ヨーロッパの奇跡——環境・経済・地政の比較史』名古屋大学出版会。

Jones, E. L. (1988). *Growth Recurring : Economic Change in World History*, New York : Oxford University Press；ジョーンズ (2007) 天野雅敏・重富公生・小瀬一・北原聡訳『経済成長の世界史』名古屋大学出版会。

Lee, J. Z. and W. Feng (1999). *One Quarter of Humanity : Malthusian Mythology and Chinese Realities, 1700-2000*, Cambridge, Mass. : Harvard University Press.

Liu, T. (2009). 'An Estimation of China's GDP from 1600 to 1840', *Economic Research Journal*, 10, pp. 144-155.

Lluch, C., A. Powell, and R. Williams (1977). *Patterns in Household Demand and Saving*, New York : Oxford University Press.

Ma, Y. and H. de Jong (2016). 'Unfolding the Turbnlent Century : A Reconstruction of China's Economic Development, 1840-1912', HIAS Discussion Paper, HIAS-E-29.

Maddison, A. (2001). *The World Economy : A Millennial Perspective*, Paris : OECD Department Centre；マディソン (2004) 金森久雄監訳・政治経済研究所訳『経済統計で見る世界経済 2000 年史』柏書房。

Maddison, A. (2003). *The World Economy : Historical Statistics*, Paris : OECD Department Centre.

Maddison, A. (2007). *Contours of the World Economy, 1-2030 AD : Essays in Macro-Economic History*, Oxford : Oxford University Press；マディソン (2015) 政治経済研究所監訳『世界経済史概観——紀元 1-2030 年』岩波書店。

Malanima, P. (2011). 'The Long Decline of a Leading Economy : GDP in Central and Northern Italy, 1300-1913', *European Review of Economic History*, 15 (2), pp. 169-219.

McNeill, W. H. (1976). *Plagues and Peoples*, New York : Anchor Books；マクニール (2007) 佐々木昭夫訳『疫病と世界史 上・下』中央公論新社。

Mendels, F. F. (1972). 'Proto-Industrialization : The First Phase of the Industrialization Process', *Journal of Economic History*, 32 (1), pp. 241-261.

Milanovic, B. (2006). 'An Estimate of Average Income and Inequality in Byzantium around Year 1000', *Review of Income and Wealth*, 52 (3), pp. 449-470.

Milanovic, B., P. H. Lindert, and J. Williamson (2010). 'Pre-industrial Inequality', *The Economic Journal*, 121, pp. 255-272.

Miyamoto, M. (2004). 'Quantitative Aspects of Tokugawa Economy', in A. Hayami, O. Saito, and R. P. Toby, eds., *Emergence of Economic Society in Japan : 1600-1859*, Oxford : Oxford University Press.

Moriguchi, C. and E. Saez (2008). 'The Evolution of Income Concentration in Japan, 1886-2005 : Evidence from Income Tax Statistics', *Review of Economics and Statistics*, 90 (4), pp. 713-734.

Nishikawa, S. (1987). 'The Economy of Chōshū on the Eve of Industrialization', *Economic Studies Quarterly*, 38 (4), pp. 323-337.

Pamuk, Ş. and M. Shatzmiller (2011). 'Real Wages and GDP per Capita in the Medieval Islamic Middle East in Comparative Perspective, 700-1500', Paper presented at the 9th Conference of the European Historical Economics Society, Dublin, 2-3 September.

Pfister, U. (2011). 'Economic Growth in Germany, 1500-1850', Paper presented at the Conference on Quantifying Long Run Economic Development, Venice, 22-24 March,.

Pomeranz, K. (2000). *The Great Divergence : China, Europe, and the Making of the Modern World Economy*, Princeton : Princeton University Press；ポメランツ (2015) 川北稔監訳『大分岐——中国, ヨーロッパ, そして近代世界経済の形成』名古屋大学出版会。

Reis, J., C. A. Martins, and L. F. Costa (2011). 'New Estimates of Portugal's GDP per Capita, 1500-1850', Prepared for the "Quantifying Long Run Economic Development Conference", University of Warwick in Venice, 22-24 March.

Rozman, G. (1973). *Urban Networks in Ch'ing China and Tokugawa Japan*, Princeton : Princeton University Press.

Rozman, G. (1986). 'Castle Towns in Transition', in M.B. Jansen and G. Rozman, eds., *Japan in Transition : From Tokugawa to Meiji*, Princeton : Princeton University Press, pp. 318-346.

Rozman, G. (1990). 'East Asian Urbanization in the Nineteenth Century, Comparisons with Europe', in Ad van der Woude, Jan de Vries, and Akira Hayami, eds., *Urbanization in History : A Process of Dynamic Interactions*, Oxford : Clarendon Press, pp. 61-73.

Saito, O. (1983). 'Population and the Peasant Family Economy in Proto-industrial Japan', *Journal of Family History*, 8 (1), pp. 30-54.

Saito, O. (2014). 'Notes on the Estimation of Cross-cultural Migrants under Two Systems Instituted by the Tokugawa shogunate', J. Lucassen and Leo Lucassen, eds., *Globalising Migration History : The Eurasian Experience (16th-21st centuries)*, Leiden : Brill, pp. 396-403.

Saito, O. (2015). 'Climate, Famine, and Population in Japanese History : A Long-term Perspective', in B. L. Batten and P. C. Brown, eds., *Environment and Society in the Japanese Islands*, Corvallis : Oregon State University Press, pp. 213-229.

Saito, O. and M. Takashima (2015). 'Population, Urbanisation and Farm Output in Early Modern Japan, 1600-1874 : A Review of Data and Benchmark Estimates', RCESR Discussion Paper Series, No. DP15-3.

Saito, O. and M. Takashima (2016). 'Estimating the Shares of Secondary- and Tertiary-sector Output in the Age of Early Modern Growth : The Case of Japan, 1600-1874', *European Review of Economic History*, 20 (3), pp. 368-386.

Schreurs, G. (2015). 'Mountains of the State : Precious Metal Production in Tokugawa Japan', mimeo, Hitotsubashi University.

Schön, L. and O. Krantz (2012). 'The Swedish Economy in the Early Modern Period : Constructing Historical National Accounts', *European Review of Economic History*, 16 (4), pp. 529-549.

Sen, A. (1981). *Poverty and Famines : An Essay on Entitlement and Deprivation*, Oxford : Clarendon Press ; セン (2000) 黒崎卓・山崎幸治訳『貧困と飢饉』岩波書店。

Smith, T. C. (1969). 'Farm Family By-employments in Preindustrial Japan', *Journal of Economic History*, 29 (4), pp. 241- 257. Reprinted in T. C. Smith, *Native Sources of Japanese Industrialization, 1750-1920*, Berkeley : University of California Press, 1988, pp. 71-102.

Smith, T. C. (1973). 'Pre-modern Economic Growth : Japan and the West', *Past and Present*, 60, pp. 127-160. Reprinted in T. C. Smith, *Native Sources of Japanese Industrialization, 1750-1920*, Berkeley : University of California Press, 1988, pp. 15-49.

Smith, T. C. (1988). *Native Sources of Japanese Industrialization, 1750-1920*, Berkeley : University of California Press ; スミス (2002) 大島真理夫訳『日本社会史における伝統と創造——工業化の内在的諸要因, 1750-1920 年』増補版, ミネルヴァ書房。

Takashima, M., and O. Saito (2015). 'Estimation of GDP Per Capita in Early Modern Japan, 1600-1874', Paper presented at The XVIIth World Economic History Congress, Kyoto International Conference Centre, Kyoto, 3 August.

van Zanden, J. L. and B. van Leeuwen (2012). 'Persistent But Not Consistent : The Growth of National Income in Holland, 1347-1807', *Explorations in Economic History*, 49, pp. 119-130.

Vaporis, C. N. (2008). *Tour of Duty : Samurai, Military Service in Edo, and the Culture of Early Modern Japan,* Honolulu : University of Hawai'i Press ; ヴァポリス (2010) 小島康敬, M・ウィリアム・スティール監訳『日本人と参勤交代』柏書房。

Walker, J. T. (2014). 'National Income in Domesday England', in M. Allen and D. Coffman, eds., *Money, Prices and Wages : Essays in Honour of Professor Nicholas Mayhew*, Basingstoke : Palgrave Macmillan, pp. 24-50.

Wong, R. B. (1997). *China Transformed : Historical Change and the Limits of European Experience*, Ithaca : Cornell University Press.

Wrigley, E. A. (1985). 'Urban Growth and Agricultural Change : England and the Continent in the Early Modern Period', *Journal of Interdisciplinary History*, 15, pp. 683-728.

Yamamura, K. (1974). *A Study of Samurai Income and Entrepreneurship : Quantitative Analyses of Economic and Social Aspects of the Samurai in Tokugawa and Meiji Japan*, Cambridge, Mass : Harvard University Press ; ヤマムラ (1976) 新保博・神木哲男監訳『日本経済史の新しい方法——徳川・明治初期の数量分析』ミネルヴァ書房。

Xu, Y., Z. Shi, B. van Leeuwen, Y. Ni, Z. Zhang, and Y. Ma (2017). 'Chinese National Income, ca. 1661-1933', *Australian Economic History Review*, 53(3), pp. 368-393.

宋濂 (1967)『元史（百衲本二十四史 34-36)』台北：台湾商務印書館。

# あとがき

「歴史を研究したい」と思ったのは中学生の頃だった。漠然とではあるが，歴史がどのように変わっていったのか，その流れを調べたいと思った。中学の先生に相談すると，大学では時代を決めて歴史を学ぶものだといわれ，何となく残念な気分になったのを覚えている。

大学は京都の立命館大学の文学部に進学した。専攻する時代は古代史か近現代史のどちらかで迷ったが，近現代史を専攻することにした。私のゼミの指導教官は専任の先生ではなく，非常勤講師であった掛谷宰平先生となった。型破りな先生だった。ゼミでの報告内容がいまいちだと「こんなんペケや，やりなおし」となり，機嫌が悪くなると「アホ，ボケ，カス！」と罵詈雑言を連発することも度々だった。たぶん，そんな時代だったのだろう。それでも何となく憎めない人柄のせいか，ゼミが終われば四条天神川の先生の自宅にゼミ生が集まって，いろんな議論をしながら朝まで飲んだ。学生たちに囲まれてお酒を飲むときの先生はとても楽しそうだった。掛谷先生は2003年の秋に亡くなられた。生涯，どこの大学に定職をえることもなく，まさにバガボンドを絵に描いたような人だった。もし先生がいまもいらっしゃったなら，本書をみて「なんや，高島，しょうもない本出しよって」と嬉しそうにたくさん悪口を並べてくださっただろう。

立命館大学では，町触研究会という近世古文書を読解する自主ゼミにも参加していた。最初は何が何だかさっぱりわからないニョロニョロとした草書体の文章だったが，だんだん読めるようになると，読解そのものが楽しくなった。先輩の指導は厳しかったが，このときに身につけた古文書読解力は，いまでも一次資料から歴史的データベースを作るときに役に立っていて，そのたびに自分は歴史学出身なのだと再確認させてくれる。

当時は社会運動思想のようなものを研究しており，大学院進学も考えたが，社会に出て働いてみたいという気持ちがあったので，大学を卒業して，大阪の

枚方近鉄百貨店に就職した。配属先は外商部で，得意先を訪問して営業をする外回りの毎日だった。外商第二係の先輩の浅野政人さんは，モラトリアム気分が抜けきれないぼんやりとしていた私に，社会人としての心がけと仕事に対する責任感というものをたたき込んでくれた。仕事が終わると京阪電鉄枚方市駅の裏にある立ち飲み屋に行って，ビールと串カツで盛り上がったのは，サラリーマン時代の懐かしい思い出だ。

　それでも，やはり自分は歴史を研究したいという気持ちを捨てることができず，思い切って百貨店を辞めた。京都で家賃2万円ほどのアパートに住んで1年間の浪人生活を経て，大阪市立大学大学院文学研究科の修士課程に進んだ。ゼミは近代史で広川禎秀先生にお世話になった。市大では修士1年のときに専攻する時代だけでなく全時代のゼミに出席することになっていたが，このときの古代・中世・近世の各ゼミで学んだ経験が，後に超長期GDPの推計に役立つことになるとは，当時は想像もしていなかった。市大では貴重な経験をさせていただいたと思う。

　市大の博士課程には，高校のクラスメイトの遠藤慶太君（現皇学館大学准教授）がいた。彼を含む大学院の仲間たちと大阪府藤井寺市にある伴林氏神社の資料調査をし，自分たちで編集して一冊の本を出版できたことは，その後，資料調査論・アーカイブズの道に進むきっかけとなった。

　博士課程は大阪大学大学院文学研究科に進み，猪飼隆明先生にお世話になった。ただ，この頃の私は大学院での勉強よりも，各地に出向いて資料調査の仕事をすることの方が楽しくなっており，その意味では私は猪飼ゼミの落第生であったかもしれない。本書を書いたことで少しだけだが先生に恩返しができたと思いたい。

　博士課程の2年目に日本銀行金融研究所アーカイブでアーキビストの募集があり，これまでの自分の資料調査の経験と力を試してみたいと思い応募した。採用となり，2003年の秋に東京に出てきた。日銀には約5年間在籍し，資料整理だけでなく，中央銀行という巨大な組織での業務経験を積むこともできたが，アーカイブ業務に専念していたため，まだ経済学には出会っていなかった。

　経済史の研究を志すようになったのは，一橋大学経済研究所の研究員になっ

てからである。研究所に来た当初は，前職と同じように資料整理に携わっていた。そのうち，所内のプロジェクトに共同研究でかかわるかたちで歴史的データベースの作成をするようになったが，しばらくすると，経済学者によってデータがどのように分析されるのかに興味が湧いてきた……といえば体裁がよすぎるかもしれない。経済学との出会いは，実際はそんなかっこいい理由ではなく，せっかく自分が作ったデータベースを経済学的手法で分析した結果をみても，経済学を十分に理解していない自分には歯がたたずくやしかった，このままでよいのだろうか，というのがその始まりであった。すでに若くはなかったが，研究者人生を歩みだしているのなら中途半端にやっても意味がない，やはり後悔はしたくないと思い，再度大学院に入り直して経済学を勉強することにした。

一橋大学経済研究所では，本当に多くの人たちにお世話になった。

深尾京司先生は，経済史の研究プロジェクトに誘ってくださり，それがきっかけとなり経済史研究をはじめることになった。私が大学院進学を考えるようになったのも深尾先生のアドバイスがあったからである。また，先生は国内外のさまざまな研究プロジェクトに私を紹介してくださった。その一つである『岩波講座日本経済の歴史』では，たくさんの歴史学・経済学の第一線の研究者の方々との出会いがあり，それがきっかけとなって福岡大学の西谷正浩先生との共同研究を実現できたことは，私の古代・中世史の研究を広げる意味で大きな力となった。同じく『日本経済の歴史』で出会った東京大学社会科学研究所の中村尚史先生には，博士号取得後の身の振り方で悩んでいたときに，日本学術振興会特別研究員PDの受入れ先を快く引き受けていただいた。

最初の国際共同研究プロジェクトで出会ったジャン–パスカル・バッシーノ先生（リヨン高等師範学校教授）は，経済学初心者であった私に根気よく経済史とその手法を教えてくださり，また海外出張の際には不慣れだった私をサポートしてくださった。また，スチーブン・ブロードベリ先生（オックスフォード大学教授），ビシュヌプリヤ・グプタ先生（ウォーリック大学教授）らたくさんの海外の研究者と知り合い，一緒に研究する機会をいただけたことは，研究者としての大きな財産となった。

佐藤正広先生には大学院進学後のゼミで一年間お世話になった。ゼミ生でなくなってからもことあるごとに研究を注視してくださっている。研究仲間の攝津斉彦さんには，貴重なデータを提供していただいた。前近代日本の GDP を推計することが可能になったのは攝津さんのデータのおかげである。同僚だった丸健・草処基の両氏は，私の研究の相談にのってもらい，また研究所の戦前期農家経済調査資料のプロジェクトでもお世話になっている。

斎藤修先生には，徳川時代の GDP 推計と岩波講座での共著論文を通じて，いかにデータを読みとき，歴史的にアプローチするかという経済史学にとって根源的なことを学ばせていただいた。先生がこれまで生み出された数多くの経済史研究にくらべれば，本書は足下にもおよばないものだが，今後も精進して何とか先生に肉薄できるような研究をしたいと思っている。

森口千晶先生はサブゼミの指導教官で，授業は本当に厳しく，すべて英語でおこなわれる授業はディスカッションを重視しており，他人の報告では発言がないと 'Masanori, are you sleepy?' と怒られ，自分の報告の際にはプレゼンのスライドの1行ごとに複数の質問責めをうけるというものであったが，その妥協のない指導によって，私の研究のリミットを上げることができたと思う。あるとき先生に「なぜ，僕にはそんなに厳しいのですか」という質問を投げかけたところ，「高島君なら大丈夫だから」といわれて，ちょっと嬉しかった。ゼミの同期のヒルト・シュラーズ君はよき友人であり，学会発表前にはプレゼンの練習にも立ち会ってくれた。

そして，主ゼミの指導教官である北村行伸先生は，私が一橋に来てから，研究だけでなく，研究者としてどのように生きていくのかを含めてさまざまなことで相談にのってくださった。研究者とは一匹狼のようなもので，最終的には自分の力で，自分の責任で研究をやっていかなければならないのだろうが，北村先生というメンターのサポートがなければ，本書を仕上げることはできなかったと思う。

いま，やっと一冊の本を書きあげて，過去をふりかえってみると，たくさんの人との縁によって研究を続けてこられたのだと気付かされる。これまで私が所属してきた組織・大学・研究プロジェクトでお世話になった方々，学会・研

究会で出会い有益なコメントをいただいたすべての方々に，この場を借りてお礼を申し上げたい。

　本書は 2016 年 10 月に一橋大学大学院経済学研究科に提出した博士論文「前近代の日本経済——超長期 GDP の推計，730-1874 年」を大幅に加筆・修正したものである。審査にあたっては，北村先生・森口先生・斎藤先生・深尾先生・佐藤先生から貴重なコメントをいただいた。ご教示に対してどこまで応えることができたのかは分からないが，それらの課題は今後の研究に活かしていきたい。なお出版にあたっては，日本学術振興会の平成 29 年度科学研究費助成事業（科学研究費補助金）のうち，研究成果公開促進費（学術図書：課題番号 17HP5153）の助成をうけている。

　本書の編集を担当してくださった名古屋大学出版会の三木信吾さんには，ともすれば独りよがりになりがちな私の文章を根気よく読んでくださり，本書の編集の過程でたくさんの積極的なコメントをいただいた。また，博士論文完成前にもかかわらず，海のものとも山のものともしれない私に声をかけて出版の機会を与えてくださったことは，研究の大きなモチベーションとなった。まとまりのない文章を根気強く校正してくださった長畑節子さんにも本当にお世話になった。

　歴史にはじめて興味をもったのは，小学校のときに亡き父につれられて，南朝方の武将の楠木正成が築いた千早・赤阪城の城址にいったころからだと思う。歴史好きであった父は南朝の拠点であった吉野山にもつれていってくれた。何となく歴史に興味をもった私に母はいろんな本を買ってきてくれた。二人の存在が私の研究の原点である。この頃の私は内気な子供だった。好きなことに没頭する自由と場所をあたえてくれたのは，亡き祖母である。少年時代の祖母との思い出は，いまでも私にとって大切なアジールである。

　最後に，勝手気ままな風来坊のような研究者の私に寄り添ってきてくれた妻・小文に，心をこめて感謝の気持ちを伝えたい。本書を書きあげることができたのは，ひとえに妻のおかげである。


2017 年 9 月 1 日

　　　　　　　　　　　　　　　　　　　　　高 島 正 憲

# 初出一覧

序　章　書き下ろし

第 1 章　「古代日本における農業生産と経済成長──耕地面積，土地生産性，農業生産量の推計」『社会経済史学』81 (4)，2016 年，85-108 頁を改訂

補論 1　書き下ろし

第 2 章　西谷正浩・高島正憲「中世後期における山城国上久世荘の家族と人口」『福岡大学人文論叢』48 (1)，2016 年，65-118 頁

J.-P. Bassino, S. Broadberry, K. Fukao, B. Gupta, and M. Takashima, 'Japan and the Great Divergence, 725-1874', CEPR Discussion Paper Series, N. 10569, 2015.

以上の論文より，該当箇所を改訂

第 3 章　'Agricultural Production, Proto-industrialization and Urbanization : 1598-1874', in K. Fukao, J.-P. Bassino, T. Makino, R. Paprzycki, T. Settsu, M. Takashima, and J. Tokui, *Regional Inequality and Industrial Structure in Japan : 1874-2008*, Tokyo : Maruzen, 2015 より，該当箇所を改訂

第 4 章　書き下ろし

第 5 章　書き下ろし

補論 2　O. Saito and M. Takashima, 'Population, Urbanisation and Farm Output in Early Modern Japan, 1600-1874 : A Review of Data and Benchmark Estimates', RCESR Discussion Paper Series, DP15-3, 2015 より，該当箇所を改訂

第 6 章　O. Saito and M. Takashima, 'Estimating the Shares of Secondary- and Tertiary-sector Output in the Age of Early Modern Growth : The Case of Japan, 1600-1874', *European Review of Economic History*, 20 (3), 2016, pp. 368-386.

第 7 章　J.-P. Bassino, S. Broadberry, K. Fukao, B. Gupta, and M. Takashima, 'Japan and the Great Divergence, 725-1874', CEPR Discussion Paper Series, N. 10569, 2015.

M. Takashima and O. Saito, 'Estimation of GDP per Capita in Early Modern Japan, 1600-1874', Paper presented at XVIIth World Economic History Congress, Kyoto International Conference Centre, Kyoto, Japan, 3 August 2015.

以上の論文より，該当箇所を改訂

終　章　書き下ろし

付　録　書き下ろし

# 図表一覧

| | | |
|---|---|---|
| 図 0-1 | マディソン推計による日本の 1 人あたり GDP の推移，1-1874 年 ················· | 11 |
| 図 0-2 | 徳川時代の 1 人あたり GDP の推移，1600-1850 年 ······························ | 15 |
| 図 1-1 | 奈良時代の 1 郷あたりの水田数の分布 ·············································· | 32 |
| 図 1-2 | 平安時代における畠地率 ····························································· | 46 |
| 図 A1-1 | 平安時代の田地の耕作地率 ·························································· | 71 |
| 図 A1-2 | 平安時代の畠地の耕作地率 ·························································· | 72 |
| 図 2-1 | 非熟練労働者の実質賃金の推移，1260-1860 年 ································· | 96 |
| 図 2-2 | 1 人あたり農業生産需要量の推移，1260-1850 年 ······························ | 98 |
| 図 2-3 | 1 人あたり農業生産量：供給サイド・需要サイドの各推計の比較，730-1874 年 |
| | ··············································································· | 100 |
| 図 2-4 | 農業生産量の推移，730-1600 年 ···················································· | 102 |
| 図 3-1 | 徳川時代・明治期初頭の 1 人あたり石高の推移，1600-1874 年（速水・宮本 |
| | 推計との比較）················································································ | 141 |
| 図 4-1 | 古代・中世の全国人口推計，725-1450 年 ········································· | 158 |
| 図 4-2 | 1600-1721 年の全国人口の成長パターンの比較 ································ | 164 |
| 図 4-3 | 前近代日本の全国人口の推移，725-1874 年 ······································ | 168 |
| 図 5-1 | 文献にあらわれた中世都市の分布，1000-1600 年 ······························ | 180 |
| 図 5-2 | 徳川時代・明治期初頭の都市の順位・規模分布，1600-1650 年・1850-1873 年 ··· | 196 |
| 図 5-3 | 徳川時代後半の宿場町の順位・規模分布，1843 年 ······························ | 199 |
| 図 5-4 | 西欧諸国の都市の順位・規模分布，1500-1890 年 ······························ | 203 |
| 図 A2-1 | 17-19 世紀の江戸の武家人口の推移 ·············································· | 219 |
| 図 A2-2 | 江戸の人口の推移，1718-1879 年 ················································· | 222 |
| 図 6-1 | 徳川時代・明治期初頭の第一次部門生産量と人口の推移，1600-1874 年 ······ | 230 |
| 図 6-2 | 徳川時代・明治期初頭の都市化率と人口密度の推移，1600-1874 年 ············ | 230 |
| 図 6-3 | 明治期初頭における人口密度と都市化率，1874 年 ······························ | 237 |
| 図 6-4 | 明治期初頭における人口密度と第二次部門・第三次部門のシェア，1874 年··· | 238 |
| 図 6-5 | 明治期初頭における都市化率と第二次部門・第三次部門のシェア，1874 年··· | 239 |
| 図 6-6 | 徳川時代・明治期初頭の 1 人あたり GDP の推移，1600-1874 年 ·············· | 253 |
| 図 7-1 | 前近代日本の 1 人あたり GDP の推移，730-1874 年 ····························· | 271 |

| | | | |
|---|---|---|---|
| 図 7-2 | 1 人あたり GDP の推移：日本と英国の比較，730-1874 年 ································· | | 278 |
| 図 7-3 | 1 人あたり GDP の推移：日本と中東・アジア諸国の比較，730-1874 年 ········ | | 280 |
| 図 8-1 | 総生産・総人口・1 人あたり総生産の推移，730-1874 年 ······························· | | 284 |

| | | | |
|---|---|---|---|
| 表 1-1 | 奈良時代の 1 郷あたりの水田数 ···································································· | | 32 |
| 表 1-2 | 郷数から推計した奈良時代の水田数 ····························································· | | 33 |
| 表 1-3 | 文献にあらわれた古代の田積数 ···································································· | | 35-42 |
| 表 1-4 | 奈良時代の田地と畠地の比 ········································································· | | 45 |
| 表 1-5 | 「不三得七法」の運用による田租徴収予定額 ··················································· | | 49 |
| 表 1-6 | 平安時代前半の田地における土地生産性 ························································ | | 51 |
| 表 1-7 | 平安時代後半の佃における土地生産性 ··························································· | | 52 |
| 表 1-8 | 古代の田品別の段あたり価格 ······································································ | | 54 |
| 表 1-9 | 古代の田畠価格 ························································································ | | 55 |
| 表 1-10 | 古代の耕地面積・土地生産性・農業生産量，730-1150 年 ···································· | | 57 |
| 表 1-11 | 古代の土地生産性の推計資料作成時期における自然災害と飢饉・疫病の記録 ······ | | 62 |
| 表 1-12 | 古代の 1 人あたり農業生産量 ····································································· | | 64 |
| 表 1-13 | 奈良時代初頭の義倉の徴収状況 ···································································· | | 67 |
| 表 A1-1 | 奈良時代の田地の耕作状況 ········································································· | | 71 |
| 表 2-1 | 中世の枡の換算率 ····················································································· | | 80 |
| 表 2-2 | 上久世荘の田地面積と本役，分米高，1507 年 ················································ | | 84 |
| 表 2-3 | 京都近郊荘園における米生産量および反あたり収量の推計 ································ | | 85 |
| 表 2-4 | 京都近郊荘園の反収量の分布 ······································································ | | 87 |
| 表 2-5 | 上久世荘の土地面積 ·················································································· | | 89 |
| 表 2-6 | 上久世荘の 15 世紀前半の推定換算石高（年貢高ベース） ································· | | 91 |
| 表 2-7 | 非熟練労働者の実質賃金，1260-1859 年 ······················································ | | 97 |
| 表 2-8 | 中世の農業生産量の推計（古代・近世初頭も含む），730-1600 年 ······················· | | 101 |
| 表 2-9 | 文献にあらわれた治承・寿永の乱による戦災・徴発の記事，1180-1186 年 ···· | | 106 |
| 表 2-10 | 蒙古襲来の前後における自然災害と飢饉・疫病の記録，1270-1284 年 ·········· | | 109 |
| 表 2-11 | 中世の農業生産量・人口・1 人あたり農業生産量の推計（古代・近世初頭も含む），730-1600 年 ················································································ | | 116 |
| 表 3-1 | 徳川時代・明治期初頭の地域区分一覧 ··························································· | | 124 |
| 表 3-2 | 中村（1968）における実収石高の推計，1600-1867 年 ······································ | | 127 |
| 表 3-3 | 国別石高データ，1598-1873 年 ···································································· | | 129-130 |

| 表 3-4 | 耕地開発関係土木工事件数，1598-1874 年 | 131 |
|---|---|---|
| 表 3-5 | 土木工事件数による石高系列の補正，1598-1874 年 | 132 |
| 表 3-6 | 徳川時代・明治期初頭の石高推計，1600-1874 年 | 134 |
| 表 3-7 | 徳川時代・明治期初頭の 1 人あたり石高の変動係数の推移，1721-1874 年 | 135 |
| 表 3-8 | 徳川時代後半の長州藩における石高データと生産量の乖離 | 136 |
| 表 3-9 | 明治期初頭『物産表』記載石高と補正石高との比較 | 137 |
| 表 3-10 | 徳川時代・明治期初頭の石高推計の補正（全国値），1600-1874 年 | 138 |
| 表 3-11 | 徳川時代・明治期初頭の石高推計の補正（地域別），1600-1874 年 | 140 |
| 表 3-12 | 徳川時代・明治期初頭の石高の推移，1600-1874 年（速水・宮本推計との比較） | 141 |
| 表 4-1 | 文献にあらわれた前近代の全国人口 | 147 |
| 表 4-2 | 古代・中世の全国人口推計の比較，725-1450 年 | 157 |
| 表 4-3 | 1600 年の全国人口推計の比較 | 164 |
| 表 4-4 | 徳川時代・明治期初頭の全国・地域別人口，1600-1874 年 | 166 |
| 表 4-5 | 前近代日本の全国人口の推計，730-1874 年 | 168 |
| 表 5-1 | 平城京の推計人口の比較 | 174 |
| 表 5-2 | 平安京の推計人口の比較 | 177 |
| 表 5-3 | 中世の文献にあらわれた都市数，1000-1600 年 | 178 |
| 表 5-4 | 『兵庫北関入舩納帳』にあらわれた都市の数 | 182 |
| 表 5-5 | 中世都市の推計人口 | 184-185 |
| 表 5-6 | 徳川時代・明治期初頭の都市人口・都市化率，1600-1873 年 | 191-192 |
| 表 5-7 | 徳川時代・明治期初頭の都市の規模別変遷，1600-1873 年 | 197 |
| 表 5-8 | 徳川時代後半の街道宿場町，1843 年 | 199 |
| 表 5-9 | 徳川時代後半・明治期初頭の都市人口の推計，1850-1873 年 | 201 |
| 表 5-10 | 徳川時代・明治期初頭の都市人口の推計（規模別），1600-1873 年 | 205 |
| 表 5-11 | 都市人口の推計と都市化率，730-1873 年 | 206 |
| 表 A2-1 | 町方・寺社門前の町人人口，1718-1867 年 | 210-211 |
| 表 A2-2 | 僧侶ほかの計外人口と町人人口の比較，1721-1743 年 | 212 |
| 表 A2-3 | 新吉原の人口，1723-1743 年 | 212 |
| 表 A2-4 | 『吉原細見』に記載された遊女人口，1723-1868 年 | 213 |
| 表 A2-5 | 出稼ぎ人の人口と町人人口の比較，1843-1867 年 | 213 |
| 表 A2-6 | 先行研究における総人口・武家人口 | 214 |
| 表 A2-7 | 斎藤（1984）の江戸の推計人口 | 214 |

| 表 A2-8 | Chandler（1987）の江戸の推計人口，1600-1875 年 | 215 |
|---|---|---|
| 表 A2-9 | 参勤交代の規模（平均人数）の変遷 | 215 |
| 表 A2-10 | 旗本の子供数の推計，1601-1750 年 | 217 |
| 表 A2-11 | 徳島藩「無足」の子供数の推計，1601-1860 年 | 217 |
| 表 A2-12 | 17-19 世紀の江戸の武家人口とその内訳 | 218 |
| 表 A2-13 | 江戸の推計人口とその身分構成比，1718-1879 年 | 221-222 |
| 表 A2-14 | 江戸の推計人口，1600-1874 年（他地域との比較） | 223 |
| 表 6-1 | 徳川時代・明治期初頭の人口変遷，1600-1874 年 | 233 |
| 表 6-2 | 第二次部門・第三次部門のシェアのパネル推定 | 243 |
| 表 6-3 | 第二次部門・第三次部門のシェアおよび部門別生産量比の推定，1600-1874 年 | 245 |
| 表 6-4 | 幕末期の主要輸出品目およびその価格 | 247 |
| 表 6-5 | 徳川時代・明治期初頭の地域別総生産および 1 人あたり総生産の推計の比較，1600-1874 年 | 248-249 |
| 表 6-6 | 徳川時代・明治期初頭の 1 人あたり総生産の変動係数の推移 | 250 |
| 表 6-7 | 徳川時代・明治期初頭の 1 人あたり GDP，1600-1874 年 | 252 |
| 表 7-1 | 前近代日本の農業生産量，730-1874 年 | 261 |
| 表 7-2 | 部門別生産量，730-1874 年 | 265 |
| 表 7-3 | 前近代日本の 1 人あたり総生産の推計，730-1874 年 | 268 |
| 表 7-4 | 各国の 1 人あたり GDP 推計の比較，1-1874 年 | 274-275 |
| 表 7-5 | 1 人あたり GDP の推移：日本と西欧諸国の比較，1500-1870 年 | 279 |
| 表 8-1 | 徳川時代における総生産・総人口・1 人あたり総生産の成長率，1600-1874 年 | 285 |
| 表付-1 | 面積単位の変遷 | 300 |
| 表付-2 | 容積の基本単位 | 301 |
| 表付-3 | 各時代の枡の大きさと現枡への換算比 | 304 |

# 索　引

## あ　行

愛知　228, 241
赤米　111-113
赤松俊秀　49
『吾妻鏡』　104
当て推量（guesstimate）　10-11, 257
網野善彦　8, 9, 110, 118, 177
安良城盛昭　74, 90
アレン，ロバート（R. Allen）　76, 93, 94
磯貝富士夫　75, 103, 111
イタリア　227-232, 235, 263, 273, 276, 277
井上満郎　176
井原今朝男　75, 104, 110
彌永貞三　33, 34
イラク　273, 276
『色葉字類抄』　33, 34
インド　273, 276, 277, 280-282, 292
英国　19, 273, 276-280, 282, 292
疫病　61, 63-67, 102, 108, 159, 169, 258, 269, 290, 291
エジプト　273, 276
江戸　171, 189, 192, 197, 198, 208, 214-220, 223, 224, 294
江戸地廻り　223, 294
撰銭　100
『延喜式』　34, 48, 49, 53, 55, 153, 154
『延暦交替式』　302
応仁の乱　97, 160, 179, 186, 207, 259
大川一司　3, 4
大坂　96, 171, 187, 189, 192, 197, 207, 294
大阪　228, 239-241
大田文　104, 156, 157
オスマン帝国　17, 273
オランダ　21, 273, 276, 277

## か　行

海外貿易　14, 246, 247, 252, 254, 267, 293, 295
開港　14, 193, 233, 253, 254, 293
『海東諸国紀』　33, 34, 175, 181
格差　251, 292
　所得の――　292
　地域間の――　135, 250, 251
　東西の――　16, 17, 273, 276, 277
　日英の――　278
　日本とアジアの――　280
獲稲量　48-53, 58
加地子　77, 79-81, 84
かたあらし　59
勝海舟　220
鎌倉　156, 183, 186, 207, 263
鎌倉幕府　75, 186, 207
鎌田元一　153-155, 173, 176
上久世荘　78-80, 83, 84, 86-92, 183
河音能平　74, 103, 104
元慶官田　51, 56
貫高制　266
生糸　193, 247, 251
飢饉　9, 10, 60, 61, 63-67, 74, 102, 108, 109, 114, 115, 133, 160, 167, 169, 170, 188, 233, 258, 266, 269, 283-285, 287, 290, 291
岸俊男　173, 176
義倉　67
喜田新六　49
鬼頭清明　174
鬼頭宏　10, 63-65, 133, 146, 148, 152, 154-160, 162-165, 167, 169, 170, 173, 176, 215, 223, 259, 260, 262, 264, 268-270, 290
絹　100, 232
木村茂光　74, 103, 110, 289
キャッチアップ　281, 282
『旧藩時代ノ耕地拡張改良事業ニ関スル調査』　131
京都　84, 86, 87, 96, 108, 171, 179, 183, 186-189, 192, 197, 207, 263, 294, 296
『共武政表』　124, 152, 202
京枡　302-304
清洲　183
近代経済成長（Modern Economic Growth: MEG）　4, 6, 282, 283, 287
近代産業　235
草戸千軒　181

口分田　48-50, 73
クリオメトリクス（Cliometrics）　1, 2
グローバル・ヒストリー　10, 13, 16, 19
経験と知識にもとづいた推計（highly educated guess）　13, 257
経済表　253
計量経済史（Econometric History）　1, 2
権門体制論　75
幸田成友　208, 209
公地　28
『弘仁式』　49, 153
公民　28
黒死病　159, 278, 291
石高推計
　中村哲の――　24, 125-127, 139, 142
　速水融・宮本又郎の――　24, 139, 142
石高制　121, 122, 259
国内総生産（GDP）（1人あたり）推計
　マディソンの――　10, 13, 14
　マディソンの日本の――　11, 12, 252, 253, 270-272
戸籍・計帳　68, 75, 149, 154, 155
墾田永年私財法　28, 56, 259

## さ 行

在郷町　195, 198, 204, 205, 207
斎藤修　2, 3, 7, 13, 112, 115, 133, 142, 157, 162, 194, 195, 197, 204, 215, 218, 234, 247, 251, 254, 260, 279, 291
斎藤誠治　172, 189, 190, 214
在来産業　234, 235, 240
柵戸　288
作職　78, 80-82, 113, 114
作半　77
鎖国　14, 167, 204, 246, 252, 254, 257, 293
澤田吾一　48, 49, 79, 146, 152-155, 173, 301
三貨制度　97, 100
産業革命　12, 17-18, 254, 277-280, 287
産業連関表　4, 231, 253
参勤交代　189, 214-216, 218-220
三世一身の法　56
三都　192, 197, 198
三分法　50, 51
治承・寿永の内乱　104, 108
市場経済　15, 121, 177
七分法　47-50, 53
実質賃金　95-97, 100, 292

実収石高　12, 122, 123, 125-127, 133, 135, 139, 142, 226
疾病　283
寺内町　179
社会工学研究所　146, 162
『拾芥抄』　33, 34, 43, 155, 156, 159, 269
宗門改，宗門人別改　121, 146, 150-152, 162, 172, 200
宿場　198, 200
順位・規模分布　202, 193-195
荘園公領制　180
城下町　171, 177, 179, 183, 185, 190, 195, 197, 198, 200, 202, 204, 207, 223, 231, 267, 285
城柵　288
『掌中歴』　33, 34
小分岐（Little Divergence）　280, 281
正保検地　142
正保郷帳　126
ジョーンズ，エリック（E. Jones）　17
『続日本紀』　173, 181, 297, 301
織豊政権　115, 119, 187, 266
人口圧力　232
『塵劫記』　303, 304
人口推計（全国）
　鎌田元一の――　153, 154
　鬼頭宏の――　63-65, 154, 155, 159, 160, 165, 167, 169, 206, 260, 264, 268-270
　斎藤修の――　157
　澤田吾一の――　152
　ファリスの――　63-65, 155, 156, 158-160, 167, 169, 206, 260, 264, 268, 290
人口推計（全国・徳川時代初頭）
　鬼頭宏の――　162-164
　斎藤修の――　162-165, 169
　速水融の――　161-164
　ファリスの――　163
　藤野正三郎の――　163
　マディソンの――　163
　吉田東吾の――　161
人口推計（都市・古代）
　平安京の――　175-177
　平城京の――　173-175
人口推計（都市・徳川時代）
　斎藤誠治の――　189, 214, 215
　ロズマンの――　202
人口の稠密化　291
人口密度　24, 229, 232, 234, 235, 237-242,

244, 245, 254, 262-264, 291, 295
壬申戸籍　　151, 152
新田開発　　10, 110, 138, 160, 167
出挙　　34, 66, 153
『吹塵録』　　208, 209, 219, 220
スウェーデン　　273, 276
数量経済史（Quantitative Economic History）
　　1, 2, 5, 12, 25
スペイン　　273, 276, 279, 293
スミス，トマス（T. Smith）　　190, 200, 231
スミス的成長　　282, 287
征夷　　288
生活水準　　17, 29, 66, 142, 155, 257
製糸　　233, 235, 247
生存水準　　12, 16, 271, 272
関ヶ原の戦　　190, 267
関山直太郎　　165, 215, 216, 218
攝津斉彦　　133, 136, 137, 165, 169, 235-237, 260
セン，アマルティア（A. Sen）　　188
1990年ゲアリー＝ケイミス国際ドル（1990年国際ドル）　　10, 13, 251, 256, 271
前工業化期　　254
戦国大名　　10, 117, 160, 179, 183, 266, 267, 293
宣旨枡　　302
戦乱　　9, 10, 74, 105, 160, 169, 170, 258, 266, 267, 284, 285, 287
『宋史日本伝』　　155
「雑令」　　297, 301

## た　行

ダイアモンド，ジャレド（J. Diamond）　　291
大化改新　　148
太閤検地　　89-91, 111, 121, 125, 126, 128, 161, 163, 259, 299, 300, 302, 304
『大日本租税志』　　34, 90
『大日本土木史』（『土木史』）　　126-128, 131
大分岐（Great Divergence）　　16, 277, 278
『大分岐』　　18
大名領国　　117, 281, 287
瀧川政次郎　　48, 49, 66, 155
大宰府　　155, 172, 175
大宰府管内公営田　　51, 52, 56
田中琢　　174
『池亭記』　　186
チャンドラー（T. Chandler）　　214
中間投入　　253, 254

中間取引割合　　253
中国　　17, 18, 273, 276, 277, 280-282, 296
『長期経済統計』　　4
長州藩　　4, 135, 151, 227, 231, 253, 262, 292
『徴発物件一覧表』　　152
長禄・寛正の飢饉　　115, 188
佃　　52, 53
低地諸邦　　276, 279, 280
鉄器　　74, 113
鉄製農具　　58, 59
天然痘　　159, 291
ドイツ　　273, 276, 277
ドゥ・フリース（J. de Vries）　　202, 203, 234
東京　　223, 228, 239-241
東寺下行枡　　79, 80
徳川幕府　　4, 5, 115, 121, 122, 142, 150, 151, 195, 220, 223, 245, 246, 259, 267, 281, 285, 304
都市化率　　24, 185-187, 190, 192, 193, 200, 201, 206, 207, 227-229, 231, 232, 235, 238-242, 244, 245, 254, 262-264, 295
都市的な場　　177
戸田芳実　　59, 70, 74, 156
豊臣政権　　86, 90, 122, 267, 299
虎尾俊哉　　49, 51
度量衡取締条例　　301
トルコ　　273, 276, 277, 280-282

## な　行

中村金蔵　　3
中村哲　　12, 24, 122, 123, 125-128, 133, 135, 139, 142, 256
名古屋　　240
難波宮　　155, 172, 175
南蛮貿易　　94, 293, 294
西川俊作　　4, 231, 253, 254
西谷正浩　　76, 77, 84, 87, 89, 113, 183
二重構造　　235
日元貿易　　94
日明貿易　　94
日宋貿易　　94
日朝貿易　　94
『日本帝国人口静態統計』　　237
『日本往還日記』　　112
『日本後紀』　　181
『日本三代実録』　　176
『日本書紀』　　148, 174, 297

『日本全国郡区分人口表』　152
『日本全国戸口表』　152
『日本全国戸籍表』　152
『日本全国人口表』　152
『日本地誌提要』　152, 189, 199-202
『日本帝国人口静態統計』　237
『日本文徳天皇実録』　181
『日本紀略』　176
二毛作　59, 74, 103, 104, 111, 160
人別改　121, 150, 152, 172
農業生産需要量　76, 77, 92, 95, 98, 99, 101, 260
『農産表』　126, 128, 142
農村工業　15, 24, 138, 193, 198, 200, 203, 204, 228, 231-235, 246, 247, 251, 257, 259, 263, 267, 281, 282, 287, 293, 294
農村中心的成長（rural-centred growth）　193, 204, 232, 235

## は　行

幕藩体制　119, 121, 123, 125, 126, 128, 135, 143, 254, 255
幕府調査人口　165, 167
バッシーノ，ジャン-パスカル（J.-P. Bassino）　95, 97, 133, 136, 137, 165, 169, 235-237, 260
速水融　4, 7, 8, 24, 121, 127, 139, 142, 146, 161, 162, 164
原田伴彦　177, 178
班給　44, 155
班田　29, 56, 68, 73, 148, 154, 155
鐚銭　105
百万町歩開墾計画　57
『兵庫北関入舩納帳』　181, 182
ファリス，ウィリアム・ウェイン（W. W. Farris）　10, 48, 61, 63-66, 110, 117, 146, 148, 152, 155-159, 163, 170, 175, 258-260, 268, 269, 283, 290, 291
深尾京司　95, 133, 136, 137, 165, 169, 235-237, 260
付加価値　21, 22, 136, 231, 261
福岡　228, 240, 241
不三得七法　48
藤木久志　10, 74, 114, 115, 162, 188, 266
藤野正三郎　163
藤原京　172, 173
ブロードベリ，スチーブン（S. Broadberry）　19, 21

プロト工業化　15, 17, 193, 195, 202-204, 228, 231, 234-247, 251, 254, 255, 263, 270, 281, 282, 286, 287
平安京　155, 156, 171, 173, 175-177, 186, 206, 263
平城京　28, 155, 171, 173-176, 206, 258, 261, 263, 270
並列的発展　235
ベルギー　273, 276, 277
宝月圭吾　74, 79, 110, 302, 304
『方丈記』　105
『防長風土注進案』　135, 227, 231, 253, 262, 292
ポメランツ，ケネス（K. Pomeranz）　16-18, 277, 278, 296, 273
ポルトガル　276, 279, 280, 293

## ま　行

マクニール，ウィリアム・ハーディー（W. H. McNeill）　63, 65, 66, 102, 291
マクロ寄生（macroparasitism）　65, 66
町場　177, 198, 207, 263, 266
マディソン，アンガス（A. Maddison）　10-14, 25, 122, 127, 163, 252, 253, 256, 257, 270-272, 295
マディソン・プロジェクト（Maddison Project）　16, 272
マラニマ，パオロ（P. Malanima）　21, 94, 227-229, 232, 235, 295
マルサス，トマス・ロバート（T. R. Malthus）　17, 285
『満済准后日記』　156
ミクロ寄生（microparasitism）　65, 66
宮城栄昌　48, 49
宮原武夫　48
宮本又郎　4, 23, 122, 127, 139, 142, 294
名主職　78
ムガル帝国　17, 273
村井康彦　175, 176
室町時代の経済成長の最適期（Muromachi Oprimum）　117
室町幕府　75
『明治七年府県物産表』　128, 136, 137, 142, 259
蒙古襲来　105, 108, 110

索　引　　339

## や　行

養蚕　　193, 247, 251
養和の飢饉　　102, 104, 108, 115, 188
『ヨーロッパの奇跡』　　17
吉田孝　　28, 56
吉田東伍　　161, 163

## ら・わ行

リグリィ，エドワード・アンソニー（E. A. Wrigley）　　92, 93
『律書残篇』　　30, 31, 44, 155, 269
律令　　28, 44
律令国家　　5, 28, 29, 56, 60, 63, 65, 66, 68, 69, 73, 75, 109, 110, 148, 149, 159, 169, 180, 183, 257, 258, 270, 276, 284, 288
律令制度　　60, 65, 259
律令政府　　44, 58, 59, 149, 170
律令体制　　67, 69, 73, 159, 263, 267
流行性感冒　　291
領国支配　　10, 161, 179, 257, 266
歴史的国民計算（Historical National Accounts）　　1, 4, 10, 19, 21, 22, 227, 272
ロズマン，ギルバート（G. Rozman）　　172, 195, 202
綿，綿糸，綿織物　　232-234
『和名類聚抄』（『和名抄』）　　31, 33, 34, 43, 155, 159, 261, 269
『割算書』　　303

《著者略歴》

高島正憲
たか　しま　まさ　のり

1974 年生
2006 年　大阪大学大学院文学研究科後期博士課程中退
2014 年　一橋大学大学院経済学研究科博士課程単位取得退学
日本銀行金融研究所アーキビスト，一橋大学経済研究所研究員などを経て，
現　　在　関西学院大学経済学部准教授，博士（経済学）
著　　書　『賃金の日本史——仕事と暮らしの 1500 年』（吉川弘文館，2023 年，冲永賞）


### 経済成長の日本史
—古代から近世の超長期 GDP 推計 730-1874—

2017 年 11 月 1 日　初版第 1 刷発行
2025 年 4 月 10 日　初版第 4 刷発行

定価はカバーに
表示しています

著　者　　高　島　正　憲

発行者　　西　澤　泰　彦

発行所　一般財団法人 名古屋大学出版会
〒 464-0814　名古屋市千種区不老町 1 名古屋大学構内
電話(052)781-5027 / FAX(052)781-0697

ⓒ Masanori TAKASHIMA, 2017　　　　　Printed in Japan
印刷・製本 亜細亜印刷㈱　　　　　ISBN978-4-8158-0890-7
乱丁・落丁はお取替えいたします。

JCOPY 〈出版者著作権管理機構 委託出版物〉
本書の全部または一部を無断で複製（コピーを含む）することは，著作権
法上での例外を除き，禁じられています。本書からの複製を希望される場
合は，そのつど事前に出版者著作権管理機構（Tel：03-5244-5088，FAX：
03-5244-5089，e-mail：info@jcopy.or.jp）の許諾を受けてください。

高槻泰郎著
近世米市場の形成と展開
―幕府司法と堂島米会所の発展―

A5・410 頁
本体 6,000 円

中村尚史著
地方からの産業革命
―日本における企業勃興の原動力―

A5・400 頁
本体 5,600 円

山本有造著
「大東亜共栄圏」経済史研究

A5・306 頁
本体 5,500 円

小堀　聡著
日本のエネルギー革命
―資源小国の近現代―

A5・432 頁
本体 6,800 円

中林真幸編
日本経済の長い近代化
―統治と市場，そして組織 1600～1970―

A5・400 頁
本体 5,600 円

K. ポメランツ著　川北稔監訳
大分岐
―中国，ヨーロッパ，そして近代世界経済の形成―

A5・456 頁
本体 5,500 円

R. C. アレン著　眞嶋史叙他訳
世界史のなかの産業革命
―資源・人的資本・グローバル経済―

A5・380 頁
本体 3,400 円

ド・フリース／ファン・デァ・ワウデ著　大西／杉浦訳
最初の近代経済
―オランダ経済の成功・失敗と持続力 1500～1815―

A5・756 頁
本体 13,000 円

中西　聡編
日本経済の歴史
―列島経済史入門―

A5・364 頁
本体 2,800 円

粕谷　誠著
ものづくり日本経営史
―江戸時代から現代まで―

A5・502 頁
本体 3,800 円